图书在版编目（CIP）数据

潮州年鉴．2018 / 潮州市地方志编纂委员会编．—
北京：方志出版社，2018.12
ISBN 978-7-5144-3531-3

Ⅰ．①潮… Ⅱ．①潮… Ⅲ．①潮州市－2018－年鉴
Ⅳ．①Z526.53

中国版本图书馆CIP数据核字（2019）第013627号

潮州年鉴（2018）

编　者：潮州市地方志编纂委员会
责任编辑：顾洁
出 版 人：冀祥德
出 版 者：方志出版社
地址　北京市朝阳区潘家园东里9号（国家方志馆4层）
邮编　100021
网址　http://www.fzph.org
发　行：方志出版社发行中心
电话（010）67110500
经　销：各地新华书店
印　刷：潮州市湘桥文星印刷厂
开　本：889×1194　1/16
印　张：28.25
字　数：675千字
版　次：2018年12月第1版　2018年12月第1次印刷
印　数：001～600册
ISBN　978-7-5144-3531-3　定价：240.00元

潮州年鉴

（2018）

潮州市地方志编纂委员会 编

方志出版社

潮州市地方志编纂委员会

主　任：张传胜

副主任：庄朝惠　　陈锦辉　　陈子新

委　员：陈少鹏　　苏伟鹏　　邢莫松　　王剑锋　　蔡　弘　　廖泽平

邱华生　　廖泽强　　黄晓晖　　陈　健　　廖泽明　　柯锦卿

陈幼生　　苏岳良　　林惠标　　苏文湘　　余世福　　陈伟忠

辛　烜　　李　琼　　李文桐　　施廖成　　钟　炼　　蔡景璇

邱灿华　　江晓帆　　王　铿　　陈湘平　　黄斐淳　　黄宝弟

陈　庶　　董仲贤

《潮州年鉴》编辑部

主　　编：陈子新

副 主 编：曾晓环

编　　辑：蔡夏淳　　吴　馥

彩页编辑：辜超淳

编 辑 说 明

一、《潮州年鉴》以马克思列宁主义、毛泽东思想、邓小平理论、“三个代表”重要思想、科学发展观、习近平新时代中国特色社会主义思想为指导，坚持辩证唯物主义和历史唯物主义的立场、观点、方法，全面、系统、准确地反映潮州市政治、经济和社会各项事业的基本情况，为读者了解和研究潮州提供基本资料。

二、《潮州年鉴》是中共潮州市委、潮州市人民政府决定出版的一部大型综合性地方年鉴，每年出版一卷。年鉴的编辑出版工作由潮州市年鉴编纂委员会主管，具体事务由潮州年鉴编辑部承担。

三、本年鉴按类目、分目、条目三个层次进行分类编辑。2018年刊设特辑、重要纪事、概况、市委、市人大、市政府、市政协、市纪委、潮州军分区、民主党派与工商联、人民团体、公安司法、农牧林渔、水利气象、工业、电力通信、交通运输、国内贸易、对外经贸、城乡建设、文物旅游、财税、金融、经济综合管理、文化建设、社会生活、侨务外事、潮安区概况、饶平县概况、湘桥区概况、枫溪区概况、先进单位和个人名录、规范性文件目录、统计资料等34个类目，共69万字，并编入12版彩页。

四、本年鉴的具体材料由各组稿单位提供，并经组稿单位领导审定。年鉴中的主要统计数字，由组稿单位与统计部门校核，但由于统计口径不尽相同，个别统计数字可能不一致。全市的主要统计数字，以市统计局的统计资料为准。

五、本年鉴在编辑出版过程中，得到各级领导机关、有关部门、组稿单位、撰稿人及各方面人士的大力支持，在此特表谢意。限于编者的水平和经验，难免出现错漏，敬请批评指正。

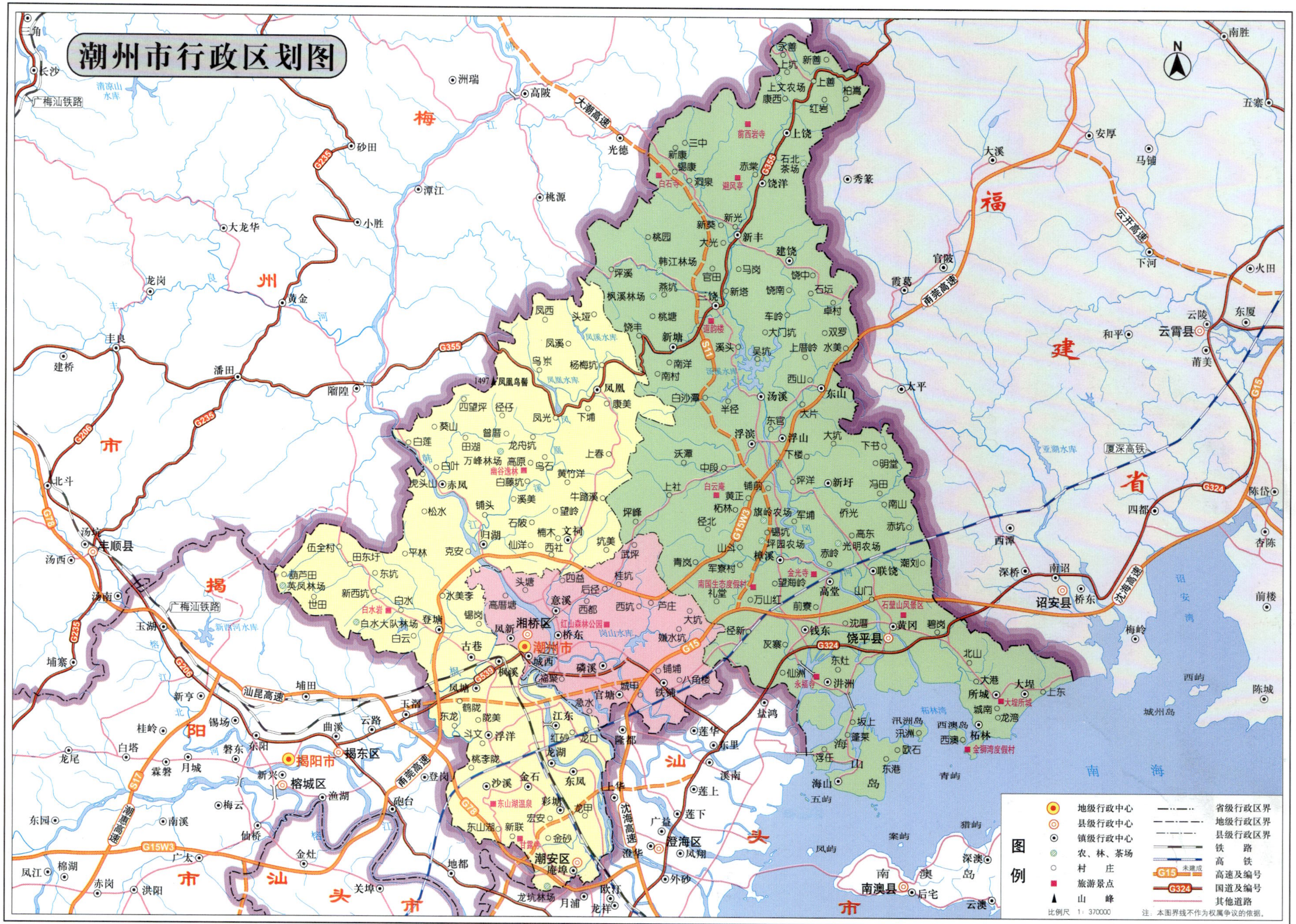

广东省地图院编制

审图号：粤S（2018）19－003号

本图资料截至2017年12月

◀2017年1月13日至17日,潮州市第十五届人民代表大会第一次会议在市党政机关会堂召开，殷昭举当选市人民政府市长，李水华当选市十五届人大常委会主任

◀2017年1月12日至14日,中国人民政治协商会议第十二届潮州市委员会第一次会议在潮州市党政机关会堂召开，杨志明当选市政协主席

◀2017年2月9日，中共潮州市第十四届纪律检查委员会第二次全体会议在市党政机关会堂召开

▶2017年10月30日，潮州市传达贯彻党的十九大精神大会召开市党政机关会堂

▶2017年2月4日,潮州市深化供给侧结构性改革暨推进国家新型城镇化综合试点市建设动员大会在市党政机关会堂召开

▲2017年潮州市首届“最美工匠”颁奖典礼

▲2017年11月28日，中共潮州市委与中共广东省委党史研究室在饶平县联合举办“茂芝会议”90周年系列纪念活动

◀图为33个重点项目竣工仪式之一——福粤光明乳业有限公司乳制的生产项目奠基仪式

2017年9月28日，潮州市举行33个重点项目动竣工仪式，涵盖产业、交通、环保、物流、城建、民生等多个领域，总投资超过100亿元。

▲图为33个重点项目竣工仪式之一——中炬科技园通用厂房二期工程竣工

▲2017年3月18日，潮州民营投资股份有限公司正式创立

▶2017年5月10日，潮州市与清华大学签订人才合作协议

2017年7月，潮州市全面启动创建国家文明城市、国家卫生城市、国家环保模范城市、国家全域旅游示范区、国家森林城市、全国双拥模范城市“六城同创”工作和治理乱贴乱挂、乱排乱弃、乱摆乱卖、乱搭乱建、车辆乱停乱放、乱冲乱撞等市容“六乱”现象。

▲2017年7月17日，潮州市“六城同创”“治六乱”工作动员大会在市党政机关会堂召开

▲2017年5月14日，潮州市举办“自己树丰碑·潮州人最干净”——创建全国文明城市千人巡游活动

▲市区中山路改造提升工程。图为装修工人在施工

◀弘扬社会主义核心价值观的文化墙

2017年，潮州市谋划推进“六个十”项目，优化城市环境。分别为10个公园改造提升、10个肉菜市场改造提升、10个以上道路“黑体化”改造提升、10个道路绿化改造提升、10个停车场建设改造、10个以上厕所建设改造。

▲改造后的新春南鱼肉菜市场

▲2017年11月19日，潮州市成为全国十个之一、广东省唯一一个“厕所革命优秀城市”

▲韩江南堤综合整治道路绿化改造提升

▲道路“黑底化”改造提升

◀2017 年 2 月 11 日，第一批纳入潮州市“博物馆之城”体系的“潮州市颐陶轩潮州窑博物馆”揭牌

▲2017 年 2 月 11 日，潮州市 2017 年民间潮乐大赛决赛

▲2017 年 5 月 19 日，凤凰腾飞·大美潮州“喜迎十九大”潮文化展示活动

▶2017 年 10 月 27 日，潮州市第十六届运动会开幕式

美丽潮州亮起来

▲广济桥夜景

▲潮州市人民广场夜景

▲潮州西湖公园夜景

▲牌坊街夜景

▼"一江两岸"夜景

▲广济门城楼夜景

美丽潮州唱起来

▲中央电视台2018年春节戏曲晚会潮州分会场录制现场
▼中央电视台《美丽中国唱起来》潮州专场录制现场

中央电视台《2018春节戏曲晚会》潮州分会场节目于2017年12月29日晚在广济楼前录制。

中央电视台春节特别节目《美丽中国唱起来》(《唱响新时代》)潮州专场于2018年1月10日在广济楼前录制。

2017年7月28日，潮州饶平县汫洲镇的“钢铁战士”麦贤得被授予“八一勋章”。

▲“八一勋章”获得者——麦贤得

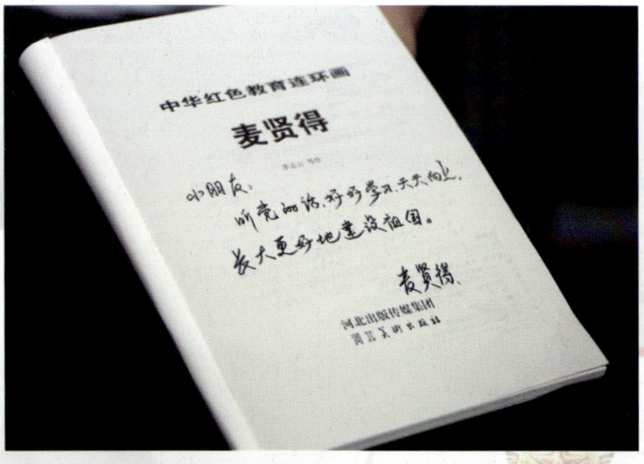

▲麦贤得事迹编入红色教育连环画

▲八一勋章证书

▲“八一勋章”

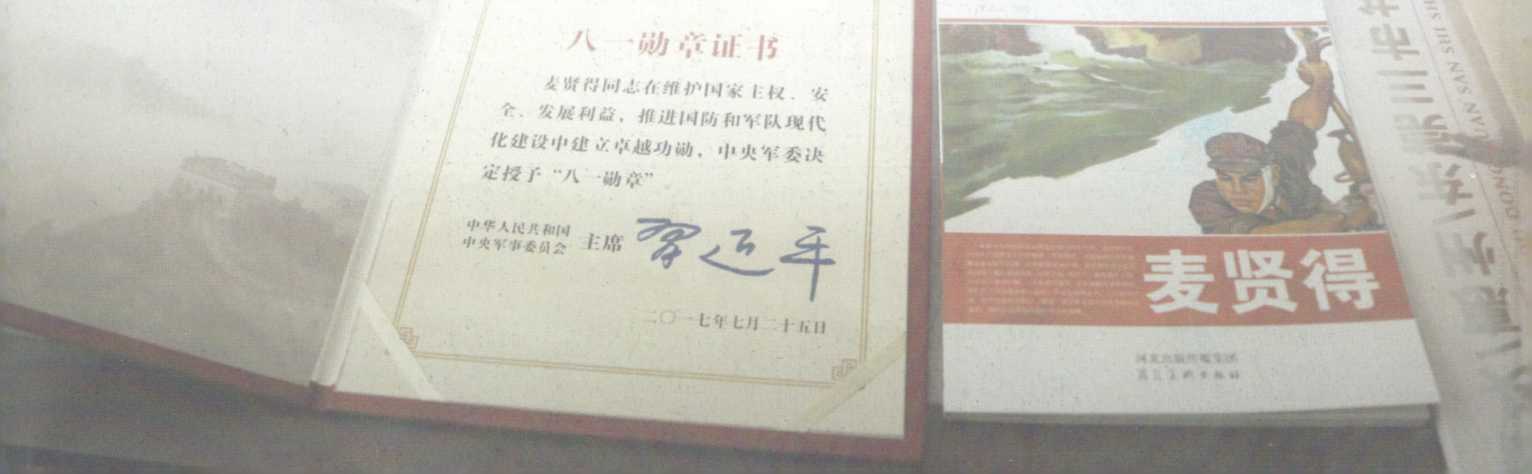

全国特色小镇——湘桥区意溪镇

▲意溪木艺小镇项目规划图

▲木雕艺术公园

2017年8月22日，湘桥区意溪镇被国家住建部认定为第二批全国特色小镇。意溪“特色小镇”定位为商贸流通型小镇。重点打造核心区的体验经济，主打用户体验、品牌运营和“互联网+”等新经济模式，侧重以人为本的产业高端要素集聚和市场资源整合。

▲滨河商业街

▲木雕宣炉罩

▲大锣鼓

▲潮文化主题馆

意溪木艺小镇鸟瞰图

广东首批特色小镇——饶平县钱东镇

钱东镇地处饶平西大门，地理区位优越，地处汕潮揭1小时经济圈地理中心，以及闽粤合作区核心区域。钱东镇是著名侨乡，具有深厚的潮商文化根基，且保留了明清古寨、钱塘村等潮州文化和习俗浓厚的人文古村落。区域内有国家AAAA旅游度假区——绿岛旅游度假区。钱东镇先后荣膺“全国重点镇”“全国小城镇建设试点镇”“广东省中心镇”“广东省食品专业镇”“广东省旅游特色镇”“广东旅游名镇”等称号。2017年8月29日，饶平钱东潮商文化小镇被列为广东首批特色小镇。

▲沈海高速钱东出入口

▲冰臼奇观

▲钱东镇标

▲钱东小公园全景

▲钱东北部生态区

目　录

特　辑

重要纪事

概　况

区位环境

经济社会发展

中共潮州市委员会

综述

组织工作

宣传工作

统战工作

机构编制工作

信访工作

党校工作

精神文明建设工作

离退休干部工作

市直机关党建工作

潮州市人民代表大会

机构和会议

主要工作

潮州市人民政府

综述

建议提案办理

应急管理

法制工作

金融工作

政协潮州市委员会

综述

重要工作

中共潮州市纪律检查委员会

综述

主要工作

军　事

潮州军分区

人民防空

民主党派与工商联

民革潮州市委

民盟潮州市委

民建潮州市委

民进潮州市委

致公党潮州市委

农工党潮州市委

气象

“三防”工作

工　业

综述

支柱产业

安全生产监督

工业园区

电力通信

电力

邮政

电信

交通运输

交通建设

交通运输

港口管理

海事管理

国内贸易

综述

商品专营

开放型经济

综述

对外贸易

利用外资

口岸管理

城乡建设

国土矿产资源管理

城乡规划

建筑业

房地产业与住房保障

燃气建设与管理

城市管理

环境保护

防震减灾

旅　　游

旅游动态

旅游资源开发

旅游业管理

财　　税

财政

国家税务

地方税务

金　　融

中国人民银行潮州市中心支行

潮州银监

商业银行

经济综合管理

发展和改革

统计

工商行政管理

审计

质量技术监督

食品药品监管

海关

出入境检验检疫

文化建设

教育

科技

社会文化

文学艺术

文物工作

体育

广播电视

城乡建设

法治

社会事业

饶 平 县

区位环境

县域经济

城乡建设

法治

社会事业

湘 桥 区

区位环境

区域经济

城乡建设

法治

社会事业

枫 溪 区

区位环境

区域经济

城乡建设

法治

社会事业

附 录

先进单位和个人名录

规范性文件目录

统计资料

特辑

潮州市“六城同创”“治六乱”整治大行动

2017年，潮州市正视城市管理存在的短期化、粗放化、形式化问题，以一抓到底的“钉钉子”工作法，下重拳、出新招，在全市上下掀起齐心“治六乱”，狠抓治建管的工作热潮。使长期影响城乡文明形象的乱贴乱挂、乱排乱弃、乱摆乱卖、乱搭乱建、乱停乱放、乱冲乱撞等“老大难”问题得到全面整治，净化、美化、亮化、绿化等266项工程全面完工，网格化责任、数字化管理、常态化督导和联合执法等制度机制全面建立。空气质量连续2个月排名全省地级市第2名，获评全国十个之一、广东省唯一一个“厕所革命优秀城市”称号。市容市貌焕然一新，城市秩序和投资环境迅速改观，新华社、南方日报、广东广播电视台等中央和省级主流媒体也连续报导“六城同创”“治六乱”给潮州带来的新面貌新气象。

问题导向以人为本，治建并举提升形象 2017年，从群众最关心最关注的问题入手，全面彻底摸查“六乱”黑点，绘制黑点电子地图，实现“挂图作战”。截至2018年1月3日，共投入治理资金3.86亿元，清理路面3.43万公里、河岸6 850公里、各类垃圾约83万吨，“两违”、“两清”专项整治共完成清拆近88万平方米。狠抓“六个十”、一江两岸美化、中山路改造、西湖公园亮化提升等77项民生项目，补齐城市基础设施建设短板。以古城区为重点加强整治，牌坊街管制、打造十大“特色美食示范店”等措施营造了良好旅游环境，2017年国庆节期间，接待游客比增30%，旅游收入比增50.6%。

完善机制强化督办，压实责任四级联创 2017年，以“账单图表”工作法推进工作、压实责任，即建立工作台账，列出问题清单，明确任务时间表，画出工作路线图。城市管理网格化，将网格细化到社区和村，大力推行“街长制”“路长制”“楼长制”，建立市领导挂钩中心城区镇街、市直各单位挂钩城区主要道路的“双挂钩”工作机制。督查督办常态化，市领导每周3次轮值带队督查中心城区环境卫生情况，市人大代表、政协委员每周督查贫困村环境卫生整治，开展各县区“治六乱”互比互学，奖励先进，曝光和问责后进。加强社会监督，市、县区两级建立“治六乱”社会监督员队伍，建立举报监督微信平台、热线电话，广泛开展“随手拍”活动。

立体宣传提升素质，全面发动营造氛围 2017年，通过社会氛围营造、媒体宣传报道、网络舆论引导、主题教育活动宣传等立体宣传攻势，营造了良好的宣传舆论氛围。潮州日报、潮州广播电视台均开设专栏，强化新闻报道，促进曝光问题及时解决。加强官方网络平台宣传和自媒体网络宣传，形成“天天有报道、日日有更新”的刷屏宣传效应。拍摄公益宣传片7支、编印“六城同创”“治六乱”宣传折页5万份、《理论一点通》专刊2千份、《文明咀你知》3.8万份（数据由市委宣传部提供），积极开展文明交通、文明旅游、门前三包、不乱扔烟头等主题教育活动，倡导文明行为习惯。同时，还通过举办文艺晚会、演讲比赛、书画摄影作品展览、编唱“三句半”等文艺活动，倡导文明新风。

（市委办）

2017年潮州市国民生产总产值突破千亿大关

2017年，潮州市经济总量迈上“千亿”新台阶，经济发展进入“高质量发展”新阶段，全市经济发展质量显著提高。

结构调整优化，发展协调性增强

2017年，全市实现生产总值（GDP）1 012.77亿元，突破千亿大关，比上年增长6.8%；人均GDP为38 241元，比上年增长6.6%。一、二、三次产业增加值分别为70.56亿元、505.55亿元和436.66亿元，分别增长5.3%、5.5%和8.8%，三次产业结构由上年的7∶51.8∶41.2调整为7∶49.9∶43.1。服务业（第三产业）对经济增长的贡献率首超第二产业，增速比第二产业高出3.3个百分点，占GDP比重比上年提高1.9个百分点，对GDP增长的贡献率达51.9%；高技术制造业、先进制造业增加值同比分别增长12.6%和6.4%，占规上工业比重分别为8.5%和19.9%；现代服务业增加值225.7亿元，增长10.3%，占服务业增加值比重为51.7%，比上年提高5.5个百分点；投资、消费是拉动全市经济增长的主动力。全市投资额突破500亿元，增长10.2%；新开工项目数比上年增长40.9%，计划投资额增长47.5%；完成基础设施投资188.9亿元，增长41.5%，对全市投资增长的贡献率达119.5%；完成工业技术改造投资62.82亿元，增长20.9%；高技术产业投资增长37.7%。消费市场较为活跃，全市社会消费品零售总额增长9.8%，旅游收入增长29.5%，1—11月港口货物吞吐量增长57.5%。

2017年，制订《潮州市“四梁八柱”民营企业培育认定工作方案》，共培育认定“四梁八柱”企业44家，促进全市民营经济稳步健康发展。全市民营经济增加值727.24亿元，增长7.1%，增速比全市GDP高出0.3个百分点；民营经济占全市GDP的比重为71.8%，对GDP增长贡献率达74.7%，成为拉动全市经济增长的主动力；全市规模以上民营工业实现增加值229.02亿元，增长7.2%，增速比全市规上工业高出0.8个百分点，占全市规上工业比重达72%；全市民营单位个数10.16万家，增长15.1%；民营企业税金67.5亿元，增长9.8%。

2017年，全市城乡居民人均可支配收入增长7.6%，与GDP增长6.8%的速度基本保持同步。GDP与相关主要宏观经济指标协调增长，其中全社会用电量增长7.3%，银行贷款增长8.5%，税收总收入增长6.1%，交通货物周转量增长8.2%；全市城镇居民人均可支配收入增长4.2%，农村居民人均可支配收入增长8.9%。城乡居民人均收入倍差1.66，比上年同期缩小0.07；全市以国家新型城镇化试点市建设为引领，大力推进城市扩容，做好城市总体规划编制，扎实推进功能配套，加快城镇化进程。湘桥区意溪镇、饶平县钱东潮商文化小镇分别入选国家和省特色小镇创建工作示范点。全市城镇化率为64.5%，比上年提高0.5个百分点。

质量效益提升，经济新动能增强

2017年，创新驱动发展成效显现。潮州市先进陶瓷材料创新研究中心成功建立，省级孵化器取得零的突破，年产值5亿元以上工业企业实现研发机构全覆盖。全市新认定省级工程中心、技术中心12家；高新技术企业78家，比上年增加25家；每万人口发明专利拥有量2.19件，比上年增长10.8%；1—11月专利授权量3759件，比上年增长8.7%；“三去一降一补”五大重点任务完成情况较好。全市规上工业企业资产负债率为32.9%，比上年下降1.6个百分点。实施“1+N”产业扶持措施，全年落实扶持资金3.4亿元，减免各项税费9.7亿元；规模以上工业劳动生产率18.8万元／人，比上年增长13.1%；征地留用地历史遗留问题等16项短板事项成功解决，村卫生站公建规范化建设进度居全省首位；能源、水利和公共设施投资分别增长167.9%、66.2%和34.4%，有力弥补了长期以来的欠账问题；在全省率先建立工业企业基本信息库，完成企业录入审核8 465家。大众创业、万众创新热潮涌动，放管服改革扎实推进。全市各类市场主体首超10万户，达到10.35万户，增长13.5%；新增市场主体2万户，增长30.9%；“个转企”企业为569家，“四上企业”增至1160家，上市和挂牌企业分别达到9家和47家。开设“金融超市”，聚集“潮民投”“闽粤民投”和中潮产业、宜华股权投资基金等民营资本超过30亿元，促成各类融资96.8亿元，普惠金融“村村通”实现全覆盖。金融风险有效防控，不良贷款率11.1%，比上年减少1.7个百分点。

民生事业改善，人民获得感增强

2017年，全市扎实推进普惠共享，切实保障和改善民生，民生支出112.7亿元，占公共预算支出78.9%。全市物价形势总体稳定，居民消费价格水平比上年上涨1.3%。居民收入稳步增长，城乡居民人均可支配收入19 429元，增长7.6%；城镇居民人均可支配收入22 695元，增长4.2%；农村居民人均可支配收入13 673元，增长8.9%。推进就业创业工作，新增城镇就业1.87万人，城镇登记失业率控制在2.58%。扶贫工作精准有效，全市完成精准扶贫年度脱贫任务，45个省定贫困村已落实建设资金3.9亿元。

2017年，全市以“治六乱”为突破口，全方位、立体式推进城乡环境整治，取得突出成效。共投入治理资金3.9亿元，清理路面3.4万公里、河岸6 850公里、各类垃圾约83万吨，“两违”“两清”专项行动共完成清拆110万平方米，清理禁养区规模化和专业户畜禽养殖场（户）322个。以“六个十”为抓手，加大力度提升城市品位，肉菜市场、黑底化道路等项目顺利实施，西湖夜景提升、人民广场音乐喷泉改造等69项市政工程全面完工，中山路工艺街景观提升、一江两岸夜景提升等15个项目顺利实施，城乡环境和市容市貌明显改善，潮州市成为全省唯一一个全国“厕所革命优秀城市”。

2017年，全市认真落实中央环保督察反馈意见，将“加大大气污染整治”列入全市重要议事日程，强化各项大气污染防治工作，持续改善空气质量。全市空气质量全面达到二级标准，优良天数达到349天，优良率为95.6%，比上年提高2.7个百分点，提高幅度列全省第一位；空气质量综合指数在全省排名第6位，比上年提高5位。韩江获评全国十大“最美家乡河”，全市新增60个市级生态示范村，新建省级森林小镇3个，完成造林1.7万亩、森林碳汇抚育5.4万亩。

（李清森）

2017年潮州市深化供给侧结构性改革

2017年，潮州市贯彻落实《广东省供给侧结构性改革总体方案（2016—2018年）及五个行动计划》《广东省推进供给侧结构性改革2017年度工作方案》，及时召开全市深化供给侧结构性改革工作会议，部署打好供给侧结构性改革攻坚战，加快推动《潮州市积极推进供给侧结构性改革实施方案（2016—2018年）》《潮州市推进供给侧结构性改革2017年度工作方案》全面实施，扎实推进供给侧结构性改革各项任务。2017年，实现国有特困企业脱困41家，商品房去库存39万平方米，国有企业资产负债率38.16%，帮助企业减负18.8亿元，完成补短板重大工程投资82.28亿元。

坚定不移去产能　2017年，开展国有、非国有“僵尸企业”摸查工作，建立数据库。制订出台《潮州市国有企业出清重组“僵尸企业”实施方案》，分类处置“僵尸企业”。全市63家关停企业已全部出清；41家特困企业已通过分立改制、兼并重组、资本运营等方式基本实现脱困，解决企业欠薪、欠税、欠费等各项问题，国有资产得到有效盘活，资产负债率逐步下降，企业逐步扭亏为盈，在岗职工的工资、社保也得到了持续有力的保障，完成全部脱困任务的100%；主动在陶瓷行业中开展淘汰落后窑炉设备的淘汰落后产能工作，对烧成一吨成品陶瓷，能耗800公斤标准煤以上的窑炉一律淘汰。通过窑炉节能技术改造项目的实施，陶瓷单位产品能耗比原来下降近50%，其中日用陶瓷吨瓷能耗保持在0.5吨标准煤／吨瓷以下，部分达到0.3吨标准煤／吨瓷，已远远低于全省的先进值，节能水平领先全国各陶瓷产区，达到世界先进水平。加大涉钢企业的排查力度，对辖区内所有可能具备炼钢能力的企业、工厂作坊进行“地毯式”清查，尚未发现全市辖区内存在钢铁生产企业或工厂作坊；召开中山—潮州对口帮扶第二轮第四次联席会议，全面贯彻落实“粤东西北地区振兴发展暨产业共建工作现场会”有关部署要求，全力推动帮扶工作和产业共建向纵深发展。积极组织参加“中山—潮州产业共建招商引资洽谈会”，签约32个项目。已承接16个珠三角梯度转移项目，完成年度目标的106%。

千万百计去库存 截止2017年12月底商品房库存面积206.64万平方米，比上年底减少39.04万平方米。其中：商品住房库存面积191.79万平方米，比上年底减少21.82万平方米，商品住房去库存周期为15.8个月。非商品住房库存面积14.85万平方米，比上年底减少17.32万平方米，非商品住房去库存周期为42.8个月；加快住房制度改革，与建设银行潮州市分行签订潮州市住房租赁业务战略合作协议，力促建设银行潮州市分行与14家房地产商代表签订合作协议，共同推进全市住房租赁市场建设；制订印发了《潮州市城区低收入住房困难家庭住房租赁补贴管理办法的通知》，通过发放租赁补贴的形式，支持住房保障对象在市场上租赁住房，化解部分商品房库存；通过数据统计，鼓励房地产开发企业降价促销或将库存非商品住房出租，盘活楼盘回收一定资金。对商品住房项目停止实施“90平方米以下套型住房占全部套型70%以上”的要求，发挥市场配置资源作用，活跃房地产市场。2017年，商品房销售面积147.08万平方米，同比增长73%。

科学合理去杠杆 2017年，市三家农信联社杠杆率为－4.3%，均被列入全省23家高风险机构行列，其中市区、潮安2家杠杆率分别为－4.3%、－11.0%，均被列入11家严重高风险机构行列；饶平农信联社经过努力杠杆率达到了监管要求。针对具体问题，加强与省农信联社和广州农商行座谈交流，并对农信改制的重难点问题和关键环节进行了梳理，在此基础上形成《潮州市全面推进农村商业银行组建总体方案》，其他各项农信改制基础准备工作有序开展；建立辖区银行、证券、保险业和非银行机构风险监测定期报告制度，加强风险监测分析和结果运用。选择陶瓷、不锈钢、服装、房地产行业等重点行业进行授信风险监测。关注银行业金融机构资产质量变化情况和流动性风险状况，加强跨部门、跨行业、跨市场风险监测。建立潮州市小额贷款公司及融资性担保公司工作联席会议制度，加强对市两类机构的管理。强化监管措施，通过聘请第三方专业审计机构、更新完善非现场监管软件系统和开展行业机构风险评级等稳健推动辖区小额贷款、融资担保等地方金融行业发展。在全省小贷公司监管履职考评排名中，潮州市取得了第四名的好成绩。开展金融防风险宣传教育活动，制定金融防风险“五进一宣传”工作计划。建立完善金融维稳工作机制制度，成立了防控金融风险联席会议制度和处置非法集资领导小组，深入开展风险排查专项行动，开展了互联网金融风险专项整治、涉众金融领域社会矛盾专项治理、非法集资风险专项整治、各类交易场所“回头看”、信访案件维稳等五个专项行动，对重点领域和重点机构加强督导检查；积极推动和帮助辖内企业申请到主板上市、到全国中小企业股份转让系统或区域性股权交易市场挂牌。出台了《潮州市鼓励企业利用资本市场融资的若干措施》。2017年全市新增上市企业2家，累计达到9家，总市值约700亿元；新增新三板挂牌企业2家，累计达到11家，其中进入创新层企业1家；在各类区域性股权市场挂牌企业累计达到36家；发行公司债券3.5亿元，全市共通过资本市场实现直接融资10.6亿元。

多举并措降成本 2017年，推进营改增全面扩围，加快落实国家高新技术企业优惠政策和小微企业税收优惠政策等措施，着力降低企业和个人税负成本，累计减免各项税收近10.7亿元。全面落实国家关于2017年4月1日起取消或停征35项涉企行政事业性收费政策，推进部分涉企行政事业性收费减免工作，共减免各项收费8 253万元。落实停征价格调节基金等政府性基金减免政策，扩大教育费附加、地方教育附加、水利建设基金免征范围等，共减免各项收费565万元；提升企业劳动力技能水平，共拨付劳动力技能晋升培训补贴1 322.84万元，惠及劳动者7 022人。执行上级降低企业社保缴费比例、住房公积金缴存比例要求，为全社会降低成本约2.55亿元；2017年获得全市中小微企业风险补偿金贷款企业81家，贷款金额24 540万元，可直接为企业减负（减少贷款利息）627万元。组建粤财普惠金融（潮州）融资担保股份有限公司，全年共签约合作银行3家，合作授信额度8.4亿元；落地担保户数5户，担保金额215万元。开展存量债务置换工作，梳理全市存量债务，强化与债权人沟通协商，提前签订置换协议，共完成债务置换11 930万元；执行省发改委调整销售电价政策，从2017年1月1日起，电价每千瓦时统一降低2.33分，取消城市公用事业附加，并将国家重大水利工程建设基金和大中型水库移民后期扶持基金的征收标准统一降低25%，按测算年可减轻群众负担23 433万元。加快电力市场改革和售电侧改革，积极推进电力直接交易，共有三环等5家用电大户以及名瑞等40多家省级产业转移园内的工业企业参与电力市场交易；推动公铁联运试点工作，力促枫溪铁马货运中心纳入省多式联运试点项目。推动取消普通公路车辆通行费，自2017年1月1日起全市取消车辆通行费年票制，不再收取年票制年票、次票或委托高速公路代收普通公路决票，全年可减负3514万元。

扎扎实实补短板　2017年，推进纳入省补短板18项重大项目库相关项目，包括农村电网配电工程、天然气主干管网、宽带网络工程、交通网络工程等33个子项目，完成投资82.28亿元，完成计划的116.4%；共完成省下达全市农村配电网建设投资5.15亿元，完成年投资计划的113%，完成低压线路1 680千米，配变容量43万千伏安。乡村地区户均配变容量达到2.39千伏安／户；完成省下达全市燃气管道建设投资3.09亿元，完成年度计划的335.5%；全市城镇居民天然气气化率12%；全面完善三大基础电信运营商4G及无线宽带城市建设工程、公共区域WLAN、超高速无线局域网项目建设，完成投资5.98亿元，完成年度计划的104.2%，移动宽带普及率达到77.3部／百人；宁莞高速潮州段12月28日全线通车，潮州大桥、如意大桥实现全面通车，大埔至潮州高速公路（含大埔至漳州支线）项目、潮汕环线高速公路（含潮汕连接线）二期（上北至溪头段）项目进展顺利，梅汕铁路客运专线（含动车运用所）加速推进，互连接、相互补充、层次分明的快速交通网络基本形成。2017年，全市交通基础设施建设完成投资50.37亿元，完成年度计划的140.3%；全年完成省下达水利防灾减灾和水安全保障能力工程建设投资11.75亿元，完成年度计划的115.1%。万亩以上海堤达标率提高到84.2%；潮安区垃圾焚烧发电厂项目9月垃圾焚烧首试成功，潮州市第二污水处理厂主体工程建设项目厂区主体工程已基本完成，2个黑臭水体整治项目已完成省联合大督查的整治任务。全年共完成省下达环境污染治理工程投资5.2亿元，推动城镇生活垃圾无害化处理率提高到88.9%、城市污水处理率达到80.96%；新能源汽车配套充电桩加快布局，完成充电桩建设108条，完成投资1 250万元，完成年度计划的125%；推进基础教育现代化建设青少年校园足球项目，全年累计投入资金6 100万元，完成计划的100%。全年推进教育现代化建设项目完成投资0.55亿元，占年度计划的100%；成立了潮州市地下管廊工作领导小组。印发了《潮州市城市地下综合管廊建设实施方案》，对地下综合管廊建设各项工作进行部署，工程前期工作积极推进中。

（市发改局）

潮州大桥、如意大桥建成通车

2018年1月15日上午，潮州市交通强市重点建设项目——潮州大桥和如意大桥建成通车。潮州市区内连接韩江东西两岸的大桥达到5座，改善了一江两岸三地交通条件，优化区域发展环境，助力潮州迈进振兴发展新时代。潮州大桥西起潮州大道，经南堤、上埔村、沙洲岛下洲村、东厢堤、窑美村、埔涵村，东接潮州东大道，设计总长3 000米，主桥双向六车道，行车速度60公里／小时，工程投资7亿元。如意大桥位于市区南部，横跨韩江东、西溪和江东岛，连通省道潮汕路、护堤路、安澄路和建设中的潮州东大道。项目总投资4.35亿元，线路全长7公里，其中桥梁长度2895延米，按二级公路标准建设，双向四车道，设计时速每小时60公里。潮州大桥和如意大桥同时建成通车，打通了磷溪、官塘、铁铺、江东等交通和经济相对落后地区与韩江西岸经济比较发达地区的便捷对接通道，为加快韩江新城开发建设步伐奠定坚实的基础。

潮州大桥 是继广济桥、韩江大桥、金山大桥建设后新建完成的第四座大桥。于2013年6月29日开工建设。采用单塔双面斜拉索预应力混凝土斜拉索桥，中间高架转盘立交与沙洲岛对接，并直跨南堤路至潮州大道，主线设计起止点总长约3 000米，其中桥梁全长2 420米，主塔高108米，全桥共计斜拉索88根，桥面宽30.5米（含人行道），双向六车道，东、西岸引道共长580米。主线设计行车速度60公里／小时。建设的目的是为改善韩江两岸的交通现状以及推进潮州市“城市东拓”战略奠定坚实的基础；实现在韩江东岸再造一个新城区（韩东区），营造“一江两岸”城市发展新格局的关键性工程。

如意大桥 位于潮州市区南部，横跨韩江东、西溪和江东岛，连通省道潮汕路和建设中的潮州东大道，项目总投资4.35亿元，线路全长7公里，设计时速每小时60公里。如意大桥投入使用后，对于潮州市完善公路网络布局、推动城市东扩发展、解决江东岛居民“出行难”问题，以及消除韩江潮州供水枢纽行车安全等方面，都将起到十分重要的作用。其建设历程为2009年9月25日奠基；2011年10月26日立项批复；2012年5月15日开工建设；2016年9月20日东西溪大桥130米跨主桥成功合龙；2016年11月原暂定名“韩江东西溪大桥”正式更名“如意大桥”；2016年11月12日大桥枫溪段延长线拆迁完成，实现全线拓通；2018年1月15日正式通车。

（市交通运输局）

潮州市加强地方立法工作

2017年，市人大常委会围绕推进立法科学化进程，不断完善“党委领导、人大主导、政府配合、各方协同、公众参与”的立法工作机制，围绕市委提出的关系经济社会发展全局和人民群众根本利益的立法建议和要求，严格按照立法法、广东省地方立法条例和潮州市制定地方性法规条例的规定，扎实稳妥地推进了《潮州市人大常委会2017年立法工作计划》各个立法项目的落实。

作为潮州市获得地方立法权后制定的第一部实体性地方法规《潮州市韩江流域水环境保护条例》于2017年3月1日经省人大常委会批准后实施，这标志着潮州市正式开启了法治建设的新篇章。条例实施以来，市、各县（区）政府及有关部门高度重视韩江流域水环境保护工作，建立健全并推进实施了多项韩江流域水环境保护工作制度，不断完善韩江流域水环境保护制度体系，切实加强韩江流域水环境监督管理，扎实抓好韩江流域水污染防治，为潮州市韩江流域水环境保护工作提供了强有力的法制保障和法律支撑。

《潮州市历史文化名城保护条例》自2017年11月15日起正式施行以来，有效地推进了全市的历史文化遗产保护工作，传承和弘扬了潮州优秀传统文化，不断地推动了潮州文化产业的创新发展。

此外，《潮州市黄冈河流域水环境保护条例（草案）》在2017年12月份进入审议表决阶段。《潮州市扬尘污染防治条例（草案）》也于年底前完成前期调研和起草工作，进入一审程序。全市各个立法项目进展顺利，各项立法工作有序推进、全面开展。

（市人大办）

潮州市“六个十”项目建设

【简况】 2017年，潮州市实施“六个十”项目，建设改造意东堤渡口公园、韩滨园周边小游园、环城北路街头小游园、西湖公园、凤凰洲公园、新凤绿地公园、北溪桥闸下游左岸绿地小公园（鹤塘公园）、社光文化公园、卧石后头山公园等一批公园。完成金山大桥下东侧、西侧停车场，府学旧地等一批停车场建设。完成环城北路、环城西路、环城南路、南堤路、永护北路、永护南路、绿榕南路、新春路、新春南路、福安路等一批道路“黑底化”和绿化改造提升。新改建西湖公园山腰路、慧如公园大门右侧、人民广场东侧、潮州大道与潮枫路交界处、凤凰洲公园环岛路、凤城公园等52座公厕。建设改造西濠市场、南较市场、景山市场、西门市场义安市场、上东平市场、义井市场、北门市场、上埔市场、新春南市场等一批肉菜市场。

（市城管局）

【九个肉菜市场升级改造】

全力推进9座肉菜市场升级改造　2017年，隶属潮州市“六个十”建设项目之一的十座肉菜市场升级改造项目，其中属于潮州市市场物业管理总站辖属的义井市场、北门市场、西门市场、上东平市场、南较市场、景山市场、西濠市场、义安市场、宫前市场等9座肉菜市场升级改造已全面完成并对外营业。

市场建设背景及概况　2017年7月市委市政府确定对城区十个肉菜市场进行改造升级，并由市市场物业管理总站负责其中义井市场、北门市场、西门市场、上东平市场、南较市场、景山市场、西濠市场、义安市场等8个市场的改造工作（后来增加宫前市场改造项目，合计9个），要求于2018年元旦前完成改造。由于缺乏这方面建设经验，该站迅速组织相关人员外出学习借鉴先进地区经验；并开展多渠道多形式的主题宣传；快速完成摸底、腾退、拆迁、工程招标等前期工作；工程开工后，重点加强施工监管和腾退市场经营管理秩序；全力推进施工进度，2018年春节前9个改造市场全部竣工并对外营业。

场容场貌焕然一新　市场完成升级改造后，彻底改变了过去设施陈旧、配套简陋、档次低、格局不合理、经营低端化、环境脏、乱、差等现状；成为硬件设施完善、软件管理规范、卫生制度落实、场容整洁、通风透气、灯光明亮、四害密度达标，符合商务部标准化肉菜市场的设置与管理规范的肉菜市场；此次市场改造累计总投资3 130万元，改造总面积20 252平方米。市场总摊位数由原1013个增加到1 283个，比增26.5%；市场总在营率从原50%提高到85%；为广大市民提供优美、舒适的购物场所，提升了城市品位。

市场及周边经营环境管理切实加强　市场改造后，重点加强对市场的管理及市场周边经营秩序的整治。对内完善包括日常管理制度、卫生保洁制度等各项规章制度，落实规范化经营；对外加强市场周边环境整治，向经营者发放宣传资料；联合相关部门加强对市场周边的乱摆乱卖、占道经营现象的综合治理，对流动摊贩进行劝说，引导进场经营，规范市场周边秩序，确保市场及周边经营有序，环境整洁，市场稳定，为潮州市创建全国文明城市创造有利条件。

（市国资委）

2017中国瓷都·潮州陶瓷精品展系列活动

2017年12月3日，由中国陶瓷工业协会、中国轻工工艺品进出口商会主办，广东陶瓷协会支持，潮州市陶瓷行业协会和潮州市建筑卫生陶瓷行业协会承办的2017中国瓷都·潮州陶瓷精品展、第十届中国陶瓷产品设计大赛及中国陶瓷工业协会日用陶瓷分会年会等系列活动在潮州市枫溪陶瓷城开幕。活动由中国轻工业联合会原会长步正发，中国陶瓷工业协会名誉会长杨志海，中国陶瓷工业协会理事长杜同和，中国轻工工艺品进出口商会会长王忠奇与潮州市委书记刘小涛共同启动。

2017中国瓷都·潮州陶瓷精品展为期8天，以“新潮州·新制造”为主题，分设中国瓷都陈列馆、中国陶瓷艺术大师展、潮州陶瓷精品展、第十届中国陶瓷产品设计大奖赛和潮州陶瓷企业展等五个展区，总面积达6.89万平方米。邀请了吴为明、王龙才等14位中国陶瓷艺术大师，展出瓷塑、瓷画、手拉壶等300多件套展品；组织了松发、四通、伟业、长城、顺祥等70多家潮州陶瓷龙头企业参展，展出产品上万件，涵盖日用瓷、陈设艺术瓷、卫生陶瓷等门类。

活动通过打造政务服务微信公众号，进行“最受大众喜爱十佳陶瓷精品”网络大众评选。此次入围参与“最受大众喜爱十佳陶瓷精品”评选共55家企业，88件套陶瓷产品。自展会开幕起，评选活动热度持续高涨，每天吸引海量市民访问投票。截至12月10日24时，活动共创造了308万的投票量、130万的访问量。松发、雅诚德、乐群、长城、金鹿、弘扬、大业、三华、伯林、波士发等十家陶瓷企业的产品获得“最受大众喜爱十佳陶瓷精品”称号。

第十届中国陶瓷产品设计大赛于12月3日在潮州举办，旨在搭建全国陶瓷设计技术、思想和理念的学习交流平台，通过分设日用陶瓷类、陈设艺术陶瓷类、电子陶瓷类、瓷砖类、卫生陶瓷类和环境、园林陶瓷类等六个类别评比，鼓励设计构思独创、功能实用合理、材料工艺创新及作品个性鲜明，着力提升全国陶瓷产品设计水平，促进陶瓷行业向深层次、高目标持续发展。同时，举办以生肖“狗”为主题的“戌狗迎新——第四届生肖陶瓷大赛”，鼓励积极创新，创作出具有现代感的生肖瓷艺术新形式。同时，还举办了国家用瓷观摩展；召开了中国陶瓷工业协会日用陶瓷分会年会，研讨当前日用陶瓷行业现状及发展前景，进行中国陶瓷工业协会日用陶瓷分会换届工作。

潮州陶瓷生产历史悠久，是全国的古瓷都和陶瓷文化的发祥地之一，是蜚声海外的“中国瓷都”。潮州陶瓷企业通过技术改造、研发设计等，积极适应国内外市场新变化，产品质量和档次不断提升，品牌影响力逐步扩大，营销渠道继续扩展，国际市场占有率和自有品牌出口稳步上升，转型升级取得长足发展。举办2017中国瓷都·潮州陶瓷精品展系列活动，是潮州市委市政府落实新发展理念、建设现代化经济体系的一项具体举措；是在承载潮人千年技艺的基础上，站在新时代的门槛上展望潮州陶瓷产业发展未来的盛事。

（市经信局）

央视文化盛会相继“花落”潮州

2017年12月29日，由中央电视台主办，潮州市委、潮州市政府承办的中央电视台《2018春节戏曲晚会》潮州分会场活动在广济楼广场举办。国家级非遗传承人、国家一级演员郑舜英，国家一级演员王流之等潮州演员，以及台湾、广州、香港、澳门等地演员同台亮相，展示潮剧、粤剧、京剧等多种戏种，展现不同地方戏曲艺术的独特魅力，以及中华儿女曲同脉、人同源的传统文化。借助央视平台，通过潮剧、潮州大锣鼓、潮州舞龙、饶平布马舞、潮州铁枝木偶等传统文化展演，向全国人民展示独具特色的潮州文化，提升城市知名度和美誉度。

潮州市作为全国两个分会场之一，受到各类媒体广泛关注。南方网、新浪网、广州日报等多家媒体、网站转载报道，单条微信阅读量突破200万。这次活动既是潮州市保护传承中华优秀传统文化的重要举措，又是擦亮“历史文化名城”“中国瓷都”“中国工艺美术之都”城市名片、提升城市美誉度和影响力的重要举措。

除《2018春节戏曲晚会》潮州分会场活动，潮州市与中央电视台合作，筹办2018年1月10日《唱响新时代》潮州专场、音乐节目《乐游天下》潮州篇取景录制、“百城千家万户：同书新春联，共庆新时代”春联活动、2018年3月2日春节特别节目《唱响新时代·元宵特辑》等。节目集中在春节期间播出，全国乃至全世界的观众通过央视平台进一步领略潮州独特的文化魅力和城市形象，这对宣传推介潮州文化，提升潮州城市影响力发挥了积极推动作用。

（市委宣传部）

潮州市荣获全国“厕所革命优秀城市奖”

11月19日，2017年世界厕所日暨中国厕所革命宣传日活动在北京举行。潮州市厕所革命成绩突出，成为全国十个之一、广东省唯一一个“厕所革命优秀城市”，受到国家旅游局表彰。市委常委、市政府副市长杨安队赴京出席活动并代表市政府上台领奖。广东省旅游局副局长梅其洁参加会议并向潮州市获奖表示祝贺。

潮州市委、市政府历来高度重视厕所革命，党政一把手亲自协调推动工作。全市上下广泛动员，协同推进，围绕实现“数量充足、干净无味、实用免费、管理有效”的目标，根据新的国家旅游厕所建设管理规范，结合潮州实际制定建设标准，注重体现潮派建筑特色，实施潮州“四化”（美化、绿化、亮化、文化）旅游厕所打造工程。潮州市一批优秀企业主动捐建了50座标准示范性标杆厕所。

潮州市厕所革命工作特别注重厕所文化的建设与推广。淡浮院、紫莲山庄等景区厕所别具创意地融入潮州传统文化，“把文化植入厕所，让厕所更有品味”，把独具魅力的潮文化巧妙地展示给游客。绿太阳景区创造性地建成第三卫生间，突显厕所革命的人文关怀。在绿岛山庄、滨江长廊等景点，文明如厕的温馨提示处处可见。在节假日，旅游志愿者走上街头宣传，发放文明旅游小贴士，引导游客市民增强文明意识，主动参与旅游厕所的环境维护。通过全市上下的共同努力，厕所革命深入城乡、普及景区内外。厕所革命开展三年来，全市共完成新改（扩）建旅游厕所200座，城市文明程度、整体人居环境和旅游环境有了新提升。

（市旅游局）

甬莞高速潮州段建成通车

广东省东山（闽粤界）至潮州古巷公路（简称“潮漳高速”）是宁波至东莞国家高速公路（编号G15W3）的重要组成部分，为新增国家高速公路省际“断头路”，被列为2014年广东省重点工程。项目建成通车后，对完善国家高速公路网络，提高闽粤公路通道运输能力和服务水平，加强海峡西岸经济区与珠江三角洲经济区经济联系，促进沿线地区经济社会协调发展具有重要意义。该项目采用政府还贷高速公路模式，由省、市（潮州市）共同投资建设，共享收益盈亏。广东省南粤交通投资建设有限公司、潮州市潮大交通投资建设有限公司分别作为广东省、潮州市的投资主体。

项目位于潮州市境内，路线起于饶平县东山镇（闽粤界），接福建省已建成通车的漳州至诏安（闽粤界）高速公路，途经浮山、浮滨、樟溪、磷溪、意溪、文祠、归湖镇，止于潮安区古巷镇，接已建成通车的潮州至惠州高速公路。路线全长64.561公里，设特大桥4座、大桥30座、中小桥16座，隧道3座，互通立交6处（东山、浮山、意溪、文祠、归湖、古巷），服务区1处（樟溪服务区），停车区1处（古巷停车区），管理中1处（意溪管理中心），主线收费站1处（粤闽饶平主线收费站）治超站1处，桥隧比为28.1%。按双向四车道高速公路标准建设，设计速度100公里／小时，整体式路基宽度26米。总投资72.79亿元。本项目按政府还货高速公路模式，由省市按7：3比例共同投资建设。先行工程于2014年10月28日开工建设，全线于2015年3月30日开工建设，全线于2017年12月建成通车。

（市交通运输局）

“茂芝会议”90周年纪念活动在饶平县举办

2017年是南昌起义军茂芝军事决策会议召开90周年。为贯彻落实党的十九大精神和习近平总书记对广东的重要批示精神，宣传革命文化，传承红色基因，不忘初心，牢记使命，推动广大党员干部更加自觉地投身于新时代中国特色社会主义伟大事业。11月27日至28日，中共潮州市委和中共广东省委党史研究室联合在饶平县举办“茂芝会议”召开90周年系列纪念活动。

修复馆址，打造红色经典 茂芝全德学校是朱德主持召开的南昌起义军军事决策会议旧址。为保护这处重要的革命遗址，在专家学者的指导下，饶平县遵循《中华人民共和国文物保护法》规定，对旧址按照“修旧如旧”原则进行修复，并在全德学校内布置当年的与会将士蜡像，再现历史场景。

美化环境，营造红色氛围 “茂芝会议”90周年系列纪念活动举行前夕，饶平县深入挖掘红色文化资源，开展县城至“茂芝会议”旧址沿线整治提升工程，沿线设立红色宣传牌、文化墙和雕塑，构筑了一条长达70公里的红色文化长廊。修复全德学校、建设“茂芝会议”纪念馆、“茂芝会议”红色文化广场和麒麟岭古驿道、革命烈士纪念碑等红色革命纪念地，营造了浓烈的红色文化氛围。

授予牌匾，树立红色品牌 28日上午，纪念活动正式开始。在上饶镇“茂芝会议”纪念馆前，省委党校、市委党校分别向“茂芝会议”旧址——全德学校授予“广东省干部党性教育基地”、“潮州市干部党性教育基地”牌匾；省委宣传部、省国防教育领导小组把“茂芝会议”旧址——全德学校定为广东省国防教育基地。

开展研讨，明确历史意义 28日下午，召开“茂芝会议”90周年学术研讨会，与会的专家学者发表了对茂芝会议的研究成果，从不同角度畅谈“茂芝会议”在全党全军历史上的重要贡献。28日晚，举办“苏区精神永放光芒——茂芝会议胜利召开90周年专题文艺晚会”。前来参加“茂芝会议”90周年纪念活动的革命后代代表刘建、周勇、李小勇、陈小鲁、粟惠宁、叶莲、杨珠江、赵京娅；省委党史研究室副主任王涛，中国扶贫基金会副会长、广东省老区建设促进会会长陈开枝，中国老区建设促进会副秘书长、老区精神研究会常务副主任刘津远；军事科学院世界军事研究部原副部长罗援，中国管理科学院副院长应明阳；市领导刘小涛、殷昭举、杨志明、林壮森、张传胜、赖建华、陈少宏，潮州军分区司令员汤强华等领导、嘉宾、专家学者观看演出。

（陆妍慧）

2017中国刺绣艺术交流展

2017年11月4日，由中国非物质文化遗产保护协会主办，广东省非物质文化遗产促进会、中国非遗协会刺绣专业委员会和潮州市非物质文化遗产保护中心协办，潮州市百师园创意馆承办的“2017中国刺绣艺术（各绣种）交流展”在潮州市百师园创意馆开幕，这是首次在潮州举办的全国性刺绣艺术大型展会。中国非物质文化遗产保护协会名誉会长、原文化部副部长王文章，中国非物质文化遗产保护协会会长、原文化部非遗司司长马文辉，国家工商总局消费者权益保护局局长施玉足，潮州市副市长王文森等共同为交流展暨中国刺绣非遗传承人高级研修班揭牌。

中国刺绣艺术（各绣种）交流展旨在弘扬工匠精神，展示中国刺绣独特的文化优势与艺术魅力，振兴中国优秀传统工艺。参展作品不仅涵盖了苏绣、湘绣、粤绣、蜀绣四大绣种，还集聚了全国各地各民族30多个绣种，共计百余位刺绣专业人员近两百幅作品在此展示。

潮州是“潮文化”发祥地，拥有“中国工艺美术之都”“中国民族民间艺术之乡”“国家历史文化名城”“中国著名侨乡”“中国瓷都”“中国婚纱晚礼服名城”等城市名片，历史文化底蕴深厚，非物质文化遗产丰富，传统工艺美术门类品种繁多。拥有陈设艺术陶瓷、手拉壶、潮州金漆木雕、潮州刺绣、抽纱、麦秆画、嵌瓷、大吴泥塑，以及金银饰品、花灯剪纸、香包玩具、潮州鼓乐、竹编制品等40多个传统工艺门类，形成工艺品种齐全、覆盖面广、体系完整的格局。其中“潮绣”更是作为中国“四大名绣”粤绣的一个分支而名满天下，其以绣艺精美细致、构图均衡饱满，色彩亮丽而具立体感著称，具有浓郁的地方色彩和独特风韵，在中国刺绣工艺中独树一帜。

潮州市通过政府主导、社会参与，大力推动传统工艺美术传承和创新，使不少工艺产品从规模上、品位上均处于国内优势地位和领先水平，并在国内各个重要展会上屡屡获奖。

2017中国刺绣艺术交流展

2017年3月2日，中国刺绣艺术研究院在潮州市党政机关会堂揭牌成立落户潮州，为潮州传统工艺迎来了难得的发展契机，进一步加强了与全国刺绣艺术设计、文化的深度交流，促进了传统工艺与现代时尚产业、文化创意产业融合发展，也提高了“潮”文化知名度和影响力。

此次展会的举办，大力推动中国当代刺绣艺术的发展。潮州将以此次展会为契机，加强与全国各地刺绣艺术等传统工艺文化的学习交流，加大对非遗文化项目的支持和重视力度，搭建平台创新方式，推动刺绣与婚纱礼服等产业、传统艺术、文化创意的深度融合和创新发展；推动非遗文化在保护中传承，在传承中创新，在创新中发展。

（市经信局）

韩江入选全国首届10条“最美家乡河”

“寻找最美家乡河”活动由水利部主办，旨在助推国情水情教育，培育爱水、节水、护水社会风尚，保护河湖，促进水生态文明建设和河长制工作深入实施，建设美丽中国。2017年12月17日，全国首届“寻找最美家乡河”大型主题活动在西安举行，现场揭晓2017年度全国“最美家乡河”，韩江在全国数十条河流竞争评选中，成功入选2017年度全国10条“最美家乡河”。

此次活动自2017年启动以来，通过各省推荐，专家初选、专家和公众投票相结合的方式，在全国范围内选出10条“最美家乡河”。评选坚持乡情之河、生态之河、民生之河、发展之河、和谐之河、文化之河和故事之河等七大理念，唤起人们的乡愁和对家乡的美好感情。韩江以其悠久的历史文化、丰富的人文和传奇的革命故事、良好的生态环境、美丽江河景色，深深打动广大公众和每一位评委。在公众投票环节，韩江得票高居第四，专家评委也给予很高评价，经过激烈竞争，最终成功入选全国首届10条“最美家乡河”。

韩江发源于广东紫金县，在梅州汇合汀江和梅潭河后，自北向南流经潮州、汕头，最后流入南海，是仅次于珠江之后的广东第二大河。韩江全长470公里，年均径流量270亿立方米，约为黄河的二分之一，为粤东地区1 800多万人民提供生活生产用水。为了保护韩江，潮州市自2012年以来开展韩江综合整治，持续保持高压态势，严厉打击盗采河砂、乱搭乱建、严格控管排污、严格清查违法违规两岸养殖等破坏韩江河道堤防及污染韩江水质的行为；同时，通过对金山大桥下湿地的改造提升、对“一江两岸”四堤的综合整治，有效维护了韩江水生态、保护韩江水环境，韩江水质长期保持在地表2类水质。

（市水务局）

韩江

重要纪事

1月

1日，潮州市第三次全国农业普查正式入户登记。

1日起，潮州全市开展摩托车“带牌销售”工作。

1日起，经广东省政府同意，潮州市取消车辆通行费年票制。

3日，潮州市婚纱晚礼服协会成立。

6日，中国农工民主党潮州市委员会召开第四次代表大会。

9日，由广东省工艺美术协会、广东省工艺美术学会主办，广东省工艺美术协会紫砂朱泥壶专业委员会、潮州市工艺美术协会、谢华紫砂壶博物馆承办的“2017第三届紫砂朱泥壶现场手拉坯技艺制作大赛”在潮州市中国瓷都陈列馆举行。

9日，“广东十大海上丝绸之路文化地理坐标”终评在广州举行，潮州市宋代笔架山窑获评“广东十大海上丝绸之路文化地理坐标”称号。

12日至14日，中国人民政治协商会议第十二届潮州市委员会第一次会议在潮州市党政机关会堂召开，杨志明当选市政协主席。

13日，广东省第十二届人民代表大会常务委员会第三十一次会议批准潮州市第十四届人民代表大会常务委员会第三十六次会议于2016年12月30日通过的《潮州市韩江流域水环境保护条例》，自2017年3月1日起施行。

13日，饶平西片古驿道被列入广东省2017年重点打造8处古驿道示范地区之一。

13日至17日，潮州市第十五届人民代表大会第一次会议在市党政机关会堂召开，李水华当选市十五届人大常委会主任，殷昭举当选市人民政府市长。

14日，潮州市2017年民间潮乐大赛在潮安区人民公园启动。

18日，潮州港经济开发区管委会与国家电投集团广东电力有限公司举行《闽粤经济合作区（潮州）综合能源项目合作框架协议》签约仪式。

21日，广东广播电视台2016“我的中国梦”主持人大赛总决赛暨“红色崛起　苏区饶平”联欢晚会在潮州市饶平县上饶镇举行。

24日，潮州市弘扬法治公益基金会召开第一届第一次理事会议，选举基金会第一届理事会组成人员。

2月

4日，潮州市深化供给侧结构性改革暨推进国家新型城镇化综合试点市建设动员大会在市党政机关会堂召开。

6日至7日，第11届中国城市“电信杯”少年围棋赛在潮州举行，来自厦门、汕头等地的10多支城市代表队、100多名优秀少年业余棋手参加比赛，潮州队获团体冠军及4项个人冠军。

7日，广东健诚高科玻璃制品股份有限公司和华南理工大学等单位合作实施完成的“高白度日用玻璃陶瓷制品的关键技术及产业化”项目获2016年度广东省科学技术奖一等奖。

8日，“情系颐园——伟南先生与饶宗颐学术馆”展览在潮州市饶宗颐学术馆开幕。

8日，由香港潮州商会永远名誉会长陈伟南带领的香港潮州商会第50届会董组成的潮汕三市访问团到潮访问。

9日，中共潮州市第十四届纪律检查委员会第二次全体会议在市党政机关会堂召开。

9日，2017年潮州市“南粤春暖”暨春季人才交流招聘会在潮州体育馆举行，共5 000多人（次）进场求职，初步达成就业意向约1 280人。

10日，朱德之孙、空军指挥学院副院长朱和平少将、开国上将杨至成之子杨珠江先生一行来到饶平县上饶镇参观革命旧址。

10日，周恩来侄女周秉德、周恩来侄子周秉均一行莅潮参观涵碧楼。

11日，潮州市2017年闹元宵系列文化活动于农历正月十五举行。活动以“春满凤城　鼓动潮州”为主题，在牌坊街和市人民广场举行。

11日，潮州市湘桥区城基初级中学学生陈菲入选2016年度全国“最美中学生”。

16日，潮州市政府与中信正业投资发展有

限公司、中国安华集团有限公司签订城市基础设施投资建设项目合作框架协议。

18日，“残弱有难，唯爱无疆”潮州市助残济困慈善晚会暨唯爱慈善会首届慈善晚会在市人民广场大剧院举行。

20日，潮州市召开“六城同创”工作会议。

23日，潮州市潮安区凤翔峡旅游开发有限公司在深圳前海新四板成功挂牌，是潮州市以生态旅游项目开发为融资载体的旅游企业首次登陆深圳前海股权交易中心。

2月，由共青团中央、农业部联合开展的第十届“全国农村青年致富带头人”评选活动结果揭晓，潮州市青年企业家林伟强入选，成为市在该次评选活动中的唯一上榜者。

3月

1日，美国潮商总会访问团莅潮访问。

2日，中国刺绣艺术研究院揭牌成立，落户潮州。

4日至5日，潮州首届志愿公益文化节暨团组织助力“六城同创”志愿服务活动在市人民广场举办。12个“六城同创”志愿公益活动创投项目获创投基金。

6日，中共潮州市第十四届委员会召开第三次全体会议。

7日，广东省副省长蓝佛安带队到潮州市调研教育和文化文物工作。

9日，潮州市政府与广东省广业集团有限公司签订《关于共同推进潮州市环境综合整治合作框架协议》。

13日，2016年潮州市青少年科技创新大赛评出一等奖16项。

16日至17日，中国共产党潮州市代表会议在市党政机关会堂举行，会议选举产生17名潮州市出席省第十二次党代会代表。

17日，潮州市工商业联合会（总商会）召开第十三次会员代表大会，选举产生新一届领导班子。

17日至19日，潮州市参加第32届广东省青少年科技创新大赛共获20项奖励，其中一等奖5项，列全省各市第四位，3项作品被推送参加全国赛。

18日，潮州民营投资股份有限公司正式创立。

20日，广东省文明办公布2016年第四季度、2017年第一季度“广东好人”名单。潮州市许成富、梁心荣、周红分别获评2016年第四季度“助人为乐好人”称号和2017年第一季度“诚实守信好人”“孝老爱亲好人”称号。

22日，国内首家注册登记的省级民办档案馆——广东省岭海档案馆在潮安区龙湖镇举行开馆仪式。

24日，潮州市21所中小学被认定为第一批省级青少年校园足球推广学校，潮安区被认定为第一批省级青少年校园足球试点区。

27日，潮州市创业孵化基地揭牌仪式暨“2017粤东创业英雄会”创业大赛启动仪式在潮州市举行。

30日，广东四通集团股份有限公司首获“海关高级认证”证书，该资质为海关最高信用等级。

30日，广东省省长马兴瑞到潮州市调研产业、民生工作情况。

31日，潮州市召开全市创新发展大会。

4月

7日，潮州市组织收看收听全国、全省第一次全国可移动文物普查总结电视电话会议，全市11家收藏单位共登录藏品1.26万件／套，实际数量2.77万件。

7日，潮州市公安机关在福建云霄、揭阳警方的配合下，成功打掉一个特大“六合彩”网络赌博团伙，一举抓获犯罪嫌疑人15人，团伙主要成员全部落网，涉案金额高达11.2亿元。

7日，《春晖赋——革命母亲李梨英》首发暨赠书仪式在潮安区凤凰山革命纪念公园举行。

11日，“全国公安机关执法示范单位”市公安局湘桥分局、市看守所举行揭牌仪式。

15日，第121届广交会在广州琶洲会展中心拉开帷幕，潮州市组织247家企业入会参展。

16日，唯爱慈善超市成立并揭牌。

24日起，潮州市公安机关出入境管理部门全面受理电子往来台湾通行证的申请，同时停止签发本式往来台湾通行证。

25日，第19届国际潮团联谊年会团长暨秘书长会议在印尼雅加达举行，会议期间，潮州市政府与国际潮籍博士联合会举行潮汕高等研究院（潮汕大学）和国际潮人博士团公社项目签约仪式。

27日，潮州市首家公立医院托管卫生院——潮州市人民医院江东分院正式成立。

28日，潮州市委、市政府在市党政机关会堂举行集会，庆祝“五一”国际劳动节，表彰先进集体和先进个人，启动“潮州市第五届职工职业技能比赛”、“潮州市最美工匠评选活动”和“自己树丰碑、职工最干净”主题活动。

28日，潮州市纪念建团95周年暨实施“双百工程”助力百团大战动员大会在市党政机关会堂举行。

5月

2日，潮州市委首轮巡察工作动员会在市党政机关会堂召开。

3日，广东省委学习宣传贯彻习近平总书记重要批示精神宣讲团到潮州市开展宣讲活动。

4日，潮州市潮安区区委巡察机构正式揭牌，成为全市首个正式挂牌成立的区级巡察机构，该区首轮巡察工作同时启动。

4日，潮州市公布第七批市级非物质文化遗产项目名录，潮州畲歌、潮州佛乐——禅和板、潮州麒麟舞、潮州讲古、潮州玉雕、潮州漆器制作技艺、潮州炭炉制作技艺、潮州佛手果（老香黄）制作技艺、潮州腐乳饼制作技艺等9个项目被列为第七批市级非物质文化遗产代表性项目。至此，全市共有51项市级非物质文化遗产。腐乳饼制作技艺是第1个列入市级非物质遗产项目的潮州饼食。

5日，潮州市云计算数据中心挂牌仪式在中国电信潮州分公司举行，为粤东规模最大、服务能力最强的数据中心。

6日，广东省省委常委、常务副省长林少春赴潮州市检查潮州供水枢纽防汛备汛工作。

7日至9日，广东省省委书记胡春华赴汕头、潮州、揭阳市调研。

10日，潮州市与清华大学签订人才合作协议。

13日，第17届广东省青少年机器人竞赛在汕头澄海宝奥国际玩具城举行，潮州市湘桥区意溪中学派出的两支参赛队伍分别获得VEX机器人工程挑战赛高中组全省冠军和机器人创意比赛初中组全省二等奖。

14日，潮州市举办“自己树丰碑·潮州人最干净”——创建全国文明城市千人巡游活动。

15日至16日，全国政协委员、中国人民解放军装备学院原副院长刘建少将带队到潮州市考察“茂芝会议”和“潮州七日红”有关革命历史旧址。

18日，粤财普惠金融（潮州）融资担保股份有限公司揭牌暨合作协议签约在潮州—中山产业创新中心举行。

19日，潮州画院举行纪念毛泽东《在延安文艺座谈会上的讲话》发表75周年创作座谈会。20日，举行“潮城·古风”——潮州古城区大型写生创作活动。

21日至26日，由潮州市文联主办的“大美潮州——潮州市书画影作品展”在市人民广场文化长廊展出。

24日，2017年全国“最美家庭”评选活动结果揭晓，潮州市潮安区江东镇洲东村蔡凤花一家成为市唯一获得称号的家庭。

25日，广东省级非物质文化遗产大城所端午节“游旱龙”第三届民俗文化节在潮州市饶平县所城镇大城所城大衙内举行。

25日，潮州市召开“全国科技工作者日”座谈会，庆祝首个“全国科技工作者日”。

28日，由中国书画收藏协会、潮州市文化馆、潮州佃介眉研究会联合主办，饶宗颐题匾的《佃介眉先生书画艺术展》在潮州人民广场文化长廊开幕，以纪念潮州著名书画艺术家佃介眉诞辰130周年。

28日，由潮州市妇联主办的“绘美丽蓝图、圆童心梦想”庆祝六一国际儿童节幼儿运动会在市体育馆举行。

31日，潮州市委在市党政机关会堂召开全市传达学习贯彻省第十二次党代会精神大会。

31至6月3日，第22届中国国际厨房、卫浴设施展览会在上海新国际博览中心举行，潮州市共组织23家企业参展，展位320个。

5月，潮州市启动第一届文明家庭创建评选活动。

6月

1日起，潮州市地税局联合国税部门撤并了全市的国地税实体单边办税厅，在全省率先全面实现国地税共建办税厅“一厅对外”和基本涉税业务“一窗式”办结。

2日，刘小涛任潮州市委委员、常委、书记。

2日，澳门潮属社团总会访问团到潮州市开展文化合作交流活动。

7日，2017年普通高等学校统一考试开考，全市有2万余名考生参加高考。

8日，“中潮慈善爱心基金”成立大会在市党政机关会堂举行。

9日，由潮州市直工委、团市委联合主办的全市青年党员、团员“践行绿榕精神，争当百团大战标兵”主题演讲和征文比赛举行颁奖仪式。

9日至12日，潮州市文广新局组织潮绣、潮州木雕、枫溪手拉壶制作技艺、潮州麦秆剪贴画、潮州单丛茶制作技艺等5个项目10名传承人，以及潮州文里英歌舞队，赴江门开平市参加广东省“文化和自然遗产日”展示、展演活动，同时派出潮绣和潮州木雕艺人参加第六届中国成都国际非物质文化遗产节的展示活动。

14日，驻潮部队全面停止有偿服务军地协调领导小组会议在潮州市召开。

20日，全市2万多考生参加2017年中考考试，市首次初中生学业考试同日进行。

20日，潮州市青年联合会十届一次全委会暨市青商会第三次会员大会召开，大会选举出新一届市青年联合会主席和市青商会会长。

21日，美国夏威夷潮州会馆访问团莅潮访问。

24日，“风雅颂”广东省第三届朗诵大赛总决赛在东莞市举行，潮州赛区选送的6名选手获得1金5铜的好成绩。

26日起，潮州市全面启用全国统一的机动车号牌选号系统，实现号牌资源申请、号牌发放、号牌生产及号牌使用全程监管。

29日，潮州市人民政府与广东省广轻控股集团有限公司签署中国工艺美术之都博览园战略合作框架协议。

30日，潮州市委、市政府在市党政机关会堂举行2017年“广东扶贫济困日”活动仪式。

7月

1日至2日，第七届国际武林斗茶大会在深圳茶博会上举行，潮州市滴滴香茶叶有限公司的乌岽八仙茶品获凤凰单丛组银奖。

3日，正大集团副总裁、卜蜂莲花执行董事长、砚峰书院院长李闻海获“泰国头条新闻2016—2017年度风云人物奖”。

4日，潮州市第七届拔尖人才选拔工作启动。

5日，广东省粤东西北“双百镇（街）社会工作服务五年计划”太平街道社会工作服务站正式揭牌成立，标志着省“双百计划”在潮州市10个镇（街）的工作全面落地启动。

8日起，潮州市9所城市公立医院将实施药品和医疗服务价格改革。9所城市公立医院全部取消药品加成（中药饮片除外），降低药品价格，合理调整医疗服务价格。

10日，中国纺织工业联合会驻广东潮州传统工艺工作站成立。

10日，注册资本达10亿元的潮州宜华股权投资合伙企业（有限合伙）正式成立，公司落户于凤泉湖高新区。

11日，潮州市人民政府与广东省粤科金融集团股份有限公司签订战略合作框架协议。

12日，潮州市人民政府与暨南大学签署建立全面合作关系协议书。

13日，广东省军区在市党政机关会堂召开潮州军分区党委第一书记任职大会。省军区党委决定，任命潮州市委书记刘小涛为中共广东省潮州军分区委员会委员、常务委员会委员、第一书记。

13日，潮州市举行国家级出口陶瓷质量安全示范区授牌仪式，并启动出口商品质量提升倡议活动。

14日，2017年潮州市“一企一岗·互济共赢”高校毕业生暨汕潮揭人力资源招聘会在潮州体育馆举行。

17日，潮州市“六城同创”“治六乱”工作动员大会在市党政机关会堂召开。

18日，汕头大学医学院附属潮州医院挂牌成立，潮州市人民医院正式成为该学院的非直属附属医院。

19日，潮州市金山实验学校、市高级实验学校，以及湘桥区城南实验中学和城基实验中学分别对各自初一报读新生进行电脑公开摇号派位招录。

20日，潮州市惠民工程——中山路工艺街提升改造工程动工。

25日，广东潮州（广州）投资推介洽谈会在广州市举行。此次活动共签约项目21个，投资金额52.5亿元，覆盖城市综合体、农业产业园、粮油加工等方面。

27日，潮州市政府与泰富重装集团、香港澜湄投资控股有限公司、中国安华集团签订战略合作框架协议。

27日，潮州市“人才咖啡”在湘桥区中山路“郡城义仓”文化创意中心揭牌成立。

27日，潮州国家陶瓷质检中心与加拿大标准协会（CSA）检测认证战略合作授牌仪式在市质监局举行。

28日，中央军委颁授“八一勋章”和授予荣誉称号仪式在北京举行。潮州饶平县汫洲镇的“钢铁战士”麦贤得被授予“八一勋章”。

28日，潮州市工商局为“潮州市中潮质量检测技术有限公司”颁发全市首张全程电子化营业执照。

7月起，潮州地税全面推出电子税票开具服务，全市纳税人随时随地登录广东省电子税务局、广东地税电子办税服务厅、微信公众号、自助办税终端等电子办税渠道。

7月，一批重220吨、货值14.7万美元的工业级混合油经潮州检验检疫局检验检疫合格后顺利出口葡萄牙，是首次“地沟油”产品从潮州地区出口。

8月

8月1日至4日，2017年第四届广东省体育大会围棋赛在惠州市举行，潮州队夺两项冠军。

8月1日至10日，《追寻将军足迹，传承长征精神——潮籍开国将军陈德生平展》在潮州市文化长廊展出。

2日，潮商名贤祠揭幕典礼在潮州砚峰书院·淡浮收藏院举行，共有明代以来17位名贤入祠。

2日，泰国潮州会馆访问团和国内外侨界及部分社团领袖代表、传媒嘉宾到潮州市参观访问。

3日，潮州市政府与益海嘉里投资有限公司签订战略合作框架协议。

3日，潮州市政府与韩山师范学院签订《市校共建先进陶瓷材料创新研究中心框架协议》。

3日至7日，潮州市举行2017南国书香节暨第11届“书香潮州”全民读书节活动。

4日，潮州市政府与北大青鸟集团签订战略合作框架协议。

7日，广东省文明办公布2017年第二季度“广东好人”名单，潮州市曾献春、许镇强分别获得“见义勇为好人”称号和“孝老爱亲好人”称号。

10日，国际潮青联合会友好访问团莅潮访问考察。

12日，潮州市精准扶贫村村通就业信息网开通仪式在饶平县新圩镇长彬村举行。

14日，潮州市湘桥区桥东街道的阮德贤家庭获第12届“广东省优秀书香家庭”称号。

16日，以“回潮·团圆”为主题的青少年“潮文化”体验系列活动启动，香港、深圳两地60多名潮籍青少年成为活动的首批回潮体验学生。

18日，2017年潮州市“尊师重学”系列活动——“金银星”奖学金颁奖大会在在市党政机关会堂举行，639名优秀学子获得“金银星”奖学金。

18日，潮州开元镇国禅寺及岭东慈善基金会联合举办“开元·菩提”奖学金颁奖仪式，颁发15.3万元奖学金奖励27名优秀寒门学子。

19日，来自广东省各地级市及澳门的29支代表队、550名业余围棋好手相聚潮州，角逐2017年广东省“东莞证券杯”围棋锦标赛。

20日，第28届潮汕星河奖、第七届潮汕星河辉勇师表奖和第五届潮汕星河中青宝助学金颁奖颁发大会在揭阳市举行。潮州市共有37名优秀青少年和7个先进优秀集体喜摘“品德、学业、科技、文艺、体育”五项星河大奖，18名优秀教师荣获辉勇师表奖，5名高考考生获得中青宝助学金。

23日，潮州集德福利会举行2017年金秋助学发放仪式，向市区以及农村部分家庭经济较困难的大中专学生共107名发放助学金近50万元。

24日，“关爱学子·一路同行”——佛山市潮州商会资助优秀困难学生助学金发放仪式在市政府党政机关会堂举行。

25日，三百门码头重启外贸运作，来自西班牙“惠金桥08号”货轮经此次新开辟的“香港——汕头——三百门”进口航线，成为三百门码头作为国家进口肉类指定口岸所接收的第一批货物。

28日，潮州三座大桥顺利合龙贯通，分别为潮州大桥、潮漳高速韩江特大桥左幅和凤泉湖大桥。

28日，潮州市2017年文化艺术节启动仪式暨舞剧《沙湾往事》公益演出在市文化艺术中心大剧院举行。

31日，在由中国农业国际合作促进会茶产业委员会、中国合作经济学会旅游合作专业委员会发起的2017年度“全国十大魅力茶乡”评选活动中，潮安区荣获“全国十大魅力茶乡”称号，成为广东省唯一一个获得此荣誉的单位。

9月

2日，广东省委常委、常务副省长林少春到汕头、潮州、揭阳市调研粤东水系连通及水环境污染综合整治工作。

3日，潮州市果树研究所主持、经过15年的研究选育出来的“凤大晚蜜”龙眼通过省级现场鉴定。

5日，广东省科技厅公布2017年度国家级科技企业孵化器培育单位和广东省众创空间试点单位名单，由潮州市科技局推荐的“柏熹科技孵化器”获得认定，实现市国家级科技企业孵化器培育单位零的突破。

7日，泰国中华总商会访问团到潮州访问。

8日，潮州市委、市政府举行潮州市2017年“尊师重教系列活动”颁奖大会。

8日至10日，2017广东国际旅游产业博览会在广州举行，潮州市获“最佳组织奖”。

10日，潮州市举行2017年度欢送新兵仪式，首批230名新兵奔赴军营。

16日，潮州市古琴学会举行成立大会。

16日，2017年广东“众创杯”创业创新大赛之农村电商赛总决赛在广州举行，潮州市参赛项目“妈鲜网筹备组”获团队组金奖。

16日至17日，潮州市健美操协会组队代表市参加2017年广东省健美操锦标赛，夺得徒手健身操（舞）自选动作小学乙组第一名。

19日，潮州市工商局与中国银行潮州分行联合颁发市首张金融功能电子营业执照。

20日，联合国教科文组织代表团一行到潮州市考察。

22日，广东省文明校园创建工作电视电话会议表彰广东省第一届文明校园，潮州市高级实验学校、潮州市实验学校名列其中。

26日，潮州市政务新媒体矩阵上线仪式暨第四届潮州市网络安全宣传周活动在市党政机关会堂举行。

27日，首届“潮汕星河成就奖”暨潮汕星河国瑞科技奖第11届颁奖大会在汕头市举行。大会授予中国第一代核潜艇的总设计师、潮汕籍的中国工程院院士黄旭华以“潮汕星河成就奖”，潮州市的王昌佑、廖进勇2名科技工作者荣获“潮汕星河国瑞科技奖”。

28日，潮州市举行33个重点项目动竣工仪式，涵盖产业、交通、环保、物流、城建、民生等多个领域，总投资超过100亿元。

28日，潮州市“喜迎十九大·共创文明城”文艺晚会在市文化艺术中心大剧院举行。

30日，潮州市委、市政府在西湖公园市革命烈士纪念碑前举行潮州市2017年“9·30”烈士公祭活动暨向烈士纪念碑敬献花篮仪式。

10月

11日，广东省副省长许瑞生莅潮调研许驸马府祠堂古建筑保护建设等有关工作。

11日至14日，广东省委常委、秘书长江凌到粤东调研。

12日，潮州市政府与汕头海关签署共建“21世纪海上丝绸之路”战略合作框架协议。

12日，2017年潮州市“六城同创”“治六乱”国庆青年志愿服务工作总结表彰大会，表彰10个优秀志愿组织和177名志愿者。

13日，潮州市纪念少先队建队68周年暨“童心喜迎十九大·六城同创绘家园”少先队员绘画作品展在市人民广场文化长廊启动。

13日，潮州市高层次人才联谊会成立。

14日至19日，第44届世界技能大赛在阿联酋阿布扎比举行，代表中国参赛的潮州市学生唐培强获项目银牌，刘培桐、詹志远获项目铜牌。

18日至21日，广东省副省长黄宁生赴潮州、揭阳、汕头3市调研科技创新、省市共建本科高校等有关工作。

24日，潮州陶瓷全球采购基地授牌仪式暨区域国际品牌全球发布会在广交会现场举行。

27日，潮州市第16届运动会在潮州体育馆开幕，奥运冠军林跃、张雁全亮相开幕式。11月6日举办闭幕式。参赛总人数达到1771人，是历届市运会规模较大的一届。

30日，潮州市传达贯彻党的十九大精神大会在市党政机关会堂召开。

11月

1日，“海丝桑梓美，魅力侨乡情”——第17次闽粤两省六市侨联工作经验交流会在潮州市举行。

4日，2017中国刺绣艺术（各绣种）交流展在市百师园创意馆开幕，是首次在潮州市举办的全国性刺绣艺术大型展会。

10日至12日，中国（潮州）国际婚纱礼服周在潮州举行。

11日，“我的梦——第四届广东省演讲大赛”暨“2017广东省修身齐家演讲大赛”潮州赛区复赛在市文化馆落下帷幕，由潮州、汕头、汕尾、揭阳等4市选拔出来的20名选手参赛，潮州市2名选手获得金奖。是月25日，在东莞市举行的总决赛中，潮州赛区的选手获得1金3银2铜，潮州市文化馆获得优秀组织奖。

13日，广东省委宣讲团党的十九大精神宣讲报告会在市党政机关会堂举行。

13日，潮州市老字号协会正式成立。

17日，潮州市潮安区浮洋镇大吴村、枫溪区枫溪一村获第五届全国文明村镇称号。

19日，2017年世界厕所日暨中国厕所革命宣传日活动在北京举行。潮州市成为全国十个之一、广东省唯一一个“厕所革命优秀城市”。

23日，潮州市茂芝会议研究会在市委党校揭牌成立。

25日，2017年度“感动潮州”人物致敬盛典在市文化艺术中心大剧院举行。邱春霞等获年度“感动潮州”人物（团体），战斗英雄麦贤得被授予“最高致敬人物”称号。

28日，中共潮州市委与中共广东省委党史研究室在饶平县联合举办“茂芝会议”90周年系列纪念活动。同日，“茂芝会议”90周年学术研讨会在饶平县绿泉会展中心举行。

29日，马来西亚潮州公会联合会总会长黄赐兴一行莅潮访问。

30日，潮州市政府和广东光正教育集团有限公司签订战略合作框架协议。

30日，潮州市举行第一批历史建筑挂牌及授牌仪式。

12月

2日，2017年粤东教育信息化发展论坛暨粤东第二届微课大赛颁奖典礼在潮州市委党校举行。

2日，潮州市的笔架山潮州窑考古遗址公园成功入选国家文物局公布的第三批国家考古遗址公园立项名单，成为广东省获准立项的两个单位之一，也是粤东地区首个获准立项的国家级考古遗址公园。

3日，2017中国瓷都·潮州陶瓷精品展系列活动在枫溪陶瓷城开幕，为国内首届国瓷展览。

4日，中国陶瓷工业协会日用陶瓷分会第四届会员（代表）会议在潮州市召开。

6日，广梅汕铁路增建二线及厦深联络线潮安站至龙湖站接轨开通。

9日，潮州市政府与潮州供电部门合作共建的200根电动汽车充电桩项目动工建设，此一合作为全省首例。

11日，第19届中国专利奖评选结果公布，潮州市共有4项专利获此专利领域最高政府奖。

13日至18日，以“弘扬工匠精神”为主题的广东省木雕艺术作品展在潮州市人民广场文化长廊开展。

14日，潮州潮安区委、区政府将国学大师饶宗颐70年前手书的“继志亭”碑刻捐赠给潮州市饶宗颐学术馆。

15日，潮州市中心医院易地新建项目动工。

15日起，潮州市第二部实体性法规《潮州市历史文化名城保护条例》正式施行。

16日，2017中国（深圳）首届“麒麟王”争霸赛在深圳市龙岗区举行，潮州市潮安区庵埠镇文里村文里麒麟舞队获金奖。

17日，潮州市第十五届人民代表大会第二次会议在市党政机关会堂开幕。

17日，全国首届“寻找最美家乡河”大型主题活动揭晓仪式在西安举行，广东韩江成功入选2017年度全国10条“最美家乡河”。

19日，潮州市第十五届人民代表大会第二次会议在市党政机关会堂闭幕。刘小涛当选为市人大常委会主任。

19日至20日，广东省委常委、组织部部长邹铭到潮州市开展学习宣传贯彻党的十九大精神“深调研”活动。

21日，潮州市潮安区通过省级考核验收成为全省首个出口休闲食品质量安全示范区。

23日，林楚歆家庭等10户家庭获潮州市第一届“文明家庭”称号。

24日，第五届潮汕围棋擂台赛在汕头市落幕，潮州市围棋队夺得优胜者杯。

27日，潮州市健身操舞大赛暨潮州市中小学生、幼儿健美操啦啦操比赛在市人民广场举行。

28日，“品味潮州·寻梦古城”百家旅行社潮州大型旅游签约与宣传踩线活动在市党政机关会堂举行。

28日，宁莞高速公路潮州段正式通车。

29日，潮州市与云南省城市建设投资集团有限公司签订战略合作框架协议。

29日，央视《2018春节戏曲晚会》潮州分会场节目在广济楼前录制。

29日，潮州港历史上首条外贸内支线（潮州港—厦门港）正式投入运营。

（辜超淳）

概况

区位环境

【建置沿革】 潮州之名，始于隋开皇十一年(591)。其名是取“在潮之洲，潮水往复”之意。秦始皇三十三年（前214），在岭南置南海郡、桂林郡和象郡3郡，潮地属南海郡。汉高祖三年（前204）赵佗建南越国，潮地归南越国。汉元鼎六年（前111），南越国亡，潮地仍属南海郡。东晋咸和六年（331），潮地属东官郡。东晋义熙九年（413），分东官郡立义安郡，这是潮地郡一级建制之始。隋开皇十一年，在原义安郡境立潮州。这是潮州得名之始。这时潮州领海阳、绥安、海宁、潮阳、义招、程乡（一说当时的海阳县境称义安县）等6县。唐天宝元年（742），潮州改称潮阳郡。至唐乾元元年（758），复潮州。以后一直称潮州。元至元十六年（1279）改州为路，称潮州路。潮州路辖海阳、揭阳、潮阳3县。明洪武二年（1369）改路为府，称潮州府。潮州府辖海阳、揭阳、潮阳、程乡4县。清承明制，仍称潮州府。雍正十一年（1733），置嘉应州。潮州府辖海阳、揭阳、潮阳、饶平、惠来、大埔、澄海、普宁8县。乾隆三年（1738）置丰顺县后，潮州府辖9个县。

民国初，废潮州府，改置潮州安抚使，驻汕头；后改潮梅镇守使、潮循道、东江行政专员公署等，曾一度改驻潮州城。1936年改设为广东省第五区行政督察专员公署，1946年改为第六区，1949年4月析为第七（和第八）区，专署均驻潮州城。

中华人民共和国成立后，设潮汕临时专署、粤东办事处、粤东行政公署，均驻潮州城。1955年9月，行署治所才迁往汕头。1956年设汕头地区专员公署。

1953年1月以潮安县城关镇设为潮安市，6月经政务院批准改称为潮州市，为省辖市；1958年11月撤销潮州市建制，其地域并入潮安县；1979年8月国务院批准以潮州镇以及下津、卧石、社光、黄金塘、六亩等5个村地域，恢复潮州市建制；1983年12月国务院批准撤销潮安县，其行政区域并入潮州市，潮州市为省辖县级市，委托汕头市代管；1988年12月省政府批准潮州市归省直接领导，享受市（地）一级管理权限；1989年12月省委决定潮州市为副地级市。1991年12月，国务院调整潮汕地区行政区划，潮州市升格为地级市，辖新设立的湘桥区（县级）、新恢复的潮安县和原汕头市管辖的饶平县。

【自然条件】 潮州市地处祖国南疆，位于韩江中下游，是广东省东部沿海的港口城市。东与福建省的诏安县、平和县交界，西与广东省揭阳市的揭东县接壤，北连梅州市的丰顺县、大埔县，南临南海并通汕头市和汕头市属的澄海区。全市土地面积3146平方千米，海域533平方千米，海（岛）岸线长136千米。

潮州市属亚热带海洋性季风气候，气候温和，雨量充沛，终年常绿，四季宜耕。年平均气温22.1℃。

全市地势北高南低。山地、丘陵占全市总面积的65%，主要分布在饶平县和潮安区北部。主要山脉有粤闽交界的武夷山系——嶂宏山脉支脉和潮梅交界的莲花山系——凤凰山脉。凤凰山脉主峰凤凰大髻，海拔1 497.8米，是潮州市的最高山峰。韩江自西北向东南斜贯潮州城区和潮安区，黄冈河自北向南贯穿饶平县境。

潮州市资源丰富。有粮食播种面积68.08万亩，粮食产量28.57万吨。全市现有林业用地18.75万公顷，有林地17.22万公顷，森林面积19.70万公顷，森林覆盖率62.9%，森林蓄积量671.61万立方米，生态公益林面积达9.01万公顷。天然水资源充沛，可供开发的水能达14.48万千瓦。主要矿产种类20多种，仅初步探明的高岭土（瓷土）储量有1亿多吨。野生植物资源丰富，境内的维管束植物有1 500种以上，其中野生树种140多种。海洋鱼类繁多，已查明的有470多种。浅海滩涂面积达5.33万公顷，可开发利用的有4.26万公顷。

潮州市的特产主要有凤凰茶、岭头茶、潮州柑、潮州菜、潮州小食和各式凉果等，传统工艺品主要有陶瓷、潮绣、抽纱、木雕、麦秆画等。

全市有不可移动文物共1 345处，其中广济桥（湘子桥）、开元寺、己略黄公祠、许驸马府、韩文公祠、笔架山宋窑遗址、道韵楼、从熙公祠和潮州老城古民居建筑群9处是全国重点文物保护单位。潮州太平街义兴甲巷是中国历史文化名街。潮州自然风光秀丽，有国家AAAA级景区绿岛旅游山庄、东山湖温泉度假村、淡浮收藏院、韩文公祠景区、广济桥文物旅游景区和紫莲森林度假村景区6家；省级风景名胜区有潮州西湖风景名胜区1处；省级森林公园有广东红山森林公园和广东紫莲山森林公园2处。2017年，文祠、赤凤，上饶3个镇被认定为“广东省森林小镇”，笔架山潮州窑考古遗址公园入选国家级考古遗址公园。

【人口民族】 2017年末，全市户籍人口275.5万人；常住人口265.1万人，其中城镇人口170.98万人，人口自然增长率9.9‰。其中男：139.64万人，女：135.86万人。

畲族是潮州市世居的唯一的少数民族。畲族主要分布在境内的3个县（区）9个村，即潮安区文祠镇的李工坑村，归湖镇的山犁村、碗窑村、溪美村，凤凰镇的石古坪村；饶平县饶洋镇的蓝屋村，湘桥区意溪镇的古庵村（雷厝山）、桂坑村和荆山村。潮州是著名侨乡，全市旅居海外的华侨、华人和港澳台同胞约230万人。

【行政区划】 1991年12月7日，潮州市经国务院批准升格为地级市，辖新设立的湘桥区、恢复的潮安县和原汕头市管辖的饶平县，隶属广东省。2013年6月28日，经国务院批准，潮安撤县设区，原潮安县磷溪镇、官塘镇、铁铺镇划归潮州市湘桥区管辖。调整之后，潮州建制县（区）总数不变，仍为3个，即潮安区、湘桥区和饶平县。乡镇行政区划总数不变，仍为41个镇、9个街道。潮安区辖庵埠镇、文祠镇、凤塘镇、江东镇、东凤镇、龙湖镇、彩塘镇、金石镇、浮洋镇、沙溪镇、凤凰镇、古巷镇、登塘镇、赤凤镇、归湖镇等15个镇；饶平县辖黄冈镇、大埕镇、所城镇、柘林镇、海山镇、汫洲镇、钱东镇、樟溪镇、浮山镇、汤溪镇、三饶镇、联饶镇、新圩镇、新丰镇、饶洋镇、上饶镇、建饶镇、高堂镇、浮滨镇、新塘镇、东山镇等21个镇；湘桥区辖湘桥街道、西湖街道、金山街道、太平街道、南春街道、西新街道、桥东街道、城西街道、凤新街道等9个街道和意溪镇、铁铺镇、磷溪镇、官塘镇4个镇；枫溪区管委会（枫溪镇）辖4个社区和26个村。

【人文环境】 潮州市历史文化底蕴深厚，素有“海滨邹鲁”“岭海名邦”之称，是潮州文化的发祥地。全市有市级以上非物质文化遗产保护项目36项，其中国家级非遗项目15项，省级非遗项目19项。潮州人文鼎盛，英才辈出，唐宋时期有常衮、李宗闵、杨嗣复、李德裕、陈尧佐、赵鼎、吴潜、文天祥、陆秀夫、张世杰等十位宰相和文学家韩愈。近现代涌现出许多仁人志士、专家学者、实业家等各类人才，有国际汉学大师饶宗颐、华人富商李嘉诚、国际摄影大师陈复礼等。

【城市名片】 潮州市先后获国家历史文化名城、中国优秀旅游城市、国家园林城市、中国瓷都、中国婚纱晚礼服名城、中国著名侨乡、中国潮州菜之乡、国家重点工艺美术城市、中国工艺美术之都、中国民族民间艺术之乡等称号，是国家日用陶瓷特色产业基地、中国陶瓷出口基地、中国服装跨国采购基地、陶瓷国家新型工业化产业示范基地、中国工艺鞋出口基地和首个国家级出口陶瓷产品质量安全示范区。2017年，潮州市获评全国十个之一、广东省唯一一个“厕所革命优秀城市”。

（编辑部）

经济社会发展

【简况】 2017年,全市实现地区生产总值1 012.77亿元，突破千亿大关，比上年增长6.8%。人均GDP达到38 241元，增长6.6%。经济结构调整优化，三次产业增加值分别为70.56亿元、505.55亿元和436.66亿元，同比分别增长5.3%、5.5%和8.8%，三产结构为7：49.9：43.1，第三产业所占比重43.1%，比上年提高2个百分点。

【农业生产】 2017年，推动主要农作物基本实现良种全覆盖，水稻优质率达95%以上，全市粮食播种面积68.08万亩，粮食总产28.57万吨，其中水稻总产21.4万吨。建设高标准蔬菜水果产业带和现代农业园区，特色农业产值占种植业总产值提高到65%以上，全市水果总产达到26.23万吨，蔬菜产量49.75万吨，茶叶总产量1.78万吨。全市45家市级以上农业龙头企业实现销售收入54.01亿元，带动农户8.4万户，户均增收1 892元。农村土地确权工作取得突破性进展，全市已完成确权实测面积60.4万亩，颁发证书40万本，颁证率96.8%。

【科技创新】 2017年，全市新认定省级工程中心、技术中心共12家，在省孵化在线平台登记孵化器6家、众创空间4家、在孵企业129家。全市共有43家企业公示认定为省高新技术企业。枫溪区、庵埠镇、古巷镇、浮滨镇、城西街道等5个省级专业镇被认定为潮州市创新发展示范专业镇。全市专利申请量5 688件、授权量4 227件,每万人口发明专利拥有量2.22件，全年共获中国专利奖4项。全年高技术制造业增加值占规模以上工业增加值比重达7.8%，制订实施《潮州市推进工业企业“小升规”四年行动计划（2017—2020年）》，建立2017年小微企业上规模重点培育企业名录，完成企业信息入库审核8 465家，推动新增规模以上企业27家。全市全年工业投资223.41亿元，增长21.2%；工业销售产值1 424.82亿元，增长11.5%；规模以上工业实现增加值369.72亿元，增长6.4%。搭建政银企合作平台，组建潮州市中小微企业政策担保机构，加大对民营企业信贷支持。全年全市规模以上民营企业实现工业增加值229.02亿元，增长7.2%。

【重点项目】 2017年，全市固定资产投资501.05亿元，增长10.2%；其中，第一产业投资累计完成12.27亿元，下降30.5%；第二产业投资完成223.41亿元，增长20.7%；第三产业投资完成265.36亿元，增长5.4%。出台《优化重点项目审批建设工作的实施意见》《关于进一步优化政府和社会投资项目审批流程的实施意见（试行）》。96个市级重点项目全年完成投资181.3亿元，占年度计划的110%，其中4个前期项目提前实现开工建设。推进省下达的18项补短板重大民生工程，包括农村电网改造、天然气主干管网、宽带网络、交通网络等33个子工程项目，计划总投资70.7亿元，全年实际完成投资82.28亿元，完成年度计划的116.4%，超额完成省下达任务。

【市场消费】 2017年，全市实现社会消费品零售总额540.1亿元，增长9.8%。全年居民消费价格总指数上涨1.3%。推动“旅游+”产业融合，创建乡村旅游示范品牌，全面实施旅游网三年行动计划。全年全市接待海内外游客1 534.6万人（次），同比增长30.2%；实现旅游总收入234.76亿元，同比增长29.5%。

【对外贸易】 2017年，制订实施《2017年潮州市促进外贸稳增长调结构专项扶持资金实施方案》。全年进出口总额210.9亿元，增长5.5%；其中出口总额176.2亿元，增长1.5%，进口总额34.7亿元，增长31.3%。设立专项扶持资金，组织企业参加广交会、广东（墨西哥）商品展览会、广东（意大利）商品展览会、中国（上海）国际厨房卫浴设施展览会、上海国际尚品家居及室内装饰展览会、中国国际渔业博览会等国内外重点展会活动。全年对东盟和日本出口分别增长3.9%和2.3%。累计实际利用外资3 545万美元，增长3.4%。参与“21世纪海上丝绸之路”建设，组织举办“一带一路”大讲堂。与海丝56个沿线国家进出口总额16.7亿美元，同比增长6.6%，占全市进出口比重达53.7%。

【财政税收】 2017年，全市一般公共预算收入44.6亿元，增长1.9%，其中税收收入30.2亿元，增长0.9%；非税收入14.4亿元，增长4%；国税国内税收收入57.8亿元，增长11.6%；地税税收收入30.9亿元，增长4%；一般公共预算支出142.8亿元，下降2.6%。出台《潮州市全面推进农村商业银行组建总体方案》，推动农信社改制工作；搭建“潮民投”“闽粤民投”“城建投”等民间资本运作平台，推动凤泉湖高新区与金融机构合作设立中潮产业股权投资基金。全市共有各类金融机构及地方金融组织71家，金融机构本外币存款余额1 267亿元，增长5.3%，本外币贷款余额399.9亿元，增长8.5%。翔鹭钨业、凯普生物2家企业成功上市，全市上市企业达到9家；新增新三板挂牌企业2家，发行公司债券企业1家；通过资本市场实现直接融资10.6亿元。

【新型城镇化】 2017年，甬莞高速粤闽界至古巷段实现通车，全市高速公路通车里程跃升至130千米；潮州大桥、绿榕西路等项目完工通车。恒大、碧桂园等地产项目完成投资27.7亿元，湘桥区“三旧”改造项目完成投资8.6亿元；潮州新区起步区27个项目全年完成投资43.6亿元，累计完成投资80.2亿元，其中潮州—中山产业创新创意园实现试投产。配合省发改委完成《汕潮揭临港空铁经济合作区发展总体规划（2016—2030）》编制工作，推动高铁新城和梅林湖片区纳入规划启动区。莱芙家纺、普洛斯物流园等项目有序推进，梅汕客运专线、广梅汕增建二线及厦深铁路联络线、潮汕站扩容工程、潮汕站动车运用所等一批重大交通项目建设和前期工作进展顺利。闽粤经济合作区LNG（液化天然气）储配站（一期）项目完成罐体桩基工程建设，大唐潮州电厂煤电机组超低排放和节能改造基本完成，潮州港亚太通用码头一期工程竣工通过验收，潮州港扩建货运码头开始试运营，合作区新增签约项目16个。出台实施《潮州市绿色发展示范区总体规划》，“一镇一特”发展态势基本呈现。制订新型城镇化重点建设项目三年滚动计划，开展凤泉湖高新区与铁铺镇“园镇合一”探索。力促意溪镇、钱东潮商文化小镇分别入选国家特色小(城)镇和省级特色小镇创建工作示范点。

【社会事业】 2017年，“六个十”提升工程进展顺利，“两违”专项大整治有序开展，“一江两岸四堤”工程、枫江和黄冈河流域水岸同治等整治工作加快推进，城乡环境进一步提升；全市空气质量优良率为95.6%，达到国家二级标准，地表水水质优良率为83.3%，饮用水源水质达标率100%。投入资金4.8亿元，全面加快教育现代化建设；实现全市公办义务教育标准化学校100%覆盖；积极引进暨南大学附属学校、华南师大附中、广东光正教育集团等名校合作办学项目；强化与韩山师范学院合作，共建“先进陶瓷材料创新研究中心”。健全贫困家庭学生资助帮扶体系，受资助学生共5.7万名，累计投入1.1亿元。全市9家城市公立医院取消药品加成，城乡医疗保险参保率稳定在98%以上，基层医疗机构开展家庭医生签约服务覆盖率为100%。全市参加城乡居民养老、医疗保险、城镇职工养老和职工医疗保险人数分别达到97.03万人、230.75万人、41.62万人和33.62万人，城乡居民养老保险基础养老金水平提高到每人每月120元，城乡居民医保补助标准提高到每人每年450元，大病保险报销比例达到50%以上，大病保险累计为参保人减轻大额医疗费用负担超1亿元。全市新增城镇就业1.87万人，失业人员再就业4 163人，就业困难人员实现就业1 098人，组织劳动力培训9 494人，城镇登记失业率2.6%。城乡居民人均可支配收入预计增长6%，基本与经济增长同步。全市基本建成保障性住房358套，完成目标任务。

（市发改局）

中共潮州市委员会

综　述

【工作部门】 2017年，市委有市委办公室、市委组织部、市委宣传部、市委统战部、市委政法委、市委政研室、市直工委、市编办、市委老干部局等部门。

【重要会议及活动】 2017年1月6日，市委召开全市党校工作会议。1月6日，市委召开党的群团工作会议。1月10日，市委召开2017年“文明镇街、文明村居”创建暨“一线总指挥”履职培训总结会议。1月11日，市委召开中国共产党潮州市第十四届委员会第二次全体会议。1月16日，市委组织收看收听省纪委十一届六次全会第一次全体会议。2月4日，市委召开潮州市深化供给侧改革暨推进国家新型城镇化综合试点市建设动员大会。3月6日，市委召开中国共产党潮州市第十四届委员会第三次全体会议。3月8日，市委书记李水华、市长殷昭举带队前往茂名市学习新型城镇化和新农村建设。3月16日，市委举办中国共产党潮州市代表会议。3月22日，市委召开潮州市创建文明家园工作会议。4月21日，市委举行潮州市“法治潮州·打黑除恶”誓师巡游大会。4月28日，市委书记李水华和市长殷昭举带队前往中山市学习考察，重点学习城市建设和管理工作经验。4月28日，市委、市政府举行“潮州市庆祝‘五一’国际劳动节暨‘争做行业标杆、投身百团大战、助力凤凰腾飞’系列活动启动仪式”活动。5月8日至9日，省委书记胡春华莅潮调研检查指导工作。7月17日，市委召开潮州市“六城同创”“治六乱”工作动员大会。7月17日至18日，省委副书记、广州市委书记任学锋莅潮调研农村、城市基层党建和基层治理情况，新农村建设情况。8月24日，市委书记刘小涛、市长殷昭举带队前往揭阳市学习城市建设、产业建设、市场建设和创文工作。10月10日，市委举办潮州市2017年领导干部党纪政纪法纪教育培训班。10月13日，省委常委、秘书长江凌莅潮考察。10月30日，市委召开潮州市传达贯彻党的十九大精神会议。11月13日，市委举办潮州市县处级主要领导干部学习贯彻党的十九大精神专题研讨班。11月28日，市委举办“茂芝会议”90周年学术研讨会。12月5日，市委、市政府召开潮州市十九大维稳安保总结表彰暨社会治安大整治行动动员大会。12月29日，市委举办《2018春节戏曲晚会》分会场录制活动。

【重大决策】 2017年1月26日，市委、市政府印发《潮州市贯彻落实“三个区分开来”原则治理为官不为问题的实施意见（试行）》。3月1日，市委办印发《潮州市依法治市第五个五年规划（2016—2020年）》。3月12日，市委印发《中国共产党潮州市委员会工作规则》。4月11日，市委办、市政府办印发《关于推进全市事业单位和国有企业公务用车制度改革工作的通知》。4月14日，市委、市政府印发《潮州市创建全国文明城市工作方案》《潮州市创建全国文明城市三年工作规划（2017—2019年）》《潮州市创建全国文明城市2017年专项创建提升行动工作方案》《潮州市引进培养高层次人才办法》。4月17日，市委办印发《学习宣传贯彻习近平总书记重要批示精神总体工作方案》。4月21日，市委办印发《关于开展“以较真作风践行‘三严三实’、深化‘两学一做’学习教育”工作方案》。5月2日，市委印发《潮州市委关于开展巡察工作的意见》。5月10日，市委办印发《关于2017年全市推进“两学一做”学习教育常态化制度化的实施方案》；市委办、市政府办印发《潮州市贯彻落实〈广东省节庆活动管理实施办法〉的意见》。5月15日，市委、市政府印发《潮州市开展新一轮全国“双拥模范城”创建活动实施方案》《潮州市开展新一轮全国“双拥模范城”创建活动三年行动计划（2017—2019年）》

《潮州市创建国家全域旅游示范区工作方案》《潮州市创建国家全域旅游示范区三年行动计划（2017—2019年）》。5月16日，市委、市政府印发《潮州市创建国家环境保护模范城市工作方案》《潮州市创建国家环境保护模范城市行动计划（2017—2019年）》。6月14日，市委、市政府印发《潮州市创建国家森林城市实施方案》《潮州市创建国家森林城市三年行动计划（2017—2019年）》。7月2日，市委、市政府印发《关于深化供销合作社综合改革的实施意见》。7月6日，市委、市政府印发《关于加大脱贫攻坚力度支持革命老区开发建设的实施意见》。7月14日，市委办、市政府办印发《关于开展“治六乱”大行动加快推进“六城同创”工作的方案》；市委、市政府印发《潮州市创建国家卫生城市实施方案》《潮州市创建国家卫生城市三年行动计划（2017年—2019年）》。7月26日，市委办、市政府办印发《潮州市全面推行河长制工作方案》。8月11日，市委办、市政府办印发《关于加强基层医疗卫生服务能力建设实施方案》。8月18日，市委办、市政府办印发《关于建立和完善我市复退军人服务体系的实施意见》。9月14日，市委办、市政府办印发《潮州市脱贫攻坚责任制实施细则》。9月21日，市委印发《潮州市深化人才发展体制机制改革的若干意见》。9月22日，市委办、市政府办印发《潮州市整治违法开采运输堆放销售海砂工作方案》。9月30日，市委印发《关于加强和改进党校工作的实施意见》。10月11日，市委办、市政府办印发《潮州市全民禁毒工程实施方案（2017—2019年）》。10月25日，市委办、市政府办印发《潮州市45个省定贫困村创建社会主义新农村示范村的工作方案》。10月31日，市委印发《关于认真学习宣传贯彻党的十九大精神的通知》。10月31日，市委办印发《学习宣传贯彻党的十九大精神总体工作方案》。11月10日，市委办印发《关于在全市党员干部中深入开展党的十九大精神大学习大培训的实施方案》。11月13日，市委办、市政府办印发《潮州市计划生育目标管理责任制考评办法》。11月20日，市委、市政府印发《潮州市深入推进城市执法体制改革改进城市管理工作实施方案》。11月29日，市委办印发《潮州共青团改革实施方案》；市委办、市政府办印发《关于做好我市异地务工人员服务工作的实施意见》。12月13日，市委印发《关于贯彻落实〈中共广东省委关于持续深入学习宣传贯彻党的十九大精神推动习近平新时代中国特色社会主义思想在南粤大地落地生根结出丰硕成果的决定〉的意见》。12月25日，市委办、市政府办印发《潮州市开展市城区扬尘污染综合治理工作方案》。12月29日，市委办印发《市领导同志开展“深调研”工作方案》。12月29日，市委办、市政府办印发《关于建立潮州市党政领导班子成员挂钩联系重点企业制度的通知》。

【思想认识】

认真组织学习宣传贯彻习近平新时代中国特色社会主义思想和党的十九大精神 2017年，成立由市委主要领导担任组长的学习宣传贯彻党的十九大精神工作领导小组，开展“读原文全覆盖”“五个一”活动，建立市委常委专题学习十九大精神制度，分15个专题组织市委常委谈心得、讲思路、谋工作。全面开展大宣传大宣讲，系统组织教育培训和专题调研，分别召开党的十九大精神进企业、进农村、进机关、进校园、进社区、进网站座谈会。出台《关于贯彻落实〈中共广东省委关于持续深入学习宣传贯彻党的十九大精神推动习近平新时代中国特色社会主义思想在南粤大地落地生根结出丰硕成果的决定〉的意见》。

深入学习贯彻习近平总书记对广东工作重要批示精神和省第十二次党代会精神 习近平总书记重要批示作出后，市委迅速组织学习贯彻，深刻领会“三个定位、两个率先”和“四个坚持、三个支撑、两个走在前列”的重大意义，并同学习贯彻省第十二次党代会精神结合起来，以此指导潮州工作。下发学习宣传贯彻省党代会精神的通知，将报告中关于“促进粤东西北地区实现高水平发展”等目标任务与潮州市加快发展的新目标新任务结合起来，推动习近平总书记对广东工作重要批示精神和省第十二次党代会精神在潮州落实落地。

抓好市第十四次党代会战略部署的贯彻落实　启动涉及19类重要工作293个重点项目的“百团大战”。实施“六月战役”，启动“治六乱”大行动，以超常规的方式推进重要工作、重点项目，结合党的十九大精神和中央、省委有关工作部署，不断深化完善工作思路，实现了经济发展质量、干部士气、企业信心、群众生活品质“四提升”。

【经济发展】

增强有效要素供给　2017年，把提高有效供给作为主攻方向，深入推进供给侧结构性改革。着力破解“用地难”问题，全面推进不动产统一登记工作，出台《关于潮州市城区不动产统一登记有关问题的处理意见（试行）》，引导企业通过“三旧”改造等途径完善用地手续，鼓励发展工业地产，企业用地权属问题取得突破性进展。着力破解“融资难”问题，出台《潮州市鼓励企业利用资本市场融资的若干措施》，搭建政银企沟通合作平台，企业融资渠道逐步拓宽。着力优化人才发展环境，出台《潮州市深化人才发展体制机制改革的若干意见》，与清华大学开展人才交流合作，挂牌成立“潮州市人才驿站”，创办全省首家“人才咖啡”。着力提升技术服务支撑，全市新认定省级工程中心、技术中心12家，年产值5亿元以上工业企业实现研发机构全覆盖。加快科技企业孵化器建设，潮州市柏熹电子商务园投资有限公司和兴业陶瓷有限公司分别被认定为国家级科技企业孵化器培育单位和广东省众创空间试点单位。着力优化政务服务环境，推广全流程专班代理审批、集中审批、限时容缺审批等方式，全面提高审批效率。

加快产业转型升级　把发展经济的着力点放在实体经济上，深入实施创新驱动发展战略，打造潮州特色现代产业体系。扶持培育本土大型骨干企业，继续实施“四梁八柱”民营企业培育认定工作，在省内率先建立全市工业企业基本信息库。出台《潮州市推进工业企业“小升规”四年行动计划（2017—2020年）》，推动538家企业实现“个转企”，促进83家企业上规模，上市企业增至9家。加快高新技术企业培育认定，出台《潮州市促进科技创新发展若干措施》，广东凯普生物科技股份有限公司成功申报2017年国家技术创新示范企业。大力推进新一轮技术改造，落实工业技改事后奖补政策。实施标准化战略，成立华南首家获北美认证授权陶瓷检测（APD）的实验室，实现国外检测互认资格零的突破。培育发展新兴产业，引导新型电子材料（工业陶瓷）、生物医药与大健康、环保新能源、装配式建筑等新兴产业集群发展。加强产业共建和产业转移，积极做好珠三角产业梯度转移工作。创新投融资机制，“潮民投”“闽粤民投”“城建投”等投融资平台相继成立。加强与大财团、大企业的对接合作，与广轻、宜华、粤科金融、泰富重装、益海嘉里、北大青鸟等签订战略合作框架协议，成功争取百亿元产业投资基金落地。加快推动农业现代化、规模化、产业化发展，做大做强特色农业，凤凰单丛茶获得“中国优秀茶叶区域公用品牌”。大力发展现代渔业，“深蓝渔业”和潮安北部万亩淡水养殖示范区建设有序推进。

提升开放经济水平　培育外贸业态，坚持巩固传统市场和拓展新兴市场，全年实现外贸进出口210.9亿元，增长5.5%。稳定发展国内市场，精心组织企业参加国内重点展会、交流推介会，搭建陶瓷、服装和工艺美术等特色产业展示交流平台，成功举办中国瓷都·潮州陶瓷精品展、中国（潮州）国际婚纱礼服周、中国刺绣艺术交流展等一系列重点产业重大活动。与阿里巴巴公司共建“新外贸示范市”，打造新外贸本地化服务中心、跨境电商出口综合服务平台。积极开拓国际市场，主动融入“21世纪海上丝绸之路”建设，举办“一带一路”大讲堂，深化与沿线国家经贸合作交流，加大对企业“走出去”服务指导力度。做好“侨”字文章，大力推行“潮人招潮商”，加强与潮商潮胞的联络交流，组团赴泰国、新加坡、荷兰举办多场贸易和投资环境推介会。

【发展环境】

加快基础设施建设　2017年，加快推进综合交通网建设，交通建设项目数量、公里数、投资额等均创历史新高。甬莞高速粤闽界至潮州古巷段建成通车，大潮高速、潮汕环线高速全线开工，高速公路总里程实现翻番；广梅汕铁路增建二线及厦深联络线、梅汕客专、厦深铁路潮汕站扩容工程有序推进；“内环交通网”初步形成，建成潮州大桥、如意大桥、绿榕西路、外环西路。大力推进水利重点项目建设，“一江两岸四堤”综合整治工程、粤东灌区续建配套与节水改造工程加快推进，河长制全面推行，一半以上镇建成亲水平台。加快推进“供电网”建设，全年完成投资11.83亿元，增长66.4%，潮州500千伏韩江站二号主变扩建工程提前半年启动投产，邹鲁输变电工程、宝山输变电工程稳步推进。大力推进信息化基础设施建设，加强与浪潮、华为、京东等国内云计算、大数据领域的领先企业合作交流。加快推进重大平台规划建设，湘桥区意溪镇被认定为第二批全国特色小镇，饶平县钱东潮商文化小镇入选省特色小镇创建工作示范点。深化中山对口帮扶潮州工作，对口帮扶市域三年资金2亿元一次到位，饶平、潮安、湘桥县域帮扶共33个项目落地建设。闽粤经济合作区强化项目用地、用海等要素保障，潮州港亚太通用码头一期工程完成验收。高铁新城完成核心区征地面积1 390.2亩。潮州新区起步区27个重点项目全年完成投资43.5亿元，累计完成投资80.2亿元，半岛广场建设工程完成征地1 400亩，凤城生态水乡建设顺利推进。

整治提升城乡环境　落实中央环保督察反馈意见整改，加快推进污水处理厂和垃圾焚烧处理厂等环保设施建设，潮安区垃圾焚烧发电厂建成并投入运营。加强水环境综合整治，大力治理枫江流域，保护韩江和黄冈河，韩江入选全国十大最美家乡河。水岸同治“两清”工作基本完成，全市农村“散、乱、小”及规模化畜禽养殖污染整治取得明显成效，禁养区养殖户全面清理完毕。集中开展整治毁林种茶专项行动，毁林开垦茶园势头得到有效遏制。扬尘污染整治成效显著，空气质量优良率达到95.6%，改善幅度全省第一。集中开展声势浩大的“六城同创”“治六乱”大行动，投入城乡环境卫生综合治理资金3.86亿元。加快城市基础设施改造提升，实施“六个十”项目建设，一大批公园、肉菜市场、停车场、厕所及道路“黑底化”、绿化等项目相继竣工，潮州市获评全国“厕所革命优秀城市”。全面启动枫溪区控制性详细规划编制工作，实施潮汕路提升整治工程，西湖公园、一江两岸、人民广场等城市标志性景观进一步美化亮化。加大古城业态引导，中山路工艺一条街、“中国瓷都”城市形象（陶瓷雕塑）布点工作有序推进。实施生态系统保护和修复工程建设，森林覆盖率和人均公园绿地面积实现持续增长。

营造良好营商环境　全面深化体制机制改革，出台《关于优化营商环境扶持企业发展若干措施》，实施“1+N”系列政策措施。全面优化项目审批流程，出台《优化重点项目审批建设工作的实施意见》《关于进一步优化政府和社会投资项目审批流程的实施意见》（试行）。深化商事登记制度改革，落实“五证合一”“多证合一”和个体工商户“两证整合”等一系列改革措施，电子营业执照和全程电子化登记全面推行，市场活力进一步激发，各类市场主体首次突破十万户大关。全面开展经济户口清理，严厉打击不正当竞争行为。加强知识产权保护工作，全年专利申请量为5 688项，位居全省第12位；专利授权量4 227项，位居全省第10位。全面加强企业信用监管，市公共信用信息管理系统完成主体建设进入测试阶段。全面实施一系列“暖企扶企”行动，大力宣传省“实体经济十条”及潮州市出台的各项惠企政策。

【社会事业】

推进社会民生事业　2017年民生类支出112.71亿元，占财政支出的78.9%。坚持优先发展教育事业，开展省推进教育现代化先进市创建活动，引进暨大、华师等名校合作办学，推进创办潮汕高等研究院、潮州卫生健康职业学院。举行“十大感动潮州教师”评选活动，营造全社会尊师重学浓烈氛围。实施积极就业政策，组织开展各类招聘活动，全年新增城镇就业1.87万人。举办“2017粤东创业英雄会”创业大赛，启用市创业孵化基地，为入驻的创业团队提供一系列指导服务。扎实推进社保、医保扩面工作，支持和鼓励社会力量兴办养老机构。完善社会救助、社会福利、优抚安置等制度，及时足额发放各类优抚对象抚恤补助资金。抓好住房解困保障工作。大力推进“健康潮州”建设，深化医药卫生体制改革，全市9家城市公立医院全面取消药品加成，市中心医院新院动工建设，乡镇卫生院标准化建设全面完成，村卫生站规范化建设进度居全省首位。探索推进多种形式的医联体建设，加强医疗卫生服务队伍建设。深入开展爱国卫生运动，重大疾病防控和公共卫生事件应急处置能力得到有效提升。

开展精准扶贫攻坚　开展“精准识别推进周”，精准识别贫困对象。注重扶贫同扶志、扶智相结合，搭建覆盖全市45个贫困村的“村村通就业信息网”，开展技能扶贫培训和拉网式“送教下乡”行动。坚持卫生健康资源进一步向贫困地区倾斜，深入贫困村、贫困户开展因病致贫、因病返贫专项调研，在全省率先出台《潮州市困难群众医疗救助实施办法》。设立“中潮慈善爱心基金”，筹款1 000多万元。全力推进农村土地确权工作，颁证率从全省末位跃居至第六位。积极推动乡村振兴发展，完成全市45个贫困村创建整治规划编制工作。大力支持苏区幸福村居建设，茂芝村和丁坑村建设全面启动。

繁荣发展文化事业　发挥潮州文化资源优势，推动潮文化创造性转化、创新性发展。强化意识形态阵地建设和管理，深入实施意识形态“护城河”工程，意识形态工作领导权和话语权进一步增强。注重精神文化引领，举办“文明家庭”“身边好人”“最美工匠”等推荐评选活动。大力实施文化惠民工程，中国工艺美术之都博览园项目启动建设，市图书馆、市档案馆新馆建成，基层综合性文化服务中心建设有序推进。深入挖掘红色资源，在饶平县构筑70千米的红色文化长廊，成功举办“茂芝会议”90周年学术研讨会。加强非物质文化遗产保护传承，成立中国纺织工业联合会驻广东潮州传统工艺工作站。举办第16届市运会、市第18届体育节和文化艺术节系列活动。启动一批重点文物修缮工程，发动海内外潮人参与“百家修百祠”古宅保护修缮工作。加快创建国家全域旅游示范区，组织一系列群众性主题旅游、百家海内外旅行社采风踩线签约等活动。

【社会安全】

加强民主法治建设　2017年，全面深化依法治市实践，出台《潮州市韩江流域水环境保护条例》《潮州市历史文化名城保护条例》。加快法治政府建设，完善依法行政体制，推进严格执法、公正执法、文明执法。扎实推进司法体制改革，全面落实司法责任制，在全省率先铺开法治建设“四级同创”活动。巩固和发展爱国统一战线，工会、共青团、妇联等人民团体的职能优势充分发挥，群团组织改革顺利推进。加强新时期统战工作，有效维护团结稳定局面。积极“走出去”敦睦乡谊，密切与港澳地区潮属社团和海外侨团往来。

全力打造平安潮州　坚持严打开路、综合治理，依法打击和惩治黄赌毒黑拐骗等违法犯罪行为。成功捣毁一特大非法买卖枪支弹药犯罪网络，快速侦破饶平“11·21”枪击案，破获涉案高达11.2亿元的“8·03”网络赌博案等大案要案，举办“法治潮州　打黑除恶”誓师巡游，实现刑事破案数、刑拘数、逮捕数、起诉数、追逃数“五上升”和总警情、刑事警情、治安警情和两抢一盗警情“四下降”。加快社会治安立体化防控体系建设，全市社会治安视频联网率达100%。开展交通秩序整治专项行动，交通违法行为得到有效遏制。树立安全发展理念，完善安全生产责任制，严格落实危险源和风险点排查一把手签名、市领导每周带队安全巡查、安全生产群众举报重奖制度。深入开展安全生产大检查、安全生产宣教和“双盲”应急演练工作，建立综合性应急救援基地，组织城中村消防安全专项整治，全年未发生较大以上安全生产事故。抓好地质灾害防治工作，突出抓山区地质灾害高危区、水库山塘等风险隐患点的排查整改，城区内涝点改造加快推进，“十个一”防台风长效工作机制基本形成。全面开展食品药品安全整顿，严厉打击食品药品安全违法犯罪行为，人民群众饮食用药安全进一步保障。

维护社会安全稳定　严格落实“四个一”

要求，全力打赢政治安全保卫仗、反恐防恐主动仗、社会矛盾排查化解仗、公共安全风险管控仗“四大战役”，实现了“四个不发生”目标，圆满完成党的十九大、厦门金砖国家领导人会晤等重大活动的安保任务。健全不稳定因素排查稳控化解机制，定期召开书记专题会分析研判维稳形势，落实各级领导接访和包案等制度，全力化解信访积案，信访总量全省最低，实现到省进京非正常“零上访”。充分运用大数据资源，探索实施“网格化+大数据”模式，抓好涉农涉土、涉劳资纠纷、涉房地产等领域的排查研判，打好基层综合治理“六大战役”。加强社情民意的分析研究，有效稳妥处置各类突发性矛盾纠纷。加强网络监管，强化舆情应对，净化网络空间。

【从严治党】

旗帜鲜明讲政治　2017年，坚持把牢政治方向，引领全市各级党组织和广大党员干部牢固树立“四个意识”，坚决维护习近平总书记的核心地位，坚决维护以习近平同志为核心的党中央权威和集中统一领导。坚定理想信念，坚定不移用习近平新时代中国特色社会主义思想武装头脑，以“两学一做”学习教育常态化制度化引导全体党员牢记宗旨，坚定政治立场。严明党的政治纪律和政治规矩，教育党员干部牢记“五个必须”，坚决杜绝“七个有之”。严肃党内政治生活，尊崇党章，严格执行新形势下党内政治生活若干准则，完善和落实民主集中制等各项制度，自觉抵制商品交换原则对党内生活的侵蚀。坚决肃清李嘉、万庆良等流毒影响，坚决防止和反对宗派主义、圈子文化、码头文化，坚决反对搞团团伙伙、结党营私、拉帮结派，坚决反对搞两面派、做两面人，营造风清气正的良好政治生态。

提高干部能力素质　坚持正确选人用人导向，建立干部业绩档案，注重“一线考察法”研判干部，严格选拔任用干部。分类建立多维后备干部库，大力发现储备年轻干部。推进学习型机关建设，举办“周末讲堂”，开展市直机关和镇街基层干部双向交流挂职以及干部外派发达地区挂职，与浙大、中大、厦大等高校建立合作关系。出台《潮州市贯彻落实“三个区分开来”原则治理为官不为问题的实施意见》《潮州市县区领导班子和市直部门绩效考核办法》，完善干部考核评价机制，建立健全激励机制和容错机制。把提振干部干事创业的精气神摆在突出位置，大兴“马上办、马上就办、马上办好”工作作风，弘扬“钉钉子”精神，奖励先进，鞭策落后，推动各级领导干部以“干字当头、只争朝夕、狠抓落实”的状态开展工作。

抓好基层组织建设　探索创建基层党建特色品牌，出台《关于进一步加强农村基层党建的若干意见》《关于进一步加强机关党建工作的若干意见》和《潮州市基层党建工作问责办法》，构建基层党建“1+N”体系。创新12项自选动作，引导广大党员发挥先锋模范作用。加强村（社区）领导班子建设，完成村（社区）“两委”换届工作，公开招聘60名事业编制人员到村担任“村务助理”。积极探索非户籍公民参选机制，长美社区成为全市首个非户籍公民参与社区自治试点单位。把基层党建与基层治理相结合，发挥基层党组织坚强战斗堡垒作用，基层党组织弱化、虚化、边缘化问题逐步解决。加强换届后的评估及协调、指导，逐村（社区）开展“拉网式”排查，全面掌握、化解换届选举暴露出来的矛盾问题以及换届选举后可能产生的不稳定因素。举办四期农村基层干部党纪政纪法纪培训班，对全市所有村（社区）书记、主任开展轮训，推动全面从严治党向基层延伸。

坚持不懈正风肃纪　坚守廉洁底线，巩固拓展落实中央八项规定精神成果，继续整治“四风”问题，运用监督执纪“四种形态”，抓早抓小、防微杜渐。保持惩治腐败力度不减、尺度不松。设立潮州市监督执纪问责曝光台，建立典型问题、典型案件报送机制，定期汇总情况，并通过媒体进行公开曝光。支持市纪委完成内设机构改革和派驻全覆盖改革，新成立市廉政教育服务中心，成立市改革试点工作小组，抓好监察体制改革试点工作。加强党内监督，设立市、县两级巡察机构，完成对32个单位的“政治体检”。

（市委办）

组织工作

【十九大精神学习贯彻】 2017年，全力推进党的十九大精神大学习大培训，及时举办县处级主要领导干部专题研讨班、3期县处级干部专题培训班和4期市直正科级干部培训班。在全市4 303个基层党组织和12万多党员中认真落实“读原文全覆盖”活动。统筹党代表、驻点团队、乡镇中学政治老师等各方力量深入企业、农村、机关、校园、社区开展宣讲活动3 322场（次），全市基层党组织共召开专题组织生活会5 058场（次）。认真落实“学报告、学党章”考学活动,全市党员参学率100%，平均分95.14分，满分率达46.8%。加强督促指导，对不同领域近50个基层党组织进行了抽查，把学习贯彻情况纳入各级党委（党组）抓基层党建考核述职内容，分阶段、抓重点全程跟进宣传报道，推动十九大精神落地生根、结出丰硕成果。市委组织部带头把主题党日开进山区，把党课送到家门口，推动组织系统“先学一步”“学深一层”。

【干部队伍建设】 2017年，创新建立干部业绩档案，推行一线考察办法，全面开展县处级单位领导班子建设专题调研，共提拔县处级干部77人。各选派9名县、区和相关领域的领导干部到广州市和中山市挂职学习，从市直有关单位选派20名优秀年轻干部到基层挂职“补课”，与8家金融机构协商选派12名优秀干部到市直和各县（区）有关部门挂职锻炼。加强干部储备，在全市择优推选220名县处级班子副职后备干部。落实市委让干部“走出去”的要求，先后选派5批领导干部到中山大学、华南农业大学、浙江大学、厦门大学和复旦大学开展专题培训，组织1批优秀村书记到浙江大学参加新农村建设专题培训。坚持以各级党校为主阵地，举办80多期培训班，集中轮训干部2万多人（次）。建立干部分类监督管理体系，创新市管干部“一档六卡”监督信息档案制度，严格执行领导干部个人有关事项报告制度，组织开展市县区领导班子和市直部门绩效考核工作。科学规范任前谈话机制。顺利完成19名省人大代表候选人人选的推荐提名，组织召开专题廉政谈话会。

【基层党建推进】 2017年，以提升组织力为重点，突出政治功能，构建“1+N”基层党建体系，出台“两意见一办法”，统筹协调党建资源，全面压实党建责任。平稳有序完成全市1 017个村（社区）“两委”换届选举，共选出“两委”干部5 959人，平均年龄为46.3岁。换届后，对新一届村（社区）党组织书记、主任进行了集中轮训。全面完成64个软弱涣散基层党组织的整顿转化任务，有序推进45个省定贫困村党组织规范化建设。继续完善建设公共服务中心（站），在全市农村（社区）党组织中开展“书记论坛”活动，营造比学赶超的良好氛围。完善驻点联系常态化工作机制，全市驻点团队走访群众61.3万多户，解决群众热点问题2.5万多个。推动土地确权和公共服务平台建设，全面完成历史留用地任务。建立完善市直单位党委（党组）抓基层党建工作清单，出台《全市国有企业党的建设工作重点任务措施清单》，全市非公企业党组织覆盖率80.8%，社会组织党组织覆盖率71.5%，共有43家国有企业把党建工作写入公司章程。全面开展基层党建12项创新动作，全市基层党组织为党员开展“政治生日”活动1.13万场，49 690户农村党员户挂牌亮身份，2 890名农村无职党员设岗定责，6 368名非村（社区）“两委”干部的党员参加驻点联系工作，党内结对帮扶共建1 988对，完成58名大学生“村务助理”招聘工作，“不忘初心、争当先锋”的主题大轮训工作覆盖全市6万多名农村（社区）党员。

【人才工作】 2017年，深化体制机制改革，出台《潮州市深化人才发展体制机制改革的若干意见》等一系列政策措施。规范“人才驿站”运行管理，驿站累计接待来访考察人才35批333人（次），承办人才项目活动63场。建设“驿站专家信息库”，筛选入库专家50名，引进上海同济城市规划设计研究院2名规划专家作为驿站常驻专家。成立“潮州市高层次人才联谊会”，首批会员105人。创办全省首家“人才咖啡”，定期组织“人才咖啡开讲”主题论坛。积极实施省“扬帆计划”项目，统筹推进“潮州市电商人才培育工程”、“饶平县盐焗鸡产业人才培养示范工程”和“潮安区潮汕凉果产业人才培养二期工程”。选拔潮州市第七届拔尖人才42名。

（市委组织部）

宣传工作

【思想保证】

理论学习得到强化　2017年，举办市委中心组集体学习研讨、报告会等近20场（次），邀请中国人民大学校长刘伟、清华大学教授顾常超等权威专家莅潮作辅导报告。

理论宣讲得到活化　充分发挥省委宣讲团、市委宣讲团、县（区）委宣讲团和省党代表宣讲队伍等4支力量，先后开展学习宣传贯彻习近平总书记重要批示精神、学习宣传贯彻党的十九大精神等主题宣讲活动，深入机关、企业、农村、社区、学校等基层开展宣讲近600场（次），受众超7万人（次）。市委宣传部被授予全省基层理论宣讲先进集体。

学习教育得到深化　组织编印《理论壹点通》12期、《理论学习参考》2期、分发学习材料2万多册，不断提高广大党员干部的理论素养，市委宣传部被中共中央宣传部办公厅授予2017年度《党建》杂志学刊用刊工作先进集体。同时，注重发挥党组织的战斗堡垒作用。开展主题党日活动，健全“三会一课”等制度，开展党的十九大“读原文全覆盖”活动，切实做到“五个一”。

【舆论支持】

主题宣传实现全媒体　2017年，以潮州日报、潮州市广播电视台为主力，统筹全市各级各类电视、电台、政府网站和“两微一端”开展立体化宣传，在重要版面、重要时段开设“学习宣传贯彻党的十九大精神”“新时代　新气象　新作为”“学习贯彻习近平总书记重要批示精神”“喜迎十九大”“砥砺奋进的五年”“整治六乱　共建文明”等近20多个专题专栏，推出专题报道1 800多条（篇），刊登宣传画专版近80版，刊播公益广告宣传超9 000条次，《G20文艺晚会：潮州元素美艳世界》等31件新闻作品获得省级以上表彰，纪录片《饶宗颐》获“南派纪录片十年十大经典作品”。

社会宣传实现全覆盖　充分利用户外广告牌、主干道LED屏、宣传栏等宣传资源，在全市城乡主干道、广场、公园、景区、窗口单位、办事大厅、学校、医院、车站、公共文体场馆、公共交通工具等各类阵地广泛宣传。重点围绕学习贯彻党的十九大精神，设置宣传栏665个、户外大型宣传画138张、设置主题宣传墙6处、主题景观2处，在各类宣传载体悬挂宣传横幅、张贴海报1万多张，各类电子显示屏每天滚动播放7万多（次）。

文化宣传实现全方位　发挥文艺的精神引领作用，组织开展“走进新时代——2017年潮州市美术作品大展”“凤凰腾飞·大美潮州——‘喜迎十九大’潮文化展示活动周”“喜迎十九大·共创文明城”系列文艺创作活动、“寻找潮州海上丝绸之路文化地理坐标”等各类文化活动。8件作品获全省年度群众文艺作品奖项，散文《鄂尔多斯纪行》、摄影作品《舞火龙》等一批文学艺术作品获得省级以上表彰。

全天候舆论引导　严格执行“网络动态每天一报，重要舆情第一时间专报”工作制度，对重大时间节点、社会热点、民生焦点设置专题舆情跟踪监控200多个次，编印《潮州每日舆情动态》247期、《潮州网上舆情专报》13期，报送各类重要网帖750条（次），及时研判报送湘桥区陆秀夫陵园遭破坏案件、饶平“11·21”枪案等舆情。主流媒体及时发声，市直主要媒体开设“曝光台”“回音壁”等专栏，推出“临时停车有位难停”等300多条监督报道；针对“牌坊街交通管制”“道路建设保护”等民声舆情，主动开展正面宣传、舆论引导、解疑释惑。

【精神动力】

注重创建　2017年，着力推动全国文明城市创建，制定创建工作方案等文件6份，落实创文九项专项提升行动，开展“六城同创治六乱”、城乡“水岸同治”、交通大整治等行动，开展助力“六城同创”“治六乱”文明创建主题教育活动。开展群众性精神文明创建，2个单位2个村、4个单位3个村分获全国、全省文明单位和文明村镇称号，2所学校获省文明校园。

注重人文　着力推动非遗保护传承，非遗国际会议成功落户潮州市并成为永久会址，做好潮汕国际机场等重要窗口的非遗展示，新增6个省级非遗传承基地、9名省级非遗代表性和9个市级非遗代表性项目。着力培育和践行社会主义核心价值观，建成凤城公园“感恩”主题公园（广场）和甲第巷主题街巷等一批社会主义核心价值观主题公园、主题街巷，筹建潮人家训馆，打造核心价值观示范点50多个。开展第一届潮州市“文明家庭”推荐评选活动，蔡凤花一家上榜全国“最美家庭”；开展2017年度“感动潮州”推荐评选，郑伟全等10人获得道德模范殊荣；全市有5人获选“广东好人”，人数创历史之最；4人获省最美志愿者、2个组织获省最佳志愿服务组织、2个项目获省最佳志愿服务项目、2个社区获省最美志愿服务社区。

注重传播　举办央视《2018春节戏曲晚会》潮州分会场活动和《美丽中国唱起来》走基层慰问活动，在厦深铁路线列车上投放潮州城市形象广播词，在央视《探索·发现》栏目播出三集电视纪录片《湘子桥畔》，在凤凰卫视《时事直通车》、广东电视台《广东新闻联播》黄金时段投放潮州城市形象广告片，新华社、中新社、广东电视台、facebook等媒体共刊播潮州相关报道1 000多条次，多维度、全领域展现潮州形象；举办“美丽广东·乡愁记忆——我是家乡代言人·我为美丽潮州点赞”系列网络直播活动5场，传播受众达210万人次。潮州广播电视网网络专题《陈伟南》获第五届广东省网络精品文化“岭南特色奖”。借文化交流展示潮州形象，赴墨西哥、巴拿马、巴哈马、新加坡等国开展访问演出，向海外展示潮剧、潮州大吴泥塑、麦秆画等非遗文化。借文化作品展示城市形象，组织出版《潮州民间工艺传承谱系》《潮州老街巷》《潮派建筑与道德文化》《潮汕本土题材潮州歌册整理及研究》等一批城市形象宣传图书。

【意识动态导向】

责任压实　2017年，严格落实意识形态工作责任制，强化“一把手”第一责任人职责，开展意识形态工作督导2次，推动全市各级党委（党组）和领导干部切实把意识形态安全责任记在心上、扛在肩上、抓在手上，坚决守住意识形态“城池”。

工作保障　建立潮州市意识形态工作联席会议制度，召开联席会议5次。成立潮州市互联网信息办公室，完成市、县（区）两级网信工作机构建设，建立健全全市舆情会商联动机制。

阵地拓展　制定出台新闻发布和新闻发言人制度、外地媒体来潮州市采访（采风）、网站总编辑负责制等相关规定。潮州日报获得“2017年全国十家最具发展活力地市党报”荣誉。全市首批53个单位集体入驻南方号、网易号、头条号等7大主流平台。

防线巩固　妥善处置市人社局网站被黑客攻击事件等问题，开展全市关键信息基础设施专项检查和风险评估工作，围绕“网络安全为人民　网络安全靠人民”主题举办第四届潮州市网络安全宣传周活动，全年共清理属地论坛网帖1 419条（次），查封论坛ID账号140个，上报处置各类有害、敏感信息200多条，开展约谈10次。

（市委宣传部）

统战工作

【思想政治基础】 2017年，迅速在全市统一战线掀起学习宣传贯彻党的十九大精神热潮。部领导班子带头学习、带头讲课、带头调研，坚持先学一步，学深一层。督促全市统战系统各层级各线条按照市委部署开展“五个一”学习活动。以党内带动党外，组织和发动全市各民主党派、非公经济人士、港澳台海外代表人士、宗教界、少数民族、新的社会阶层等党外代表人士，开展形式多样的学习宣传活动。聚焦主责主业，把十九大精神转化为推动工作的动力，抓紧抓实统战业务工作和扶贫攻坚、“六城同创”等中心工作。

【社会服务作用】 2017年，深入发动全市各领域统一战线成员积极承担社会责任，开展扶贫济困、助学助教、义医义诊等活动，超过100场（次），募集物资超5 000万元。引导统一战线成员发挥各界别特色，打造精品社会服务活动。民主党派社会服务进基层活动，市知联会、潮州海联会“同心社会服务　助力乡村五治理”活动，宗教界人士托钵行脚慈济活动，非公企业家“千企帮千村”活动，均取得较好的社会效果。

【非公有制经济领域统战工作】 2017年，协助推动创立潮州民营投资股份有限公司，为全市民营经济健康发展增添了强大动力；面向在外潮商开展各类招商、推广活动16场（次）；开展企业大走访大调研，帮助反映问题、解决困难；积极帮助企业推广品牌、参与评奖、争取上市，多家非公有制企业受到国家、省、市、县（区）各级政府表彰；举办“潮州市企业家交流论坛”，成为全市企业家相互学习抱团发展的良好平台。全市新增工商联会员企业超过500家，新会员占比超过20%，为历年新高；着力加强非公党建工作。全市多家非公企业获省“先进党组织”荣誉称号。

【民族宗教领域】 2017年，开展安全规范宗教活动场所创建活动，定期组织开展宗教活动场所安全检查，全市新增5处场所达到申报标准；建立宗教矛盾及境外宗教渗透隐患的分析研判预警制度，积极组织开展宗教专项整治，及时取缔多处藏传佛教非法宗教活动点；帮助“潮州佛乐——禅和板”申报为市级非物质文化遗产代表性项目；帮助少数民族村加快经济社会发展，加强交通、公共卫生等基础设施建设，饶洋镇蓝屋特色村寨建设项目、凤凰镇石古坪村道建设进展顺利；全面在社区、机关、企业、乡镇、学校、寺庙开展民族团结进步创建活动，唱响民族团结进步主旋律；加强部门联动，防范化解涉民族不稳定因素，无发生涉及民族因素矛盾纠纷，未出现对来潮疆籍等少数民族人员存在“三拒”等歧视现象。

【党外代表人士队伍建设】 2017年，起草并报市委印发《关于加强我市政党协商的实施意见》等文件。组织召开征求意见会、情况通报会等共6场，通过集中学习、座谈研讨、参观考察等形式，加强了市委与各民主党派负责人的沟通；市“两会”期间，各民主党派及无党派人士提出的提案79件，占总提案数的69.3%；市领导领衔督办重点提案共有10件，民主党派及无党派人士的提案就有6件，占重点提案数的60%，其中1个提案被列为市长督办重点提案；加大党外干部的推荐和安排力度，协助组织部门选派10名党外干部到基层一线挂职锻炼；认真做好省政协委员人选推荐工作，协助做好市政协委员管理工作，着手解决全市政协港澳委员交叉安排问题；建立起全市新的社会阶层代表人士队伍，共84人。向省推荐40名优秀统一战线代表人士参加省新阶层人士联合会等省有关团体；加大教育培训力度，举办全市党外干部培训班，提高党外干部素质和能力。

【港澳台及海外统战工作】 2017年，积极“请进来”“走出去”，宣传潮州开展“六城同创”“治六乱”营造的良好环境，引导潮籍乡亲了解家乡、反哺家乡、投资家乡，“请进来”16批1 321人（次），“走出去”9批27人（次）。围绕“潮文化”开展创新实践，编印《潮人文化丛书》，研究制订“潮州节”通用规程，构建海内外潮人新生代“培根之家”，打造了一系列工作亮点；不断扩大潮台交流合作，推动经济文化融合发展。依托闽粤经济合作区，继续推动广东（饶平）台商投资试验区、潮州港对台直航等涉台重大项目的规划建设。助推台资企业转型升级和增资扩产，新增登记设立台资企业2家，庆声包装品公司顺利落户凤泉湖高新区，士荣运动器材公司研发出碳纤维核心技术。举办“2017海峡两岸大学生青年设计营”活动，搭建台湾青年来潮实习就业创业平台。推动饶台同姓宗亲建立健全交流联谊常态化机制，继续加强与岛内同乡社团的沟通对接，邀请15家岛内友好媒体来潮采风报道；切实做好在潮台胞、台属、台商、台生权益保护工作，柘林渔港对台小额贸易试点被关停等问题得到妥善处理，全市涉台领域和谐稳定；支持侨联结合实际开展群团改革工作，强弱项、补短板，激活侨联工作活力，支持市侨联以“文化交流”作为全年工作主题，开展了一系列有影响力的联络联谊工作。

（市委统战部）

机构编制工作

【行政审批制度改革深化】

全面推进行政许可标准化工作　2017年，完成市级行政许可标准化录入及合规性、合法性审查工作，并于3月底完成市级全部行政许可事项的赋码发布工作，共计337个大项、651个子项。同时，加强对县、区（管委会）推进行政许可标准化工作进行督促指导，县级事项共计749个大项、1 315个子项，已全部完成应录入事项的赋码发布工作。组织行政许可事项标准的应用实施工作，制定印发《潮州市行政许可事项标准应用实施工作方案》，发挥标准规范审批行为、提高审批效率的作用。

抓好市级行政许可目录动态管理　认真贯彻落实《广东省机构编制委员会办公室关于印发〈广东省行政许可事项通用目录（2017年版）〉的通知》精神，规范市级行政许可事项，认真梳理更新市级行政许可事项目录，11月23日市政府发出了《潮州市人民政府关于更新公布市级行政许可事项目录的决定》，此次公布的《潮州市市级行政许可事项目录》共涉及33个市级部门，保留行政许可事项327项，取消行政许可事项31项。

加强行政审批中介服务清理工作　根据省政府部署，开展第三批行政审批中介服务事项清理工作，7月19日市政府以《潮州市人民政府关于第三批清理规范28项市政府部门行政审批中介服务事项的决定》文件予以公布。

【行政机构编制管理】

做好凤泉湖高新技术产业开发区与铁铺镇“园镇一体化”工作　根据《潮州市人民政府关于进一步加强凤泉湖高新区（潮州经济开发区）建设和管理若干问题的决定》的精神，将湘桥区铁铺镇人财物整体委托凤泉湖高新区党工委、管委会管理，广东潮州经济开发区（潮州凤泉湖高新技术产业开发区）与铁铺镇实行“园镇一体化”管理体制。市编委印发了《中共广东潮州经济开发区工作委员会（中共潮州凤泉湖高新技术产业开发区工作委员会）广东潮州经济开发区管理委员会（潮州凤泉湖高新技术产业开发区管理委员会）主要职责工作机构和人员编制规定》，设立中共广东潮州经济开发区工作委员会（中共潮州凤泉湖高新技术产业开发区工作委员会）、广东潮州经济开发区管理委员会（潮州凤泉湖高新技术产业开发区管理委员会），与铁铺镇党委、镇政府实行一体化运作，对广东潮州经济开发区（潮州凤泉湖高新技术产业开发区）和铁铺镇实施统一的领导和管理。

落实完成全市市级农业综合行政执法体制改革工作　根据《潮州市市级农业综合行政执法体制改革实施方案》精神和要求，设立市农业局综合行政执法科（加挂潮州市农业综合行政执法支队牌子），正科级，为市农业局内设机构；同时，整合市农业局机关及属下事业单位行政执法职能，统一交由该科行使。核定综合行政执法科行政执法专项编制10名，设科长（支队长）1名、副科长（副支队长）2名；同时，收回市农业局属下事业单位事业编制5名。

理顺市级文物管理体制　根据上级有关要求，为理顺全市市级文物管理体制，经省编办批准，根据《广东省机构编制委员会办公室关于潮州市文物旅游局更名有关问题的函》精神，潮州市文物旅游局更名为潮州市旅游局，并将原市文物旅游局有关文物保护管理、名城保护建设的工作职责划归市文化广电新闻出版局。同时，市文化广电新闻出版局和市旅游局新的“三定”规定也已经审批予以印发。

设立潮州市监察委员会　为贯彻落实中央关于深化国家监察体制改革的决策部署，根据《潮州市深化国家监察体制改革试点工作实施方案》精神，经市委同意，市编委印发了《中共潮州市纪律检查委员会、潮州市监察委员会机关内设机构编制方案》，设立潮州市监察委员会(以下简称市监委)，与中共潮州市纪律检查委员会（以下简称市纪委）合署办公，履行纪检、监察两项职责，实行一套工作机构、两个机关名称。将市监察局（市预防腐败局）、市人民检察院反贪污贿赂局、反渎职侵权局、职务犯罪预防科的职能、人员转隶至市监委。

做好全市食盐监管体制改革后续工作　根据《广东省人民政府关于印发广东省盐业体制改革实施方案的通知》《广东省机构编制委员会办公室关于印发广东省食盐监管体制改革方案的通知》《潮州市机构编制委员会办公室关于印发潮州市食盐监管体制改革实施方案的通知》精神，做好全市食盐监管体制改革的后续工作，对市级食盐管理职责进行相关调整，撤销市盐务局，剥离省盐业集团潮州有限公司承担的盐业行政管理和执法职能。省盐业集团潮州有限公司不再加挂潮州市盐务局牌子。

【事业机构编制管理】　2017年，及时审核和办理了市直和县区有关事业单位的机构编制事项共89项。其中，新设立了市城区桥梁管养中心、市交通运输服务中心、市病残吸毒人员治疗中心等9个事业单位；撤销了市房地产建筑设计室、市生产力促进中心、市池樟路桥收费站等21个事业单位；调整市政府项目建设中心、市不动产登记中心等单位机构规格、机构类别、内设机构等事项共41项；办理其他机构编制事项18项。增加市文化馆、市档案馆政府信息公开查阅中心等单位事业编制70名，核减市房地产管理局、市交通运输质量技术服务中心等单位事业编制174名。

【事业单位设立登记网上审批】　2017年，全市事业单位登记工作实现了网上受理、审核及核准，并实行事业单位年度报告制度，由各事业单位直接网上提交完成。全年共办理市直（含枫溪区）事业单位设立登记10个、变更登记42个、注销登记5个。

【统一社会信用代码制度改革】　2017年，印发《潮州市机构编制委员会办公室关于开展市直机关群团统一社会信用代码赋码工作的通知》，就市机关、群团启动统一社会信用代码赋码有关工作进行布置，通过加强与有关部门沟通，主动服务，简化初始发证程序，为相关单位提供快捷、便利服务。全年共为市直相关单位发放统一社会信用代码88个。

【法人治理结构建设】　2017年，推进事业单位法人治理结构试点工作。将潮州市文化馆、潮州市第三人民医院等2个单位列入试点，开展法人治理结构建设工作。

【社会信用体系建设】　2017年，完成潮州市公共信用信息管理系统的信息录入工作及社会信用体系建设有关工作的总结汇报。完成“中小微企业信用信息和融资对接平台”工作，发挥信用信息公开公示对“放管服”工作的支撑作用，保护行政相对人合法权益。

【机构编制“实名制”管理】 2017年，共办理市直机关、事业单位使用编制706名；办理调出、退休等减少人员出编手续662人，并及时更新机构编制登记簿及实名制系统中有关单位人员信息，共变动更新信息4 825人（次）。

【控编减编工作】 2017年，贯彻落实《广东省机构编制委员会办公室关于严格控制机构编制总量确保完成控编减编任务的通知》要求。至年底，全市行政编制、各类专项编制不突破中央和省核定的总额；事业编制总量、财政补助事业编制数额以2012年底统计数为基数，只减不增。守住了控编减编底线，完成2013年至2017年控编减编工作任务。

【机构编制监督检查工作】 2017年，根据《广东省机构编制委员会关于转发〈中央编办关于加强机构编制问题整改推进审批联动的意见〉的通知》精神，印发通知要求各单位自查，将存在的机构编制问题报市编办汇总。通过查询机构编制实名制系统，比对历年机构编制文件，将由于机构改革等原因造成的历史遗留问题逐一梳理出来，建立起市直《机构编制问题整改台账》，跟踪督促各单位限时落实整改。

【机构编制电子政务工作】 2017年，推进中文域名注册工作。2016年1月，经市政府同意，中文域名注册工作作为市政府督办事项要求各县、区政府及市直各单位贯彻落实。继续跟踪督促各县、区及市直各单位落实相关工作。至年底，全市中文域名注册覆盖率为94%。其中：市直100%，饶平县100%，潮安区88.4%，湘桥区83.2%，枫溪区100%。

（市编委办）

信访工作

【简况】 2017年，全市呈现无群众集体越级到省进京非正常上访，无信访积案存量，无恶性信访案件，无错办一信一访，无群众投诉，群众对信访事项办理满意度评价达100%。

【群众来信来访】 2017年，全市市、县（区）两级信访部门共受理群众来信来访1961件（人次），总量比上年同期下降4.7%，其中：来信1 227件，比上年同期上升52.6%；接待来访233批734人次，批数与上年持平，人数比上年同期下降41.5%。市、县（区）信访局受理群众来信来访情况：市信访局共受理群众来信来访1 409件（人次），总量同比下降12.4%，其中：来信944件，同比上升40.1%，接待来访112批465人次，批数和人数同比分别下降2.6%和50.3%；潮安区共受理群众来信来访194件（人次），总量同比上升1.6%，其中：来信85件，同比上升136.1%，接待来访53批109人次，批数同比上升1.9%，人数同比下降29.7%；饶平县共受理群众来信来访291件人次，总量同比上升45.5%，其中：来信158件，同比上升95.1%。接待来访47批106人次，批数和人数同比分别下降11.3%和10.9%；湘桥区共受理群众来信来访57件（人次），总量与上年持平，其中：来信13件，与上年持平，接待来访18批44人次，批数同比上升63.6%，人数与上年持平；枫溪区共受理群众来访3批10人，批数和人数同比分别上升200%和900%，没有群众来信。提供信访动态、信息257条，上报省、市领导有关材料201件，为群众解决实际问题123件。2017年，市信访局被市委市政府表彰记集体二等功，市信访局3位同志被市委市政府表彰记公务员二等功、三等功及嘉奖。

（市信访局）

党校工作

【简况】 2017年，市委党校主办、承办和协办的各类型培训班，共计192期，接受培训干部3.51万人（次）。

【十九大精神学习贯彻】

加强组织领导 2017年，成立领导小组，制定工作方案，加强对自身学习、理论阐释、干部培训、宣传贯彻等方面工作的组织领导。通过专题学习会、学习论坛、考学活动等方式，认真抓好党员教工的学习、研讨，推出一批高质量研究成果和理论文章，切实做好十九大精神的理论阐释。

将党的十九大精神学习列入主体班必修课 在主体班课程中设置了党的十九大精神教学单元，作为处级、科级干部研讨、轮训必修课程，并送课到机关、企事业、基层23场。

开展高规格高密度的大培训 积极配合市委组织部、市人社局大学习、大培训部署，精心制定教学计划，创新教学方式、丰富教学内容，邀请专家学者讲学，安排教员授课，组织收看专题电教片，培训党员干部6 596人。此外，通过创建书法走廊、张贴宣传标语、设计制作宣传画、开辟学习交流园地、刊登理论文章、选派班子成员参加市委宣讲团等方式，多措并举开展党的十九大精神宣传宣讲工作，着力营造浓烈的宣传贯彻氛围。

【教学培训】

在党的理论教育方面，坚持把马克思主义中国化最新成果作为理论教育中心内容 2017年，紧跟党的理论创新步伐，把习近平总书记系列重要讲话精神、党的十八届六中全会精神、习近平总书记关于广东工作的重要批示精神、党的十九大精神等列为干部教育培训的核心内容，作为重头戏安排在各主体班次课程的第一个单元；围绕市委提出的战略部署，开设“市第十四次党代会精神辅导”和“五个强市”等系列专题培训课程，为“百团大战”的政策解读、理论阐释、思想发动提供了强有力的支撑；与市纪委、市委组织部通力协作，举办4期村（社区）党组织书记、主任“三纪”培训班，培训1 365人。

在党性教育方面，设置主体班次 “党性教育单元”，强化党章党规党纪党史教育，校委会两名成员分别为主体班作了《学习贯彻〈党内监督条例〉》《打造“四铁”干部队伍 力推潮州发展大提速》专题辅导报告；组织学员到涵碧楼、饶平“茂芝会议”旧址等党性教育基地开展现场教学，赴福建省东山县开展以“学习谷文昌精神”为主题的党性锻炼活动；举办全市“不忘初心、争当先锋”村（社区）党员大轮训理论骨干培训示范班，推动全市“两学一做”学习教育全员培训。在主体班教学的基础上，增办村（社区）党组织书记主任“三纪”培训班、党外干部培训班等班次，开设干部培训大讲堂，扩大了培训的规模和效益，建立起结构更加合理的班次体系。广泛运用研讨式教学、案例式教学、体验式教学教学、自主选学和现场教学等多种教学方式，开展“地方立法工作进党校”，提高了教学的吸引力感染力。完善管理机制，把好报课、调研、试讲、评课四个关口，提升课程实效性。推领导干部上讲台，全年到市委党校上辅导课的领导干部共57人（次）。

【科研创新】

完善科研管理办法，激发科研的内生动力 2017年，研究制订《2017年校级课题管理办法》，组织教员围绕中心任务以及事关潮州“十三五”经济社会发展的政策、战略部署等重大问题进行研究，20个课题经专家评审通过结项，并结集成《决策参考》一书，为全市“十三五”时期的改革发展出谋划策。修订完善科研管理制度，充分调动教员的科研积极

性。全年教员发表理论文章26篇，其中6篇发表于核心期刊。全校主持研究的省级课题5个，市级课题8个。获省、市级科研奖项13个。

加强“茂芝会议”深度研究，打造金色招牌 以纪念“茂芝会议”90周年为契机，牵头筹建、成立了“潮州市茂芝会议研究会”，深挖资源、梳理史实，发掘内涵，形成一批研究成果在“茂芝会议”研讨会上交流。加强谋划、协调、指导，向省委党校申请、争取，将“茂芝会议”旧址确立为全省、全市党性教育基地，打造潮州红色资源的金字招牌。

（市委党校）

精神文明建设工作

【全国文明城市创建】 2017年，主要抓创建整体设计规划，制订相关创建工作方案、3年规划等；成立创文工作领导小组，召开全市创建文明家园会议和创文推进会议；制订创建问题工作台账；制订督查工作机制；开展创文宣传，开辟“整治六乱　共建文明”等专栏，在市区主干道、建筑工地围挡等布置一批创文和核心价值观公益广告，开展系列助力“六城同创”“治六乱”文明创建主题教育活动；协调推进创文九大创建提升行动；做好创建系列迎检工作，落实实地考察点，做好全市档案收集上报等。

【群众性精神文明创建】 2017年，组织省文明镇、文明村、文明单位推荐评选和复查、第五届全国文明村镇、文明单位的推荐评选和复查工作，3个单位获评省文明单位，3个村获评省文明村镇，2个单位获评全国文明单位，2个村获评全国文明村镇；开展市级文明单位创建活动，制订潮州市2017年文明单位创建方案和测评体系，组织开展复评和申报测评活动；开展农村乡风文明建设。在全市各个镇各打造一个村示范点；开展第一届市文明家庭评选活动，一家上榜全国“最美家庭”；启动市级文明校园创建活动，印发潮州市中小学进一步深化文明校园创建活动实施方案，全面开展创建。

【社会主义核心价值观建设】 2017年，召开会议落实责任，召开工作会议，印发《潮州市公益广告刊载传播实施方案》《关于进一步加强房屋建筑和市政工程施工现场围挡公益宣传的通知；破解宣传阵地缺乏的局面。设置户外大型公益广告牌共10块20面；推进核心价值观景观建设，做好甬莞高速潮州西古巷出口到潮州大道路段、汕汾高速延长线核心价值观景观布置和韩江大桥头与滨江长廊交界处社会主义核心价值观景观；加强主题公园建设，建成“凤城公园”主题公园和甲地巷主题街等；推进示范点建设，打造了50个示范点。

【公民思想道德教育】 2017年，广泛开展身边道德模范选树活动，6位同志获评“广东好人”称号。开展“最美工匠”评选活动，2所学校获评广东省文明校园；开展潮州道德模范评选，启动新一轮“感动潮州”评选，举办致敬晚会加以宣传弘扬；开展系列主题活动，开展“潮州人最干净”系列主题教育实践活动，举办第11届“书香潮州”全民读书节和承办“南国书香节”分会场活动；筹建潮人家训馆，完成场地设计和作品征集、筛选等。

【志愿服务和未成年人思想道德建设】 2017年，协调团市委，开展助力“六城同创”“治六乱”主题志愿服务、文明交通、文明旅游等志愿服务，完善志愿服务登记制度等。深化未成年人思想道德建设，广泛开展“我们的中国梦”“十九大精神进校园”等，推进乡村学校少年宫建设，新增乡村学校少年宫3所。

（市委宣传部）

离退休干部工作

【全市老干部队伍稳定维护】 2017年，坚持加强离退休干部的思想政治建设，通过征订党报党刊、印发《潮州秋晖》《理论学习手册》、举办辅导报告会、召开学习座谈会等方式，组织开展政治理论学习，引导全市老干部自觉在政治上思想上行动上同党中央保持高度一致。坚持全面落实离退休干部的政治待遇，继续把重大节日走访慰问老干部、上门探访生病住院老干部、向老干部通报工作、听取老干部意见建议、热情接待老干部来访、积极参与老干部的重大活动、组织老干部参观考察等制度落到实处。市委刘小涛到潮州工作以来，先后多次登门看望老干部；2017年春节前夕，市四套班子领导分组看望了全市47名厅级老领导。坚持全面落实离退休干部的生活待遇，按政策为符合条件的8名建国初期参加革命工作的退休干部落实待遇；为市直10名符合条件的老干部落实特别护理费；组织981名离退休干部进行健康体检；争取省财政资金164万元，用于企业离休干部医药费专项补助。坚持为老干部办好事办实事，认真做好生活困难离休干部结对帮扶工作，全年共发放帮扶资金3万多元；在市妇女儿童活动中心新增4层楼共2 300平方米，扩大市老干部（老年）大学办学面积；投入资金近130万元，加装市老干部（老年）大学电梯、修缮中心大学场所、配套教学设备、安装安防监控，改善老干部学习活动条件；推进县（区）老干部学习活动场所建设，饶平县新增老干部学习活动场所面积5 300多平方米，已立项并上报省申请专项资金进行修缮配套。

【全市老干部工作领导强化】

2017年，市委高度重视离退休干部工作，成立了潮州市老干部工作领导小组 由市委常委、组织部长任组长，一位副市长任副组长，市直相关单位主要负责人为组员，有效强化了对新形势下全市离退休干部工作的领导。先后联合厅级老领导供给单位，开展了春节前的走访慰问活动；联合市委组织部、市财政局、市人社局，为符合条件的退休干部落实生活待遇；联合市财政局，加强老干部学习活动场所专项资金管理；联合市保健委，组织离退休干部进行健康体检。

成立了中共潮州市委离退休干部工作委员会 由市委组织部副部长、老干部局局长陈先哲任书记，市委老干部局副局长詹建青任专职副书记，市直工委、市经信局、市教育局、市国资委分管领导任委员，理顺了全市离退休干部党组织党建工作领导体制。切实加强对全市离退休干部党组织党建工作的领导，指导督促各级离退休干部党支部完善和落实各项活动制度，强化党员教育管理，不断增强党组织的凝聚力；积极探索党员离退休干部“一方隶属，多方管理”的党建工作机制，先后在市老干部大学、市老年书画家协会建立临时党支部，为老党员开展学习、发挥作用搭建新平台；为全市181个离退休干部党支部共下拨90.5万元活动经费，为党组织开展活动提供经费保障。

【广大老干部优势作用发挥】 2017年，与市委组织部联合开展了“发挥优势作用，助推六城同创”主题活动，动员全市老干部、老党员通过参与全市1017个村居乡贤咨询委员会的活动，在基层开展“六城同创”“治六乱”工作中当好宣传员、参谋员、监督与和示范员。活动开展以来，全市共有6 892名老干部、老党员踊跃参与，学习宣传党的十九大精神，老同志共开展政策宣传、文明新风宣传4 782次，为村居开展“治六乱”工作、“文明村居”创建等提出意见建议1 692条，开展整治活动监督2 438次，参与“治六乱”行动1 539次，为村、社区办好事实事1 758件。深入开展“畅谈十八大以来变化、展望十九大胜利召开”为主题的正能量活动，向老干部广泛征集“我最喜爱的习近平总书记的一句话”和正能量微语，召开“畅谈”“建言”座谈会，组织老干部畅谈十八大以来的发展变化，为党的十九大建言献策；成立潮州市关工委讲师团，组织“五老”开展进校园、进社区、进农村，开展党的十九大精神、革命传统教育、法制宣传教育、思想道德教育等宣讲活动；组织老干部志愿者上街开展文明劝导、到西湖公园开展健康保健服务；组织老同志开展“抒怀十九大、欢庆新时代”等文艺演出，举办书画作品展、摄影作品展，展示阳光心态、讴歌时代进步、赞美社会新风，传播正能量。

【老年教育科研引领力提高】 2017年，深入开展老年教育科研工作，全力擦亮潮州市“老年教育科研”品牌。全市老干部（老年）大学选送的论文分别获得全国老年大学第12次理论研讨会一二三等奖及入选奖，其中，校长陈先哲的《试论地级市老年大学的创新发展》获一等奖，校委谢德勇、林金炎分别获二三等奖；3月，学校获得“全国示范老年大学”荣誉称号，成为全国176所示范老年大学之一，广东省地市级老年大学获此称号的仅有7所；5月，在全国示范老年大学教学成果与经验交流研讨会上，陈先哲作为全国九个发言代表之一、也是唯一一个地市级老年大学代表在会上发言。12月中旬，作为广东省老年大学协会学术委员会牵头单位，市老干部（老年）大学成功承办了广东省老年大学协会第三次老年教育理论研讨会，全市共有8篇优秀论文入选获奖。全国老年教育权威杂志《老年教育》9月刊、10月刊、11月刊连续刊登学校办学经验、十九大感想等文章，其中10月刊发表陈先哲的《厉害了，中国老年大学》一文上了杂志封面。先后编印《老年教育的实践探索与理论创新》《〈老年教育发展规划〉解读》两本书近60万字，免费发给省内同行学习交流。

（市委老干部局）

市直机关党建工作

【思想建设】

加强政治理论学习 2017年，组织党员学习贯彻党的十九大精神作为当前首要政治任务，在落实“读原文全覆盖”“五个一”的基础上，运用多种形式，加大宣传力度，在潮州机关党建网开辟党的十九大学习专栏、举办了“学习宣传贯彻党的十九大精神主题灯谜活动”、组织了“学习十九大精神，争当新时代先锋”知识竞赛、组织开展宣讲活动。

推进“两学一做”学习教育常态化制度化 在市直机关开展“党支部工作法”征集活动，总结、宣传和推广党的十八大以来市直各单位基层党支部加强党建工作的好经验、好做法，更好地推动“两学一做”学习教育在基层支部得到落实，还与团市委联合举办潮州市青年党员、团员“两学一做”学习教育主题演讲比赛，营造了浓厚氛围。

加强学习型党组织建设 联合市委组织部，开辟“周六讲堂”，推动了市直各党组织学习型党组织建设。

加强党员党性锤炼 要求以党支部为单位，集中为每一名党员过“政治生日”，通过组织党员重温入党誓词，增强党员党性观念；党员通过撰写生日感言，对照检查党员标准，查找学习工作和生活中的存在问题。

【基层组织建设】

抓书记强班子 2017年，通过抓好年度市直党委书记抓基层党建工作述职评议会和党建工作汇报会，抓住基层党组织书记这个关键，强化党建主业意识，落实党建主体责任。扎实抓好基层党组织按期换届选举工作，班子出缺及时配齐，建立台账，抓好市直基层党支部书记的培训，提高700多名市直基层党支部书记的履职能力，提升机关党建工作规范化科学化水平。

抓管理强队伍 严格执行发展数量计划，

编制印发《潮州市直党组织发展党员工作规范文本》，严格发展党员工作程序和标准，提高党员发展工作的科学化、规范化水平。在市委领导重视下，解决了市直35个机关党委长期存在机构和人员配备不齐的问题。新设立了12个党委办，连同原19个党委办共31个，全部与其他科室合署办公，31个机关党委的科室领导，同时任党委办主任。对市委宣传部、市经信局、市住建局、市教育局、市卫计局、市城管局等6个党委，各增设1名党委办副主任职数。

抓规范强基础 在市直党组织中深入开展党支部规范化建设，夯实党的组织基础，引导和激发基层党组织和党员干部树立创先争优意识，为服务中心工作开展提供强有力的组织保障。

【节日纪念活动开展】 2017年，联合市体育局举办市直庆"七一"羽毛球赛和围棋比赛，丰富机关文体生活；举行市直新党员入党宣誓仪式。

【党风廉政建设工作】

发挥党员模范作用 2017年，联合团市委举办全市青年党员、团员"践行绿榕精神，争当百团标兵"主题演讲和征文比赛。为推动"六城同创""治六乱"工作；联合有关部门组织机关、企事业单位党员干部参加"自己树丰碑 潮州人最干净"巡游活动，组织和动员基层党组织和广大党员在全市"六城同创""治六乱"工作中充分发挥战斗堡垒作用和先锋模范作用。

开展纪律教育活动 组织党员开展纪律教育学习月活动，强化党员干部职工的党章意识、纪律意识、规矩意识和组织意识。

提高机关效能建设 举办市直第三届"廉洁火炬杯"党规党纪知识竞赛决赛，教育引导市直党员干部学习党规党纪，恪守党规党纪，推动全面从严治党向纵深发展，认真牵头抓好市直重点行业、重点部门的政风行风评议工作。开展对政风行风工作群众满意度测评，不定期组织人员对市直机关单位和服务窗口进行暗访，推动机关作风建设。合理安排市直单位每周到潮州电视台开展政风行风热线，提供政策宣传、开展便民服务，接受群众监督，共组织28个单位上线49期，接受咨询电话406个问题，所有问题现场都得到解决。在窗口单位推行"一站式"服务和设立党员责任区、党员先锋岗等做法。

【制度保障】

加强制度建设，压实主体责任 2017年，起草制订《关于进一步加强机关党建工作的意见》，从加强思想建设、组织建设、队伍建设、机关作风、党建制度、党风廉政、责任考核等方面提出具体要求，为机关党建工作的开展提供制度保障。为配合市年度工作绩效考核，起草制订《市直单位落实党建主体责任考评办法》，完善党建工作考核机制，强化党组织书记履行党建第一责任人的意识。

加强检查督促，严格制度执行 重点抓好党建责任的落实的检查，对责任落实不到位、工作不力的党组织，进行约谈问责。召集市住建局、市环保局、市卫生计生局、市农业局等单位主要领导进行约谈，分别就党组工作和党建工作的存在问题，指导他们落实整改措施，并提出建议意见和工作要求。组成三个督查组，采取"听阅查访评"的督查方式，对市委办、市委宣传部等18个党委开展机关党建工作专项督查，并延伸到下属党支部，现场反馈存在问题，要求及时整改，推动党建工作任务的落实。

（中共潮州市直属机关工作委员会）

附：2017年中共潮州市委领导成员及秘书长、副秘书长名单

书　　记：李水华（—6月）
　　　　　刘小涛（6月—）
副 书 记：殷昭举　林壮森
常　　委：李水华（—6月）
　　　　　刘小涛（6月—）　殷昭举
　　　　　林壮森　徐　和　赵　红
　　　　　许志晖（—3月）　王少勇
　　　　　张传胜　赖建华（9月—）
　　　　　杨安队　林小群　姚继新
秘 书 长：庄朝惠（1月—）
副秘书长：陈绍文　丁应亮　陈杰辉
　　　　　庄朝惠（—1月）
　　　　　肖　鈇（2月—）
　　　　　傅树勇（3月—）

潮州市人民代表大会

机构和会议

【工作机构】 2017年，市人大专门委员会有市人大法制委员会，常委会工作机构有内务司法工作委员会、财政经济工作委员会、环境与资源工作委员会、农村农业工作委员会、教育科学文化卫生工作委员会、华侨民族宗教外事工作委员会、选举联络人事任免工作委员会、法制工作委员会。

【市十五届人大一次会议】 2017年1月13日至17日，潮州市第十五届人民代表大会第一次会议在市区举行。会议听取和审议潮州市人民政府工作报告、潮州市人大常委会工作报告、潮州市中级人民法院工作报告、潮州市人民检察院工作报告，审查和批准潮州市2016年国民经济和社会发展计划执行情况与2017年计划草案的报告及2017年国民经济和社会发展计划，审查潮州市2016年预算执行情况和2017年预算草案的报告及2017年预算草案，批准潮州市2016年预算执行情况和2017年预算草案的报告及2017年市级预算，审议《潮州市制定地方性法规条例（草案）》，通过相关的决议、决定。依法选举李水华为市十五届人大常委会主任，陈少宏、黄洪、黄潮标、林跃、陈史青、杨顺才为市十五届人大常委会副主任，陈少鹏为市十五届人大常委会秘书长，和市十五届人大常委会27名委员，选举殷昭举为市人民政府市长，许志晖、余鸿纯、王文森、钟明、洪岳伟、胡鹏为市人民政府副市长，邓夏思为市中级人民法院院长，陈伊拉为市人民检察院检察长，通过市十五届人大法制委员会主任委员、副主任委员和委员人选。

【市十五届人大二次会议】 2017年12月17日至19日，潮州市第十五届人民代表大会第二次会议在市区举行，依法选举出24名广东省第十三届人民代表大会代表，选举刘小涛为市十五届人大常委会主任，邢莫松、黄建文、蔡景璇、戴宜生为市十五届人大常委会委员。

【市人大常委会会议和主任会议】 2017年，市人大常委会举行常委会会议9次、主任会议16次。会议的主题是围绕全市工作大局，依法行使监督权、重大事项决定权、地方立法权和人事任免权，大力推进社会主义民主法治建设，促进全市国民经济平稳较快发展和社会全面进步。会议的主要内容是：研究制订市人大常委会工作计划，部署和落实各项具体工作；听取和审议市“一府两院”有关工作报告，并提出审议意见、作出相应的决议或决定；开展立法工作，审议通过相关法规条例等。

主要工作

【市人大常委会主要工作】

健全立法工作机制　2017年，市人大常委会制定出台了《潮州市地方性法规草案起草工作规定》等6项工作制度，建立了法规起草、论证、听证、评估等立法工作制度。完善立法联系点工作制度，切实发挥立法联系点在地方立法工作中的重要作用。制定了《潮州市人大常委会规范性文件备案审查工作台账制度》，进一步增强备案审查工作的可操作性，推动备案审查工作的标准化、程序化，使备案审查工作机制不断完善。

开展地方特色立法工作　市人大常委会通过组织召开年度立法工作会议，加强立法工作的计划性和主动性；举办立法培训班，提高立法队伍工作水平；增设市委党校等5个单位为立法联系点，拓展立法工作的广度和深度；开展立法调研，提高地方性法规的科学性、可操作性。全年颁布实施了2件地方性法规和完成2件地方性法规草案的起草及前期审议工作。其中，《潮州市韩江流域水环境保护条例》2017年1月13日经省人大常委会批准后，于2017年3月1日起施行；《潮州市历史文化名城保护条例》2017年9月28日省人大常委会批准后，也于2017年11月15日起施行；《潮州市黄冈河流域水环境保护条例（草案）》完成二次市人大常委会会议审议；《潮州市扬尘污染防治条例（草案）》也已完成草稿。这些富有潮州特色的地方性法规的出台和制订，扎实推动我市城乡建设与管理、环境保护、历史文化保护等各方面工作。

创新立法工作实践　市人大常委会指导饶平县人大常委会、人民政府结合本区域实际，起草制订了《潮州市黄冈河流域水环境保护条例（草案）》，开创了全市县级人大、县级人民政府直接参与地方立法的先河。与市委党校联合开办立法主体班，利用市委党校处级、科级培训班、中青班等平台举行立法培训。邀请部分从事法律工作的市人大代表参与立法研讨，提前解决法规执行过程中可能存在的操作性难题，增强立法工作实效。

加强对市委重要决策部署落实情况的监督　市人大常委会围绕市委“六城同创”和“五个强市”等中心工作，开展了一系列监督活动。组织驻潮州市的全国人大代表对沿海高速铁路广东汕尾至福建漳州段规划建设情况进行前期调研，统一了汕尾等五市的意见，并在十二届全国人大五次会议提出了《关于将沿海高速铁路广东汕尾至福建漳州段纳入国家“十三五”规划并启动建设的建议》，得到国家有关部委的重视，推动了该项目的规划建设。组织对“高铁新城”和交通基础设施建设情况的调研，推进各项重点项目建设。组织市区人行步道砖破损情况专题视察，开展异地务工人员工作生活情况和优化教育布局，提升教育质量的专题调研，组织到汕头市学习调研关于解决企业用地及厂房办证问题方面的经验做法，组织到福建省龙岩市考察学习文化遗产保护、城市管理和旅游资源开发利用的经验做法，并形成专题调研报告，为市委工作决策提供参考。

深化对财经工作的监督　组织开展全市经济运行情况调研，听取和审议计划、预算执行以及决算的报告、审计工作报告，作出决议决定和意见，督促政府依法理财。围绕省人大关于加强预算联网监督的工作部署，组织到湛江市、茂名市学习预算联网监督工作先进做法，组织人员到省学习培训，配合省人大财经委开展专题调研，优化全市预算联网监督系统建设。积极运用联网监督系统进行日常查询、监测，定期对比分析，为市人大常委会各项监督工作提供数据支撑。检查指导各县区预算联网监督系统建设工作，牵头组织市财政局和各县区做好省级重大专项资金数据报送工作，完成省人大常委会关于实现省、市、县预算联网监督系统互联的要求。

强化对司法工作的监督　市人大常委会开展行政机关履行法院生效裁判情况的专题调研，听取和审议了市人民检察院侦查监督工作情况的报告，促进“一府两院”依法行政、公正司法。结合工作实际，修编完善《潮州市人大常委会与市人民政府、市中级人民法院、市人民检察院工作联系制度》，进一步完善了市人大常委会和“一府两院”的工作联系制度。积极参与创建平安潮州工作，落实综治联系点职责，不断强化对司法工作的监督。

依法行使重大事项讨论决定权　市人大常委会坚持在市委的领导下，把依法行使重大事项讨论决定权与加强对“一府两院”的监督工作结合起来，依法履职、担当作为。听取和审议了市政府关于潮州市2016年度本级决算草案、2017年度市本级预算调整方案的报告，批准2016年度市本级决算和2017年度市本级预算调整方案。审议同意市政府关于提请审议2017年地方政府新增债券转贷资金分配方案、关于调整2017年度全市经济社会发展预期目标和关于提请审议《潮州市城市总体规划（2015—2030）》等3个议案；听取和审议了市政府关于全市环境状况和环境保护目标完成情况、开展“六城同创”“治六乱”工作情况的报告。

依法行使人事任免权　坚持党管干部与人

大任免国家机关工作人员相结合的原则，落实任前征询对拟任人员意见、组织法律知识考试、与常委会组成人员见面、任后颁发任命书、宪法宣誓等制度，修订完善《潮州市人民代表大会常务委员会关于任免国家机关工作人员办法》。全年市人大常委会先后8批次任免潮州市国家机关工作人员64名，撤职1名，提高了拟任命人员的法律意识和人大意识。

推进县镇人大工作和建设　7月，省人大召开全省县乡人大工作和建设座谈会，随后，市委召开全市人大工作会议，由市委书记刘小涛亲自主持，研究部署推进全市县镇人大工作和建设相关问题。市委副书记、市长殷昭举主持召开编委会，研究解决全市各级人大设立相关机构的编制和人员问题。市人大办联合市委办、市委组织部、市编办、市财政局、市人社局等部门，印发了《关于大力推进我市县镇人大工作和建设的实施意见》，迅速展开一系列前期工作。市人大常委会领导班子成员分别带队深入各县区协调指导工作，8月底和11月初，还两次对各县区推进县镇人大工作和建设进行督促检查，有效推动工作落实。至年底，在市人大机关设立了县镇人大工作科，各县区按照省要求的标准健全了人大常委会组成部门，全市各镇全部配备了人大主席和专职副主席，以及成立镇人大办公室，配齐机构和人员，成为全省唯一1个健全了市、县区、镇三级人大工作机构和人员的设区市，并在广东省省市人大常委会主任座谈会上作经验介绍。

【执法检查、视察活动和调研活动】 2017年，市人大常委会开展了《中华人民共和国民办教育促进法》《中华人民共和国安全生产法》《广东省气象灾害防御条例》《潮州市韩江流域水环境保护条例》执法检查，开展对社会保险、不动产登记、城市管理、科技创新、农村危房改造、现代渔港建设和贯彻实施《广东省旅游管理条例》、落实中央环保督察意见等情况的专题调研，督促市政府和相关部门加强和改进工作，切实提高民生保障水平。

【规范性文件备案】 2017年，市人民政府将《潮州市城乡规划管理技术规定（试行）》《关于鼓励投资建设五星级酒店若干优惠措施的意见》《潮州市困难群众医疗救助实施办法》《潮州市商事主体住所经营场所登记管理规定》《潮州市城区客运人力三轮车管理规定》《潮州市建设领域工人工资支付保证金管理办法》《潮州市人民政府拟定地方性法规草案和制定政府规章程序规定》《潮州市城乡公共交通财政补贴资金管理办法》《潮州市鼓励企业利用资本市场融资的若干措施》《潮州市关于困难群体医疗保障救助的实施意见》《关于完善市区部分国有用地手续有关问题的意见（试行）》《关于支持鼓励创业致富带头人在相对贫困村创办企业的实施意见》《潮州市陶瓷废物回收处理实施意见》《潮州市人民政府关于提升“三旧”改造水平促进节约集约用地的实施意见》《潮州市市城区“三旧”改造无偿移交公益性项目用地操作细则》《潮州市市城区“三旧”改造项目完善历史用地手续操作细则》《潮州市市城区“三旧”改造方案审批操作细则》《潮州市市城区“三旧”改造项目认定操作细则》《潮州市人民政府关于公布规范性文件清理结果的通知》等19件规范性文件报请市人大常委会备案。这些规范性文件经市人大常委会审查并予以备案。

【代表工作】 2017年，市人大常委会共邀请代表90人（次）列席常委会会议，组织代表153人（次）参与各项工作活动。

代表活动平台建设　市人大常委会在全市建立了15个代表小组活动室，并以活动室为载体，开展代表接待选民和群众、进村入户联系群众、为群众办好事实事等活动，把代表活动室建成代表小组活动平台、代表与群众互动平台、各级各部门联动为群众办事平台，提高代表履职实效。借助市政府“一键通”平台，畅通市人大代表反映社情民意的渠道。

代表履职能力建设　市人大常委会举办了全市人大代表培训班，组织市十五届人大代表和县（区）人大常委会领导到全国人大深圳培训基地进行培训，提升依法履职的能力和水平。组织驻市的全国、省人大代表围绕全市

“百团大战”中交通基础设施建设情况和打造传统工艺美术品展示平台情况开展专题调研活动，组织市人大代表参与常委会调研、执法检查等活动，组织驻市的省人大代表和市人大代表参加法院、检察院等单位的活动，拓展代表履职渠道。

代表工作制度建设　市人大常委会落实“双联系”工作制度，特别是围绕市委的工作部署，主动联系代表，听取代表对“治六乱”工作的意见建议，发挥代表的监督作用。实行代表履职登记制度，为市人大代表建立履职档案，学习推广江苏省徐州市人大代表走访选民填写民情日记的做法，使民情日记成为人大代表履职常态化的一个重要载体，促进代表工作的规范化、制度化。

强化代表建议督办　市人大常委会创新工作机制，及时召开代表建议交办会，努力使办理工作逐步从“答复型”向“落实型”转变。选择6件涉及面广、解决难度大、群众关注度高的代表建议作为重点建议，由市人大常委会领导带队进行重点督办，带动其他代表建议的落实。市十五届人大一次会议期间代表共提出34件建议，其中代表对承办单位的答复表示满意的有33件，不满意1件。

依法做好全国和省人大代表的推荐提名工作　市人大常委会认真贯彻落实省委部署，做好新一届全国和省人大代表候选人人选的推荐提名工作。筹备好市十五届人大二次会议，选出了潮州市出席省十三届人大代表和部分国家机关工作人员。严明纪律，确保选举工作风清气正。

【信访工作】　市人大常委会深入贯彻实施《广东省信访条例》，落实诉访分离、畅通信访渠道、维护信访秩序，把办理群众来信来访作为倾听民声民意的重要渠道和加强人大监督重要工作来抓，运用法治思维和法治方式解决信访问题，推进信访工作法治化。2017年，共受理群众来信来访50件，全部办结。

（市人大办）

附：2017年潮州市人大常委会主任、副主任，秘书长、副秘书长名单

主　　任：李水华（—7月）
刘小涛（12月—）

代理主任：陈少宏（7月—12月）

常务副主任：陈少宏（1月—7月，12月—）

副主任：黄　洪　黄潮标　林跃　陈史青　杨顺才

秘书长：陈少鹏

副秘书长：苏利群　林广鹏　张森文　戴宜生

2017年潮州市中级人民法院院长名单

院　长：邓夏思

2017年潮州市人民检察院检察长名单

检察长：陈伊拉

潮州市人民政府

综　　述

【工作部门】 2017年，市政府有市政府办公室、市发展和改革局、市经济和信息化局、市教育局、市科学技术局、市民族宗教事务局、市公安局、市监察局、市民政局、市司法局、市财政局、市人力资源和社会保障局、市国土资源局、市环境保护局、市住房和城乡建设局、市交通运输局、市水务局、市农业局、市林业局、市商务局、市文化广电新闻出版局、市卫生和计划生育局、市审计局、市外事侨务局、市政府国有资产监督管理委员会、市工商行政管理局、市质量技术监督局、市安全生产监督管理局、市食品药品监督管理局、市统计局、市海洋与渔业局、市文物旅游局、市城乡规划局、市城市综合管理局等部门。

【政府工作报告主要内容】 2017年1月13日，潮州市第十五届人民代表大会第一次会议在市区召开。代理市长殷昭举代表市政府向大会作《政府工作报告》。

《报告》回顾了过去五年和2016年政府工作情况，提出今后五年的奋斗目标和主要任务以及2017年工作安排。《报告》认为，过去五年，在省委省政府和市委的正确领导下，在市人大及其常委会和市政协的监督支持下，市政府全面贯彻落实党的十八大和十八届中央历次全会精神，深入学习贯彻习近平总书记系列重要讲话精神，积极抢抓省振兴粤东西北发展机遇，围绕“一中心三片区”建设，坚持改革创新，统筹抓好稳增长、调结构、惠民生、防风险各项工作，经济社会实现平稳健康发展，“十二五”规划目标基本完成，“十三五”规划实施开局良好。经济实力大幅提升；产业升级步伐加快；城市格局明显优化；生态环境保护有力；改革开放纵深拓展；社会事业全面进步。2016年是“十三五”的开局之年，面对经济下行压力，市政府围绕市委的总体部署，坚持多措并举，推动创新发展；启动“八网+产业”建设；激发双创发展活力；加快产业园区发展；强化发展要素支撑；深化重点领域改革；维护社会和谐稳定。

《报告》提出做好今后五年政府工作，要高举中国特色社会主义伟大旗帜，以邓小平理论、“三个代表”重要思想和科学发展观为指导，全面贯彻落实党的十八大、十八届中央历次全会和习近平总书记系列重要讲话精神，深入贯彻落实市第十四次党代会精神，以“凤凰腾飞”为总目标，按照“五位一体”总体布局和“四个全面”战略布局，认真落实“五大发展理念”，加快建设“一中心三片区”，着力打造新兴产业强市、交通强市、文化强市、旅游强市和教育强市，统筹推进经济社会建设，决战决胜，有力有为，实现两个“五年翻番”，与全国同步建成小康社会，把潮州建设成为经济更繁荣、政治更清明、社会更和谐的美丽新凤城。重点抓好五方面工作：即是实施“四梁八柱”工程，增强区域发展实力；实施“四面八方”工程，统筹推进各项事业；实施“四通八达”工程，着力优化发展环境；实施“四平八稳”工程，共同建设美好家园；打造有力有为团队，建设人民满意政府。

《报告》提出做好2017年政府工作，要认真贯彻落实中央、省有关会议和市第十四次党代会精神，以推进供给侧结构性改革为主线，以实施“百团大战”为引领，以建设国家新型城镇化综合试点市为抓手，集中优势力量，聚焦关键问题，增加有效投资，激发需求动力，深化创新驱动，推动产业转型升级，确保经济稳定增长，以优异的成绩迎接党的十九大胜利召开。

《报告》提出2017年全市经济社会发展主要预期目标是：生产总值增长9%，一般公共预算收入增长11%，固定资产投资增长25%，外贸出口总额增长5%，社会消费品零售总额增长11%，居民消费价格指数涨幅控制在3%以内，城乡居民收入增长与经济增长基本同步，节能减排降碳约束性指标完成省下达的年度计划。为实现上述目标，要抓好六方面工作：即是突出项目带动，强化发展支撑。重点是抓实产业项目、交通项目、水利项目、民生项目；加快结构调整，促进产业提升。重点是深化供给侧结构性改革，坚持创新驱动发展，培育壮大实体经济，推进新兴产业发展，做大做强第三产业；抓好四项治理，优化发展环境。重点是围绕建设法治化国际化营商环境，加强经济治理；围绕建设国家新型城镇化综合试点市，加强城乡治理；围绕建设“潮人生态家园”，加强生态治理；围绕建设“平安潮州”，加强安全治理；深化改革开放，凝聚发展合力。重点是改善政务环境，推进改革攻坚，提高开放水平，坚持合作发展；兜牢底线民生，推进发展共享。重点是做好就业保障工作，统筹社会事业发展，认真办好民生实事；加强政府建设，提高政务效能。重点是建设法治政府，优化服务质效，强化督查落实，推进廉政建设。

【市政府常务会议】 2017年，市政府共召开常务会议21次。

专题学法 2017年，会议集中学习行政复议试点有关制度和《中华人民共和国网络安全法》《中华人民共和国采购法实施条例》《潮州市市级政府投资项目招标投标工作规定（修订）》《广东省城乡生活垃圾处理条例》《中华人民共和国教育法》《广东省党政领导干部保密工作责任制实施细则》《潮州市韩江流域水环境保护条例》。

传达省有关会议精神 会议传达贯彻党的十九大精神、省委常委（扩大）会议精神、省长马兴瑞莅潮调研情况及有关工作指示精神、《中共中央 国务院关于推进安全生产领域改革发展的意见》全省宣讲报告、全省企业职工基本养老保险省级统筹工作领导小组第一次会议精神、广东省建设国家科技产业创新中心暨企业研发机构工作会议精神、国家和省新型城镇化综合试点工作会议精神并听取市综合试点工作情况、国家和省保障农民工工资支付工作视频会议精神等。

通报部署有关工作 会议通报部署安全生产大检查有关工作、经济社会持续健康发展有关工作、推动潮州大发展有关工作、全市重点工作、推动省党代会精神在潮州贯彻落实有关工作、安全维稳有关工作等。

讨论有关问题 会议讨论《潮州市人民政府关于进一步加强文物工作的实施意见》《关于优化重点项目审批建设工作的实施意见》《潮州市金融改革发展“十三五”规划》《2016年度规范性文件有效期清理结果》《城市基础设施投资建设合作框架协议》《潮州市古城文化旅游特色区建设工程总承包暂行工作导则》《潮州市人民政府 中国广核集团有限公司〈清洁能源框架合作协议〉》《潮州市人民政府与广东省创业投资协会战略合作框架协议》《潮州市凤泉湖高新区园镇一体化财政体制方案》《中共广东潮州经济开发区工作委员会（中共潮州凤泉湖高新技术产业开发区工作委员会）广东潮州经济开发区管理委员会（潮州凤泉湖高新技术产业开发区管理委员会）主要职责工作机构和人员编制规定》《潮州市工业转型升级发展“十三五”规划》《潮州市信息化发展“十三五”规划》《潮州市推进工业企业“小升规”四年行动计划（2017—2020年）》《潮州市城乡规划管理技术规定（暂行）》《“园区产业基金”战略合作协议》《潮州市人民政府 国际潮籍博士联合会共建“国际潮人博士团公社”战略合作框架协议》和《潮州市人民政府 国际潮籍博士联合会共建“潮汕高等研究院”战略合作框架协议》《2017年潮州市十件民生实事》《潮州凤泉湖高新区公租房配租方案》《潮州市城市“三旧”改造专项规划（修编）（2015—2020）》《潮州市引进培养高层次人才办法》《潮州市人民政府关于鼓励投资建设五星级酒店若干优惠措施的意见》《新建梅州至潮汕铁路潮州段土地综合开发框架协议》《潮州市人民政府 浪潮集团有限公司发展大数据产业实现创新驱动发展战略合作框架协议》《潮州市工业企业基本信息库建设工作方案》《潮州市卫生与健康“十三五”规划》《潮州市人民政府2017年制订规章计划（草案）》《加大脱贫攻坚力度支持革命

老区开发建设实施意见》《凤东路（老党校至汕汾高速）以北土地征用项目官塘片区建设用地征收土地拆迁补偿安置方案》《凤东路（老党校至汕汾高速）以北土地征用项目铁铺片区建设用地征收土地拆迁补偿安置方案》《潮州市区环保发电项目建设用地征收土地补偿和房屋征收补偿安置方案》《潮州市市级政府投资项目融资资金使用管理办法》《潮州市人民政府 国际潮籍博士联合会共建“国际潮人博士团公社”协议》和《潮州市人民政府 国际潮籍博士联合会共建“潮汕高等研究院”（“潮汕大学”）协议》《潮州市“四梁八柱”民营企业培育认定工作方案》《潮州市培育发展新兴产业（四大产业）行动计划（2017年—2019年）》《潮州市人民政府 中信产业投资基金管理有限公司战略合作协议》《潮州市湘桥区凤城生态水乡示范区建设用地征收土地拆迁补偿方案（修订）》《韩江北堤综合整治工程项目建设用地征收土地补偿和房屋征收补偿安置方案》《韩东新城防洪综合整治一期工程项目建设用地征收土地补偿和房屋征收补偿安置方案》《潮州市新型城镇化“十三五”规划》《潮州市市区环保发电特许经营项目实施方案》《潮州市D07-01管理单元控制性详细规划局部调整》《潮州市中心城区控制性详细规划（X10单元）》（局部调整）《潮州市城市总体规划（2015—2030）》《潮州市乡镇卫生院（社区卫生服务中心）临床医学本科学历教育和全科医生转岗培训工作实施方案》《潮州市教育发展“十三五”规划》《潮州市科技发展“十三五”规划》《潮州市人民政府 碧桂园集团韩江新城战略合作框架协议》《潮州市人民政府 长春中天能源股份有限公司战略合作框架协议》《潮州市能源发展“十三五”规划》《潮州市旅游发展“十三五”规划》《潮州古城文化旅游特色区旅游发展总体规划（2016—2030）》《潮州市产业园区发展“十三五”规划》《潮州市困难群众医疗救助实施办法》《潮州市人民政府与清华大学研究生院共建研究生社会实践潮州基地协议书（试点）》《潮州市商事主体住所经营场所登记管理规定》《潮州市国有资产监管体制和运行机制实施办法》《潮州市食品药品安全“十三五”规划》《潮州市人民政府 广东省合生珠江教育发展基金会 中山大学合作开展全科医生转岗培训框架协议书》《潮州市区域卫生规划（2016—2020年）》《潮州市城市公立医院综合改革实施方案》《潮州市城区客运人力三轮车管理规定》《潮州市枫江流域水环境整治一期工程PPP实施方案（报批稿）》《潮州市枫江流域水环境整治一期工程PPP项目招标文件（报批稿）》《潮州市枫江流域水环境整治一期工程PPP项目合同（报批稿）》《潮州市粮食安全保障“十三五”规划》《潮州市市本级2017年土地储备计划》《中共潮州市委 潮州市人民政府关于深化供销合作社综合改革的实施意见》《潮州市人民政府拟定地方性法规草案和制定政府规章程序规定（草案）》《潮州市黄冈河流域水环境保护条例（草案）》《潮州市人民政府 泰富重装集团有限公司 香港澜湄投资控股公司 中国安华集团有限公司战略合作框架协议》《中国工艺美术之都博览园战略合作框架协议》《潮州市全面推行河长制工作方案》《潮州市城市公立医疗机构取消药品加成调整基本医疗服务价格调整方案》《潮州市建设领域工人工资支付保证金管理办法》《潮州市绿色发展示范区发展总体规划（2016—2025年）》《潮州市人民政府 广东省粤科金融集团有限公司战略合作框架协议》《潮州市人民政府 暨南大学建立全面合作关系协议》《潮州市人民政府 华南师范大学全面战略合作框架协议》《潮州老城古民居建筑群消防安全专项规划》《潮州市市本级土地储备资金管理办法》《市校共建先进陶瓷材料创新研究中心框架协议》《潮州市人民政府 广东省广晟资产经营有限公司战略合作框架协议》《潮州市人民政府 北大青鸟集团文旅产业战略合作框架协议》《潮州市公众举报环境违法行为奖励办法（试行）》《潮州市人民政府 益海嘉里投资有限公司战略合作框架协议》《潮州市2017年“四梁八柱”民营企业拟认定名单》《潮州市深化人才发展体制机制改革的若干意见》《潮州市枫江流域水质达标方案（2017—2020年）》《潮州市总部企业认定办法》《潮州市人民政府关于鼓励发展总部

经济的若干意见》《关于鼓励通用厂房建设促进工业地产发展的实施意见》《潮州市城乡公共交通财政补助资金管理办法》《潮州市科技信贷风险准备金管理办法》《潮州市促进科技创新发展若干措施》《潮州市人民政府关于完善市区部分国有用地手续有关问题的意见（试行）》《关于大力整治毁林种茶建设生态茶园行动方案》《潮州市市级财政性资金投资基本建设重点项目财务总监管理规定》《潮州市人民政府　阿里巴巴集团共建“新外贸示范市”合作框架协议》《汕头海关　潮州市人民政府共建21世纪海上丝绸之路战略合作框架协议》《潮州市关于困难群体医疗保障救助的实施意见》《潮州市鼓励企业利用资本市场融资的若干措施》《“智慧潮州”发展规划（2017年—2020年）》《潮州市陶瓷产业做大做强实施意见》《潮州市现代服务业发展“十三五”规划》《潮州市市级领导工作经费专项资金管理办法》《潮州市45个省定贫困村创建社会主义新农村示范村的工作方案》《关于支持鼓励创业致富带头人在相对贫困村创办企业的实施意见》《潮州市市直机关事业单位使用临聘人员管理办法（试行）》《潮州市县区领导班子和市直部门绩效考核办法（试行）》《潮州市新引进企业高层次人才奖励措施》《潮州市电动汽车充电基础设施专项规划（2016—2020年）》《潮州市市级三防系统标准化建设实施方案》《潮州市矿产资源总体规划（2016—2020年）》《关于深入推进城市执法体制改革改进城市管理工作实施方案》《广东省潮州市国家森林城市建设总体规划（2017—2026年）》《潮州市总部企业认定办法》《关于鼓励发展总部经济的若干意见》《关于鼓励通用厂房建设促进工业地产发展的实施意见》《潮州市扬尘污染防治条例（草案）》《潮州市人民政府关于提升“三旧”改造水平促进节约集约用地的实施意见》《潮州市市城区“三旧”改造无偿移交公益性项目用地操作细则》《潮州市市城区“三旧”改造项目完善历史用地手续操作细则》《潮州市市城区“三旧”改造方案审批操作细则》《潮州市市城区“三旧”改造项目认定操作细则》《潮州市中心城区控制性详细规划（D02-01管理单元）局部调整》《潮州市陶瓷废物回收处理实施意见》《关于进一步优化政府和社会投资项目审批流程的实施意见（试行）》《潮州市各级党政领导干部检查督查安全生产工作指引》《关于进一步强化企业安全生产主体责任落实的通知》《中山（潮州）产业转移工业园产业准入目录》《关于优化营商环境扶持企业发展若干措施》《潮州市肇事肇祸严重精神障碍患者强制医疗专区建设方案》《潮州市转贷服务管理暂行办法》《关于做好我市异地务工人员服务工作的实施意见》《关于建立健全安全生产检查员队伍加强村（居）安全监管工作的意见》《中共潮州市委　潮州市人民政府关于推进安全生产领域改革发展的实施意见》《关于在职村（社区）“两委”干部参加企业职工基本养老保险有关问题的通知》《潮州市人口与计划生育管理办法》《潮州市渡口渡船安全管理办法》《潮州市人民政府　中国石化销售有限公司广东石油分公司战略合作框架协议》《潮州市人民政府　广东光正教育集团有限公司战略合作框架协议》《潮州市光正实验学校建校办学协议》《潮州市人民政府　广东省气象局全面推进潮州气象现代化建设战略合作框架协议（2017—2020年）》《潮州凤泉湖高新技术开发区（径南片区）控制性详细规划》《潮州市韩江流域水环境保护专项资金使用管理办法》《潮州市市本级2017年土地储备计划》《意溪镇临江片区（二期）建设项目征收土地补偿和房屋征收补偿安置方案》《潮州市中心城区给水工程专项规划修编（2017—2035年）》《潮州市2017年农村危房改造（第二批）实施方案》《潮州市科技企业信贷风险准备金业务合作协议》《潮州市爱国卫生工作规定》《潮州市人民政府　云南省城市建设投资集团有限公司战略合作框架协议》《潮州市2018—2020消防安全重点工作实施计划》《潮州市消防安全责任制实施规定》《潮州市古城区消防安全管理办法》《潮州市单丛茶产业发展规划（2018—2027年）》《潮州市防治船舶及其有关作业活动污染水域环境应急能力建设规划（2017—2025年）》《潮州市城市绿化管理办法》《潮州市区环卫市场化区域改

革、调整及第四合同年度合同签订方案》。

研究有关事项　研究启动笔架山潮州窑考古遗址公园创建工作及相关规划的编制、滨江文化公园（凤城公园）A区项目进行工程变更、市人防办有关规划、修改《潮州市市级财政投资项目用款审批表》、拨给市开发区南山分园二期B区征地补偿款、举办首届中国刺绣传统工艺振兴论坛暨中国刺绣艺术研究院成立仪式工作经费、延长2016年环境保护违法违规建设项目清理整改的环境监测报告、现状评价及相关备案材料提交时限、对铁铺镇土地利用总体规划进行修改、“四梁八柱”民营大企业反映问题落实、韩江大桥西桥3#墩防撞桁架抢修加固工程、延长《潮州市人民政府关于修改〈关于促进战略性新兴产业发展用地的若干措施〉的通知》文件有效期、调整中山（潮州）产业转移工业园径南分园部分地块用地性质、广东兴华建筑工程有限公司要求落实置换土地、支持促进潮州市外贸稳定增长、韩江新城半岛广场项目实施、出具杭深线潮汕站站房扩建项目投资额银行担保函、2017年市政配套费支出计划、土地清理整顿工作、经济运行统计和监测、潮州大桥东立交工程建设、恒大置业有限公司在潮州恒大城增建中学、收回广东金利食品工业有限公司拍得CA2013官塘A地块土地使用权、潮州市天然气高压管道项目投资建设主体、办理市101工程地下基本指挥所配套工程变更手续、拨款支持古巷镇创建全国卫生陶瓷产业知名品牌示范区、古城公共基础设施建设项目采用工程总承包模式进行建设、古城旧府衙片区改造项目、潮州市大型公益广告牌建设方案、潮州市中级人民法院增配合同制书记员、潮州市面粉厂资产及国有土地使用权移交手续、潮州港金狮湾港区防波堤工程项目前期工作经费、韩东新城总部区拟选地址、古城公共基础设施部分建设项目先行采用工程总承包模式进行建设、2017年度市级水利水电建设资金收支计划、2017年度市级城市教育费附加使用计划、发挥政策性银行低成本资金优势支持七大领域项目建设、省道S233线炮浮路口至省道S232线连接道路新建工程建设、潮州市2017年度国有建设用地供应计划、扶持推进潮安北部万亩淡水养殖示范区建设、孝溪桥改建工程项目作为应急抢险工程实施建设、重新调整潮州市廉政教育基地（市纪委办案点）建设工程项目投资规模、潮州市第七批市级非物质文化遗产代表性项目、进一步落实市直机关事业单位工作人员带薪年休假、变更省道S233线古巷至凤塘段改建工程路面结构、潮州东大道工程第三合同段建设、省道S231线韩江大桥至外环南路改建工程建设、省道S231线韩江大桥至外环南路改建工程推行工程总承包（设计+施工总承包）模式、县道X078线潮安庵埠段扩建工程（含园区连接段）建设、韩江东西溪大桥（如意大桥）工程延期监理费有关补助、潮州市历年来退役士兵安置和权益保障的情况、调整2017年城乡居（村）民最低生活保障标准和提高低保补差水平、市政府驻外办事机构工作人员有关待遇、实施韩江东岸沿江景观灯改造项目、红山森林公园“启动公园大门及广场建设”项目、红山森林公园“园内道路等基础设施配套”项目、市城区地下管线普查相关经费、实施广济桥桥墩应急抢险加固工程、与粤东西北振兴发展股权基金签订追加投资3000万元补充协议、市药材支公司、药材采购供应站关停改制、承办以咏“凤凰”“潮州”为主题征集全国优秀书法作品活动、实施南堤路改造提升工程实施绿榕南路景观改造工程、租赁社会考场、增拨如意大桥延长线枫溪段征收补助资金、全市高层灭火救援车辆装备及组建潮州凤泉湖高新区消防临时执勤站、2018年度城乡居民基本医疗保险缴费标准及提高部分门诊特定病种待遇、调整潮州市职工生育保险费率、门诊诊查费基本医疗保险报销标准、潮州市“大交通”管理体制改革后交通系统基本支出机制、潮州市韩江东、西溪大桥BT项目提前回购合同、市发展和改革局等八部门关于推行诚信投标承诺书、广东省管网粤东LNG配套管线潮州段路由优化方案、潮州市天然气高压管道项目建设、解除中山（潮州）产业转移工业园径南分园JN06-22地块国有建设用地使用权出让合同、潮州市城区不动产统一登记有关问题、实施西湖公园亮化改造工程、实施潮州市城区市政道路“黑底化”改造工程、实施市人民广场音乐喷泉改造项目、实施市城区路灯钠灯灯源更换为LED灯源、潮汕机场扩建工程潮州市出资、将“湘桥区牌坊街理学儒宗石牌坊受损修复工程项目”作为应急抢险工程并批准不进行招标、市市场物业管理总站实施肉菜市场升级改造、砚峰路工程建设、省道S232线市区段改线外环大桥（凤凰大桥）及连线工程设置景观、省道S232线市区段改线外环大桥及连线道路新建工程暂列金、解决城西街道厦二、厦三村被征地农民养老保障资金、实施市区重要地段节点绿化提升项目、实施改造新建公园项目、实施西华路路面及下水道改造、2017年地方政府债券转贷资金额度分配方案、启动枫溪片区用地控制性详细规划组织编制、批准枫溪区东田小学新建校址地块规划土地使用性质和建设用地规划条件主要指标、批准公布潮州市第一批历史建筑、实施古美村截污改造工程、省道S233线（枫溪广场—大寨路口段）道路升级改造工程、潮汕环线江东互通至省道S232东凤横江新改建工程前期工作、拖欠饶平县第二建筑安装工程公司工程款、开展广东省潮州市仙洲岛发展规划与城市设计国际竞赛、全额返还罚没收入、启动潮州市海绵城市专项规划组织编制、增拨潮州市2017年地质灾害隐患点搬迁和治理专项资金补助、市城区3项市政设施维护经费、核拨2017年潮州市农村危房改造任务数市级配套补助资金、追加全市贫困村创建社会主义新农村示范村工作市级专项资金、潮州市中心医院新院建设项目、“博览城”项目供地、调整义安路街区改造等古城公共基础设施项目建设投资模式、原潮州长运交通集团有限公司客运中心枢纽站建设工程变更项目呈报审批、拨款建设垃圾压缩站（中转站、工具屋）、新桥路改造提升工程投资估算、市直机关（含参公单位）和财政全额拨款事业单位临聘人员经费、韩江东西溪大桥工程江东岛内辅道等变更设计费用、拨给市城区不动产登记数据整合暨未测量住宅小区测量工作经费、实施潮州一江两岸夜景提升项目、拨款建设（改造）公共停车场、“平安二期”高清视频监控系统扩容增补、帮助解决建造渡船资金、汕汾高速引道延长线景观绿化工程新一轮租地、枫溪区池湖村旧村庄改造项目的国有土地拟协议出让、协调解决潮州市国际陶瓷交易中心首期项目完善工程报建手续、S231线东兴南路韩江大桥下南侧至宝塔路段路面水毁抢修工程、公布规范性文件清理结果、2017年潮州市土地利用计划、中国瓷都·潮州陶瓷精品展实施方案、拨给扶持传统特色产业工作经费、原深圳（潮州）产业转移工业园径南分园首期开发建设有关历史遗留问题、拨给临港产业园区基础设施前期费用及投融资公司启动资金、潮州市图书馆新馆业务配套方案预算、市档案馆新馆配套设施建设方案及资金、韩江东西溪大桥项目回购资金由地方债务资金置换支付、明确厦深铁路潮汕站扩容工程（铁路红线内）、厦深铁路潮汕站站区综合开发项目（铁路红线外）规划建设责任主体、加快潮州市中介服务业发展的意见、潮州古城消防站建设、市妇幼保健院扩建工程、枫溪区2017年度（第一批）国有土地使用权出让计划、提前支付新风路（枫溪区段）改造工程建设资金、潮州市县区领导班子和市直部门绩效考核奖金发放意见、协助市中级人民法院解决部分党政机关未结执行案件清理工作、2017年度全市经济指标社会发展预期目标调整事项、枫溪宫前肉菜市场改造升级、伟业陶瓷有限公司“三旧”改造国有土地拟协议出让、潮州市法治政府建设、解决增资潮州港务发展有限公司资本金、潮州临港产业转移工业园污水处理工程项目中央预算内投资资金使用、收回潮安区枫溪区规划管理权限、上收市环境保护局枫溪分局和市环境保护局监察分局枫溪监察队管理权限、潮州主城区道路景观提升工程（甬莞高速古巷西出口至潮州迎宾馆）、桥东东兴路美化提升工程（北溪桥闸至意东一路）、西河路河头至潮州迎宾馆步道改造提升工程、丽春街人行道整修提升等5个项目、拨给中山（潮州）产业转移园湘桥分园官塘片区一期基础设施建设补助资金、调整部分企业军转干部补助、2017年全市主要经济目标完成情况预测及2018年全市主要经济目标计划、2018年潮州市重点项目投资计划、2018年潮州市预算计划、中海石油气电集团有限责任公司参股潮州深能燃气有限公司、清理解决我市规模下环境保护违法违规建设项目有关遗留问题、《潮州市中心城区控制性详细规划》X11–04管理单元启动局部调整、市区过境公路市政化管养机制、市区路灯加装中国结灯箱、拨给工艺美术之都项目用地回填平整补偿款、拨给白塔寺生态墓地、公益性骨灰楼堂及永安村等3个村基础设施建设补助资金有关事项，以及各项临时增列等问题。

【市政府工作会议】 2017年，市政府召开工作会议89次。会议协调推进广梅汕铁路增建二线及厦深联络线项目和梅汕客运专线项目征地拆迁与“三电”及管线迁改工作、协调解决潮州港三百门新港区疏港道路用地青苗和地上构筑物补偿资金问题、推进凤泉湖高新区（二期）建设用地征地拆迁补偿安置工作、调研动车运用所征地拆迁和交地情况、督查高铁新城潮汕站核心区、潮汕环线高速公路潮安段征地、广梅汕增建二线及厦深联络线和梅汕客专（含动车运用所）项目征地拆迁及“三电”迁改工作、督查大潮高速公路潮州段征地拆迁工作、推进凤泉湖高新区（二期）建设用地征地拆迁补偿安置工作、与分管部门及分工联系的中央省驻潮单位领导干部进行党风廉政建设及安全生产工作集体谈话、推进绿榕西路工程建设工作、协调中山大道项目融资工作、推进凤泉湖高新区（二期）建设用地征地拆迁补偿安置工作、协调潮州东大道工程有关问题、督查潮汕环线高速公路潮州段征地拆迁工作、推进凤泉湖高新区（二期）建设用地征地拆迁补偿安置工作、协调潮州市如意大桥（原韩江东西溪大桥）项目用地报批工作、推进“百团大战”交通强市涉及有关港航码头建设项目、推进古巷镇创建卫生陶瓷产业“全国知名品牌示范区”工作、研讨市“百团大战”交通强市省道S231线韩江大桥至外环南路改建工程方案、推进市“百团大战”交通强市“两桥四路”建设项目、检查交通运输安全生产工作、协调广梅汕增建二线及厦深联络线潮州段、梅汕客专潮州段及动车运用所项目征地拆迁工作及督查“三电”迁改工作、协调省、市道路客运合作项目工作、研究S335线汕汾高速口至东山路口（K11+200–K19+937）路段绿化管养、道路卫生管理移交和部分道口封闭问题、检查潮安区凤凰镇茶区交通安全工作和凤溪水库防汛工作、调研如意大桥江东段施工现场及大桥落地的道路连接、环境情况、推进中山（潮州）产业转移工业园南山分园二期B区项目建设工作、协调池樟收费站人员分流安置后续有关问题、协调铁铺镇有关统计数据移交工作、加强全市公路安全设施建设及交通安全管理工作、推进人社、民政、交通、质监等部门维稳安全

2017年7月27日，潮州市人民政府与泰富重装集团、中国安华集团、香港澜湄投资控股有限公司签订战略合作框架协议

工作及督查纳入短板项目工作、协调推进潮汕环线高速公路潮州段项目征地拆迁和建设工作、协调浮售镇农电体制改革工作、开展分管部门及分工联系上级驻潮单位领导干部纪律教育学习集体廉政谈话、协调雅士利集团新设公司有关问题、协调全市交通“一张网”改革职工社保遗留问题、协调解决潮州大桥项目施工车辆损坏沙洲岛环岛路东侧部分路基修复问题、协调韩江大桥维修工程项目安全配套设施费用及池樟路桥收费站挡土墙工程欠款有关问题、推进城乡道路充电桩规划布点及共享单车在市区部分区域试运行工作、协调宁莞高速公路建设工作、协调凤泉湖高新区中山大道两侧增设市政配套设施建设相关工作、研究梅汕客专切入潮汕站施工期间有关问题、研究市城区管线落地有关问题、推进凤泉湖高新区（二期）建设用地征地工作、总结2016年度全市安全生产工作和部署2017年第一季度防范重特大生产安全事故工作、部署全市山区茶区春茶采摘季节安全生产工作、部署2017年第二季度防范重特大生产安全事故工作、部署全市推进钢铁行业淘汰落后产能工作、部署2017年第三季度防范重特大生产安全事故工作、部署2017年第四季度防范重特大生产安全事故工作、部署“广东（潮州）中小微企业信用信息和融资对接平台”信用信息数据采集工作、研究协调中国工艺美术之都项目拟落地相关地块有关规划工作、传达贯彻全国、全省安全生产电视电话会议精神、传达贯彻省政府第四季度防范重特大生产安全事故工作会议精神、传达全省推进钢铁去产能工作会议精神，研究部署推进钢铁去产能工作、部署中小微企业信用信息数据采集各项工作、通报2016年度安全生产工作情况、部署2017年度安全生产和第一季度防范重特大生产安全事故工作、通报了第一季度安全生产工作情况并对第二季度工作进行部署；通报了第二季度安全生产工作情况、并对第三季度工作进行部署、通报了全市第三季度安全生产工作情况并对第四季度工作进行部署、全面部署当前山区茶区春茶采摘季节安全生产工作、协调笔架山宋窑遗址红线界定工作、金山大桥东引道环岛旁北侧地块管养工作、“东丽湖”片区使用权交接、市方志馆建设工作、完善财政国库集中支付系统暨财政信息系统建设管理有关问题、潮州市招商引资宣传片拍摄制作工作、滨江长廊下水门外公共厕所停建、解决嘉和名苑二期建设项目缴纳税费结算有关问题、滨江城墙单车绿道项目、中国工艺美术之都项目推进、研究解决加快推进市图书馆和市新档案馆建设有关问题、市城区8座肉菜市场升级改造建设项目招投标有关问题、调研道路交通安全综合治理工作、调研市区许驸马府周边环境整治提升工作、研究推进中心医院新院建设项目、市妇幼保健计划生育服务中心扩建工程、申报设立高等学校和引进高品位名校用地问题、加强高速公路交通安全专题工作、国庆节、中秋节期间在部分学校设置临时停车场、市高级中学新校园二期工程建设、推进市绵德小学绵德幼儿园易地新建工作、市公安局指挥中心改造暨智能交通建设项目、党风廉政专题工作。

建议提案办理

【简况】 2017年，市人大、市政协交由市政府办理的建议提案共126件，代表、委员满意或基本满意率99.2%。其中人大代表建议34件，政协提案92件，全部在法定期限内完成办理答复工作。人大代表建议办理满意或基本满意率97%，政协提案办理满意或基本满意率100%。建议提案反映的问题或所提的建议具备初步解决条件，抓紧落实解决，以及反映的问题或所提的建议已列入规划办理，答复类别标注为“A”或“B”的共有118件，占93.7%；建议提案反映的问题或所提的建议受条件限制，暂不能办理或有待条件成熟再予办理解决的有8

件，占6.3%。

【组织领导】 2017年，市政府接到市“两会”代表建议和政协提案交办任务之后，立即启动办理工作，落实市府办及时对案卷进行分析研究，于4月5日召开全市建议提案交办会议，按照“对应职能、归口办理”的原则，认真分解落实办理工作任务，抓好建议提案办理落实。市政府主要领导、分管领导领衔督办多个重点建议和提案，现场督查解决问题，有效促进工作落实。

【协调沟通】 2017年，为推动办理质量的提高，切实加强综合协调，及时收集、处理、传递和反馈办理过程中各方面的信息和情况，主动做好代表委员与承办单位之间的协调、沟通和联系，合力推进建议提案办理工作。对一些需要多个部门协同配合的建议件积极帮助协调解决，不让“瓶颈”影响办理工作的进度。各承办单位切实转变办理工作作风，落实工作任务，基本形成了主要领导负总责、分管领导具体抓、承办科室具体办、综合经办机构积极协调督办的工作机制，确保了办理工作的落实。

【督查督办】 2017年，把督查作为促进工作落实的重要手段，坚持把重点督查和阶段性督查相结合、单位自查和交办机关督查相结合，认真抓好办理全过程的跟踪督查工作。对事关全局、涉及面广、办理周期较长的建议提案，市政府办公室充分发挥综合协调作用，积极会同市人大选联工委、市政协提案委开展多形式的跟踪督查活动，以督查促办理，及时发现工作中存在的问题和困难，采取措施进行协调解决。

（市府办）

应急管理

【预案体系建设】 2017年，强化预案制修订工作的科学化、程序化、规范化，健全应急预案体系。列出两份预案修订清单，分解落实年度工作任务，明确责任分工和工作进度时间表，注重管理，强化督查，合力加快编织全方位、立体化公共安全网。同时，落实市应急委成员单位对各自的部门预案进行自查，及时做好修订工作，要求各县（区）加强各自专项预案，部门预案的制修订工作，按报备规定做好备案管理工作。出台实施了《关于进一步加强应急预案演练工作意见》，推动各级各类预案的制修订和预案演练工作的深入开展。全年共审核印发《潮州市地震应急预案》和《潮州市自然灾害救助应急预案》等6个市级专项预案。6月13日，举办了台风汛期韩江湘桥区段堤防出现险情应急桌面演练。积极指导督促各地各有关部门开展供水安全、大面积停电事件、预防山体滑坡和疏散救援等应急演练，实践和检验了各相关专项应急预案的科学性和可操作性，提高部门联动、协同作战水平，增强各类应急救援队伍的应急处置意识和实战抢险能力。

【“三制”建设】 2017年，以调整充实市、县（区）应急委领导成员为抓手，不断完善分类管理、分级负责、条块结合，属地为主的应急管理体制；以推动《潮州市突发事件应急体系建设“十三五”规划》的贯彻实施和《潮州市突发事件应对规定》相关配套制度的修订完善为抓手，持续推进应急管理法制建设工作，认真开展应急管理法规实施情况的督查工作。8月10日至11日，市政府应急办牵头市公安、民政、环保、水务、卫计和安监等部门组成调研组，围绕全市各县区应急管理法律法规贯彻实施开展情况，健全防灾减灾体制机制，推进应急管理工作重心下移、关口前移和解决“最先一公里”等方面的落实情况，开展督查调研，并形成《我市各地贯彻实施应急管理法律法规情况综合》和《当前我市应急管理工作碰到的困难、主要原因及意见建议》两篇调研报告；加强调查研究，完成市直26个单位和4个县区应急救援队伍力量和救援物资储备资源的调查，摸清了全市应急救援队伍建设和应急物资储备情况，为有效整合、科学协调应急救援队伍力量和救援物资储备资源做足准备；以坚持每月组织两次市应急指挥系统平台首期16个接入单位互联点名为抓手，检查各县区各单位设备运行及实时信息共享接入通畅情况，并保持与省平台的互联对接，推进应急协调指挥机制建设。

【突发信息报送】 2017年，以市委办、市府办名义先后联合印发《关于进一步做好值班工作的通知》和《关于进一步加强紧急信息报送工作的通知》，进一步规范报送范围和标准、建立处置与现场信息报送同步机制、完善跟踪续报制度、规范报送内容、建立三级应急值班制度及报送系统、完善报送联动协调机制、完善上报渠道。以市府办名义印发《关于进一步提高突发事件处置和信息报送工作效率的通知》，严格突发事件信息报送时效、及时高效开展突发事件处置和严格24小时值守和备勤制度。强化报送时效和首报主体责任意识，做到突发事件即发即报、边核边报，较大级以上突发事件事发第一时间电话报告、1小时内书面报告市政府总值班室，并跟踪续报相关情况直至全面化解，坚决杜绝出现迟报、漏报和瞒报现象。严格落实重要防护期突发事件信息零报告制度和向下延伸一个等级报送的措施，认真做好各重要防护期信息日报工作，全力做到“快速、主动、严谨、细致、周全”。全年潮州市向省政府办公厅报送突发事件信息23期；编印《应急管理动态》53期；参与妥善协调处置“饶平县发生一起沼气中毒致6人死亡事故”和“饶平县发生一宗涉枪案件”等2宗较大突发事件。

【隐患排查整改】 2017年，落实各地各有关单位加大力度推进《潮州市突发事件风险隐患排查整改管理办法》的贯彻实施，合力打造属地为主、部门协作、公众参与、监管规范的突发事件隐患排查整改工作新格局。并要求各县（区）各有关部门要高度重视，加大力度排查治理突发事件风险隐患，落实属地管理责任、部门监管责任、压实企业主体责任，认真排查，不留“死角”，依法依规全覆盖、地毯式开展突发事件隐患排查治理工作。加强条块之间隐患排查治理工作的互动沟通和交叉督促检查，定期组织“回头看”，巩固工作成效。坚持年初开展全市全年突发事件态势分析预测，每季度组织各县（区）、各有关部门对全市突发事件基本情况进行回顾总结，分析研判下季度突发事件主要隐患和态势，并提出相应对策。严格落实突发事件信息报告制度，畅通报告渠道，推进各类信息交流互通，确保应急联动更加有序、应急处置更加及时。

【应急能力建设】 2017年，不断加强和创新应急管理宣教培训工作，推进应急宣教培训工作引向深入与强化应急队伍建设融化结合。通过在应急维稳信访工作专题培训班上，发放国务院应急专家组组长、教授闪淳昌主编的《中国应急管理的全面开创与发展》一书，供参训各级领导干部自学参考；通过积极选派市、县（区）、镇街领导班子成员和应急管理干部参加省委组织部、省委党校组织的各类应急管理能力培训班；通过完善应急知识宣传手机版微网站、应急专家大讲堂和公交亭应急宣传屏，印制宣传挂画和组织宣教队下基层、进企业、入学校，开展灵活多样专题讲座、互动咨询演示等活动。

（市应急办）

法制工作

【行政复议】 2017年，严格依据《行政复议法》和《行政复议法实施条例》的规定，执行《潮州市人民政府行政复议委员会办理行政复议案件办法》等工作制度，完善“集中受理、集中审理、集中决定”的“三集中”审理模式，深化行政复议规范化“接待室、审理室、听证室、档案室”“四室”建设，畅通行政复议受理渠道，妥善化解行政争议，推进行政复议工作，有效保障和监督了行政机关依法行使职权，维护了社会稳定。全年共收到72件行政复议案件，审结72件，案件审结率为100%，其中受理64件，维持行政机关具体行政行为的（含驳回申请、维持）37件，占57.8%；直接纠正行政机关具体行政行为的（含确认违法、撤销、变更、责令履行）20件，占31.3%；终止审查的（撤回申请）5件；不予受理的2件；告知不重复处理、补正申请材料等的7件（其中5件未补正视为放弃申请），主动放弃复议申请的1件。

【行政应诉】 2017年，为进一步加强和改进行政应诉工作，指导各级各部门依法及时有效化解社会矛盾纠纷，印发《关于严格执行〈广东省行政应诉工作规定〉有关事项的通知》和《潮州市“每万人口行政诉讼发案率”指标攻坚行动方案》。全面落实行政机关负责人出庭应诉制度，把行政机关负责人出庭应诉、履行生效判决情况纳入潮州市依法行政考评范围，密切跟踪工作进展，逐步改变行政首长出庭应诉率低现象，提高各级各部门的依法行政意识。全年办理市政府为被告和被上诉人的行政应诉案件20件。其中一审行政应诉共12件（土地权属类5件，公安行政处罚类5件，人社劳动保障类2件）；二审行政应诉8件（公安行政处罚类1件，土地权属类7件）。20件行政应诉案件中，复议机关与原行政行为的行政机关为共同被告、被上诉人的19件，复议机关单独应诉的1件。上诉应诉案件已判决14件，胜诉率为100%。

【行政立法】 2017年，认真做好地方性法规草案起草、审查工作，按计划积极推进政府规章制定工作，印发了《潮州市人民政府2017年制订规章计划》，将3个项目列入2017年度政府规章制订项目；出台了《潮州市拟订地方性法规草案和制定政府规章程序规定》《潮州市古城区消防安全管理办法》两部政府规章，健全与完善了全市的立法制度，为潮州市古城消防安全管理提供了有力的法制保障；配合市人大和地方性法规起草部门组织调研论证，重点加强潮州市黄冈河流域水环境保护、历史文化名城保护、扬尘污染防治等方面的法规案审查工作。

【规制建设】 2017年，坚持合法性审查为原则，严格依据上位法规定，尊重潮州市客观实际，加强对三旧改造、不动产统一登记等重点领域规范性文件的审查工作。由市政府办公室印发《潮州市人民政府2017年规范性文件制订计划》，将19件文件列入2017年度市政府规范性文件项目。全年共办理出台政府规范性文件53件，前置审查市直部门规范性文件27件，受理县区人民政府规范性文件备案20件。及时清理与“放管服”改革和生态文明建设不相适应的规范性文件，11月，发布《潮州市人民政府关于公布规范性文件清理结果的通知》，共保留规范性文件8件，修改1件，废止了《潮州市韩江流域综合管理规定》等11件规范性文件。

【政府法律顾问】 2017年，在法律事务审查方面，全年共办理市委市政府及县区政府、市直部门合法性审查项目450多件，为政府及行政部门依法决策和依法行政提供有力的法制保障；市政府法律顾问室深入推进政府法律顾问改革工作，组织签订《潮州市人民政府法律顾问2017年度服务合同书》；认真贯彻落实《中共广东省委办公厅 广东省人民政府办公厅关于推行法律顾问制度和公职律师公司律师制度的实施意见》的要求，指导各级政府及市直单位聘请法律顾问工作，并牵头建立法律顾问备案工作制度，截至年底，全市共有47个党政机关已完成法律顾问聘请和备案工作；委托多名法律顾问对韩江北堤整治工程项目融资合同、枫江流域水环境整治方案、环保发电厂特许经营协议、白莲采区河砂开采作业招标文件、中潮产业投资合伙补充协议、西湖风景名胜区总体规划修编（2015—2035）、翼龙太阳能光伏发电项目用地合同等市政府重大决策事项进行合法性审查；组织法律顾问集体审议《潮州市拟订地方性法规草案和制定政府规章程序规定》。

【行政执法督察】 2017年，组织开展市直部门案卷实地评查工作，采取全面自查和个别实地评查相结合的方式，有针对性地对市国土局、市食药监局等5个部门行政处罚案卷和信访案卷进行评查；依法审核市司法局、市住建局、市经信局、市质监局和市食药监局等5个部门报送的行政处罚自由裁量权适用规则和细化标准，并全部上网公示；组织对市发展和改革局、市经信局等32个市级部门进行2017年度依法行政考评，其中6个单位被评定为优秀等次，21个单位被评定为良好等次，5个单位被评定为一般等次；推进"放管服"制度改革，依法对《潮州市市级行政许可事项目录（2017年）》涉及的33个市级部门拟保留实施的327项、取消的31项市级行政许可事项进行合法性审查；完成《潮州市市级公共服务事项目录》涉及的32个市级部门的244项公共服务事项的合法性审查；依法对《潮州市政府部门行政审批中介服务事项清单》涉及的23个部门拟清理规范7项、公布80项行政审批中介服务事项进行合法性审查；创新采用"互联网+"的培训新模式，举办2017年度市直申领行政执法证综合法律知识网络远程培训，市直部门共304名行政执法人员参加远程培训；举办潮州市首次行政执法人员申领、换发行政执法证网上考试，共组织208名市直行政执法人员参加本次网考；积极开展行政执法证清理换证工作，严格按照清理换证的步骤和程序开展工作，全年共计换发执法证194本，注销执法证155本；收到重大行政处罚案件备案167件。

【法治政府建设】 2017年，在牵头贯彻落实《中共潮州市委 潮州市人民政府贯彻落实〈广东省法治政府建设实施纲要（2016—2020年）〉工作方案》的工作上，充分发挥指导、监督职能，跟踪督查各级各部门贯彻落实法治政府建设的任务进度和工作落实情况，报请市政府发布《潮州市2016年法治政府建设工作报告》，并向省政府、市委和市人大报告潮州市法治政府建设目标任务完成情况和下一步工作打算。组织撰写《潮州市贯彻落实"两个〈纲要〉"情况报告》。

【法制宣传】 2017年，共发行《潮州市人民政府公报》6期，累计刊发市政府规章、文件56个，市直部门文件37个；通过"潮州法制""潮州行政复议"和"潮州行政执法督察"等三个微信公众号分别发布相关工作指引、重要信息共计184条。

【领导干部学法】 2017年，共举办政府常务会议领导干部学法活动6场，专题学习《中华人民共和国网络安全法》《中华人民共和国政府采购法实施条例》等法律法规，促进全市政府行政管理和服务逐步走上规范化、制度化的轨道。

（市法制局）

金融工作

【简况】 截至2017年末，潮州市金融业增加值45.5亿元，增速4.2%，占GDP比重4.2%。全市共有各类金融机构及地方金融组织71家。其中，银行机构14家，各项存款余额1267亿元，比年初增长5.3%，各项贷款余额399.9亿元，比年初增长8.5%，存贷比例31.6%；证券机构14家，证券交易额5 029.4亿元，同比增长19.2%；保险机构23家，全市保险机构保费收入32.9亿元，同比增长19.7%，赔款和给付支出14.2亿元，同比增长2.7%；小额贷款公司16家，贷款余额12.7亿元；融资性担保公司4家，担保责任余额1.2亿元。

【金融服务实体经济能力增强】 2017年，推进重点项目与政策性金融机构的深度合作。全市共有20个项目得到政策性银行的融资支持，贷款授信总额44.56亿元，为潮州新型城镇化、水利、道路等领域的基础设施建设提供了资金支持。创新企业转贷服务，由市政府出资1 000万元设立转贷风险补偿基金，与省粤财合作，引入粤财集团1亿元作为中小企业转贷资金。推广中征动产统一登记系统、应收账款融资服务平台，促成融资96.84亿元；利用银税合作机制，共为纳税信用良好的企业提供贷款167.42亿元。

【多层次资本市场稳步发展】 2017年，制订出台了《潮州市鼓励企业利用资本市场融资的若干措施》，提高了企业利用资本市场的奖励标准和范围。至年末，潮州共有上市公司9家，在全国中小企业股份转让系统挂牌企业11家，其它股权交易市场挂牌企业达36家，通过资本市场募集资金共90.97亿元。

【普惠金融工作】 至2017年底，潮州市全面完成普惠金融“村村通”试点建设，实现各县区全覆盖，建设县级征信中心4个，乡村金融（保险）服务站和乡村助农取款点实现行政村100%覆盖，创建信用村551个，占行政村62%，实现广东省农户信用信息系统在贫困县域应用100%覆盖等“三个一百”信用扶贫工作目标。建设具有潮州特色的“红、蓝、绿”金融IC卡和移动支付示范工程，在全省率先完成金融IC卡小额免密免签、ODA项目在公共交通领域的应用。同时，积极实施扶贫小额信贷项目，至年底，全市获贷款贫困户3 564户，金额1.12亿元。

【金融环境】 2017年，全市非法集资案件从2016年的24宗下降到2017年的4宗。潮州市成立了防控金融风险联席会议制度和处置非法集资领导小组，推进金融维稳长效机制建设。开展了互联网金融风险专项整治、涉众金融领域社会矛盾专项治理、非法集资风险专项整治、各类交易场所“回头看”、信访案件维稳等5个专项行动，对重点领域和重点机构加强督导检查，金融环境保持稳定。开展金融知识进校园、进机关、进农村、进企业、进社区和普及金融知识“五进一普及”宣传活动。

（市金融工作局）

附：2017年潮州市人民政府领导成员及秘书长、副秘书长名单

代理市长：殷昭举（—1月）
市　　长：殷昭举（1月—）
副 市 长：许志晖（—4月）
　　　　　张传胜（4月—）　杨安队
　　　　　陈少宏（—1月）　余鸿纯
　　　　　郑锦鹏（—1月）　王文森
　　　　　钟　明　洪岳伟（1月—）
　　　　　胡　鹏（1月—）
市政府党组成员：朱卫民（—11月）
　　　　　　　　吴翘楚（1月—）
市政府党组成员、秘书长：王文森(1月—)
市政府副秘书长：胡　鹏（—1月）
　　　　　　　　罗文甲（—1月）
　　　　　　　　陈　斌　江义强（—6月）
　　　　　　　　谢昭贤（—2月）　林泽龙
　　　　　　　　黄庆明（2月—）
　　　　　　　　吴育墩（2月—）
　　　　　　　　陈素玉（2月—12月）
　　　　　　　　苏怀明（2月—）
　　　　　　　　蔡文伟　黄剑（1月—）

政协潮州市委员会

综　　述

【工作机构】 2017年，市政协常委会有提案委员会、经济科技委员会、社会法制委员会、文教体卫史委员会、华侨港澳台同胞联络委员会、办公室等部门。

【市政协十二届一次会议】 2017年，1月12日—14日，中国人民政治协商会议第十二届潮州市委员会第一次会议在市党政机关会堂召开。会议听取和审议通过了政协十一届市政协常委会工作报告、政协十一届市政协常委会关于五年来提案工作情况报告；选举了杨志明为政协第十二届潮州市委员会主席，朱卫民、郑锦鹏、陈炫秋、陈耿之、吴启忠、林喜君、柯泓为政协第十二届潮州市委员会副主席，余思奇为政协第十二届潮州市委员会秘书长和丁文雄等44名常务委员；表彰了2016年度市政协优秀提案，审议通过政协第十二届潮州市委员会第一次会议决议。委员们还列席了潮州市第十五届人民代表大会第一次会议，听取并讨论了政府工作报告及其他报告。

【市政协常委会议】 2017年，市政协共召开4次常委会议。

1月14日，市政协召开十二届一次常委会议　会议通过了有关人事任免事项，并讨论通过市政协常委会2017年工作要点。

6月15日，市政协召开十二届二次常委会议　杨志明主持召开政协第十二届潮州市委员会常务委员会第二次会议。会议听取了副市长、市政府秘书长王文森所做全市上半年经济发展和重点项目建设情况通报，市政协提案委关于市政协十二届一次会议提案工作及办理情况汇报；审议通过市政协委员会有关规章制度和有关人事任免事项。副主席陈耿之解读了省第十二次党代会精神。

9月12日，市政协召开十二届三次常委会议　会议围绕市委2017年提出的发展思路、奋斗目标和工作任务，结合市政协提案反映的重点、热点问题进行专题议政。

12月28日，市政协召开十二届四次常委会议　杨志明主持召开政协第十二届潮州市委员会常务委员会第四次会议。会议听取了市委副书记、市长殷昭举关于市政府2017年来全市经济发展情况和提案办理情况通报，市委常委、纪委书记王少勇，副市长、市公安局长钟明，市法院院长邓夏思，市检察院检察长陈伊拉分别关于市纪委、市公安局、市法院、市检察院2017年主要工作情况通报；审议了政协第十二届潮州市委员会常务委员会工作报告（草案）和提案工作报告（草案）；审议通过政协第十二届潮州市委员会第二次会议的日期、议程和日程安排；表决通过了有关人事任免事项，增补苏平祥、邱延城、吴和群、陈立生、陈伟明、罗锦亮、陈得海7人为市政协委员。

重要工作

【参政议政】 2017年3—9月，市政协常委会分成9个调研组，就合理处置利用农村废弃宅基地，建设美丽新农村；建立城市道路有偿收费体系，逐步解决停车难问题；加快建设全市政务数据资源互联共享平台；科学配置旅游景点等公共场所公厕厕位；海内外潮商互动并进，促进潮州经济发展；发展潮州食品产业，壮大地方特色经济；整合旅游资源，把饶平红色旅游纳入全市旅游发展布局；关于做好潮州牌坊街食品经营门店统一管理的建议；加大力度发展学前教育等9个专题进行调研，形成9篇调研报告，并于9月进行专题议政，形成建议案报送市委、市政府决策参考。

专题调研、视察考察、提案督办及“回头看” 6月14日，杨志明带队对市政协重点提案《关于建立长效机制，巩固城区环境整治成果的建议》的办理情况进行督办，郑锦鹏参加活动。9月20日，杨志明带领主席会议全体成员及部分政协委员对潮州大道岭海明珠路段下雨积水问题开展专题视察。郑锦鹏、陈炫秋、陈耿之、吴启忠、林喜君、柯泓，余思奇参加活动。9月27日，市委书记刘小涛主持召开市政协提案督办会，督查由其领衔督办的第31号提案《建立城市道路有偿收费体系，逐步解决停车难问题的建议》落实情况。杨志明，朱卫民、郑锦鹏参加会议。11月22日，市政协组织主席会议成员及提案委员会委员对潮州大道岭海明珠路段下雨积水问题的专题视察开展回头看活动。杨志明，郑锦鹏、陈耿之参加活动。12月20日，杨志明主持召开座谈会，就“加强民主监督，促进民生事业发展”开展专题调研，听取医疗卫生和医疗保险工作情况交流。余思奇参加活动。4月5日，郑锦鹏出席全市建议提案交办工作会议并就如何办理好人大代表建议和政协提案提出具体要求。4月18日，陈炫秋带领市政协第五调研组，围绕去年重点提案——《加强边远山区基层卫生院妇幼保健建设》，到潮安区东凤华侨医院和沙溪华侨医院开展提案办理“回头看”视察活动，并了解侨捐医院发展情况。5月4日，吴启忠参加市政协常委会第三调研组“加快建设全市政务数据资源互联共享平台”专题调研座谈会。5月4日，郑锦鹏带领市政协委员及市直有关部门到潮安区，围绕2016年重点提案——《关于进一步加强农村环境卫生整治工作的建议》开展提案办理“回头看”调研视察活动。5月8日，吴启忠带领市政协委员及市直有关部门到凤泉湖高新区，对2016年重点提案——《关于完善凤泉湖高新区配套设施建设，提升园区服务功能的建议》办理落实情况开展“回头看”活动。5月18日，陈耿之带领市政协委员及市直有关部门到饶平县所城镇，围绕2016年重点提案——《记住乡愁，要尽快启动保护古村落的工作》开展督办“回头看”活动。5月23日，郑锦鹏带领市政协常委会第一调研组深入湘桥区和潮安区，围绕重点提案《关于合理处理利用农村废弃宅基地　建设美丽新农村》办理落实情况开展专题调研活动。6月2日，林喜君带领市政协常委会第四调研组，围绕2016年重点提案《关于设置潮州市历史文化遗址标示碑的建议》的办理情况开展“回头看”活动。6月22日，陈炫秋带队到服装企业协会，围绕市政协重点提案《海内外潮商互动并进，促进潮州经济发展》开展调研，与企业代表和相关部门座谈，听取他们的意见建议。6月26日，林喜君带队对2017年重点提案《科学配置旅游景点等公共场所公厕厕位》的落实情况进行现场督办检查。6月27日，柯泓带队到潮安区庵埠镇，对2017年重点提案《关于发展潮州食品产业，壮大地方特色经济的建议》的落实情况进行督办检查。6月28日，吴启忠带队对2017年重点提案《关于加快建设全市政务数据资源互联共享平台》的落实情况开展督办。7月13日，郑锦鹏带队对2017年度重点提案《关于潮惠高速公路潮州连接线周边土地规划利用的建议》的落实情况开展专题督办。7月18—22日，陈耿之带领市政协常委会第二调研组，赴福建省有关四市开展主题为“建立城市道路有偿收费体系，逐步解决停车难问题”学习考察活动。8月4日，陈耿之带队围绕2017年市政协第27号重点提案《加强出租车、网约车的营运管理，提升潮州名城形象》开展督办活动。8月18日，陈炫秋到湘桥区桥东街道调研“六城同创”“治六乱”工作。9月4日，吴启忠带领市政协社会法制委员会对“乱排乱弃”整治工作开展专项视察活动。9月7日，林喜君带领政协文教体卫史委员会委员，围绕“群防共御登革热，创建卫生健康家园”主题开展视察活动。9月7日，吴启忠带队到挂钩联系点湘桥区磷溪镇开展“六城同创”“治六乱”督导工作。9月22日，陈耿之带领市政协经济科技委员会全体委员，就城乡道路两侧乱搭乱建整治情况进行专题视察。9月26日，陈炫秋带领市政协三胞委部分委员到湘桥区桥东街道视察“六城同创”“治六乱”工作。11月3日，林喜君、柯泓带领市政协文教体卫史委员会委员，对全市登革热的防控情况开展“回头看”活动，对上次视察中发现的存在问题及委员提出的建议进行督查。11月14日，吴启忠带领市政协社会法制委员会委员对“乱排乱弃”的整治工作开展视察。11月17日，陈炫秋带领市政协华侨港澳台同胞联络委员会委员，对湘桥区桥东街道“治六乱”情况开展回头看，强调要继续加温鼓劲，深化“六乱”整治，全面扭转工作落后局面。12月15日，陈耿之带领市政协经济科技委员会委员，围绕“做活企业文化，促进企业发展”专题开展视察活动。12月19日，吴启忠带领市政协社会法制委员会部分委员，到古城区开展“创新古城区域‘三小’场所消防安全管理，提升城市火灾防控能力”专题调研。12月26日，林喜君带领市政协文体教卫史委员会委员，对2017年度重点提案《科学配置旅游景点等公共场所公厕厕位》开展“回头看”活动。

民主党派专题议政　4月20日，市政协召开专题议政会，由民建主办，围绕“加快运用现代科技手段，简化市养老金领取资格认证手续”开展专题议政。会上，市政协委员从财政资金投入、简化认证手续、整合公共信息资源、加强宣传工作力度4个方面，建议市政府推广采用人脸识别技术，加快从依托人工识别认证为主，转变为基于人脸识别技术认证为主，人工识别认证、大数据对比等为辅的养老待遇资格认证工作新模式。7月31日，市政协召开专题议政会，由民盟主办，围绕“整治建设三利溪，解决城市内涝及环境卫生问题”开展专题议政。大家建议，明确三利溪排涝的功能定位，做到雨污分离，对三利溪进行全面清淤，严格控制污水排放，加大力度整治周边环境卫生，加快污水处理厂污水管网配套建设，尽快处理好三利溪白玉兰处箱涵窄浅问题，从而解决潮州大道岭海明珠段内涝问题，切实提高排涝能力和污水处理能力。同时，要落实河长制等相关监管制度，拆除三利街临时建筑，恢复道路功能。9月7日，市政协召开民进潮州市委会专题议政会，围绕“我市餐饮业废气污染的整治”开展专题议政。会上，与会的政协委员和民进会员围绕主题，结合当前全市中心工作议政建言，客观反映了餐饮业废气排放存在的问题，建议尽快启动市级餐饮废气污染防治立法，健全法律法规；厘清牵头部门及各配合部门职能；突出事前监管，加强事中、事后监管；提升配套服务、加大环保投入；加强规划控制，分步实施餐饮业废气污染治理工作；加强公益宣传工作，营造废气污染整治氛围。11月22日，市政协召开农工党潮州市委会专题议政会，围绕“加强严重精神障碍患者救治救助，切实维护社会和谐稳定”开展专题议政。建议加强组织领导，健全救治救助体系；加大专项资金投入，增强救治救助能力；切实落实部门责任，构建齐抓共管机制；加强人才队伍建设，提升救治服务水平；加强宣传引导工作，促进社会力量参与。

【联络联谊】

2017年，先后接待莅潮视察、考察、调研的各级政协领导和海内外客人200多人次　4月17日—18日，省政协委员、民族宗教委员会主任郭晓莉带领省政协专题调研组莅潮，就潮州市“宗教院校与宗教人才队伍建设”工作开展调研。市政协副主席陈耿之参加活动。4月19—20日，全国政协文史和学习委员会副主任叶小文带领部分全国政协委员和有关专家莅潮，就“海上丝绸之路文化遗产保护和利用”开展专题调研。林喜君陪同调研。4月22日—23日，天津市政协副主席高玉葆带领部分天津市政协委员莅潮，交流考察“挖掘历史文化资源、讲好中国故事”和“工业遗产保护与利用”的经验和做法。柯泓陪同调研。5月19—20日，省政协常委、科教卫体委员会主任胡社军带领专题调研组莅潮，开展“以教育信息化促进粤东西北义务教育优质均衡发展”专题调研。林喜君陪同调研。6月15—16日，丘志勇带领的考察团莅潮，考察韩江流域环境污染治理工作。陈耿之，余思奇参加活动。8月20日，云南省政协副主席倪慧芳带领云南省政协考察团到潮州参观考察。陈耿之、吴启忠参加活动。10月25—27日，省政协常委、文化和文史资料委员会副主任黄小玲带领调研组莅潮，围绕“历史建筑的保护和利用”开展专题调研。朱卫民、林喜君等参加活动。11月25—26日，山东省政协副主席、民建山东省委主委郭爱玲带领部分山东省政协委员就“加强历史文化遗产保护和改革开放以来史料征集工作”，到潮进行专题调研。柯泓陪同调研。

加强团结联谊，汇聚共识合力　3月27日，杨志明，郑锦鹏，余思奇赴上海参加上海市广东潮州商会成立大会。6月8日，杨志明带队赴港参加九龙西潮人联会第五届会董就职典礼。陈炫秋，余思奇参加活动。9月28日，全市县区政协外事侨务与华侨港澳台工作座谈会在潮安区召开。陈炫秋出席会议并作讲话。11月4—6日，杨志明带队到香港和澳门分别召开港、澳委员座谈会。陈炫秋、余思奇参加活动。

【提案信息】　2017年，市政协征集提案185件，经审查立案116件，合并交办92件，所有交办提案在规定时间内全部办复，办复率达100%，委员对提案办理表示满意的91件，表示基本满意的1件，满意率为98.9%。这些提案中，已经落实或基本落实的35件；抓紧在落实或列入计划落实的51件；受条件限制暂时不能落实的6件。全年《潮州政协信息》共出版36期；《建言》季刊共出版4期。

【重要活动】　2017年1月6日，市政协举办新任政协委员培训班。余思奇就人民政协的基本知识和委员如何履职等问题给新任委员作了讲座，帮助新任委员尽快适应角色，发挥委员作用。1月17—20日，杨志明，郑锦鹏、陈炫秋赴广州参加政协第十一届广东省委员会第五次会议。1月22日，杨志明带队到扶贫挂钩点饶平县建饶镇锡坑村检查指导精准扶贫工作、开展慰问活动，并出席市政协和市残联联合举办的“锡坑村整村推进残疾人脱贫签约仪式”，为该村受帮扶家庭发放帮扶资金。陈炫秋参加活动。2月21日，杨志明和秘书长余思奇赴广州参加全省政协工作座谈会。2月24日，杨志明主持召开十二届第一次主席会议。朱卫民、郑锦鹏、陈炫秋、陈耿之、吴启忠、林喜君、柯泓，余思奇出席会议。3月24日，杨志明主持召开市政协党组会议和十二届第二次主席会议。郑锦鹏、林喜君、柯泓，秘书长余思奇参加会议。4月1日，杨志明到“挂镇联村”联系点湘桥区意溪镇检查指导“百团大战”、农村“五治理”和村级换届工作。余思奇参加活动。4月1日，朱卫民到磷溪镇开展“挂镇联村”督导工作，检查指导农村“五治理”和村（社区）“两委”换届选举准备工作。4月11日，陈炫秋带队赴饶平县大埕镇开展“挂镇联村”督导工作，检查指导农村“五治理”、村级换届和精准扶贫工作。4月15日，杨志明带队前往湘桥区意溪镇，现场督查该镇头塘村、中津村和东郊村环境卫生综合整治情况，同时“挂镇联村”检查指导农村“五治理”和村（社区）“两委”换届选举工作。4月19日，杨志明主持召开党组（扩大）会议和十二届第三次主席会议。郑锦鹏、陈炫秋、陈耿之、林喜君、柯泓参加会议。4月21日，杨志明到湘桥区做辅导宣讲，围绕深入学习贯彻习近平总书记的重要批示精神，对湘桥区宣传贯彻工作进行指导。4月27日，柯泓带队到“挂镇联村”联系点检查指导村（社区）“两委”换届选举和“农村五治理”工作。5月10日，吴启忠赴饶平县联饶镇开展“挂镇联村”督导工作，对“农村五治理”及村换届选举等工作进行检查指导。5月27日，杨志明主持召开市政协党组（扩大）会议和十二届第四次主席会议。朱卫民、郑锦鹏、陈炫秋、陈耿之、吴启忠、柯泓，秘书长余思奇参加会议。6月27日，杨志明带队前往市政协扶贫挂钩点饶平县建饶镇锡坑村开展精准扶贫活动。余思奇参加活动。7月2—15日，市政协组织此届政协委员、县区政协领导和机关干部共120人分2期，到浙江大学培训。杨志明，郑锦鹏，余思奇参加第一期培训，吴启忠参加第二期培训。7月25日，杨志明主持召开市政协党组会议和十二届第五次主席会议。郑锦鹏、陈炫秋、陈耿之、吴启忠、林喜君、柯泓，余思奇出席会议。8月21日，杨志明主持召开市政协党组会议和十二届第六次主席会议。郑锦鹏、陈炫秋、陈耿之、吴启忠、林喜君、柯泓，余思奇出席会议。8

月26日，杨志明带队前往随机抽取的枫溪区长德办事处，对长美社区、枫溪一村的“治六乱”环境卫生综合整治工作进行现场督查。9月30日，市政协机关党委举行市政协机关“周六讲堂”学习会，陈耿之作题为《解读习近平总书记“7·26”重要讲话，迎接党的十九大胜利召开》的辅导报告。杨志明，郑锦鹏、林喜君、柯泓，余思奇，以及机关党员干部、部分市政协委员参加学习会。10月17日，杨志明主持召开市政协党组（扩大）会议。陈耿之、吴启忠、林喜君，余思奇出席会议，郑锦鹏、陈炫秋、柯泓列席会议。10月18日，市政协组织机关党员干部集中收看收听十九大开幕盛况并聆听习总书记代表十八届中央委员会向大会所作报告。10月23日，杨志明主持召开党组理论学习中心组学习会和十二届七次主席会议。郑锦鹏、陈炫秋、陈耿之、吴启忠、林喜君、柯泓，秘书长余思奇出席会议。10月31日，杨志明主持召开党组中心组（扩大）学习会，传达学习党的十九大精神以及市委有关会议精神。朱卫民、郑锦鹏、陈炫秋、陈耿之、林喜君、柯泓，许实德、李娜，秘书长余思奇参加会议。11月21日，杨志明带队前往随机抽取的湘桥区金山街道，对中山路社区、北马路社区“治六乱”环境卫生综合整治工作进行现场督查。11月21日，杨志明带队到湘桥区凤新街道调研督导学习贯彻党的十九大精神工作。11月29日，杨志明主持召开市政协党组会议和十二届第八次主席会议。陈炫秋、陈耿之、吴启忠、林喜君、柯泓，余思奇出席会议。12月15日，杨志明主持召开市政协十二届第九次主席会议。朱卫民、郑锦鹏、陈耿之、林喜君、柯泓，余思奇出席会议。12月15日，朱卫民带队前往随机抽取的湘桥区城西街道，对厦一村和厦二村的“治六乱”环境卫生综合整治工作进行现场督查。12月19日，陈炫秋带队前往随机抽取的湘桥区西湖街道，对上西平社区和曾厝巷社区的“治六乱”环境卫生综合整治工作进行现场督查。12月26日，林喜君带队前往随机抽取的湘桥区西新街道，督查西新社区和新合社区“治六乱”环境卫生综合整治工作情况。12月29日，陈耿之带队前往随机抽取的湘桥区意溪镇，督查橡埔村和团三村“治六乱”环境卫生综合整治工作情况。

【文史诗社】

2017年，市政协编辑出版《潮州文史资料》第37辑；《潮州诗词》第21期。

（市政协）

市政协编辑出版的《潮州文史资料》第37辑

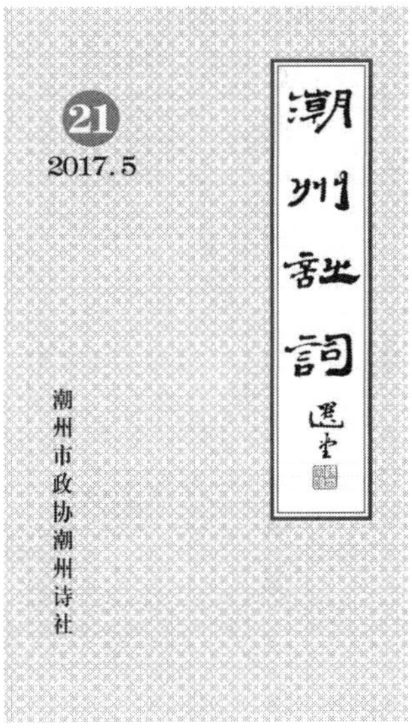

市政协编辑出版的《潮州诗词》第21期

附：2017年潮州市政协主席、副主席及秘书长、副秘书长名单

主　　席：杨志明

副 主 席：朱卫民　郑锦鹏　陈炫秋　陈耿之　吴启忠　林喜君　柯　泓

秘 书 长：余思奇

副秘书长：陈少鹏　吴振雄　杜妙拉　苏伟鹏

中共潮州市纪律检查委员会

综　述

【简况】 2017年，全市各级纪检监察机关坚持重遏制、强高压、长震慑，坚决减存量、遏增量，深入查办发生在重要领导岗位和关键领域的腐败案件。深入贯彻落实中央八项规定精神，围绕全市中心工作开展专项监督检查，设立潮州市监督执纪问责曝光台，推动党风政风持续好转。严格按照路线图和时间表推进监察体制改革试点工作，市、县两级监察委员会正式成立，推动市、县两级巡察工作全面铺开。创新廉政宣传手段，开展基层干部党纪政纪法纪培训。深入领会习近平新时代中国特色社会主义思想的深刻内涵，推动习近平总书记治国理政新理念新思想新战略与监督执纪问责各项工作相融合，不断强化内部监督，打造忠诚干净担当的纪检监察队伍。

【全会会议】 中共潮州市第十四届纪律检查委员会第二次全体会议，于2017年2月9日举行，市委书记李水华出席会议并讲话。全会传达学习了习近平总书记在十九届中央纪委二次全会上的重要讲话和十九届中央纪委二次全会精神，省委书记李希在省纪委十二届二次全会上的重要讲话和省纪委十二届二次全会精神，审议通过了市委常委、市纪委书记王少勇代表市纪委常委会所作的《保持坚强政治定力聚焦监督执纪问责推动全面从严治党向纵深发展》工作报告，听取了6名县区和市直党委（党组）书记的述责述廉述德报告并进行了评议。

主要工作

【纪律审查工作】 2017年，全市共受理信访举报2 279件次，立案564件，同比增长14.4%；结案545件，同比增长17.5%；给予党政纪处分533人，移送司法机关24人。立案查处县（处）级干部37人，同比增加37%。严肃查处了市粮食系统严重腐败案，饶平县浮山镇腐败窝案、市法院系统腐败案等一批影响恶劣、人民群众反映强烈的典型问题。

【作风建设】 2017年，全市共查处违反中央八项规定精神问题38个，给予党政纪处分53人。紧盯“四风”问题新动向新表现，组织全市各级各单位深入开展形式主义、官僚主义自查自纠活动，坚决防止“四风”问题反弹回潮。围绕“六城同创”“治六乱”等全市中心工作开展专项监督检查，严肃处理潮安区凤凰镇生活垃圾直接倾倒于凤凰水库西坑山、恒大城外围垃圾严重堆积等各种突出问题，确保令行禁止、政令畅通。设立潮州市监督执纪问责曝光台，通过电视、报纸、微信公众号、潮邑清风网等媒体公开曝光160多个典型问题，在全市党员干部和广大群众中产生热烈反响。制定出台《潮州市贯彻落实“三个区分开来”原则治理为官不为问题的实施意见（试行）》，明确了11种容错免责情形和治理为官不为6个重点内容，把“为公”和“为私”严格区分开来，实现严格监督和关心爱护相统一。加大对为官不为的整治力度，配合省纪委做好枫江流域潮州段污染突出问题的调查和问责工作，严肃问责“绿榕楼”违建问题责任人，共严肃问责33名干部，传递失责必究、追责必严的强烈信号。

【纪律检查体制改革】 2017年，制定出台《潮州市深化国家监察体制改革试点工作方案》，严格按照党中央和省委确定的路线图和时间表推进各项工作。市县两级监察委员会正式成立，试点工作取得重要阶段性成果。出台《潮州市委关于开展巡察工作的意见》，设立巡察机构，压实县区党委巡察工作主体责任，实现市县巡察工作全面铺开。全年共开展两轮常规巡察和换届风气、扶贫领域两轮专项巡察，有效发挥巡察“尖兵”“利剑”作用。加强对市纪委各派驻机构的管理指导，印发《潮州市纪委派驻机构日常工作事项清单》《广东省纪委派驻（出）机构工作指引（摘录）》，派驻监督工作得到规范。

【宣传和预防腐败工作】 2017年，研究制定《市直有关单位落实2017年党风廉政建设和反腐败工作任务分工》，强化各有关单位落实全面从严治党责任意识。首次邀请部分市人大代表、市政协委员和媒体代表列席市纪委全会的“三述”活动，对6名党政机关党委（党组）主要负责同志述责述廉述德活动提出评价和意见建议。组织收看《永远在路上》《巡视利剑》《不忘初心继续前进》等政论专题片和《蜕变的初心》等教育警示片。会同市委组织部举办首期农村基层干部党纪政纪法纪培训班，对全市所有村（居）的书记、主任开展轮训。创办潮州市纪委党风政风监督工作信息。

（市纪委）

附：2017年中共潮州市纪律检查委员会正副书记名单

市委常委、市纪委书记：王少勇

市纪委副书记：陈少明

陈跃庆（2016.12—2017.8）

赵炳利

2017年2月9日，中共潮州市第十四届纪律检查委员会第二次全体会议在党政机关会堂召开

军事

潮州军分区

【简况】 2017年，潮州军分区各级坚决贯彻习主席重大战略思想，紧紧围绕军委、国动部和省军区决策部署，以学习贯彻党的十九大精神为主线，维护核心、看齐追随，听令守规、落实改革，适应转型、提升能力，依法治军、遏守底线，从严治党、正风肃纪，单位全面建设稳中有进、向好向上。

【思想政治学习】 2017年，党的十九大召开后，军分区党委迅速掀起学习宣传贯彻党的十九大精神热潮，4次召开党委专题会议，3次组织专题辅导，营造浓厚氛围，印发各类辅导资料，组织官兵职工到饶平县“茂芝会议”旧址，开展“不忘初心　牢记使命　重走红色之旅　传承红色基因”主题活动。统筹落实维护核心、听从指挥主题教育，推进“两学一做”学习教育常态化制度化，制作军分区两项教育《指南》，编印理论学习参考资料，在各个办公室悬挂建设“四铁”机关制度牌，组织党员佩戴党徽，推动承诺践诺常态落实。围绕纪念建军90周年开展系列国动文化教育活动，组织每月第一个星期一和重大节日升国旗仪式。坚决全面深入贯彻落实军委主席负责制，强化“四个意识”，打好意识形态领域主动仗，部队保持纯洁巩固。

【核心职能】 2017年，组织对全市国动委各专业办公室和基层武装部国防动员建设调研，研究解决制约发展的18个问题。加强指挥通信保障建设，更换升级动中通应急指挥车设备，摸清辖区内国防坑道底数，完善重要军事目标数据，推进两个民兵海防哨所正规化建设。坚持阳光征兵，抓好适龄青年兵役登记，出台奖励每名入伍大学生3 000元的激励措施，大学生征集比例较省征兵办要求多出4.4%，退兵比例下降35%，没有发生廉洁征兵问题。

【体制机制改革】 2017年，军分区党委深刻领会国动部关于改革后“五个转变”新变化、省军区关于争做“五个表率”新要求，按时间节点不折不扣落实改革任务。完成人财物清理清点和顺利交接，健全各级各类组织。做好班子调整配备、干部落编定岗等工作，新旧体制完成转换。制定落实军分区《正规化建设工作手册》和《战备值班秩序手册》，完成军分区办公楼功能区划，完善办公设施，规范工作秩序，提升办事效率，振奋干部精神。

【安全发展理念牢树】 2017年，军分区党委把安全稳定工作作为首要政治任务抓紧抓实。开展“学法规、严法纪、正秩序、促稳定”和“百日安全”活动，协调市国安局和公安消防局专业人员帮助查找安全隐患，与市交警支队建立车辆违章定期通报制度，开展枪弹专项清理整治。邀请市国安局领导进行国家安全教育，组织驻潮官兵参观“反间谍法”图片巡回展。整治民兵武器装备仓库，修缮弹药库设施设备，加高技术库区围墙，更新电网、监控视频和消防器材，消除安全隐患。

【“头雁”作用发挥】 2017年，协调市委市政府加强军分区基础设施建设，妥善安置驻潮部队随军家属进入事业编岗位，协商办理军人子女到市直重点学校就读，妥善处理多起军人军属涉法问题。扶贫挂钩15村、1林场、1小学、38个贫困户，慰问养老院孤寡老人、光荣院孤老和军烈属；团以上干部每人每年捐资500元与14名贫困学生结成助学对子。组织协调驻潮部队参与市委市政府号召的“六城同创”“治六乱”行动，与市妇联携手在潮州西湖开展“军民齐动手　共创文明城”志愿服务活动。

（潮州军分区政治工作处）

附：2017年潮州军分区领导成员名单

司 令 员：汤强华

政治委员：刘松涛

副司令员：过伟剑

人民防空

【简况】 2017年，潮州人防工作认真贯彻落实第七次全国人民防空会议和广东省人民防空会议精神，围绕建设“应战能力强、服务能力强、支援能力强”的现代人民防空，努力开创了工作新局面。

【组织指挥和应急准备】 2017年，抓好组织指挥和应急准备工作，提高了应急行动能力。认真组织常态化日常训练和机动指挥所实训。8月，参加了第四防护区域在梅州地区组织的区域协同训练。9月，数字集群通信系统和军三代短波电台系统建设顺利通过竣工验收，完成了数字集群系统和已建设北斗导航定位系统的联调联试，实现了信息互联互通。10月，潮州市101工程信息系统建设集成设计方案获得国家人防办批复同意。完成了符合国家标准的卫星通信互联互通改造。按照国家新标准完成了警报控制系统的升级改造，建设标准符合国家要求，经过11月1日全市防空警报试鸣检验，效果良好。对潮州恒大城、凤泉湖高新区、磷溪镇政府等新扩城区进行了防空警报器加装工作。开展人防疏散地域（基地）建设规划方案的编制工作，完成方案的编订，11月顺利通过了专家评审。

【防护工程建设】 2017年，人防工程建设坚持贯彻落实《人民防空法》，抓好《潮州市人民防空工程规划》的实施，完成了《潮州市人防工程规划（2014—2030年）》的修编工作，1月经市政府批准同意实施。按照省人防办督办要求，抓好市级指挥工程建设。

【法制和宣传教育】 2017年，完成了行政许可事项和社会服务事项的办事指南和业务手册的编制工作。坚持依法行政，截至12月份，市区办理人防报建手续的建筑物总面积达305万平方米，报建率达100%。推进人民防空宣传教育“进机关、进学校、进企业、进社区、进网络”活动。4月和10月，市委党校分别组织市县处级干部进修班20171班和20172班全体学员到人防办参观学习。市人防办主任黄方亮为全体学员作《国家总体安全观》等学习辅导。继续制作人防知识宣传牌400套，安装于恒大城一期、海博熙泰一期等一批住宅小区和潮州火车站、移动公司等重要经济目标防护单位。与市民政局等17个单位联合，在人民广场开展了“潮州市5·12防灾减灾日”宣传咨询活动。9月，联合市教育局在市人防教育训练基地组织开展2017年潮州市学校师生人防教育训练活动。市区16所重点初中人防教育教师和学生代表参加了活动，学习了人防防护知识，观看了《居安思危备战人防》科教片，掌握了防毒面具、防护服的使用操作。加强信息公开报道工作，积极向《广东人防》投稿。

（市人防办）

民主党派与工商联

民革潮州市委

【组织情况】 2017年，民革潮州市委员会属下基层组织有市直一支部、市直二支部、潮安区支部、湘桥区总支部（下设二个支部）。全年共发展新党员5人，去世1人，截至12月底，全市共有民革党员99人。5名新党员中本科学历4人、大专学历1人，3人为法制专业人士。

【自身建设】 2017年11月2日，市委会召开传达学习贯彻中共十九大精神会议，会上正副主委分别谈了学习体会。11月18日，选派党员参加潮州市党外人士学习贯彻中共十九大精神座谈会，委员林南萍作为代表发言。6月4日，举办“不忘合作初心，继续携手前进”主题演讲初赛，同时为征文活动获奖选手颁奖。10月29日，为庆祝中共十九大胜利召开，联合民革赣州、莆田市委会在赣州市中心城区举办“不忘合作初心，继续携手前进”主题演讲比赛，潮州民革3名选手分获一、二、三等奖。做好民革广东省第十三次代表大会代表选举工作，4月23日召开代表会议选举陈炫秋和林南萍为民革广东省第十三次代表大会代表；6月28日至30日，两名代表出席在广州召开的民革广东省第十三次代表大会，陈炫秋当选为民革广东省第十三届委员会常务委员。5月13日，民革潮州市湘桥区第五次党员大会在潮州市金龙大酒店召开，选举产生了新一届总支部委员会，林永青、许晓羽、谢原子、李婷、夏荣当选为民革湘桥区总支部第五届委员会委员，林永青当选为新一届总支部主委。

【参政议政】 2017年，各级“两会”期间，潮州民革共提交建议1件、提案19件和大会发言材料2份。在广东省政协十一届五次会议上，省政协委员、民革潮州市委会主委陈炫秋提交了《关于尽快推动我省医保特殊门诊一站式结算的建议》。在潮州市十五届人大一次会议上，市委会委员冯胜奇当选为潮州市第十五届人民代表大会常务委员会委员。在潮州市政协十二届一次会议上，陈炫秋当选为政协第十二届潮州市委员会副主席，林南萍当选为市政协常委；林南萍提交的《科学配置旅游景点等公共场所公厕厕位》被定为重点提案。成立参政议政工作委员会，负责开展市委会课题调研、专题议政、集体提案、社情民意信息等参政议政工作；党员黄丽、郭创永分别担任民革广东省十三届委员会社会和法制委员会、理论研究与学习委员会委员。7月31日，民革市委会联合市其他各民主党派在《潮州日报》上发表倡议书，号召全市各民主党派成员积极支持市委“六城同创”“治六乱”大行动。

【社会服务】 2017年9月24日，市委会和潮安支部组织部分党员到潮安区浮洋镇陇美村开展助残义诊活动，向陇美等几个村的残疾人士赠送一批轮椅等辅助器具，上门慰问行动不便的残疾人士，同时请来党员中的医生为当地群众开展义诊并免费赠送药品。

（民革潮州市委会）

民盟潮州市委

【组织情况】 2017年，中国民主同盟潮州市委员会属下基层组织有：韩师总支（下设文科支部、理科支部）、市直支部、潮安区支部、湘桥区支部和枫溪支部。全年发展盟员15名，过世1个，全市共有盟员186名。

【盟省委、盟中央换届服务】 2017年6月16—18日，主委陈洵、秘书长张树鑫作为代表出席民盟广东省第十五次代表大会，陈洵当选为民盟广东省第十五届委员会委员委员。中国民主同盟第十二次全国代表大会12月6日在北京召开，陈洵作为全市唯一代表参加了此次换届选举活动。民盟中央以“脚踏实地　乐于奉献在平凡岗位上争创佳绩”为题对陈洵进行报道。

【参政议政】 2017年，“两会”期间，潮州市盟员人大代表提交人大建议1份，民盟潮州市委及盟员政协委员提交政协提案30件，其中1份人大建议被采用；19件提案被市政协立案，居全市各民主党派立案件数之首。盟员陈秋通《关于加强市城区环卫设施建设的建议》被市人大列为2017年重点建议，由市人大常委会领导带队进行重点督办。盟员陈映发《水肥一体化技术示范与推广应用》在省农业技术推广奖中获得一等奖。张树鑫的政协信息《关于尽快建设好外环北路与振潮北路交叉处路面的建议》得到市长殷昭举的肯定及重点批示并最终得到落实。盟员黄武雄2017年报送的信息《关于简化“享受企业养老保险待遇人员资格验证”的建议》经盟省委报送，被省政协采用，同时被省委编入每日汇编呈送省领导；作为潮州市政协2017年度第二次专题议政会的主办方，市委会以“整治建设三利溪，解决城市内涝及环境卫生问题”为主题，建议明确三利溪排涝的功能定位，做到雨污分离，对三利溪进行全面清淤，严格控制污水排放，加大力度整治周边环境卫生，尽快处理好三利溪白玉兰处箱涵窄浅问题，从而解决潮州大道岭海明珠段内涝问题，切实提高排涝能力和污水处理能力。

【社会服务】 2017年，民盟潮州市委会携手潮安区统战部和民盟潮安支部于10月28日（农历九月初九）在潮安区浮洋镇仙庭村老人活动中心举办“喜迎十九大，欢度重阳节，关爱老年人”送医送药主题活动。精选了潮州市中心医院、潮州市人民医院、潮州市法露堂中医坊、金石卫生院、浮洋卫生等单位10多名民盟专家医师组成医疗团队开展义诊，并现场赠送药品一批，价值约8 000多元。活动中，潮安支部共筹集敬老慰问金6 200元，上门慰问了全村31名90岁以上的老寿星，活动还为村里的50户贫困户送上了粮油等慰问物资，价值约6 000多元。

（民盟潮州市委会）

民建潮州市委

【组织情况】 2017年，中国民主建国会潮州市委员会属下有潮安总支、湘桥总支2个总支部委员会，市直属一、二支部，枫溪支部和饶平支部，共有9个支部。全年吸收新会员15名。截至2017年底，会员人数达到210人，平均年龄46.4岁。其中，大专以上学历129人，占会员总数61.4%；中级以上职称50人，占会员总数23.8%；女会员44人，占会员总数20%；经济界172人，占会员总数81.9%；各级人大代表、政协委员46人，占会员总数21.9%。

【自身建设】 2017年，民建潮州市委会精心组织、全面动员，开展“不忘合作初心、继续携手前进”专题教育，制定实施方案，部署主要活动。组织市委委员、支部主委赴外地调研，学习先进经验，加强跨区域交流，取长补短，促进自身建设；以座谈会、报告会、读书心得会为载体，通过学习会章会史和统战理论，不断提高全体会员的综合素质，继承发扬老一辈的优良传统，坚定理想信念。组织正副主委参加民建各级组织培训；组织各支部主委、骨干会员参加民建广东省委和中共市委统战部举办的干部培训；组织机关干部和部分会员参加民建广东省委各专委会培训；组织会员参加中共市委统战部、市政协举办的培训；举办参政议政、组织工作培训班。全年共计150余人（次）参加各类学习和会议培训。发挥民建期刊、网站的平台作用，扩大宣传网络，出版2期《潮州民建》刊物，与会内兄弟单位进行信息沟通和交流；利用“民建潮州会员之家”微信平台为宣传主阵地，适时更新信息为广大会员提供在线学习和交流的有效平台。民建潮州市委会饶平县支部被评为民建广东省委2016年度先进基层组织。

【参政议政】 2017年，组织会内专家学者、部分企业家和参政议政骨干会员，围绕潮州地方经济发展、环境卫生、地方特色产业等开展专项调研，为潮州经济社会发展提供智力支持。在政协第十二届潮州市委员会第一次会议上，向大会提交了集体提案《关于加大力度防止扬尘污染，改善我市空气质量的建议》，引起中共潮州市委、市政府的高度重视。委员们就城建、卫生、食品、陶瓷等方面相关问题向大会提交了15件提案。其中会员郭卓钊《关于发展潮州食品产业，壮大地方特色经济的建议》、陈放青《加强出租车、网约车的营运管理，提升潮州名城形象》获2017市政协优秀提案。会员李榕浩撰写的《“善议政”，提高提案质量》，获得广东省政协提案工作学术征文三等奖。

【社会服务】 2017年，引领会员企业做大做强，提升会员企业和品牌国内外影响力。全年共走访会员企业20余家，其中民建中央宣传部部长张皎一行到潮州作“工匠精神”及民建地方组织宣传工作的专题调研时，实地参观会员企业广东康辉集团公司，观看央视发现栏目拍摄的会员企业广东欧陆卫浴公司的“匠心智造，欧陆卫浴”专题视频。枫溪支部被评为2016年度民建广东省委社会服务先进集体三等奖；6位会员被评为2016年度民建广东省委社会服务优秀个人。

（民建潮州市委会）

民进潮州市委

【组织情况】 2017年，中国民主促进会广东省潮州市委员会属下基层组织有：市直属总支、湘桥总支、潮安总支等3个总支部委员会和韩师支部、饶平支部，共11个支部。发展了8名新会员，现有会员195名。会员平均年龄52岁，分布于教育、文化、法律、医卫、经济等界别；具有中高级职称122人，占63%。4月12日，中国民主促进会饶平县支部委员会成立，共有会员10名，潮州民进基层组织在饶平县实现了零的突破。

【学习平台建设】 2017年，《潮州民进简报》恢复出版，各专委会信息员、会员积极撰稿，为《简报》提供良好的素材。全年已出版4期。市委会注重为会员订阅学习资料，为市直会员订阅《同舟共进》杂志；为潮安总支会员订阅《民主》杂志等等。各工作委员会、各基层组织相继建立和完善微信工作群，及时发布信息、学习宣传资料。

【灯谜文化活动】 2017年7月22日晚，联合市委统战部在潮州市人民广场举办“喜迎十九大，不忘初心跟党走”专题灯谜活动。市委常委、统战部长徐和为谜会开鼓，会员谜家郑百川、施奕盛、吴锦林及其同行创作并书写灯谜作品500则，供大家竞猜。

【参政议政】 2017年，在市政协十二届一次会议上，民进市委会共提交14个提案，大会发言2个。在潮安区政协十届二次会议上，潮安总支提交8个提案。在湘桥区政协六届二次会议上，湘桥总支提交5个提案，大会发言2个。其中，以市委会名义提出的《顺势借力，美化临街商铺外观，提高城市品位》一案，就城市环境治理和宜居城市建设等民心工程，提出一系列措施，提案得到了落实办理，相关部门对临街商铺开展了一系列整治行动。在市政协十二届一次会议上，副主委周洪祥代表市委会做了《关于挖掘宗山书院遗址及开展薛侃研究的建议》的大会发言，提出了重建宗山书院的意见建议，引起市领导和政协的重视，已立案督办。潮安总支积极调查研究，提出把宗山书院建成全区传统文化教育基地作为2017年区政协调研课题的建议，被区政协采纳。在潮安区委统战部组织的民主党派暑期座谈会上，李淳南代表潮安总支作了《擦亮畲族祖地品牌，推动潮安经济与文化发展》的专题发言。谢淑英在市人大会议上提出的《关于发展公共自行车系统，建设绿色、畅通的智慧型城市的建议》，议案得到落实，首批共享单车约5 000辆将投入使用。

【社会服务】 2017年7月16日，市委会组织义诊和义教两支队伍，赴饶平茂芝开展义医义诊和助教助学公益活动，惠及上饶镇近300名群众，开出处方300余人（次），送出药品、凉茶价值约6 000元；上饶镇中心小学的孩子们也学习到新的美术工艺手法，制成“铭记历史，缅怀先烈”八个大字，同时进行了写生练习。湘桥总支多次开展社会服务活动，1月15日，举办“温暖相依”旧衣捐赠活动。5月21日，举办助残日系列活动，免费为残疾人发放了轮椅等辅助器约20件，发放慰问金及礼品25份，组织专家围绕“推进残疾预防”开展现场咨询、义医义诊等。12月3日，湘桥总支组织6名会内外医疗专家和部分骨干会员，到文祠镇开展“新时期精准扶贫义医义诊活动”，免费送出5 000多元的药品。潮安第一支部积极组织会员送教下乡。潮安第四支部与政协东凤联络组合作，捐资1万元帮助孤寡老人整修房屋，到金石、沙溪、江东、东凤等开展扶贫济困活动；与市巾帼志愿者联手，先后到东凤庄西陇、天宁等村落扶贫，筹款5万元帮扶贫对象整修住房。沈声兴提供书画作19件，由区政协委员认买，共得金额19.4万元，全部捐给文祠镇做扶贫资金。施奕盛为彩塘镇扶贫济困福利会捐款5万元。赵伟金捐款2万元、陈文捐款3万元用于扶贫济困。

（民进潮州市委会）

致公党潮州市委

【组织情况】 中国致公党潮州市委员会属下支部有市直属支部，市中心医院支部，湘桥区支部，潮安区支部，饶平县支部。至2017年12月底，有党员126名。其中大专以上文化程度、中上层人士、侨海关系分别为107人、97人、103人，占全员的比例为84.6%、76.9%、82.1%；党员中担任各级人大代表7人，其中省人大代表1人，市人大常委1人，市人大代表2人，县（区）人大常委3人；担任各级政协委员23人，其中省政协委员1人，市政协副主席1人，市政协常委2人，市政协委员3人，县政协副主席1人，县（区）政协常委5人，县（区）政协委员10人。

【参政议政】 2017年“两会”期间，市委会及所属支部向省、市、县（区）各级人大、政协提交的提（议）案22件，其中由市委会向市政协提交的提案《关于建立长效机制、巩固城区整治成果的建议》《擦亮优秀旅游城市名片，促进潮州旅游可持续发展》《建立长效机制，使农村环境卫生整治工作成为常态》；市政协常委陈壁亮提交的提案《关于协调银行、房管、税务国土等部门办证程序，缩短二手房过户时间的建议》，由市政协常委柯涓提交的提案《关于解决市区城新西路路灯长期不亮问题的提案》，市政协委员张热云提交的提案《海内外潮商互动并进，促进潮州经济发展》，市政协委员苏辉提交的提案《关于在市区及农村配套体育设施，让市民得到更好的健身活动》；由省人大代表王日丽提交省人大的建议《关于提高广东省城镇居家养老水平的建议》，由市人大常委许小明提交的建议《关于督促解决好潮州市住宅小区垃圾及时清运问题的建议》，还有潮安、湘桥、饶平等支部向所在的县（区）人大、政协提交的11件提案共20件提（议）案被立案。其中《海内外潮商互动并进，促进潮州经济发展》和《关于建立长效机制、巩固城区整治成果的建议》二个提案被列为市政协重点督办提案，并分别由市政府市长殷昭举和市政协主席杨志明亲自督办；市委会的提案《关于进一步加强农村环境卫生整治工作的建议》获政协潮州市第十一届委员会第五次会议优秀提案奖。8月，市委会与其他各民主党派联合在《潮州日报》上刊登"致全市各民主党派成员的倡议书"。全年报送信息26篇，得到各级采用14篇。报送市政协参加省政协参政议政论文比赛论文2篇，其中蔡曼云撰写的论文《如何开展基层民主党派提案工作发挥参政议政职能》获省政协论文比赛三等奖。

【社会服务】 2017年1月，湘桥支部发动党员捐款，为铁铺镇、官塘镇的3家贫困户送去了慰问金、大米、食用油、学习用品等。同月，潮安支部到龙湖镇上阁村、田中村、大埕村举办迎新春送温暖活动，给贫困户送去大米和食用油等慰问品；支部还在彩塘清晖楼文化活动中心举办《迎春纳吉送春联》活动。六一前夕，湘桥支部与区妇联联合开展"爱心父母"帮扶结对活动，对桥东街道的两名家庭经济困难的单亲儿童开展爱心帮扶活动，活动为期三年。重阳节，潮安支部到潮安区东凤镇下园村，慰问原潮安县参加"3580"国防工程和"3581"国防工程，以及参加国防三线韶关铁路建设的老同志，给他们送去慰问金。10月，饶平支部与饶平县人民医院联合组织医疗队到柘林镇开展"致饶健康行"义医义诊活动，服务当地群众近200人，免费送出药品约5 000元，并举办《公众急救技能普及讲座》。同月，市直支部联合潮州市关爱抗战老兵志愿者、潮州市松林古寺，开展慰问抗战老兵活动。党员蔡奕道热心为外来务工工伤人员无偿提供法律援助，帮助他们讨回了应得的赔偿。党员蔡晓晔个人捐款2 000元，同时再通过组织募集，为一患肝硬化的患者募捐4万元。党员苏辉两次组织所在任职医院的医务人员到山区开展义医义诊活动。党员张热云二次带领市侨青会委员分别慰问贫困户、五保户和儿童福利院的孩子，为他们送去粮油等生活用品。退休老党员林德臣积极参加由市组织的太平办事处的劝导队，坚持每周六上午在牌坊街义务执勤活动。市委会及属下支部共慰问死亡、生病住院及生育的党员8人次，主要领导多次到镇村开展精准扶贫督查指导工作。

（致公党潮州市委会）

农工党潮州市委

【组织情况】 2017年，发展党员16名，共有党员171名，其中女性党员72名，占人数的42.1%，高级职称39名，中级职称62名；大专以上学历147名，博士1名。9月，市委会创新工作机制，为新入党的16名党员举办了新党员入党仪式，通过入党仪式，加强了新党员对党组织的认识，增强了组织凝聚力。

【参政议政】

积极参与政治协商　2017年，市委会领导及各级政协委员和人大代表积极参与市大政方针及重大决策的讨论协商，多次参加各级中共党委和政府举行的征求意见会、民主协商会、座谈会、专题报告会等，就全市继续解放思想、贯彻落实科学发展观，对政府工作、经济工作、重要人事安排等重大问题提出建设性的意见建议，这些意见和建议得到了市委、市政府的重视和采纳。

履行参政议政职能 全市农工党党员中，任市政协委员7名（其中市政协副主席1名，常委1名），市人大代表1名（其中常委1名），区政协委员5名。市委会及党员在今年市“两会”期间共提交了6个提案（其中集体提案2个），分别为：《关于加强枫江流域污染整治的建议》《关于加强全民接受健康教育的建议》《重建扩建好上埔村市场　改善凤园路交通卫生环境》《关于完善联动机制，加强监管，有效确保校园周边食品安全的建议》《提高垃圾处理能力，提升城市文明程度》《关于保护和促进潮州老字号发展的建议》。郑佳坤等委员的《关于保护韩江水的建议》提案获政协第十二届潮州市委员会第一次全体会议优秀提案称号；11月22日，主办主题为《加强严重精神障碍患者救治救助　切实维护社会和谐稳定》的市政协专题议政会。

围绕中心开展调研 6月，在中共潮州市委统战部协调下，由农工党市委会牵头，联合全市各民主党派就“提升医疗卫生服务能力，全力推动健康潮州建设”这一课题开展联合调研。调研组召开座谈会，邀请潮州市部分医疗卫生专家，市直及市区几所公立医院主要负责人参会。深入到饶平县人民医院、饶平县浮山中心卫生院、饶平县新圩镇卫生院、饶平县灯塔村卫生所等基层医疗卫生机构实地考察，了解全市医疗卫生事业发展现状和存在问题。经过近5个多月的调研，形成详尽调研报告，全面分析潮州市医疗卫生事业发展状况，指出存在问题，并就如何提升潮州是医疗卫生服务能力提出意见建议；10月，市委会组织开展“加强严重精神障碍患者救治救助　切实维护社会和谐稳定”的专题调研，专题议政小组深入第三人民医院（精神病院）实地考察，走访相关单位，收集有关资料，会前召开交流沟通协调会，征求相关14个部门的意见和建议，并形成《加强严重精神障碍患者救治救助　切实维护社会和谐稳定》的建议案，并报市政府。

【换届组织工作】 2017年，市委会根据农工党省委会的部署，按照《中国农工民主党广东省委员会关于市级委员会换届工作的意见》精神，认真制定换届工作计划，务求重质重量完成换届任务。1月，市委会召开第四次党员代表大会，大会选举了柯泓、章耀鸿、杨立业、许实燕、黎小华、林小聪、吴蓉蓉、陈国生、郑熙、卢志敏、杨敏为新一届市委员会委员，柯泓当选为主委，章耀鸿、杨立业当选为副主委。

【社会服务】 2017年，市委会及各支部根据自身特点，组织了多种形式的社会服务活动。6月份，农工党潮安区支部医疗队在潮安区政协及统战部领导下，到潮安区归湖镇狮峰村开展第十届中国“环境与健康宣传周”活动。此次义医义诊活动由农工党市委会主委柯泓带队，由潮安区支部和农工党员组成40多人的医疗队伍，为狮峰村的村民进行了包括内科、外科、妇产科、儿科、五官科、中医科等多个科目的诊治和量血压、测血糖等身体检查及健康咨询活动。共为群众提供诊病、检查、治疗、咨询400多人（次），赠送药品和检查折合人民币2万多元。市委会还获得农工党中央开展和发展中国特色社会主义学习实践活动“先进集体”称号。

（农工党潮州市委会）

九三学社潮州市支社委员会

【组织情况】 截至2017年底九三学社潮州市支社共有社员48名。具有高级职称的社员人数是30人，占总人数的63％。男社员28人，女社员20人，平均年龄48岁。除了重大的学习活动之外，日常社务活动的开展主要采取小组的形式，支社委员会下设四个小组，分别是；韩师小组、市直小组、湘桥区小组、枫溪区小组。支社有人大常委1名，政协常委2名，政协委员2名。

【主要工作】

思想建设　2017年，支社高度重视思想政治教育工作，始终把增强广大社员的“四个自信”作为着力的主方向，确保学习内容具有针对性。在9月3号九三纪念日，支社召开社员座谈会，以社史教育为切入点，积极宣传九三学社光荣传统。如通过参观湖南长沙桔子洲等统战教育基地，让社员对于多党合作事业的形成与发展有更加直观与清晰的认识。支社除了组织专题思想政治学习，还充分发挥QQ、微信、飞信等现代通信工具的作用，经常利用已有的信息平台，不定时转发十九大会议精神以及一些时事热点，引导社员关心时政，让社员了解政治脉动，转载方章传播正能量以坚定核心价值观。

组织工作　支社上下高度重视组织发展工作，在确保质量的前提下，积极稳妥推进组织发展。支社共有社员48名，其中具有高级职称的社员30人，占61%；来自科学技术、高等教育和医药卫生界三个主体界别的社员占社员总数的77%。支社认真贯彻落实“人才强社”战略，注重对优秀社员的培养。10月份，支社专职干部参加中央社会主义学院的省级以下专职干部的培训，支社还选送多名骨干社员参加社省委、市委统战部、市社会主义学院等部门组织的十九大专题学习会等各类培训。为纪念九三学社成立72周年，支社组织社员参观潮州市名瑞集团中国刺绣艺术馆，并就九三组织的发展、潮州“六城同创”的新气象召开座谈会。6月，支社组织13名社员到福建德化考察，11月，组织18名社员到湖南长沙、醴陵的考察。

参政议政　支社将参政议政作为党派工作的核心，千方百计搭建平台，制定奖励制度，全面调动社员参政议政热情。社员中有市人大常委1人、市政协委员4人（其中常委2人）。通过“两会”参政议政和重要平台积极建言献策。全年支社共提交市政协提案6件。如委员吴美卿提交的提案《关于在市区引进公共自行车的建议》得到了市政协和办理单位的肯定，市区首批公共自行车于12月份正式上线。省政协的征文活动，支社委员吴美卿参加的文章《关于提高政协委员提案撰写质量的若干思考》获得二等奖。

（九三学社潮州支社）

潮州市各民主党派负责人暑期座谈会

市工商联

【组织情况】 2017年，潮州市工商业联合会（总商会）有会员2 323名。

【主要工作】

发挥党组核心领导作用，切实加强领导班子和会员队伍建设 2017年，按照上级领导关于工商联换届工作意见的要求，对新一届执行委员会的人选进行全面考核，经筹备，市工商联第十三次会员代表大会在市党政机关会堂召开，詹建怀当选为市工商联第十三届执委会主席。与此同时，加强对县（区）工商联工作的指导联系，督促各县（区）工商联换届工作顺利推进，于春节前按要求圆满完成换届工作。市工商联制订并在换届大会上通过了《每年常规性工作的意见》，对市工商联每年必须完成的主要工作进行确定。2017年，按照《意见》按期召开班子会议、常委会议和全市工商联系统工作交流会议，与骨干会员、县（区）工商联对工作进行充分的研讨，研保每项工作的完成。2017年，参加了分别在江西省吉安市和深圳市举行的“潮汕四市、江西吉安、深圳市潮汕商会”非公党建工作联席会议，与兄弟城市工商联交流了新时期非公经济组织党建的情况，并就推进非公党建工作的创新机制深入研讨；积极完善商会体系，加大吸收会员力度，做好基层组织建设工作。市、县（区）两级工商联继续加大吸收新会员力度，有针对性地把行业商（协）会、乡镇商会的工作作为会员工作的重点来抓。同时，利用换届契机，着力加强基层组织建设，响应省工商联的工作部署，通过学习交流，为推进工商联基层组织建设，促进工商联工作的创新发展提供借鉴。

增强服务意识，促进民营企业健康发展 继续积极配合名牌发展战略，为企业树品牌服务。引领会员企业加强自身建设，构建和谐企业。协助市政府在广州与广东省创投协会举办了经济和社会事业合作项目洽谈会、在昆明举办了广东（潮州）—云南（昆明）经贸合作与投资环境推介会活动，协助市政协在深圳、广西等地开展的调研活动等等。3月，协助推动潮州民营投资股份有限公司创立。开展法律服务工作，为会员企业健康发展保驾护航。创新活动形式，多方法多渠道为会员企业的发展出力献策。举办“潮州市企业家交流论坛”并建立不同行业企业法律问题研判分析机制。加强宣传力度，采用新媒体与传统媒体相结合的宣传方式，扩大工商联优秀骨干会员企业的影响，提升其公众形象。

发挥教育引导作用，力促非公有制经济人士健康成长 组织举办讲座、培训活动，切实提高民营企业家综合素质和科学发展能力。积极引导非公有制经济人士参政议政。举办公益活动，积极参与社会各项建设。发动、组织非公有制经济人士自觉履行社会责任。6月23日，由市工商联牵头市经信局、市工商局召开全市重点企业座谈会，号召全市企业家们慷慨解囊，奉献爱心，帮助贫困地区走出困境。加强与饶平县浮滨镇的联系，多次进村入户，检查帮扶措施实施情况，确保所挂钩的6个村贫困人口的帮扶工作按计划推进，顺利脱贫。在各大节日前夕，全市各级工商联组织、会员企业和商（协）会在城乡各地广泛开展各类送温暖活动，累计捐赠款物超百万元。积极参与社会公益事，继续开展“千企帮千村”活动。全力举办因病致贫帮扶活动。市工商联筹款1 000多万元用于脱贫攻坚工作。11月6日至9日，共帮扶慰问因病致贫贫困户379户，使用善款724万元。剩余的款项，设立两个专项资金，制定相应的管理办法，用于对贫困户特定病种及医疗补充专项救助款。

（黄　逊）

群团组织

市总工会

【党的十九大精神学习宣传贯彻】 2017年10月30日，市总工会召开党组暨理论学习中心组学习会，传达学习党的十九大精神以及全省、全市传达贯彻党的十九大精神大会精神，研究部署工会系统学习贯彻党的十九大精神有关工作。11月2日，召开了全市工会系统学习贯彻党的十九大精神会议，传达党的十九大主要精神和省委、市委的学习宣传贯彻意见，动员全市工会组织充分认识学习宣传贯彻党的十九大精神的重要意义，把新时代中国特色社会主义工会发展道路学习好宣传好实践好，团结带领广大职工充分发挥主力军作用，扎实开展新时代工会各项工作，以实际行动学习贯彻好党的十九大重要精神。随后，印发了《潮州市总工会〈关于学习宣传贯彻党的十九大精神的意见〉的通知》，推动学习宣传贯彻工作。

【“六城同创”“治六乱”活动】 2017年，制定并印发《潮州市总工会引领职工群众积极投身“六城同创”治“六乱”活动的意见》，全面推动“六城同创”治“六乱”各项工作。发出《从我做起，当好“六城同创”治“六乱”的主力军——致全市广大职工的倡议书》，号召职工做“六城同创”治“六乱”的宣传者、参与者和行动者。扎实开展“自己树丰碑、职工最干净”等“十大行动”主题活动，用心打造职工群众投身“六城同创”治“六乱”活动的平台。

【市第五届职工职业技能大赛】 2017年，与市人社局联合印发《潮州市第五届职工职业技能大赛活动实施方案》，自4月份启动以来，吸引了全市870多家企业的近2.9万名职工参与竞赛，经层层选拔，共有270多名职工参与决赛。12月27日，大赛总结表彰大会在潮州市高级技工学校举行。市委常委、常务副市长张传胜，市人大常委会副主任、市总工会主席黄潮标，市总工会常务副主席钟炼，市人力资源和社会保障局副局长周述君出席活动并为获得本届大赛优胜个人和集体颁奖。陶瓷、供电、发电、护理4个行业10个工种共评选出一等奖11名、二等奖19名、三等奖26名。其中，获得一等奖的选手将由市总工会、市人社局授予“潮州市技术能手”荣誉称号，其他获奖选手也将获得相应的技术等级证书。市陶瓷行业协会、广东大唐国际潮州发电有限责任公司、潮州供电局、市总工会女职工委员会获得优秀组织奖。

【母婴护理培训、比赛、就业“三合一”】 2017年，市总女职委联合潮州市天川家政服务公司共建女职工素质提升平台，举办首届母婴护理员技能比赛，对报名参加的200名下岗女职工进行免费培训并开展比赛。通过以赛促学、以赛促练、以赛促用，提高了就业能力，200名下岗女职工100%就业。各级工会以举办潮州市第五届职工职业技能大赛为契机，开展各种形式的职业技能比赛活动，创新职业技能提升平台和载体，充分利用劳动竞赛、技能大赛，激发广大职工立足岗位，钻研技术的热情。

【基层工会组建】 2017年8月28日，市总有关领导陪同省总工会“三个一批”工作调研组来到饶平县电子商务协会，推动成立饶平县电商行业工联会。饶平县总工会通过前期调研、周密部署、深入基层指导以及持续跟进工作，顺利打造了饶平县龙眼城社区工会联合会和饶平县电子商务行业工会联合会2个“三个一批”建设示范点。

【潮州市“最美工匠”评选活动】 2017年4月开始，市委宣传部、市总工会、市经济和信息化局、潮州广播电视台、潮州日报社联合开展了潮州市“最美工匠”评选活动，在全市范围内掀起寻找、学习、宣传潮州市“最美工匠”的热潮。通过推荐申报、初次评定、公众投票、现场考察、评委投票等程序。最终，王泽武等10位同志被评为潮州市“最美工匠”，卢进文等10位同志获潮州市“最美工匠”提名奖，孙庆先获潮州市“最美工匠”网络最佳人气奖。9月29日晚，潮州市首届“最美工匠”颁奖典礼在潮州广播电视台演播厅成功举行。省总工会党组副书记、常务副主席李长峰出席颁奖典礼，并为10位“最美工匠”颁发证书和奖杯。

【潮州市第二届“交行杯”职工书画摄影优秀作品展】 2017年，潮州市总工会、潮州市文联、交通银行潮州分行联合举办“六城同创展风采·建功献礼十九大”潮州市第二届“交行杯”职工书画摄影优秀作品展，9月30日至10月5日，书画摄影优秀作品在市人民广场文化长廊展出，省总工会常务副主席李长峰，市委副书记、政法委书记林壮森，市人大常委会副主任、市总工会主席黄潮标等出席了展览启动仪式。

【工会自身改革】 2017年，结合潮州工会实际，研究制定《潮州市总工会贯彻落实〈广东省总工会改革方案〉的实施意见》和市总工会开展改革工作的总体方案，明确机构、任务、步骤等相关内容，为改革的具体实施打好基础。同时，主动对接省总的改革要求，边细化方案边推进改革，力求工会改革取得成效。

（丁建鸿）

团市委

【内设机构】 2017年，团市委下设办公室、团务部、青年发展部3个职能部（室）。

【青少年理想信念引领】 2017年，全面实施全市共青团学习宣传贯彻习近平新时代中国特色社会主义思想和党的十九大精神10项行动，举办十九大精神主题研修班2期，邀请省青年宣讲团莅潮宣讲6场，开展“青春喜迎十九大，不忘初心跟党走”“喜迎十九大，我向习爷爷说句心里话”等主题学习、宣讲活动超过700场次。拍摄《新时代·新青年·潮州各界青年学习贯彻践行十九大精神》等主题宣传片2部，制作宣传册、宣传画2万张，开展主题知识竞赛、征文比赛、朗诵比赛等大型主题活动3场，举办《习近平的七年知情岁月》读书接龙、《学习十九大知识》在线考学活动等新媒体活动5个，开辟新媒体学习专栏18个，发出新媒体宣传文章64篇，阅读量超过250万。广泛组织动员青少年学习宣传贯彻习近平总书记对广东工作作出的重要批示精神，举办“我的中国梦”“与信仰对话”“四进四信”“向上向善好青年”“六城同创绘家园”“飞扬的红领巾”等10多个主题的教育实践活动超过1 000场次，参与人数超过5万人（次）。服务市委“百团大战”工作部署，推进共青团“双百工程”专项行动，举办主题演讲比赛、征文活动等活动50多场（次），实施“百名精兵”“百名创业创新能手”等2项评优。实施“青网计划”，为网络空间的净化奉献青春力量。

【共青团改革】 2017年，成立潮州市共青团改革领导小组，统筹推进全市共青团改革实施工作，印发出台了《潮州共青团改革实施方案》并下发到各有关单位。召开全市共青团改革工作动员会、中学共青团改革工作推进会，印发《关于推荐选派优秀年轻干部到团市委机关挂职锻炼的通知》，团市委机关新增内设部门“青年发展部”，增加政府雇员1名，并配备8名挂兼职干部，改革后挂兼职干部超过机关人数的50%。全市建立1个省级、4个市级示范性青少年综合服务平台，建设26个“青年之家”线下服务站点。联合市委组织部下发通知，全面加强村级团组织建设。召开全市村级团组织换届选举示范点创建现场会，建立6个村级团组织换届示范点并各提供5 000元的创建启动资金。推进青联、少先队和中学共青团改革。

完成青联的换届工作，委员结构比例、界别分配都符合全国青联的各项组织改革要求。推进教育团工委建设，创建3所省级示范中学团校、6所市级示范中学团校和2个少先队小骨干培训基地，以点带面强化全市团、队建设。严控团员发展要求，全市初、高中毕业班平均团青比例分别为30%、65.7%。从严治团形成直接联系青年工作作风。成立由团市委书记挂帅的从严治团工作领导小组，建立和落实“三会两制一课”，深化督导落实“8+4”“4+1”“1+100”等团干部直接联系青年具体要求。加强团的领导机构建设，市级团的代表大会、委员会、常委会中基层和一线青年比例分别达到93.2%、78.3%、42.9%。推进“万名团干讲党团课”，市、县两级全体专职团干部深入基层讲党团课共计38场（次），打造有向心力、有战斗力的基层团干部队伍。

【“六城同创”“治六乱”助力活动】 2017年，落实“活力青年·魅力潮州”10项行动，召开助力“六城同创”“治六乱”工作动员大会，举办首届志愿公益文化节暨团组织助力“六城同创”志愿服务行动，开展千人巡游活动、青少年绘画比赛、灯谜竞猜、网络评选等广大群众喜闻乐见的宣传活动15场（次）。组建12支“治六乱”专项青年志愿服务队，共开展志愿服务活动250场（次），参与青年志愿者达2.6万人（次）。营造共建共享的社会氛围，以“治六乱”为主题设计、制作环保袋、扇子、倡议书等宣传品共计5万份，绘制全市最大“六城同创”文化墙，并推动各级团组织选址绘制有潮州特色的“六城同创”主题文化墙，制作青年助力“六城同创”主题视频宣传片，发出相关内容新媒体宣传文章22篇，集全团之力吹响助力“六城同创”“治六乱”的集结号。实施“牌坊街青年嘉年华”5大项目。加强牌坊街旅游志愿服务驿站建设，以“5+2”“白+黑”的密集频次实现牌坊街旅游志愿服务常态化，4个多月组织志愿者2 000多人（次），平均日服务游客1 000人（次）以上。以“潮汕一家亲·古城青春行”为主题，实施万名学子游古城项目，推动市青商会在牌坊街举办每周1次的“一日游”活动，开展牌坊街“青年文明号”评选活动，助力打造文明诚信的牌坊街旅游市场。全力服务牌坊街文化巡游活动，整合资源于每周三、六、日开展青少年文艺表演、“非遗文化走进牌坊街”互动活动、“童萌汇”少儿节目汇演等共计34场（次）。

【精准脱贫】 2017年，举办“青春情暖”送温暖活动筹资100万元，为留守儿童、外来务工人员、环卫工人等困难群体送去关爱。实施“领头雁”农村致富带头人培养计划，推进“银团合作”，建设15个农村青年创业金融服务站，深入农村举办电商创业培训班、电商文化节、创新创业比赛、创业分享会、就业招聘会等活动26场，惠及“双创”青年1.2万人次。“关爱学子·一路同行”助学活动筹资62万元，“圆梦助学”项目筹资12.2万元，帮助188名困难青少年学子回归校园。“圆梦计划”整合资金20万元，帮助百名青年职工上北大。协办2017年姚基金希望小学篮球季（广东站）活动，实施“希望乡村教师计划”，推进“美丽中国”支教行动，2017年度共有84名国内外名牌大学的优秀支教老师赴29个山区学校支教。开展“美丽中国”支教项目成果展暨“六一”儿童节庆祝活动，实施留守儿童夏令营、“先心病”义医活动、阳光行动、朝阳行动等扶助困难少年儿童品牌项目。开展“保护母亲河”植树护绿系列行动，落实万峰林场精准扶贫挂镇联村督导任务，发动青联委员分组结对贫困村累计捐款2.5万元，引领各界青年投身精准脱贫第一线。

【青年成长成才服务】 2017年，搭建海内外各界青年团结发展的大舞台。推动市青年联合会、市青年商会举办换届大会，并分别与深圳侨商智库、宜华资本实现战略合作。邀请国际潮青联合会首次莅潮召开会董会。邀请广东省青年商会、深圳潮青会、深圳潮青创业促进会等青年团体莅潮考察，促进青年实现跨地域、跨领域的广泛合作。组织市青联委员、青商会员赴以色列、约旦、香港、汕头等地考察交流。深化“青年同心圆”交流合作，组织港澳青年莅潮开展文化交流活动6场（次），探索形成三地青年合作共赢的长效机制。紧扣综治维稳工作，完善预防青少年违法犯罪工作机制，举办禁毒图片“千校巡展”，推进法律讲座、安全教育、消防演习进校园活动89场（次）。继续推进“青年社工三年计划”，构建“社工+志愿者+团干”的青少年服务网络，整合资金10万元实施“伙伴同行”项目，对25周岁以下社矫个案实行建档帮扶。不断提升“枢纽”优势，推进“益苗计划”，整合公益创投资金7万元，扶持12个优秀青年社会组织跨越发展。联合青年社团开展青少年写春联送祝福活动、潮州市青年读书分享活动、樊登读书讲座等正能量活动，为青少年健康成长提供更加多样化、市场化的服务载体。

【“网上共青团”建设】 2017年，成立潮州市青年新媒体工作室，逐级召开潮州“青年之声”平台工作推进会、培训会，开展元宵“青年之声”大闹热等线下集中推广活动9场（次），利用平台号召力为困难青年发起公益众筹等帮助3次，潮州“青年之声”平台月均有效问答5 000多条，发布活动30多个，不断凸现“有困难找‘青年之声’”的平台形象。全年抓住重要时间节点、时政热点制作视频宣传片共计7部，制作原创歌曲1首，推送H5推文共计12条，在微信平台发布文章共计690篇，提升团属新媒体的影响力和号召力。

【青年志愿工作】 2017年，举办全市志愿服务信息化工作推进会和培训会，完善全市青年志愿者驿站制度建设，提升青年志愿者工作的社会化运作能力。全面服务市委、市政府重大活动，抓住国庆、中秋等重要时点集中开展交通劝导、景区服务志愿大行动，擦亮“学雷锋志愿服务行动月”“公益志愿文化节”“春运高铁志愿行动”等团属志愿活动品牌，建立“美丽中国”支教志愿者素质拓展基地。截至12月，全市共有注册志愿者超过10.6万人，注册志愿服务组织927个，志愿服务时数87.7万小时。

（团市委）

市妇联

【党的十九大精神学习贯彻】 2017年11月11日晚，市妇联、市人防办联合在市人民广场举行“踏上新征程　建功新时代”——学习贯彻党的十九大精神系列活动启动仪式，宣传党的十九大精神、人民防空知识、“六城同创”“治六乱”行动、妇女维权、禁毒防艾、文明家风、妇女小额担保贷款等内容，向市民发放《一图读懂十九大》等宣传手册，同时通过快板表演和灯谜会猜等喜闻乐见的方式引领广大妇女听党话、跟党走。充分利用潮州妇女网站、微信、简报等宣传平台，宣传十九大精神，确保十九大精神全面准确地传达到基层、落实到妇联各项工作中。

【妇联改革工作】

推进妇联改革工作　2017年，全国妇联、省妇联先后出台了妇联改革方案，市妇联认真按照省妇联、市委改革办的统一部署，成立领导小组，推进全市妇联改革工作。《潮州市妇联改革工作实施方案》出台，《方案》共分为七部分25条。

完成会改联工作　按照中央和省委党的群团工作会议精神要求，市妇联深入调研、周密部署，下发《潮州市妇联关于在全市开展村（社区）妇联建设工作的实施方案》，明确各项工作流程，细化工作任务，采取“以点带面，整体推进”的工作原则逐步推开。8月，市妇联与市委组织部联合发文《关于进一步推进村（社区）妇代会改建妇联工作的实施方案》，同时成立由市领导任组长的工作督导组专项对会改联工作进行督导推进。10月中旬全面完成会改联工作，共选举产生村（社区）妇联主席1 017人，专职副主席165人，兼职副主席1 198人，新增执委11 267人。全市改建完成后，各村（社区）妇联逐步建立完善各项制度，用制度规范各项工作，并做好选举有关资料档案以及日常各项工作资料的整理和归档。

妇联组织区域化建设 为贯彻落实乡镇（街道）妇联区域化建设改革任务，市妇联于9月份转发了省妇联《关于进一步深化改革 夯实基础更好发挥基层妇联组织作用的意见的通知》，各级妇联相应成立了妇联区域化建设领导小组，依托村（社区）“妇女之家”阵地，通过微信公众号、QQ群、宣传栏等方式，大力宣传妇联组织区域化建设的目的、意义，为做好工作营造良好氛围。多次组织县（区）进行工作交流，帮助各县（区）妇联学习先进、拓宽思路、自比互评，激发赶超进位意识，尽快完成乡镇区域化建设工作任务；争取市委市政府支持，确保镇（村）妇联每年不少于2万元的经费保障，夯实基层妇女组织基础。

发挥下属社团作用 加强对市巾帼志愿者协会和市女企业家协会的引领和指导，鼓励社团根据各自特点和优势，积极发挥作用。市巾帼志愿者协会积极投身“六城同创”文明创建行动、扶贫慰问活动、垃圾箱捐赠活动等志愿服务。市女企业家协会利用节日开展会员联谊活动，共叙友情，共谋发展，共享创业奋斗历程，积极接待山西省女企协、河源市女企协到潮州开展经济交流活动。

【巾帼创业创新行动】

实施农村妇女增收致富支持行动 2017年，积极向省妇联争取第三期“广东省妇女创业小额担保贷款贴息项目”，并制定了《潮州市妇女创业小额担保贷款贴息项目（2017—2019年）实施方案》。市妇联与多家银行机构进行协商，确定新一轮贷款利率控制在上浮30%以内，并积极向市政府申请专项贴息配套资金。继续培植“妇”字号农业龙头企业、女农民专业合作社、巾帼创业示范基地。湘桥区愈发肉鸽养殖专业合作社被命名为第八批广东省巾帼创业示范基地；潮安区共益蔬菜种植专业合作社申报省帮扶贫困妇女精准脱贫项目，依托无公害蔬菜种植大棚50亩，建立无公害蔬菜标准化生产基地，帮扶贫困妇女10名，实现增收脱贫致富。

激励引领城镇妇女岗位建功 “三八”节举行“巾帼心向党，扬帆新征程”潮州纪念“三八”国际劳动妇女节表彰大会，会上表彰及命名了省“三八”红旗集体（手）、省巾帼文明岗、潮州“十佳最美军嫂”等一批先进单位和个人，并以“党的女儿话初心”节目访谈形式，请潮州优秀女性讲述奋斗故事，以榜样力量示范引领广大妇女筑牢理想信念，创造出彩人生。市检察院妇女小组、市人民医院妇产中心、中国电信潮州分公司网络操作维护中心、潮安供电局凤塘供电所凤塘营业厅等4个集体荣获“全国巾帼文明岗”称号；饶平县大埕镇上东村获“全国巾帼建功先进集体”称号；吴淡珠、陈秀辉获“全国巾帼建功标兵”称号。市委副书记林壮森、副市长余鸿纯等市领导出席授荣仪式。开展“春风送岗位行动”，广泛动员女企业家、女创业带头人和用工单位为女大学生、进城务工妇女、下岗失业妇女送政策、送信息、送技能、送岗位。举办家政服务就业讲座，引导农村妇女、下岗妇女转变就业观念，勤劳致富。组织优秀女企业家讲述创业历程，激励更多女性树立“四自”精神，大胆创业创新创优。

【妇女维权维稳工作】

普法宣传、来信来访和基层维权工作 2017年，组织开展“三八”维权周、禁毒防艾防拐等宣传咨询活动。联合检察、司法等多个部门开展以“化解矛盾纠纷，创建平安家庭”为主题的户外法制宣传活动和灯谜会猜活动；在枫溪区詹厝村举办以“无毒青春，健康生活”为主题的禁毒宣传教育讲座；联合市公安局在市区人流密集的场所开展以“关爱妇女儿童，反对拐卖”为主题的宣传活动；在枫溪区池湖村开展以“关爱儿童，预防溺水”为主题的户外宣传活动。提升12338维权热线服务质量，3月8日以“倾听妇女心声 关护妇女权益”为主题的主席接听日活动，倾听诉求，为妇女群众排忧解难。建立信访资料电子档案管理制度，全年市、县二级妇联共受理重点信访案件380宗，其中家庭暴力案件50多宗，全部得到妥善

处理。密切联系司法部门，通过省的第十期法律援助项目，继续资助基层妇联完成法律援助案件，以司法途径为权益受侵害的妇女儿童争取利益。

发挥妇女维权与信息服务站功能 服务站24小时开通12338妇女维权热线，组织工作人员和专家志愿者轮流值班接听热线和接待来访妇女，提供法律政策、心理调适、婚姻家庭权益咨询服务。积极做好个案服务和小组活动，开展多形式宣传和培训，提供多面服务，策划特色小组活动，精准服务妇女群众。9月，在服务站原有志愿者队伍的基础上，再次向社会招募111名志愿者，组成法律服务、心理咨询、家庭教育、外展服务四支队伍，由于搭建好的新平台有了新承载。全年服务站共开展相关宣传活动8场，宣传教育课4个，民生座谈会4场，接受维权个案23例，来电来访330件，帮助妇女挽回经济损失金额20万元。

婚姻家庭纠纷调解 为贯彻落实省《关于印发〈关于建立婚姻家庭纠纷人民调解委员会的指导意见〉的通知》文件精神，有效预防和化解婚姻家庭矛盾纠纷，依法保护妇女、儿童和老人的合法权益，按照省妇联要求，各县（区）均已完成婚姻家庭纠纷人民调解委员会的成立工作，通过专业性调解，积极化解矛盾纠纷，创建平安家庭，促进社会和谐稳定。

维护妇女在土地确权中的合法权益 以确权登记工作为契机，加强调查研究，积极联系农业局等部门，向省调研组提出合理化意见和建议，为领导小组决策提供参考。依托妇女之家深入基层，对干部群众，特别是村干部和户主开展男女平等基本国策宣传，向农村妇女宣传“证上有名、名下有权”的重要意义。

开展严重精神障碍患者救治救助工作 专门下发通知，认真开展好女性严重患者的情况摸查工作，组织和委托志愿者入户了解女性严重患者的家庭情况，并进行定期探访，根据实际情况开展对女性严重患者和家属的关爱帮扶工作。通过走访慰问、经济援助、援建安居房等方式，对存在经济困难和生活困难的家庭给予关爱及帮助。

【妇女和家庭参与文明城市创建】

开展各项文明创建活动 2017年，密切配合市文明办，把家庭文明建设纳入当地精神文明建设规划，联合开展第一届潮州市文明家庭评选活动。结合市委市政府开展的“自己树丰碑，潮州人最干净”“六城同创”“治六乱”等主题活动，大力倡扬文明新风，开展好家风好家训进村居、社区活动，常态化开展寻找“最美家庭”等文明家庭创建活动。涌现了全国最美家庭1户，广东最美家庭4户，广东省“优秀书香家庭”1户，省级“家庭文明建设示范点”4个，市级“家庭文明建设示范点”9个。

开展庆“六一”系列活动 “六一”节期间，市领导带队到市绵德幼儿园和凤城中英文学校，看望慰问儿童和教育工作者，为小朋友们送去节日慰问品；在星期天青少年读书社开展“相伴共读　书香润德”家庭亲子阅读活动，吸引100多名家长和儿童参加；在市体育馆举办“绘美丽蓝图、圆童心梦想”庆“六一”幼儿运动会，2 000多名儿童和家长参加了活动；在佳婴广场举办第五届庆“六一”亲子运动会，近200多个家庭踊跃参与。

开展亲子阅读推广活动 响应全国妇联关于倡导和开展全民阅读、建设书香社会号召，4月阅读节期间，组织各县区妇联收看全国妇联“书香飘万家”全国家庭亲子阅读活动启动仪式，以此带动全市上下开展形式多样的书香阅读活动。

推进“平安家庭”创建工作 专门成立综治维稳和“平安家庭”创建活动领导小组，并与各县区妇联签订责任书，将综治工作和“平安家庭”创建活动结合到各级妇联日常活动开展中。利用现有的网络和载体，创新形式和内容，以创建平安家庭为重点，积极主动协助有关部门，有效地指导和带动基层。对全市已评选出的600户“平安家庭”示范户，全部授牌挂牌。全市平安家庭覆盖率为99.3%，枫溪区路西办事处藏龙村被评为省“平安家庭”创建活动示范村。按市综治委要求，同步做好社会治安综合治理联系点庵埠镇的调研和指导工作，有效提高庵埠镇的综治维稳工作水平。

加强“妇女之家”和“儿童友好社区”建

设 以创建省级“妇女之家”为示范引领，带动市级、县区级优秀“妇女之家”的创建工作，命名市级“优秀妇女之家”12个，推荐省级“妇女之家”20个，省级区域化“妇女之家”示范点5个。推进儿童友好社区创建工作。命名12个市级“儿童友好示范社区”，推荐纳入省政府支持“留守儿童之家示范点”5个，饶平县钱东镇仙洲村、枫溪区路西办事处高厦村被评为第六批广东省儿童友好示范社区。全市共创建儿童之家353个。

【巾帼精准扶贫工作】

开展困境儿童帮扶活动 2017年，在省妇女儿童基金会的支持下，全市摸底上报的100名孤贫儿童得到援助，每人援助生活费1 000元,金额共10万元。同时,各县区也积极开展慰问活动。据统计，全年全市共帮扶困境儿童约2 000人，帮扶资金近70万元。如湘桥区妇联整合社会各界力量，在全区开展第二轮“阳光牵手”结对帮扶活动，选定精准扶贫户中0—14周岁困境儿童作为帮扶对象，完成180名困境儿童和137名“爱心父母”的结对帮扶。10月，市妇联、市巾帼志愿者协会联合为全市1 013名孤贫儿童统一投保意外险。

开展中秋送暖慰问活动 中秋节前夕，市妇联联合“环球夫人大赛”潮州组委会、潮州恒大城、潮州天易堂来到潮安区凤凰镇开展“姐妹携手·互帮互助”中秋送暖慰问活动。此次活动市妇联筹集大米、食用油、方便面一批，价值3.2万元，共慰问凤凰镇的200名精准扶贫户、农村低保对象、患“两癌”贫困妇女、单亲特困母亲、空巢老人。

【妇女儿童事业科学发展】

“两个规划”监测评估工作进展顺利 2017年，市妇儿工委办积极协调有关成员单位做好数据的核实校对工作，并联合市统计局于9月底前完成2016年妇女儿童发展规划监测评估报告。同时，结合指标数据情况做出预警反馈。

全市妇女儿童工作会议 召开全市妇女儿童工作会议，传达了第六次全省妇女儿童工作会议精神，全面总结全市实施妇女儿童发展规划情况并部署下一步工作。

（市妇联）

市 文 联

【组织建设】 2017年，潮州市文学艺术界联合会（简称市文联）有市级文艺家协会9家，分别为：市作家协会、市美术家协会、市书法家协会、市摄影家协会、市音乐家协会、市舞蹈家协会、市戏剧家协会、市民间文艺家协会、市金融文学艺术联合会；下属事业单位1个，为：潮州画院。

【文艺活动】 2017年，配合全市“六城同创”中心工作，举办“润泽书香·文明潮州”潮州市文明创建活动摄影展；“美在潮州·携手共创文明城市”书法、美术、摄影作品邀请展；与市总工会联办“六城同创展风采·建功献礼十九大”潮州市第二届职工书画摄影优秀作品展；联合市作协、潮州市人才驿站邀请中国作协10多位知名作家来潮采风，用文字记录潮州在经济社会、生态文明、文化建设等方面的新发展、新成就；与市书协开展“书法家走进牌坊街惠民活动”，组织全市知名书法家义务为古城牌坊街商铺书写牌匾。弘扬社会主义核心价值观，和市委宣传部联合举办以“伟南精神·大爱情怀”为主题的“潮州市第二十届迎春书画作品展”，作为潮州人民献给陈伟南先生百龄华诞的一份厚礼。宣传党的十九大，举办“走进新时代——2017潮州美术作品大展”；承办由市政府和省书协联合主办的“首届‘凤凰杯’全国优秀书法作品展”评审活动；承办广东音乐“一荐一”名家荐才行动成果巡演（潮州站），以艺术的形式诠释十九大精神。实施文化惠民工程，推选的意溪镇西都学校、枫溪区高厦小学、古巷镇孚中学校、联饶镇中心小学、所城镇宏北小学等5所农村学校参加由省文联、省教育厅建设的“新农村少儿舞蹈教室”项目；承办“广东省岭南百姓艺术健康舞（广场舞）师资培训班”，为基层群众舞蹈开展提供一批中青年专业骨干力量。

【精品力作】 2017年，举办“松荫旧梦——纪念吴维科先生诞辰一百周年书画原作展”“洪植煌书画展”，让艺术精英和文化遗存回归大众视野；举办“品味潮州——2017年潮州市原创漫画插画大赛”，以潮风、潮俗、潮街、潮景、潮人为题材的漫画、插画原创作品。陈培浩的论文《小说如何“重返时间的河流”——心灵史和小说史视野下的》在民族文化与当代文学发展高峰论坛暨《当代作家评论》评选中获2016年度优秀论文奖；黄国钦的散文《鄂尔多斯纪行》获“首届中国徐霞客地学诗歌散文奖”三等奖；温亿中摄影作品《舞火龙》入选由中国摄协主办的“2017年深圳国际摄影大展”；在广东省第14届美术书法摄影作品联展评比中，有两位市摄协会员作品获得优秀奖；在2017中国（广东）民间工艺博览会上，市民协会员共获得3金4银6铜奖项；在第十届广东省民间工艺精品展的评比中，获得1金1银1铜奖项。

【宣传潮文化】 2017年5·23期间，举办“凤凰腾飞·大美潮州——‘喜迎十九大’潮文化展示活动周”活动，以广济桥、广济楼、文化长廊为背景，组织开展“民间舞蹈文艺展演”“民间艺人赶集”“大美潮州书画影创作”3大版块文艺展示活动，让民间艺术与古城风貌交相辉映，弘扬优秀传统文化，展示古城潮州魅力。潮州画院开展“潮州乡土人情四部曲”系列（潮水、潮村、潮城、潮俗）之三“潮城古风”——潮州古城区大型写生创作活动，组织近30位画家对潮州城区代表性古建筑、自然人文景观进行集中采风写生创作，并举办主题创作展。挖掘地方历史文化资源，组织向中国文联、中国民协申报“中国民间工艺传承之都”城市名片，编撰《潮州民间工艺传承谱系》图文集并制作电视专题片，全面、系统地梳理潮州民间工艺的全貌及产生、发展、迁徙、演变的历史轨迹。组织举办“寻找潮州海上丝绸之路文化地理坐标”活动，编辑、出版《“潮州海上丝绸之路文化地理坐标”图文画册》，全方位展示潮州作为古代海上丝绸之路相关地带的文化风情。

（王　珂）

市社科联

【社科规划】 2017年，潮州市哲学社会科学“十三五”规划2017年度社科规划项目，着重围绕市委市政府提出的加快建设“一中心三片区”，“六城同创”等任务目标开展课题研究。共收到申报项目47项，经专家组初评、复评，共有19项拟立项，其中重点项目2项，一般资助项目10项，立项不资助项目7项。组织社科评审专家组评审，全年结项11项，其中重点课题1项。组织发动省地方特色课题申报，指导潮州筝二四谱研究获得省级立项。

【社科普及】 2017年，开展社科普及周活动。以“学习贯彻党的十九大精神”为主题，与宣传其他单位的联合组织开展。组织韩山师范学院学者深入市区中学开展讲座，向师生讲解党的十九大精神。在《潮州日报》开展有奖问答活动，宣传十九大精神。联系落实韩文公祠、涵碧楼、茂芝会议旧址3个爱国主义教育基地免费向公众开放。完善基层社科普及基地建设，举办社科普及活动。

【书籍出版】 2017年，出版社科普及书籍《海丝古港柘林》。该书为潮州市文艺创作重点项目，与暨南大学出版社合作出版。全书以大量翔实史料，图文结合形式，阐述潮州港的核心区——柘林港在“海上丝绸之路”建设历程中的历史地位和作用，揭示“海丝精神”和“红头船精神”的古今传承，以及柘林港的发展与前景，是首部较全面系统地展示柘林古港的历史和风土人情的专著。

【社科研究】 2017年，编辑出版《潮州社科》期刊。紧扣时政和应用对策研究，为潮州打造潮文化精品城市提供决策参考。与韩师合作刊发“学习习总书记广东重要批示精神”理论专栏。

【学术交流】 2017年，落实“汕潮揭三市社科界合作共建协议”内容，加强与汕头市社科联、揭阳市社科联的联系合作。组织社科专家撰写论文，组织优秀论文作者、社科工作者代表参加在揭阳召开的“潮人家风，廉洁持家”学术交流会。

（市社科联）

市侨联

【组织机构】 潮州市归国华侨联合会（简称“潮州市侨联”）有事业编制6名，后勤服务人员事业编制3名。内设机构1个，办公室加挂《潮州乡音》编辑部牌子。侨联下属有协会2个：潮州市侨联青年委员会、潮州市留学人员联谊会。

【改革提升】

组织深入学习，统一干部职工的思想　2017年，市侨联成为潮州市第一批开展群团改革的人民团体。成立了群团改革领导小组，坚决落实中央办公厅、广东省委关于群团改革的指示精神，依照《广东省侨联改革方案》的部署，确立了全市侨联系统改革的方向，并对各项工作做了及时的布置和推进，确保侨联系统改革工作的开展。

做好前期调研工作　市侨联先后深入到饶平、潮安、湘桥、枫溪等基层侨联开展调研，并走访了部分归侨侨眷，听取他们对做好侨联工作的意见建议，分析总结出全市侨联系统普遍存在的共性问题。总结形成了市侨联群团改革的方向：科学设置内设机构；坚持小机构办大事，强化侨联的服务职能；着力改革工作体制机制，激活组织活力；补齐基层短板，更好服务侨界群众；积极参政议政，依法维护侨益；海内海外并重，强化文化交流联谊。

结合侨联实际，因地制宜制订落实措施　按照《广东省侨联改革方案》要求和市委有关文件的批示精神，制订了《潮州市侨联关于落实〈广东省侨联改革方案〉的措施》，《措施》经过听取县、区意见后，形成《潮州市侨联改革实施方案》和任务分解表，并经市委常委会研究通过。

【社团管理】

创新内容，丰富新侨工作新内涵　2017年，侨青委和留联会开展了“我知道的潮州文化”交流活动、“潮州名胜知多少”“潮州茶文化体验活动”等系列活动，让侨青委和留联会的会员更深入了解潮州文化民俗。

推动侨青委和留学人员联谊会的注册登记工作　由于市侨联青年委员会和市留学人员联谊会尚未注册，市侨联决定推动这两个群众组织的注册工作，为这两个团体创造工作条件和环境。此外，为更好对接省侨联海归协会，市侨联决定在保留“潮州市留学人员联谊会”这个组织的前提下，注册成立“潮州市侨界海外留学归国人员协会”，并通过开展潮州市侨界海外留学归国人员协会的有关会务，不断扩大留学人员联谊会的社会影响和工作效应。潮州市侨界海外留学归国人员协会已在年底完成了注册工作，各项会务工作也步入正轨，侨青委的注册工作推进中。

【重点工作】

筹备中新文化交流区本画展　2017年，由潮州市侨联主办的新西兰画家区本的“亲情中华·新丝路·中国梦——中新文化交流区本书画展”于5月31日在潮州市饶平民间艺术馆开幕，展期5天。

做好《岭海潮音》的编辑出版工作　5月31日，市侨联《潮州乡音》编辑部编辑出版的《岭海潮音》由九州出版社正式出版发行，11月1日，在潮州宾馆举行了《岭海潮音》的赠书仪式，向部分作者和图书馆等馆藏机构赠送。《岭海潮音》以“乡音、乡情”为主线，选取了发表在《潮州乡音》的部分散文作品，分“乡情”和“乡音”两部分，得到了陈伟南、翁烈强、林希炎等著名潮籍侨领的高度赞赏。

发挥现有平台作用，推动文化交流项目　依托对外宣传的工作平台——《潮州乡音》杂志、“潮州侨联网”和潮州市侨联微信公众号，宣传报道了一批乡土气息强，能反映潮州民风民俗、自然风光和侨界群众生产和生活的文章，展现侨乡新貌，讲好潮州故事、阐释潮州特色，让海内外潮籍乡亲特别是年轻一代华裔更好地了解原乡，架起联络海外游子与原乡联结的桥梁。

走出去，开展对外交流活动　为加强与“海丝”沿线国家潮籍乡亲和社团的交流与合作，由市侨联主席陈敏带队，市侨青委、市留学人员联谊会组成的访问交流团于6月15日至24日出访并先后拜访了马来西亚、新加坡和泰国的11个重要社团和当地侨领、知名乡亲。在马来西亚，访问团参加沙潮联会的“团康日”联谊活动，与海外乡亲开展各种交流活动和潮文化竞赛互动，感受了域外潮人浓浓的乡情。访问团在新加坡和泰国期间，先后访问了潮州八邑会馆、潮安会馆、饶平会馆和泰国潮安同乡、泰国饶平同乡会、泰国华人青年商会、泰国潮州会馆，访问期间，陈敏还向潮籍乡亲们推介潮州市的投资环境，推动潮州与海上丝绸之路沿线国家深度融合。

举办第17次闽粤两省6市侨联工作经验交流会　11月1日至2日，第17次闽粤两省六市侨联工作经验交流会在潮州召开，来自厦门、泉州、漳州、汕头、揭阳、潮州两省6市的120名侨联工作者参加。潮州市委常委徐和、广东省侨联副主席戴文威、福建省侨联副巡视员林俊德出席会议并讲话。

市侨联举行《岭海潮音》发行仪式和潮州侨联官网上线启动仪式　戴文威、徐和、林俊德等领导为《岭海潮音》部分作者、图书馆界代表及社会人士代表赠书，并共同启动和见证了“潮州侨联网”的上线。6市侨联围绕“海丝桑梓美，魅力侨乡情”这个主题，就“一带一路”，特别是“21世纪海上丝绸之路”战略背景下，如何打好“侨”牌，聚侨心汇侨力，推动与海上丝绸之路沿线国家深度融合、共同发展等展开热烈的讨论。市侨联的《知侨情，借侨力，助力“海丝”建设》经验交流得到与会人员的高度赞赏，广东省侨联、福建省侨联的领导对潮州市侨联如何以文化为切入点，开展对外联谊交流的做法予以充分肯定。

（市侨联）

市科协

【组织机构】　市科协现有市级学会（协会）30个，其中理科学会3个，工科学会11个，农科学会4个、医科学会6个，交叉学科学会6个，会员8 000多人；县、区科协3个，县级学会30个，乡镇科普协会30个，街道科普协会9个，大唐潮州发电公司企业科协1个；全国科普教育基地2个，省级基地5个，市级基地16个；全国科普示范社区5个，省级科普示范社区12个，市级科普示范社区13个；省级科学教育特色学校达到3所；广东省“海智计划”工作站1个，“院士专家企业工作站”4个。全国院士专家企业工作站认证2个。

【学会学术交流】 2017年9月23日，市科协邀请华南理工大学博士生导师、教授李汴生到韩山师院食品学院举行“食品加工与食品营养安全知识”科普讲座，200多名食品专业的老师和学生参加了学习交流。市医学会、市陶瓷行业协会、市计算机学会、市电机工程学会、市护理学会、市电子机电行业协会、中医药学会、农学会、气象学会等学会共开展各类学术交流活动100多场（次），编印一批学术刊物。

【优秀科技人才举荐和表彰】 2017年，市科协推荐了中科院院士杨福家、郑耀宗，华南理工大学食品加工与安全研究所所长教授李汴生，成为潮州人才驿站第一批进站专家；推荐潮安区助理兽医师施伟斌、饶平县高级评茶师许建文等2位科技工作者被评为广东省科普惠农兴村带头人；推荐广东隆兴包装有限公司高级工程师王昌佑、市农科中心高级农艺师廖进勇等2名科技工作者获第11届潮汕星河国瑞科技奖；推荐谢龙旭、邱基华、李烈军、陈烁烁等4名企业科技工作者成为市拔尖人才。推荐谢龙旭、杨立业等8名科技工作者为全市优秀人才宣传人选，在电视、报纸等媒体宣传。开展全市科普工作先进单位和先进个人评选工作。10个先进单位和8名先进科技人员授予荣誉证书。

【“全国科技工作者日”活动】 2017年5月25日，市科协在潮州迎宾馆五楼会议厅召开2017年“全国科技工作者日”座谈会，庆祝首个“全国科技工作者日”，市委常委、统战部部长徐和出席会议并作讲话。并到广东凯普生物科技有限公司看望该公司首席科学家博士谢龙旭及其科研团队。市科协班子深入县（区）企业看望科技工作者，慰问优秀科技工作者，倾听科技工作者意见建议。

【基层科普行动计划】 2017年，推荐潮安区韩江水产协会、潮安区凤凰名茶良种科普示范基地（广东南馥茶业有限公司）获得广东省“科普惠农兴村计划”奖补单位，饶平钱东镇小东社区、湘桥区太平街道南门社区获得全国科普示范社区奖补单位。

【服务创新驱动发展】 2017年，推荐广东凯普生物科技有限公司被省科协授予“广东省院士专家企业工作站”，省食品学会在饶平县、潮安区建立学会科技服务站。全市“广东省院士专家企业工作站”达到4家，“海智计划工作站”1家。推荐了潮州三环（集团）股份有限公司、广东宏伟茶业集团有限公司参加中国科协“全国院士专家工作站”认证。搭建合作平台，促进高端人才引进，服务企业科技创新。市计量协会、标准化协会、特种设备协会3个协会成为全市具备承接政府职能转移和购买服务资质的第三批社会组织。

【科技服务与科技培训】 2017年6月5日，市科协、潮安区科协、潮安区韩江水产协会联合在潮安区韩江水产协会培训室举办“水产健康养殖技术”培训班，水产养殖户60多人参加培训班。6月21—22日，潮州市科协、饶平县科协主办，东山镇茶叶协会承办的“茶叶质量安全生产技术与茶园管理技术培训班”在东山镇水美村举办，茶叶种殖户近100人参加培训。市科协委员、饶平县农业技术推广中心副主任、研究员林伟秋作专题培训。

【全民科学素质工作】 2017年，完善工作机制，加强组织协调，推动各县区及市直28个部门落实《潮州市全民科学素质行动计划纲要实施方案（2016—2020年）》工作任务，促进全市科学素质工作扎实开展；命名市慧如公园等3个市级科普教育基地，市紫莲生态农业有限公司被命名为广东省科普教育基地，联合市文明办、市科技局命名湘桥区桥东街道东山社区居委会、潮安区庵埠镇龙桥社区居委会和饶平县所城镇所城社区居委会等3个社区为“潮州科普示范社区”，做好科普中国e站落地工作。

【青少年科技创新大赛】 2017年，市青少年科技创新大赛作品展示暨表彰会议在湘桥区城西中学举行，市委常委、统战部部长徐和，市政协副主席、科协主席柯泓等领导参加活动。此次大赛评选一等奖作品16件，二等奖作品22件，三等奖作品96件。组织参加第32届省青少年科技创新大赛，获得省一等奖5项（获得一等奖项目数量列全省各市第4位），二等奖2项，三等奖7项，专项奖6项，获得各项专项奖奖金共2.8万元。参加第32届全国青少年科技创新大赛，2件作品获得全国二等奖，创历史最好成绩。参加第17届青少年机器人竞赛获得全国二等奖3项，获得省一等奖1项、二等奖4项、三等奖6项。参加乐博士杯第5届广东省青少年科技创新实践能力挑战赛，获得二等奖2项，三等奖2项。参加第4届全国、省青少年科技模型大赛（模拟飞行赛），获得全国赛二等奖3项，获得省一等奖1项、二等奖6项、三等奖2项。组织高中学生参加中国科协、教育部主办的“全国青少年高校科学营中山大学分营活动”。

【“流动科技馆”巡展活动】 2017年2月24日，由省科协、市科协、饶平县人民政府联合组织实施的广东省“中国流动科技馆巡展”（饶平站）活动启动仪式在饶平阳光培英学校举行，县直有关部门和各镇场相关领导以及师生代表600多人参加了启动仪式。展出时间3个月，有8万多学生群众参观了中国流动科技馆巡展（饶平站）活动。

【科普宣传活动】

开展科技进步活动月系列活动 2017年5月19日，由市科协、市地震局、湘桥区科协、桥东街道东山社区居委会在东山社区恒大城会所联合举办防震减灾讲座，市地震局专家詹庆治为社区居民讲授防震知识，让居民增强应急自救能力；5月22日，市科协组织市高级实验学校60多名师生到市地震台科普教育基地参观，市地震专家现场讲授地震科普知识；6月12日，市科协联合湘桥区科协、湘桥区教育局在潮州紫莲生态农业科普教育基地举行防震减灾科普体验活动，磷溪镇溪口三村学校近100名师生参加防震减灾科普体验活动。6月22日，市科协、潮安区科协、潮安区凤塘镇凤塘社区居委会联合在凤塘书图学校举办“无毒青春健康生活”科普活动，凤塘书图学校200多名师生参加科普活动。

开展“全国科普日”“双创周”系列活动 9月23日，市科协邀请华南理工大学教授李汴生为饶平县食品和水产企业的120名员工做了“盐焗产品水产品加工技术和安全”专题技术培训；联合潮安区科协举办“柑桔健身栽培技术”培训班，培训柑桔种植大户120多人。市科协被省科协评为“2017年广东省全国科普日活动优秀组织单位”。

联合举办科普电视节目 联合中国科技馆、市广播电视台继续在潮州电视台公共频道每周日播出《科普大篷车》科普专题电视节目，向公众普及科学知识、传播科学思想。

【科协系统改革】 2017年，组织市、县（区）科协领导班子参加省科协组织的培训，并在市学会工作会议传达学习省委省政府关于深化科协系统改革文件精神，召开县（区）科协主席工作会议贯彻落实。起草《潮州市科协系统深化改革实施方案》和《潮州市科协所属学会有序承接政府转移职能试点工作实施方案》（以下简称《方案》），11月21日，联合市深改办征求市委组织部、市编办等部门和各县（区）党委共45个单位的意见，并报省科协审查同意。市科协修改完善形成《方案》（送审稿），呈报送市委审定。12月27日，市委常委会讨论通过《方案》。

【科协组织建设加强】 2017年，市科协遴选340名副高职称以上专家，建立全市专业技术人才智库（其中特邀院士专家3名，理科类45名，工业类63名，农业类50名，医疗卫生类105名，建筑、规划、水利、环保、气象、地震等综合类50名）。加强科协党建工作，强化对科技工作者的政治引领。组织市科协常委、县区科协及学会负责人等30多人到揭阳中德金属生态城和“中国核潜艇之父”院士黄旭华旧居学习考察。召开全市科协工作会议。召开市科协七届四次常委会议。召开市科协七届五次全委会议，市委常委、统战部部长徐和出席会议并作讲话。会议学习贯彻习近平总书记对广东工作重要批示精神、省科协八届五次全委会议精神，审议通过市科协常委会年度工作报告，审议通过增补、变更市科协七届委员会委员、常委决议及市科协七届五次全委会议决议。深入饶平县浮山镇方饶村，做好精准扶贫和省定贫困村创建新农村示范村工作。

（市科协）

市残联

【组织机构】 2017年，市残联内设办公室和康复就业部，属下事业单位4个，分别是：市残疾人康复中心、市残疾人活动中心、市残疾人劳动服务部、市残疾人辅助器具服务中心。

【民生实事】 2017年，省委、省政府和市委、市政府都将残疾人社区康园中心项目和0—6岁残疾儿童康复救助项目列入10件民生实事。市残联高度重视，通过召开专题会议，协调相关部门，制订实施方案，及时下拨补助资金，开展项目跟踪督查，确保民生实事全面落实。全市已建23个社区康园中心正常运转，接受工疗、娱疗、日间照料等服务的残疾人达506名。新建5个社区康园中心已建成并投入使用。免费为312名符合条件的残疾儿童提供进入机构康复训练（其中听障72人，智障76，脑瘫131，孤独症33）。

【残疾人事业发展十三五规划】 2017年12月22日，市残联、市发改局联合印发《潮州市残疾人事业发展“十三五”规划》，为改善残疾人生活状况，促进残疾人和全市人民共建共享全面小康社会提供有力的保障。

【社会保障】 2017年，全市有1.81万名重度残疾人享受免缴年费参加城乡居民基本医疗保险，1.17万名重度残疾人享受免缴年费参加城乡居民社会养老保险。协同民政部门做好残疾人“两项补贴”审核工作，全市审核符合贫困生活补贴对象1.10万人，发放资金1 933.99万元；审核符合重度护理补贴对象2.04万人，发放资金4 826.50万元。全市有1 362名残疾人申请机动轮椅车燃油补贴，每人每年补贴260元，补贴资金达35.41万元。全市各级残联积极筹措资金，开展广泛的济困助残慰问活动。共筹集资金60多万元，以及米、食油、棉被一大批，慰问困难残疾人800多人（户）。

【康复服务】 2017年，实施贫困严重精神障碍患者住院治疗救助1 024人（次），投入救助资金77.68万元。为全市915名贫困精神障碍患者提供免费服药救助，投入救助资金38.5万元；为视障患者适配低视力辅助器具479件，为47名听障患者适配助听器，为0—6岁肢残儿童装配矫形器269例、适配残疾儿童辅具529件，适配重度残疾人辅具3819件，为20名肢体缺失者安装假肢；120户贫困残疾人家庭实施无障碍改造，为60名重度残疾人提供居家康复服务；市残疾人康复中心配置了1间脑瘫儿童“认知功能室”、4间听障儿童“个别化功能室”、和1间“听力评估室”、3间“耳蜗和助听器高度室”，共计约43.5万元，辅具中心建成了市级视障康复部，并按相关建设规范配置了服务设施；组织全市残联系统106名康复管理技术人员参加省的跟班进修、专业技术培训、资格认证；先后5次邀请专家、教授以及康复设备工程师等人员莅潮为市康复机构教师及家长授课，提高康复机构教师的专业技术水平及残疾儿童家长的康复知识。

【就业培训】 2017年，全市共发放年审核定书5 664份、缴款通知书4 510份，其中达标单位140个，征收残疾人就业保障金1 571万元。举办盲人初级按摩考证班、定向行走、盲文、盲人计算机，电子商务、农科实用技术等培训班18期，培训残疾人及家人675人；组织残疾人参加各类省级培训8期，参加培训残疾人135人（次）。安排残疾人就业486人，新增就业

313人。选送2个企业组、2个团队组参加2017年广东“众创杯”创业创新大赛残疾人公益赛。经省评定，由陈伟滨创办的“悦园工作室”进入省复赛，并获2017年广东省“众创杯”创业创新大赛团队组优胜奖。对全市17名应届残疾大学毕业生就业创业情况进行跟踪调查，其中专科毕业生14人，本科毕业生3人，已有4人实现就业，1人拟创业，其他求职中。

【教育扶贫】 2017年，全市有11名残疾考生普通高考被录取；推荐12名残疾学生就读省培英职业技术学校；组织2017年11名应届残疾大学生申报省“南粤扶残助学金”；发放省拨学前教育资助金2.5万元(25人，每人1 000元)。全市共投入扶持资金23万元，扶持3个村开展残疾人整村脱贫工作；参与市精准扶贫户因病致贫调研活动，为市出台相关政策提供依据；对市扶贫信息系统中建档立卡人员身份标示为残疾，但无残疾人证号的2113名疑似残疾人进行逐一核实，并对未办证的残疾人落实办证；到精准扶贫挂钩村——东凤镇德修村、天宁村、堤边村和王厝陇村开展督导活动，并看望慰问15户精准扶贫户，送上慰问金3 400元；挂钩帮扶省定贫困村——饶平县汤溪镇乐岛村精准脱贫和社会主义新农村示范村建设工作。

【宣传文化体育】 2017年，通过新闻媒体、网络、印发宣传资料等形式，开展助残惠残政策宣传。举行了潮州助残济困慈善晚会、全国助残日暨“六一”文艺联欢活动、关爱自闭症儿童文艺活动等。挑选3件书法作品、4件摄影作品，参加第六届广东省残疾人美术作品大赛。组织参加广东省第七届盲人诗歌散文朗诵，获得一个三等奖。潮州市残疾人运动员刘钟鸿在2017年全国硬地滚球锦标赛中获得1个个人第三名和1个团体第三名，在5月香港亚太区硬地滚球锦标赛中，获团体第四名。

【组织建设】 2017年，印发《潮州市残疾人联合会第七次代表大会方案》，指导基层残联换届工作，做好市残联换届筹备工作。全市共更新信息数据的残疾人3.44万名，社区1 033个。截至年底，全市已办理二代残疾人证的残疾人3.91万人，全年新办理残疾人证5 094份。

【信访维权】 2017年，潮州市12385残疾人服务热线共接通受理残疾人热线电话28个，其中转派市残联处理工单1单，其他为咨询件，都得到及时的解答。开通全国残疾人信访信息系统，收到信访件1件，根据反映问题，市残联通过了解情况后，给予了详细的答复。加强领导责任制和专人负责制，认真执行《信访条例》，及时答复残疾人来电来信来访和通过市网络问政平台、市信访管理系统反映的问题，共收到残疾人来信来访100多件，都做到事事有回音，件件有着落，全市没有发生残疾人集体上访和重大越市级上访。

（市残联）

市红十字会

【简况】 2017年，市红十字会弘扬红十字会人道、博爱、奉献精神，积极与相关部门合作，发动社会各界献爱心，开展了一系列社会救助活动，共接收救助款物约1 050万元，救助约1 300户。

【救助系列活动开展】

开展“博爱送万家”(送温暖)活动 从2017年1月开始，组织各县、区红十字会开展“红十字博爱送万家”活动。全年共发放棉被、大米、食用油、家庭包等物资价值9万多元，重点慰问贫困地区的困难户、孤寡老人、残疾人、麻风病人和精神病人等近544户。

组织志愿者开展探访活动 红十字志愿者们分别探访了湘桥、金山、南春等街道的部分孤寡老人和生活困难的独居老人70户，并为每

一户探访对象送去大米和食油等物品。市颐养中心是市红十字志愿服务基地，每周三红十字志愿者都定期在颐养中心开展探访、文艺演出等敬老活动。

成立"中潮慈善爱心基金" 6月8日，"中潮慈善爱心基金"由中山对口帮扶潮州指挥部、中潮慈善爱心基金理事会和市红十字会共同管理，主要是帮扶潮州当地因特大疾病、突发变故的家庭和个人，以及贫困家庭学生的助学。"中潮慈善爱心基金"成立大会在市党政机关会堂举行，活动当天，中山对口帮扶潮州指挥部向潮州市红十字会移交1 011.88万元善款。"中潮慈善爱心基金"向20位困难家庭和贫困学子代表发放了8.8万元善款和助学款。截至11月14日，基金共发放助学、大病救助金363户，共发放172.1万元，并陆续接收120多户申请材料。

【应急救护宣传普及培训】

志愿公益文化节 2017年3月6日，由团市委、市红十字会、中国电信潮州分公司主办，在市人民广场、潮安区人民公园、卜蜂莲花开展为期两天的"潮州市首届志愿公益文化节"，为各志愿公益组织搭建展示、交流、合作的大平台；举办志愿服务集市，为广大市民提供义医义诊、药品赠送、电器维修、法规咨询、电信优惠等服务项目；并搭建志愿公益爱心市场，推进公益项目创投工作，为全市助力"六城同创"重点公益项目提供资金支持，帮助一批优秀公益组织发展壮大。

开展"急救进社区、博爱邻里行"活动 3月21日，市红十字会举行"急救进社区，博爱邻里行"启动仪式。组建应急救护师资骨干队伍，开展社区应急救护知识普及宣传培训和社区急救志愿者初级救护员培训工作。面向全市社区组建应急救护志愿服务队，推动救护培训，提高应急救护知识在公众中的普及率。

组织开展5·8世界红十字系列活动 为纪念第70个世界红十字日，彰显"人道、博爱、奉献"的红十字精神，5月8日——14日开展系列活动。5月8日上午在人民广场开展宣传活动。向现场群众展示了应急救护，普及了红十字知识和应急救护技能。5月9日在市红十字会开展应急救护知识宣传培训活动；5月12日上午，在第九个全国"5·12防灾减灾日"到来之际，市红十字会参加了以"减少灾害风险，建设安全城市"为主题的"防灾减灾日"知识咨询活动。5月12日晚，潮州市红十字会召开"潮州市纪念第70个"5·8"世界红十字日座谈会"。5月13日，市红十字会工作人员和志愿者们到饶平县海山镇开展"博爱海山行"慰问探访活动，并为每一户探访对象送去慰问金、大米和食油等物品。5月，集中开展"生命之舟，伴你远航"——广东青少年十百千万行动。进入各大校园向师生们讲授水上安全注意事项、自救互救技能、救生用具使用方法和防溺逃生求生技巧等内容。

组织应急救护培训进学校、工厂、社团活动 到韩师、体校以及各中学，定期不定期地送教，让更多的人接受应急救护培训。全年共培训应急救护员429名，其中160名消防人员持证上岗；6月6日、20日。受市委党校邀请为参加科级人员培训班的学员进行应急救护培训讲座，课后积极报名应急救护培训班，考取中国红十字《救护员证》；8月23日至25日，受市公安局邀请参加"公安机关2017年练兵比武活动"，为全体民警进行为期3天共5期的应急救护培训讲座。

【无偿捐献】 2017年,始终把宣传《中华人民共和国献血法》,普及献血知识,推动捐献造血干细胞和遗体捐献工作作为日常工作的重要内容,积极开展多种形式的宣传活动,动员和组织红十字会基层组织和广大会员、志愿者带头宣传，形成良好的社会氛围。全年完成捐献造血干细胞志愿者初筛12例、高分辨1例、体检1例。

【"红十字志愿服务行动"开展】 2017年，坚持以人为本服务志愿者，对志愿者实施人文关怀，生活上关心，工作上鼓励，使志愿者们有了归属感，从而留住了老的志愿者，拓展了新的志愿者，在市红十字会开展的各种活动中，志愿者们发挥了重要的作用。

（市红十字会）

法治

政法工作

【十九大期间维稳安保】 2017年，坚持把综治维稳工作摆在第一位，多次召开市委维稳工作会、推进会和研判会，传达贯彻中央、省委维稳安保工作部署，分析研判全市维稳形势，部署党的十九大维稳安保特别防护期各项工作。市委政法委主要领导经常深入基层镇街、村居和高铁站、汽车站等重点部位，督导十九大维稳安保工作，及时发现薄弱环节，指导整改存在问题，全力维护社会和谐稳定，圆满完成省委“四个不发生”的根本目标。全市十九大维稳安保共嘉奖记功表彰先进集体32个，其中二等功3个，三等功5个；表彰先进个人109名，其中二等功13名，三等功34名。

【基层社会治理】

推进“中心+网格化+信息化”建设　2017年，全市紧紧围绕“排查防控违法犯罪、排查化解矛盾纠纷、排查消除公共安全隐患”三大任务，坚持“以点带面、分步实施、全面推进”的工作思路，构建以街镇综治中心为枢纽、以综治信息系统为支撑、综治中心和网格员实时联动的工作体系。确定桥东街道、彩塘镇等5个先行试点，以点带面，在全市大力推广，把53个镇街、1 016个村居划分为2 741个网格，合理配备网格员2 785名，实现网格化全覆盖。

推动社会矛盾排查化解　在全力排查涉农、涉土地、劳资纠纷、涉环境、涉众型金融等领域矛盾纠纷的基础上，强化源头治理，严格落实各级党政部门维稳责任，着力抓好重点领域和重点群体的矛盾排查化解工作；不断健全完善重大事项社会稳定风险评估机制，扩大社会稳定风险评估覆盖面，规范评估程序，细化评估内容，做到应评尽评，发挥好源头预防化解作用。

推进特殊人群服务管理长效机制　积极探索建立严重精神障碍患者医院—社区—家庭“三位一体”的管理模式，全面落实1+2监护机制，对三级及以上严重精神障碍患者全部落实“以奖代补”措施。同时做好严重精神障碍患者的监管、治疗和康复工作，在专门医院建立强制医疗专区，并增编配备10名专业人员，不断提高服务质量。全市累计登记在册的严重精神障碍患者达1.14万人，三级及以上患者数827人，其中纳入管理患者数1.03万人，完成率97.3%。打造“互联网+社区矫正”监管矫治新模式，实现省社区矫正二代工作系统全覆盖。全市累计接收3 936名社区服刑人员，在册监管社区服刑人员899人，实现社区服刑人员“零脱管”。

【各类刑事犯罪打击】

严厉打击违法犯罪　深入开展“法治潮州·打黑除恶”誓师巡游、“飓风2017”“交通百日大整治”等行动。捣毁了一特大非法买卖枪支弹药犯罪网络，破获涉案金额11.2亿元的“8·03”网络赌博案等大案要案，举办了声势浩大的“法治潮州·打黑除恶”誓师巡游，营造严打高压态势。全年全市刑事立案数稳中有降，共破获刑事案件2 656宗，同比上升6.7%，刑拘、逮捕、起诉犯罪嫌疑人2 165人、1 695人和2 255人，同比分别上升26.6%、22.2%和23.8%；全市刑事警情、盗抢骗警情同比大幅下降，警情总数位列全省最低。市检察院共批准（决定）逮捕刑事犯罪1 255件1 740人，提起公诉1 515件2 054人。市法院受理刑事案件1 864件办结1 555件。

整治治安重点地区　将潮安区凤塘镇、饶平县黄冈镇涉黄违法犯罪问题等12个镇街和潮安区彩塘镇院前村等25个社会治安“问题村”实施挂牌整治，约谈其主要领导，采取切实有效措施开展全面整治。根据市委、市政府的统一部署，开展对“涉黑、涉枪、涉爆、涉黄赌毒”六类违法犯罪的治安整治，对全市22个

“重点镇街”和55个“问题村居”，采取了挂牌督办和挂点整治的方式，开展大声势、高强度、深层次的整治行动。

【平安潮州建设】

深化平安工程建设　2017年，积极开展“平安细胞”创建活动，实现“平安细胞”创建全覆盖，平安村居、文明镇街等项目建设成效明显，共评选出优秀“平安细胞”单位225个、“平安家庭”示范户600户，培育出饶平县“平安海防”、湘桥区“平安社会团体”等一批亮点工程。深化闽粤两省三市“平安边界”建设，举办第五届闽粤“平安边界”建设联席会议，推进平安边界建设工作。全市边界各个乡镇共接刑事警情52起，立刑事案件195宗，破获刑事案件170宗，抓获各类违法犯罪嫌疑人294名。

强化立体化防控体系建设　推进“雪亮工程”建设，出台《潮州市公共安全视频监控系统建设“十三五”规划》，强化科技信息支撑引领，推动各项基础性防控工作。以大数据战略推进现代警务机制建设，整合提升共享资源成效，织密巡控查缉网络，建立重点部位定点武装执勤、公安特警巡警动中备勤等巡控机制，不断深化专职群防群治队伍建设，强化公安检查站查缉工作，不断构建立体化治安防控体系。

【法治潮州建设】

推进多层次法治创建工作　2017年，加强组织领导，成立法治创建工作领导小组，制定工作方案，对照省级创建标准，在全市范围内建立了市、县（区）、镇（街）、村（居）四级法治创建工作网络，申报了2个县（区）、2个镇、2个街道作为省级法治创建示范点，以点带面，全面推动参与法治创建工作。

推进科学化地方性立法　落实党委领导、人大主导、政府依托、各方参与的科学立法工作机制，制定出台相关配套规定，建立起立法工作联席会议制度，并在全市设立了31个立法联系点，聘请了25名立法咨询员，借助“外脑”资源，研究、协调解决法规起草工作中存在的实际问题，最大限度地凝聚社会共识，有效地提高了地方性法规的立法质量。

法治政府规范性建设　认真贯彻落实中办和国办的工作部署，完成市级行政许可标准化录入及合规性、合法性审查工作，不断深化权责清单和服务清单体系建设，进一步规范全市“两法衔接”平台建设，有效发挥行政复议监督作用，切实增强行政复议案件办理的透明度和公正性。

构建法治化国际化营商环境　全面推进信用联合奖惩机制建设，大力推进商事制度改革，深入推进“先照后证”“三证合一”“两证整合”及放宽企业住所登记条件等一系列改革措施，积极营造便利化营商环境，努力建立统一开放、竞争有序的市场体系和监管规则。

深入开展法治宣传教育　落实“谁执法谁普法”的普法责任制，全面推开“七五”普法活动，结合“一村（社区）一法律顾问”、送法下乡等形式，广泛开展法治宣传教育活动，推动全社会学法用法、厉行法治，完善法治宣传教育工作格局。利用法治宣传重要节点，开展法治宣传活动，提升全民法治意识，抓好法制宣传教育。

【法学会建设】

加强会员队伍建设　2017年，以县级法学会建设为契机，大力发展法学会会员。全市个人会员数量已达989名，比上年增加350名，增长率为54.8%。

开展法学理论研究　组织各级会员开展法学理论研究，积极参加各级征文比赛。全年共组织各类征文5次，推荐论文60余篇，获奖论文2篇。特别是在省法学会“法治社会新征程”征文活动中，市委政法委书记专题调研组撰写的《创新社会治理：新常态下社区网格化管理的潮州模式》获二等奖。

（市委政法委）

公　安

【维护社会总体大局稳定】 2017年，全市公安机关打造“实力公安、实效警务、实干警队”潮州公安品牌，实现刑事治安打击效能“五上升四下降”、全年进京“零上访”和“零非访”，确保重大群体性事件、重大安全生产事故“零发生”。全年共排查掌握各类不稳定因素13起，化解8起，未化解的5宗均得到有效稳控；发生群体性事件4宗，均已妥处。完成厦门金砖会晤、党的十九大安保维稳、财富全球论坛等重要节点安保任务，全市社会治安大局持续稳定。

【立体治安屏障】 2017年，坚持显性用警，严格按照“1、3、5分钟防控圈”备勤。全年3个省际公安检查站共查获违法犯罪人员367名，毒品4 012克，“三非”人员60人，假烟及制假材料价值人民币533.3万元；全力推进视频监控系统建设，共安装视频一类点2 897个，治安卡口51个210条车道，改造560条车道，整合社会监控资源视频2 000路并联网接入；加强固网、2/3/4G移动互联网出口管控；先后对全市近百个政府网站、平台进行安全检测，发现网络安全漏洞792个并全部落实整改；完成旅馆业出租屋采集系统、人口信息自助申报平台的升级改造。全年共登记流动人口4.28万人，新发出居住证7 581张，安装人口信息自主申报平台的出租房屋5 693家、企业532家；与邮政等部门建立联动协作机制，排查整顿寄递经营站点547家（次），推动“3个100%”的落实；指导寄递物流企业设置内保机构135家，设置率达80%；1.23万名在册精神障碍患者、纳入公安管控的三级及以上严重精神障碍患者827名均在控；通过大情报平台抓获在逃人员120名；严格落实派出所基础保障，制订派出所分类评定工作机制，对58个派出所进行分类评定；充分调动城乡社会群防群治力量，加强保安队、巡防队的建设指导；开展安全大检查、大清理、大整改工作。共检查单位1 100家（次），发现隐患174处，并全部落实整改。

【党的十九大召开安保保障】 2017年，全市公安机关紧紧咬住“四个不发生”目标和“最高规格、最强部署、最严措施”要求，实现越级进京“零上访”“零非访”，重点人员“零失控”，大规模群体性事件、重大公共安全案事件、暴恐案事件“零发生”的良好局面，被市委、市政府授予集体二等功。十九大安保维稳期间，全市刑事破案数同比上升7.5%；刑拘、逮捕犯罪嫌疑人同比上升48.8%、65.7%；全市刑事立案数、“两抢一盗”立案数、现行命案数同比分别下降2.3%、27.6%、50%；省厅交办的6宗目标案件全部侦破，抓获目标逃犯3名，抓获违法人员80名，缴获气枪、仿真枪42支、铅弹1 627颗。高铁潮汕站保持刑事案件、暴恐案件零发案；饶平粤闽公安检查站查获各类犯罪嫌疑人72名，缴获毒品3 323.23克、假烟41件。全市共查处交通违法行为5.75万起，其中查处酒驾202人，交通事故数量、死亡人数、受伤人数、财产损失“四项指数”同比分别下降26.1%、33.3%、23.2%和22.2%，未发生死亡3人以上较大道路交通事故。清查出租屋、旅馆业等治安重点场所3 288家（次），处罚涉易爆违规企业6家；检查消防重点单位1.20万家，临时查封消防隐患85家，“三停”151家，提请政府挂牌整改火灾隐患单位12家，消防“四项指数”两降两平，未发生火灾伤人事故。安保期间，全市4支安保应急队伍和9支常规应急分队24小时保持待命状态，确保一旦发生突发情况能够快速处置到位，9月18日，在原开发区管委大院成功举行潮州市公安机关预防和处置突发性群体性事件演练。

【“飓风2017”专项行动】 2017年，全市“飓风2017”专项工作年终总体考评得分101.79分，列全省第6名，系潮州市近年来打击违法犯罪专项工作的最好成绩。全市公安机关着力构建多警种“兵团作战”新模式，形成“五大合成”打防工作新格局，先后发起参与了飓风18、20、30、35、37、46、47等集群战役，侦破“2·15”特大非法买卖、持有枪支弹药团伙案，涉案金额高达11.2亿元的“8·03”网络赌博专案；打掉全省首例利用第三方支付软件漏洞实施的跨省网络诈骗团伙，利用色情APP进行网络诈骗团伙等。全年共立刑事案件7 376宗，同比下降2.2%；破获刑事案件2 949宗、刑拘2 384人、逮捕1 815人、起诉人2 390人、抓获逃犯384名，同比分别上升7.2%、24%、14.8%、19.6%和37.6%，实现了“五个上升”的目标。命案发案数创历史新低，同比下降30.8%，现行命案18宗，破案率100%，另破命案积案3宗，综合破案率达到117%。成功打掉以谢浩浩为首的2·15特大非法买卖、非法持有枪支弹药犯罪团伙；连续奋战6昼夜侦破潮州史上最严重的饶平洴洲“11·21”特大枪杀案，专案组被市政府记集体二等功；另破“2000·09·07”袭警命案和被省厅列为全省50宗重特大疑难命案积案之一的“2012·01·11”项某某被杀害案等命案积案3宗。

【违法犯罪打击】

扫黑除恶　2017年，部署开展涉黑重点行业地毯式排查。共破黑恶案件218宗，同比上升13%；逮捕565人，同比上升62.4%；公诉708人。核查涉枪线索824条，抓获违法人员185名，缴获以火药为动力枪支9支、气枪96支、子弹339发、铅弹7 394颗。先后打掉5个涉恶犯罪集团。

电信诈骗　全力提升全市电信网络诈骗犯罪的打击质效。共破电诈案件176宗、同比上升245%，逮捕59人，起诉241宗；发起打掉一色情APP网络诈骗团伙，抓获涉案人员52名，止付冻结金额510余万。成功止付770个涉案银行账户1 029.6万元，劝阻897名事主汇款。

盗抢串破　开展打击盗抢销犯罪的“骄阳行动”，共破盗抢案件1 335宗，逮捕445人，起诉439人，抓获逃犯20名。

经济犯罪　全市经侦部门保持打击经济犯罪的高压态势，共立案130宗，破案69宗，刑拘190名，逮捕148名；打掉32个制假团伙，抓获犯罪嫌疑人160多名，查获机器42台，缴获假烟4000万余支及原料一大批，案值4000万多元。

毒品犯罪　全市禁毒部门坚持主动进攻，全年共破毒品刑事案件219宗，其中破千克案件、目标案件9宗；刑拘、逮捕毒品犯罪嫌疑人212名、213名，查处、强戒吸毒人员1 504名、589名，收缴各类毒品1.07千克。强化社区戒毒宣传，建成“无毒村居”351个，“8·31”工程执行率达95.7%，吸毒人员分级率达100%。

【道路交通管理】　2017年，各级交警部门接连组织开展交通百日行动、春日行动专项整治行动，查纠交通安全违法行为4.35万宗，涉酒违法行为1 776宗（其中醉酒驾驶345宗），扣留机动车18..40万辆、强制报废车辆35 767辆、集中销毁车辆3.58万辆、建设农村执法服务站26个、交通安全劝导站486个。

【涉枪涉爆整治】　2017年，全市治安部门共检查涉枪单位42家（次）、涉爆从业单位86家（次）、涉爆人员900多人（次）、检查危险化学品单位、场所52家（次）；清查重点场所3 288家次；缴获枪支60支、子弹9540发、雷管800枚、炸药66千克。

【网络安全监管】　2017年，全市公安网警部门加大互联网巡查力度，强化有害信息监控，共报送有害信息2.80万条，处置有害信息4 127条，报送舆情动态397期，核查310人。十九大期间为重点单位拦截攻击每日达2万（次），发现隐患漏洞792个。

【消防工作】　2017年，消防工作连续4年被省政府评为“优秀”。全市消防部门共检查单位1.41万家（次），整改火灾隐患1.14万处，临时查封消防隐患96家，“三停”184家，排查整治高层建筑841栋，建成微型消防站1 717个，提请政府挂牌整改火灾隐患单位17家；营救疏散遇险群众6 991人，抢救财产价值2亿元。

【行政管理服务】 2017年，各级公安机关不断优化行政程序，推进“一门式一网式”“移动式”服务模式，建成一门式服务网点5个。户政部门全年共办理出生登记4.41万人，市外迁入5 175人、市内移居4 929人、死亡注销1.92万人；排查全市无户口人员7 638人，已解决7 340人；注销双重户口141人。交警部门共受理机动车注册登记10.37万辆，转移2.64万辆，注销1.48万辆，核发合格标志51. 90万辆，初学学员11.73万人。出入境部门建成5处24小时自助办证厅，为群众提供服务1.80万人（次）；全年共审批、签发出入境证件22.10万人（次）；查获骗取出入境证件10人，抓获在逃人员4人，查处涉外案件287宗740人，其中“三非”案件219宗599人。

【智慧警务建设】 2017年，先后投入6 000多万元建设智能交通指挥中心，投入1 500多万元开展350兆数字集群系统建设，建成无线图传平台、移动警务平台，建成视频监控2 900个，新增一类视频240个及100条车道，购置10辆移动警务车24小时运行，投入800多万元购置反恐设备，投资2 000多万元加大“四大支柱”技术建设。

【警卫工作】 2017年，共圆满完成警卫、保卫任务43批120人（次），其中二级加强任务1次，二级任务3次，三级任务7次，安全行程达到8 600千米，确保了“1001”“1124”等首长，以及市重要会议、重大活动的安全。

【宣传工作】 2017年，全市各级公安机关在中央、省、市各类媒体刊发稿件3 275篇（条），其中报刊、报纸1 012篇，电视台、电台859条，网站、“平安潮州”微博1 404篇（条）。与潮州电视台于1月合作开办《潮州警讯》栏目，已播出50期、118条潮州公安题材的新闻。

（市公安局）

检　察

【组织机构】 2017年，市检察院内设机构：办公室、政治处、侦查监督科、公诉科、反贪污贿赂局、职务犯罪预防科、侦查一科、侦查二科、反渎职侵权局、刑事执行检察科、民事行政检察科、控告申诉检察科、检察技术科、法律政策研究室、计划财务装备科、监察室、案件管理中心、司法警察支队。政法专项编制数为97人（含纪检组编制4人），实有人员为94人，后勤服务人员编制数为12人，实有人员为10人。

【反贪反渎】 2017年，继续保持惩治腐败犯罪高压态势，立案侦查职务犯罪49件58人，移送审查起诉56件66人。其中查办贪污贿赂犯罪45人，同比上升7.1%；查办渎职侵权犯罪13人，同比上升8.3%。立案查处了惠农扶贫领域职务犯罪22人；突出查办了市国土局原局长张某光等7人滥用职权、玩忽职守窝串案，该案涉案金额1.4亿多元，已为国家挽回经济损失3千多万元。开展具有地方特色的预防职务犯罪工作，制作以预防职务犯罪为主题的潮州歌谣、歌册，举办“预防职务犯罪邮路”活动，通过邮路志愿服务者投递宣传资料1.3万份，催发“检察蓝”+“邮政绿”的协同效应。服务村居“两委”换届选举工作，派员深入全市各镇（场）、街道进行法治宣讲。开展预防调查，对外环西路等重点工程项目进行专项预防，推行网上预约查询行贿犯罪档案，提高服务水平。配合国家监察体制改革试点工作，做好反贪污贿赂局、反渎职侵权局的转隶工作，研究建立监察委员会调查与检察机关刑事诉讼无缝衔接的有效机制。

【刑事检察】

依法打击严重刑事犯罪　2017年，发挥审查逮捕、提起公诉职能。办理饶平汫洲“11·21”故意杀人、非法持有枪支、弹药案，蔡某某等7人涉嫌贩卖、制造毒品案和陈海松等18人开设赌场犯罪集团案等一批重特大案件。共批准（决定）逮捕1 337件1 845人，同比分别上升9.7%和14.2%，提起公诉1 656件2 253人，同比分别上升13%和12.5%。推进以审判为中心的诉讼制度改革，严把案件事实关、证据关和法律适用关，坚守防止冤假错案底线，共不批准逮捕106人，决定不起诉17人，退回补充侦查790人。

参与平安创建和社会治安综合治理工作　落实综治工作责任制，加强对综治联系点维稳工作指导，健全信访应急处置工作预案，落实聘任律师参与重大信访案件制度，建立公安派出所协作维护接访场所工作机制，推动远程视频接访系统的实际运用。全年共受理各类控告申诉举报535件，接受群众来访咨询823人次，处理集体访24件，办结国家司法救助案件6件9人。党的十九大特别防护期等重要时期未发生涉检环节到省进京非正常访、群体性事件和恶性事件。

参与“六城同创”“治六乱”工作　批捕涉嫌污染环境、盗伐林木、生产销售有毒有害食品等犯罪嫌疑人74人，起诉82人，监督侦查机关立案3件，监督行政机关移送案件5件。强化公益诉讼诉前程序监督，共排查线索24件，立案审查7件，发出检察建议5件，已督促清理被污染水域面积26.67公顷、违法堆放的生活垃圾25万多吨，督促收回被套取的国家补贴资金及扶持资金70万元。

加大对知识产权和非公有制经济的保护力度　突出打击假冒注册商标等破坏市场经济秩序犯罪，批准逮捕153人，提起公诉164人，办理了陈孟嘉等42人涉嫌生产、销售伪劣产品案等一批社会影响较大的案件。着力服务和保障非公有制经济健康发展，搭建“两个平台”，推行“七项举措”，促进非公有制经济组织健康发展。

【诉讼监督】

刑事诉讼监督　2017年，依托“两法衔接”信息共享平台加强立案监督，办理立案监督25件。借助侦查活动监督平台推进侦查活动监督，发出《侦查活动监督通知书》37份，纠正漏捕8人，纠正遗漏同案犯5人，纠正移送起诉遗漏罪行23人，发出书面纠正违法通知书12份，纠正率100%。开展派驻公安派出所检察室试点工作，促进基层派出所规范执法。加强刑事审判监督，对认为法院确有错误的刑事裁判提出抗诉6件，发出量刑建议1 511人，已被采纳1 402人，采纳率为92.8%。

民事行政诉讼监督　审查处理民事行政诉讼申请监督案件30件，经审查，息诉14件，发出检察建议10件，采纳7件。开展民事执行监督专项活动，保障当事人的权利得到救济，维护司法权威。

刑事执行检察监督　推进派驻看守所检察室规范化建设，加强对监管机关执法活动和刑罚执行的监督，纠正判处实刑未执行刑罚的罪犯1名。加强社区矫正监督，向司法行政机关发出书面检察建议4份，依法纠正社区服刑人员脱管、漏管、虚管等问题。开展财产刑执行专项检察“回头看”活动，与法院建立财产刑执行案件每月信息交换制度。推进羁押必要性审查工作，提出变更强制措施检察建议57件，被采纳56件。

未成年人捕诉监防一体化工作　批捕未成年犯罪嫌疑人161人，起诉175人，推行“四个务必”办案模式，建立检校共建机制，开展“法治进校园”巡讲45场，以非物质文化遗产铁枝木偶戏为载体制作的保护未成年人主题小品深受师生欢迎，湘桥区检察院与市高级技工学校共建“青少年观护帮扶基地”，探索建立涉罪未成年人帮教新机制。

【职能依法规范】

推进司法改革　2017年，按照“谁办案谁负责、谁决定谁负责”的要求，全面推开司法责任制改革，制定院领导、检察委员会专职委员和部门负责人直接办理案件的指导意见、检察官办案权责划分办法等8项制度，对检察人员实行分类管理，运行新的办案机制，入额检察官一律回归一线办案，突出了检察官办案主体地位，优化了办案组织，提升了办案效能。两级检察院正副检察长办案180件，召开检察官联席会议331场（次）。

自觉接受监督　认真梳理市十五届人大一次会议上人大代表提出的意见建议，逐条落实整改。向市人大常委会报告侦查监督工作，认真贯彻审议意见。高度重视人大代表、政协委员联络工作，坚持定期向人大代表、政协委员赠阅检察资料，组织人大代表、政协委员观摩评议公诉出庭、参加检察机关重大活动，加强和改进检察工作。推进人民监督员制度改革工作，协助司法行政机关完成新一届市检察院人民监督员的选任工作，依法组织人民监督员监督评议案件。

深化阳光检务　完善案件信息公开机制，在人民检察院案件信息公开网、市检察院门户网站等发布案件程序性信息、已生效判决案件的法律文书和重要案件信息。充分保障辩护人、诉讼代理人的合法权利，开通案件公开微信平台，运行电子卷宗扫描系统，实现5分钟内为律师提供阅卷服务。建设阳光检务大厅，实现受理控告申诉举报、接访、咨询、查询、宣传等“一站式”服务。

加强检察宣传　推出“护航村级换届选举”等主题微动漫，通过“两微一端”平台[9]及时推送检察资讯，在《潮州日报》刊登检察工作专版，举办“检察开放日”活动、法治图片巡展、灯谜会、文艺汇演、书画摄影作品展等，传播法治正能量。潮州检察文化建设、未成年人检察工作等被新华网、《南方法治报》等媒体报道。

推进科技强检　积极推行“互联网+检察工作”，加快电子检务工程建设，完成市检察院中心机房及有关网络平台升级改造。

【队伍建设】

思想政治建设　2017年，制定了《关于进一步加强队伍思想政治建设的五项意见》，强化对队伍思想政治工作的领导，推进“两学一做”学习教育常态化制度化，深入学习贯彻党的十九大精神，以支部“三会一课”为载体，以“五个一”为抓手，开展“读原文全覆盖”、“重温入党誓词”主题党日和“党员政治生日”等活动，强化政治定力。

综合素质建设　广泛开展业务竞赛、岗位练兵，举办干警综合素能提升研修班等各类培训，有效提升业务能力。开展文化育检工程，建设机关党员活动室、院史室、图书室，打造廉洁文化走廊，举办篮球赛等文体活动，陶冶干警情操。

作风建设　落实“两个责任”，增强党组管党治党意识，每季度召开党风廉政建设联席会议，每年党支部书记向机关党委述职述廉，对基层检察院开展巡察工作，建立廉政家访制度，制定《检察机关工作人员八小时外监督管理暂行规定》。加强纪检监察和检务督察工作，严格问责制度，及时进行谈话提醒，严肃查处检察人员违纪案件。

基层建设　推进派驻镇街检察室建设，派驻凤凰检察室率先创设“廉政教育互动区”，新设派驻庵埠检察室、派驻磷溪检察室。开展检察官进社区工作，高检院转发了《检察官的“14张名片”，百姓真心赞》一文，充分肯定湘桥区检察院工作成效。

（市检察院）

法　　院

【组织机构】　2017年，潮州市中级人民法院内设机构17个，分别是政治处、执行局、办公室、研究室、立案庭、刑事审判第一庭、刑事审判第二庭、民事审判第一庭、民事审判第二庭、民事审判第三庭、行政审判庭、审判监督庭、信息技术科、司法装备行政管理科、监察室、机关党委办公室、法警支队。下辖潮安区法院、饶平县法院、湘桥区法院、枫溪法院4个基层法院，10个人民法庭。全市法院核定编制453名，其中：政法专项编制为403名，事业编制53名。在编干警393名（中院95人，基层法院298人）。

【刑事审判】 2017年，共审结刑事案件1 855件，其中，市中院审结162件。积极参与“飓风2017”专项行动、“法治潮州　打黑除恶”活动，严惩暴力、涉枪、“两抢一盗”、黑恶势力、制贩毒、网络赌博、电信网络诈骗等严重刑事犯罪，依法审结蔡明亮等制贩177千克毒品案、涉案金额8亿元网络赌博案等案件，助力平安潮州建设。深入推进反腐败斗争，共审结贪污、贿赂、渎职等职务犯罪案件34件。严惩贪污挪用扶贫资金、农业补贴资金、污染环境等严重侵害群众利益的犯罪，发挥刑事审判震慑作用。坚持惩罚犯罪与保障人权相统一，依法对3名被告人宣告无罪。

【民商事审判】 2017年，共审结民商事案件5 779件，解决诉讼标的额38.8亿元，同比分别增长14.4%、73.5%，其中，市中院审结744件，审结诉讼标的额17.4亿元。发挥民事审判化解矛盾、定分止争功能，审结侵权、家事、劳资、房产、涉外等民事纠纷案件2 390件。发挥商事审判维护规则、保障秩序功能，审结合同纠纷案件3 327件。妥善审结拖欠银行5.4亿元金融借款等案件，切实保护金融债权。注重服务供给侧结构性改革，审结案件入选“广东法院服务供给侧结构性改革十大典型案例”。集中管辖审理粤东五市环境资源公益诉讼案件，推进生态环境司法保护。依法审结知名商标侵权、“KTV”著作权侵权等系列知识产权案件62件，保障创新驱动发展。

【行政审判】 2017年，共审结各类行政案件130件，其中，市中院审结38件。推动基层法院行政案件集中管辖改革，推进行政机关负责人出庭应诉工作，全市行政机关负责人出庭应诉率达60.2%，同比提高11倍。配合市人大常委会做好行政机关履行法院生效裁判调研，推进行政机关依法履职。

【执行工作】 2017年，共执结案件3212件，执结标的额8.5亿元，其中，市中院执结241件，执结标的额5.9亿元。市中院依法提级执行183件，帮助基层法院解决执行积案问题。全市法院积极推进涉农信改制借贷案件专项行动。成功执结涉206名企业员工劳动争议系列案。全市法院全面实行零佣金网络司法拍卖，为当事人节省佣金约1 000万元。完善失信被执行人联合惩戒机制，公开曝光失信被执行人2 567人（次），司法拘留、罚款106人，追究刑事责任5人，促使一批失信被执行人主动履行法律义务。

【司法为民】 2017年，加强诉讼服务中心建设，提升服务水平，12368诉讼服务热线接听满意率达100%。大力推行电子送达、诉讼档案电子化、诉讼费网上缴纳。认真落实立案登记制，不断提高当场立案登记率。全市法院为经济确有困难的当事人提供司法救助和减免诉讼费186.1万元。推进审判流程、执行信息、裁判文书和庭审直播4大司法公开平台建设，在中国裁判文书网公开裁判文书3 849份，公开执行信息4 001条，生效裁判文书上网率达85.7%。充分发挥法院门户网站、官方微博和微信公众号自媒体平台作用，传递司法正能量。加强与新闻媒体的互动，及时发布新闻信息115条，接受群众的监督。参加“以法兴企”文化沙龙，开展送法进企业、进社区、进学校等活动，发布典型案例，助推法治潮州建设。办好《法官说法》《与法同行》等媒体合作栏目，以案普法。选派优秀法官担任立法咨询员，积极建言献策。与市司法局、市律师协会建立信访联动等多元化解机制，积极防范化解社会矛盾和风险隐患，促进社会和谐稳定。4个基层法院加强与检察院和公安、司法行政机关协作，联合发布通告，依法维护信访秩序。市中院在综治维稳暨创建平安潮州考核中获评优秀。

【司法改革】 2017年，健全审判管理监督机制，完善审判委员会工作机制，建立专业法官会议制度，强化审判指导，统一裁判尺度。细化权责“清单”，明确法官、法官助理、书记员岗位职责，入额法官全部回归一线办案，落实“让审理者裁判，由裁判者负责”。入额院庭长承办案件5 177件，同比上升50.4%，其中，市中院院庭长承办案件348件，同比上升174%。严格入额法官选任条件，顺利完成全市法官员额制改革，选拔确认入额法官102名。组建新型审判（执行）团队65个，推进审判辅助人员管理改革，推动法官、法官助理、书记员形成科学配置比例，提升整体办案质效。法定审限内结案率高达96.4%，一审判决案件改判发回重审率、信访投诉率分别低至2.2%、0.4%。落实法官单独职务序列管理，完成入额法官职务套改，建立绩效考核与奖励分配挂钩的激励机制，发挥绩效考核作用，相关做法在全省法院司改推进会作经验交流。

（市中院）

司法行政

【人民监督员的选任和管理】 2017年，贯彻实施潮州市人民检察院、潮州市司法局联合印发的《潮州市人民监督员选任管理方式改革工作实施方案》，经过报名、资格审查、考察评议、社会公示公告、决定等多个环节，首次由司法行政机关面向社会公开选任潮州市人民检察院人民监督员29名。

【提高社区服刑人员矫正质量】 2017年，市、县（区）社区矫正中心全面建成，并实现省、市、县三级指挥中心互联互通。充分借助现代技术设备，全面启用电子手环，在管社区矫正人员100%实现电子监控，有效提高监管效率和质量。严格执行社区服刑人员报告、报到、请销假等制度，落实分类管理和教育帮扶，严格组织考核奖惩。组织社区矫正人员参与市创建“文明镇街、文明村居”“六城同创治六乱”等公益活动，为城乡环境治理、交通秩序整治贡献力量。全面开展共青团参与青少年社区矫正教育帮扶工作，开展青少年社区服刑人员心理矫治课题研究活动。至年底，全市累计接受社区服刑矫正人员4 370人，成功解矫3 458人，在管912人，监管、建档完成率均达到100%，重新犯罪率低于省1.3‰要求。贯彻落实司法部等13部委关于加强刑满释放人员救助管理工作的意见，指导各基层司法所做好刑释人员“两头管，两头衔接”工作，健全对刑满释放人员的管理。全市共衔接刑满释放人员1 077人，安置98%，帮教率97.8%，重新犯罪率在2%以下。

【十九大维稳安保任务】 2017年，各级司法行政机关均成立专责党的十九大维稳安保工作领导小组，全力以赴抓好党的十九大特防期维稳安保工作，实行24小时领导带班值班制度和零报告制度，确保全系统安全无事故。社区矫正部门开展全面排查。深入细致了解掌握社区服刑人员思想动态和行踪，落实有效管控措施，无脱管、漏管，尚未发生严重违法、影响社会稳定事件。

（市司法局）

农牧林渔

农　业

【简况】 2017年，全市农业总产值64.59亿元，比增5.9%，农村居民人均可支配收入13 672.93元，增长8.9%。农业生产稳步发展，粮食生产有增，水果、茶叶、畜牧、蔬菜等农业主导产业和铁皮石斛、佛手果等农业新兴特色产业有效发展。全市粮食播种面积4.54万公顷，增加0.08万公顷，其中水稻播种面积3.15万公顷，减少0.06万公顷；粮食总产29.08万吨，增加1.49万吨，其中水稻总产21.91万吨，增加0.61万吨。全年茶叶种植面积1.09万亩，比上年增加0.03万公顷；茶叶总产量1.78万吨，比上年同期增长7.3%，据不完全统计，茶叶产业产值超过31亿元。全年蔬菜种植面积1.49万亩，总产49.75万吨；全市水果保存面积1.75万公顷，总产26.23万吨。全市生猪出栏量61万头，肉牛出栏量4 630头，三鸟出栏量1 250万只，肉类总量74 847吨，禽蛋产量5 738吨。（以上数字为统计局提供的统计数字）

【农村土地确权工作】 截至2017年，全市应确权面积3.28万公顷，已完成实测面积4.02万公顷，实测率122.8%，应颁发证书41.29万本，已颁发证书39.96万本，颁证率96.77%。建立领导挂钩联系制度，成立4个督导组分别挂钩联系各县（区），深入到镇村从业务上进行督促指导；各县（区）实行倒逼机制，按照任务目标倒排表抓好落实；潮州日报、电视台进行政策宣传，电信、移动公司开展短信宣传，并编印土地确权情况通报23期，简报14期；及时梳理存在问题，协调解决了枫溪区、凤泉湖高新区等非建制区颁证程序问题、测绘数据坐标系不一致问题、测绘公司工作人力和设备不足等一系列影响进展的问题，确保确权工作取得阶段性成效。

【粮食生产】 2017年，注重科技的服务和指导，主要农作物良种基本实现全覆盖，水稻优质率达95%以上，主要推广种植深优9 516、恒丰优9 802等杂交品种，常规品种推广华航33号、合美占等水稻良种。同时通过“良种良法”“育繁推一体”“水肥一体化”等项目的应用和技术培训等，示范推广测土配方施肥、水肥一体化、机插秧、尼龙育苗、绿色防控等技术，达到农药、化肥用量双下降。

【落实强农惠农政策】 2017年，省下达潮州市耕地地力保护补贴资金3 463.88万元，补贴面积49.21万亩，切实把中央耕地地力保护补贴足额发放到农民手中，审批农机购置补贴的资金91.86万元，购买各类农机具210台，全市农机总动力42.5万千瓦，水稻机耕水平95.2%，机插水平26.2%，机收水平95.5%，水稻耕种收综合机械化水平74.6%，比增1.3%。

【种植业结构调整】 2017年，通过“三高”农业、“五位一体”、“标准园创建”、“良种良法”等项目带动，调整种植结构，形成了一批特色优势农业产业带，全市特色农业产值占种植业总产值65%以上。建设绿色茶叶产业带，在“茶产业”“良种良法”“园艺作物标准化”等项目带动下，引导合作社、茶企对茶园进行生态建设和改造，全面完成市委年度下达的万亩生态茶园建设。建设高标准蔬菜水果产业带，以潮州市建成农业综合开发有限公司省级现代农业“五位一体”示范基地项目为中心打造文祠镇高标准蔬菜转移示范基地，推进文祠设施蔬菜大棚建设（示范推广种植面积320亩），发展石牌蔬菜、青皮橄榄、金佛手、青柠檬等现代农业园区，形成水果、茶叶、蔬菜等各具特色的产业区域。建设绿色铁皮石斛产业带，饶平县新丰镇光宇公司200亩铁皮石斛良种良法示范基地建设列入省级现代农业“五位一体”示范基地建设项目。

【业态创新扩规模】 2017年，全市45家市级以上农业龙头企业资产总额达58.2亿元，销售收入达到50.21亿元，带动农户8.62万户，户均增收1 870元。已在工商部门登记的农民专业合作社共881家，社员总数9 044人，带动农户约12万户。

【农产品质量安全保障】 2017年，加强对蔬菜、茶叶、水果进行风险监测和监督抽查，扩大检测覆盖面，增加检测次数，年度市和县区共抽检蔬菜茶叶样品5 204个，合格率98.5%，完成省食品安全考核种植业产品定量检测样品847个。严格加强农产品质量安全监管和农资市场的整治，持续深入开展农产品质量安全执法和农资打假专项治理行动，共出动农业行政执法人员1 986人（次），检查企业902个（次），全市立案5宗，结案5宗，罚没金额1.85万元。加快农业品牌化建设，全市有效期内“三品一标一名牌”认证（认定）产品179个（其中国家无公害农产品认证66个、绿色食品认证23个、有机食品认证2个，省农业类名牌产品37个，广东省十大名牌农产品6个，广东省名特优新农产品42个，农业部地理标志农产品3个）。潮州市凤凰单丛茶被农业部评为“中国优秀茶叶区域公用品牌”（首届中国国际茶叶博览会组委会），被广东省农业厅认定为“广东省名特优新农产品”区域公用品牌。

【潮州茶产业】 潮州是单丛茶的原产地，其种植源于畲族先民，兴于南宋。潮州单丛茶包括凤凰单丛茶和岭头单丛茶品种系列，因其丛间花香各异，采用“单株采摘、单株制茶、单株销售”的技艺，故史称“单丛茶”，是中国茶树品种中花香类型最多样、自然花香最清高的特种茶类，以“天然花香、特殊丛韵”而著称。潮州单丛茶先后获得“中国乌龙茶（名茶）之乡”“中国岭头单丛茶之乡”“中国重要农业文化遗产”“2017年全国十大魅力茶乡”“中国优秀茶叶区域公用品牌”等称号。潮州市着力推进单丛茶特色化，优质化、生态化、品牌化、产业化建设，将产品优势转化为商品优势，走出一条生态、可持续的产业发展道路。至2017年底，潮州茶叶种植面积19.3万亩，总产量2.4万吨，农业产值32亿元。

【农业科技水平】 2017年，深入实施创新驱动发展核心战略，组织评选出“特色佛手果精深加工技术与产业化”等10个项目为2017年度全市农业技术推广奖项目，其中一等奖2项，二等奖4项，三等奖4项，促进科技成果的转

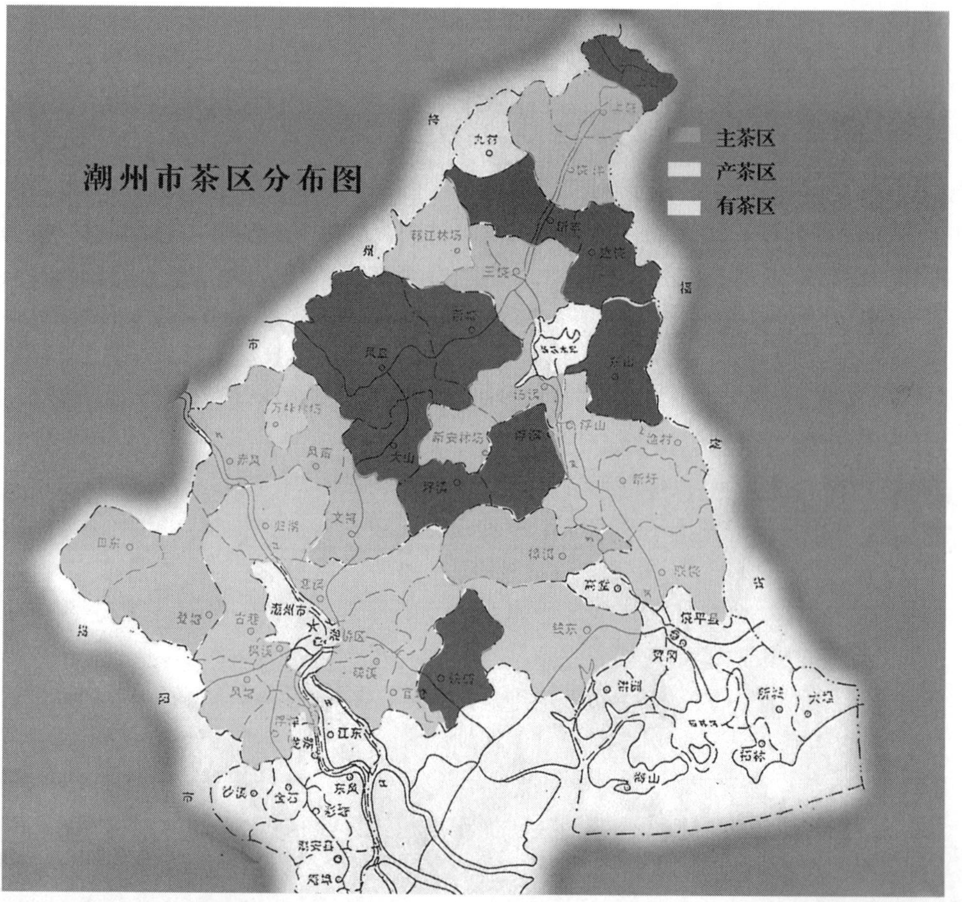

潮州茶区分布图

化。由广东南馥茶业有限公司、广东宏伟集团有限公司、潮州市天池凤凰茶业有限公司、广东食品药品职业学院、潮安区凤凰茶叶专业协会共同完成的“凤凰单丛乌龙茶资源保护和品质提升关键技术及产业化”项目获2016—2017年度神农中华农业科技奖科研成果三等奖。

畜牧业

【调整优化牧业结构】 2017年，稳定生猪、鸡、鸭生产，积极发展肉牛、狮头鹅等草食动物，加强K996肉鸡、狮头鹅、粤东黑猪保种和开发利用，大力繁育推广杜洛克、长白、大白K996肉鸡、狮头鹅等畜禽优良品种，促进畜禽品种质量的提高，6月，广东立兴农业开发有限公司被农业部授予国家级狮头鹅保种场。全市共有国家生猪标准化示范场4个，国家家禽标准化示范场1个，省重点生猪养殖场4个，省重点家禽养殖场2个。

【重大动物疫病防控措施】 2017年，口蹄疫、禽流感、小反刍兽疫等强制免疫动物疫病的免疫率均达100%，免疫抗体水平均达到70%以上；猪瘟、鸡新城疫、犬只狂犬病、鸭瘟和鹅瘟等易发疫病的免疫工作也扎实开展。认真落实疫情监测，消毒灭原和综合防控措施，严防了动物人感染H7N9流感的发生。

【绿色发展保生态】 2017年,推进“潮州市农村‘散、乱、小’及规模化畜禽养殖污染整治工作”，创办凤泉湖高新技术产业开发区西陇村和潮州市雄盛种养有限公司畜禽污染治理2个示范点，督促禁养区内畜禽养殖进行清理,指导在限养区和适养区内的规模化养殖场落实治理措施，全市累计共清理畜禽养殖户1 682户,其中禁养区内清理养殖场(户)130户,清理完成率100%。推进畜禽无害化处理建设,饶平县病死畜禽无害化处理示范中心有序推进，做好湘桥区病死动物无害化处理项目选址完成风险评估工作,抓紧进入建设。全面推进农村沼气安全使用,开展沼气使用大排查摸底工作,组成督查组对全市沼气生产安全工作进行督查和管理。

（市农业局）

林业

【简况】 截至2017年底，全市现有林业用地18.75万公顷，有林地17.22万公顷，森林面积19.70万公顷，森林覆盖率62.9%，森林蓄积量671.61万立方米，生态公益林面积达9.01万公顷。

【造林绿化】 2017年，全市完成造林0.11万公顷，新建生态景观林带121公顷，新建森林公园6个，湿地公园1个，绿化美化乡村116个，完成森林抚育0.64万公顷，林业重点工程各项目标任务高质量、高效率、高标准完成。创建国家森林城市工作有力推进。5月，国家林业局同意潮州市启动国家森林城市创建工作，对潮州市创建予以备案；《创森总体规划》于9月在北京评审通过并备案，比原计划提前了9个月。文祠、赤凤，上饶3个镇被认定为“广东省森林小镇”。

【森林资源保护和管理】 2017年，市政府先后印发了《潮州市专业森林消防队伍建设管理实施细则》《潮州市桉树林改造方案》《潮州市整治毁林种茶建设生态茶园行动方案》，全面启动生态修复工作。全市国有林场改革投入改革补助资金1 891.84万元，4个国有林场已完成了

“三定”、岗位设置、清产核资、富余人员安置、林场办社会职能分离、森林经营方案编制等各项工作。落实林业有害生物防治目标责任，全市尚未发现林业有害生物新生种类，“四率”均达到省下达控制指标。

【森林防火】 2017年，市政府出台了《潮州市专业森林消防队伍建设管理实施细则》，建立健全各类林业安全队伍300多人，组建3支专业消防队伍，完成全市林火远程视频系统建设，实现了对全市部分林地的实时监测。全年全市发生森林火灾4宗，过火面积6.46公顷，受害面积0.9公顷，没有发生人员伤亡；全市各级森林公园、自然保护区、国有林场没有发生安全事故。

【林业产业】 2017年，落实补助资金230万元，建设3个省级林下经济示范基地和1个特色经济林基地。示范带动，推动全市林业产业化建设。

【森林公安】 2017年，突出森林资源保护执法，强化林区社会治安综合治理，依法严厉打击破坏林地、破坏森林与野生动植物资源违法犯罪，先后开展了“2017红线行动”等一系列专项联合行动，取得良好战果。全市共立刑事案件14宗；共受理和查处林业行政案件49宗。

（市林业局）

海洋与渔业

【简况】 2017年，全市海洋经济生产总值122.92亿元。水产品总产量21.14万吨，同比增长4.3%；水产养殖总面积13 404.8公顷，同比减少5.1%。

【海域综合管理】

用海项目审批取得新发展 在上级用海政策收紧的情况下，一批涉及重大民生问题和全市经济社会发展的重点涉海项目申报审批取得新进展。潮州港亚太燃油公共码头（配送基地）项目用海已获省政府批准；潮州市华丰集团股份有限公司引入战略合作伙伴，变更油气专用码头的申请已获得省政府批准；市重点推进产业项目潮州华瀛液化天然气接收站已获通过国家海洋局组织的海域使用论证专家评审会；涉及饶平县西澳岛、汛洲岛数千名群众生产生活安全的5个公益性民生陆岛交通码头，潮州闽粤经济合作区LNG（液化天然气）储配站二期项目用海开展海域使用论证工作；潮州港公用航道项目已获得市颁发的第一份海域使用权不动产登记证。

节约集约用海 积极配合省厅开展《广东省海洋生态红线》《广东省海岸带功能规划》等海洋规划编制。协调潮州华瀛液化天然气接收站与潮州闽粤经济合作区LNG储配站项目用海重叠问题，指导双方优化方案，减少围填海面积和自然岸线占用，华瀛项目公用岸线指标由原来400多米减少至66米。指导大唐电厂投资的柘林镇下岱村渔船停泊点防波堤项目优化用海方案，采用不占用自然岸线或少占用自然岸线的方式用海，以解决潮州市用海指标不足的问题。

规范管理工作 严格审核审批程序。成立了海域使用权审核、无居民海岛利用项目审查及海洋环境影响评价核准等3个审核委员会，所有涉海审批都严格按规定进行审查审核，重大决策均提请市政府常务会审议决定。潮州闽粤经济合作区LNG储配站项目二期用海、潮州华瀛液化天然气接收站等项目均按程序提出审查意见并上报省厅。严格海域使用动态监视监测。对4宗已获得省政府审批的项目用海逐一编制监测方案，发布监测报告。加强项目用海事中事后监管。对检查中发现个别已完成建设但未及时申请填海竣工验收的项目，要求业主单位尽快办理竣工验收工作。

向上争取项目 推进汛洲岛“生态岛礁”

申报工作，并已通过省级专家评审上报国家海洋局。推进投资2 000万元的“西澳岛生态修复项目”建设，并已通过招投标程序确定施工单位。积极加快渔港标准化建设。基本完成三百门一级渔港项目验收准备工作，已申请竣工验收。引导相关乡镇开展渔港整治项目申报工作。积极准备申报“蓝色海湾”整治项目，已委托有资质单位编制《潮州市“蓝色海湾”整治行动项目实施方案》，为市委市政府抓紧谋划的改造“澄饶联围”工程积极提意见提建议。

资源环境保护　加大海洋环境监测监视力度。发布《2016年潮州市海洋环境状况公报》，制定2017年海洋与渔业环境监测方案，并设立监测站位50多个，按期按质完成各项监测任务，全面掌握全市近岸海域环境状况。加强近岸海域环境污染防治。认真贯彻落实省环保厅等十部门转发《近岸海域污染防治方案》的通知精神，积极推进近岸海域污染防治工作。对全市24处入海排污口和16处养殖排水口进行现场踏勘和信息采集。经环保部专家鉴定，全市现有入海排污口6处，其中不合理2处，已拆除1处。继续开展增殖放流。在饶平柘林湾海域开展增殖放流活动，投放黑鲷鱼苗10万尾、黄鳍鲷鱼苗6万尾、刀额新对虾虾苗2 500万尾。组织开展第一次全国海洋经济调查工作，并已完成阶段性调查任务。

【渔业生产稳步发展】

水产养殖业　推进万亩淡水养殖示范区建设。通过坚持规划引领，编制印发工作方案，稳步推进了示范区建设；通过坚持服务引导，加强宣传培训和监督管理，提高养殖的安全水平和经济效益，投入1 482.4万元建设资金，稳定了群众养殖积极性。全年示范区水产品年产量达到9 487吨。努力转变发展模式。通过推广养殖主导品种、实施立体混养、发展多种经营等方式，稳定提高海水养殖综合效益。大力发展设施渔业。通过发展工厂化循环水养殖、深水网箱养殖产业园建设等设施渔业，推动渔业增效、渔民增收。饶平县红树林生态渔业有限公司工厂化循环水养殖项目经济社会效益明显，深水网箱养殖生产规模稳定在40组160口水平。做好养殖水域滩涂规划编制前期工作。已与广州地理研究所签订编制潮州市养殖水域滩涂规划合同。

水产品质量安全监管　以水产品质量安全专项整治为抓手，努力提升全市水产品质量安全水平。全年共出动检查执法人员448人（次），检查种苗场和养殖场（点）129家，完成抽检样品610个，合格率达100%。重大节假日期间水产品质量安全抽检样品70个，检测合格率100%。指导、引导企业创建健康养殖示范场等，全市已建成农业部水产健康养殖示范场7个，获得省无公害产地认定12个、农业部无公害水产品认证21个。全力抓好水产品质量安全，支持全市的食品安全考核、质量强市工作。

惠鱼惠民政策落实　推进海洋渔业科技和产业化发展项目的申报工作，确定扶持项目3个，扶持资金65万元。同时，对已完成的6个海洋渔业科技和渔业产业化发展项目进行验收。加快推进渔民减船转产和渔船更新改造项目实施工作，全年完成减船转产拆解渔船52艘，超计划完成省下达的任务。落实国家海洋渔业资源总量管理工作，完成国家下达海洋捕捞产量1.92万吨的目标任务。油补资金申报、发放工作抓紧进行，潮安区、湘桥区已完成2016年度油补资金发放工作，枫溪区、饶平县2016年度的油补工作抓紧申报中。

【渔业渔船安全生产】

渔船基础管理　做好渔船登记、检验工作，市管316艘渔船及饶平县587艘渔船的年度检验工作均已全面完成。规范渔船安全设备配备，全市大中型海洋捕捞渔船按省的要求全部配备了相应的救生、消防、通讯等设备，海洋渔船配备AIS避碰系统终端共624个，内陆渔船100%配备了无源IC卡、救生衣和灭火器，其中200匹马力以上和载员10人以上渔船均按要求配套北斗卫星通讯终端共63部。

渔船安全管理　采取日常检查与重要节日检查督查相结合，强化对安全隐患的排查整改，累计出动298人（次），检查渔港（停泊点）36个（次），登船检查700多艘（次），排查落实了5个蓝色风险点、1个黄色风险点的整改工作。开展涉渔“三无”船舶摸底统计，并对基本符合安全生产条件的涉渔“三无”船舶纳入乡镇安全监管，编排船号并登记造册。初步摸底，全市沿海乡镇涉渔“三无”船舶共有2296艘。

防台应急工作　高度重视并切实加强防台应急值班工作，渔船安全生产指挥平台、三防视频系统保持信息畅通，防台信息及时上传下达。在防御台风“玛娃”“泰利”工作中，局领导带队分赴各主要渔港、渔船停泊点开展防风检查，防台风“两个100%”得到落实。制定《潮州市接纳外地渔船防风避险工作方案》，指定3个接纳渔港及渔民生活场所，并配备必要的生活设施。

安全培训和演练　“安全生产月”期间，在沿海各镇举办了6场渔船安全生产培训班，共约800人（次）参加培训。在三百门一级渔港等主要渔港组织开展安全生产演示演练。指导潮安区渔业主管部门做好船员培训工作，共发放职务船员证书142本，普通船员证书20本。

【渔政海监执法】

渔政执法工作　开展“护渔2017”专项行动。全市应休渔船633艘，全部回港休渔。休渔期间，共出动执法船艇50艘（次）、执法车辆45辆（次）、执法人员526人（次），检查渔船51艘（次），走访渔民230人（次），查办违法案件6宗，罚款1.48万元。开展韩江禁渔专项执法行动。共出动执法快艇21航（次）、执法船7艘（次）、执法车辆45辆（次）、执法人员326人（次），检查渔船352艘（次），通过加强禁渔政策宣传和执法巡查，基本实现禁渔期间“江上无生产渔船，水中无作业网具”。严厉打击韩江违法捕捞行为。全年共出动执法人员312人（次），检查渔船223艘（次），依法处罚涉嫌非法电鱼违法案件5宗，罚款共0.7万元并没收全部电鱼工具。

海监执法工作　加强海域使用管理执法，制定“海盾2017”海域管理执法行动计划，对围填海工程用海项目资料进行整理，完善监管台帐并实施重点监督检查。同时，对9宗历史遗留围填海案件进行全面核查处理，对处罚未到位的6宗案件予以立案，补充处罚面积；对尚未立案处理的3宗案件，予以立案处理。现已作出处罚决定7宗，处罚总面积0.71公顷，罚款总金额245.35万元，已收缴罚金28万元；其余2宗案件抓紧处理中。清理整治违法违规养殖。先后两次组织对大埕湾、金狮湾港口航道区多处违法吊养养殖进行清拆，拆除非法吊养作业面积4 000多亩。开展专项整治行动，清拆违规占用大埕湾岸线建设的鲍鱼场4个。全面实施海岛巡查监管工作。加大海岛执法巡查工作力度，对马鞍屿、大屿西岛进行现场检查，对马鞍屿上的废弃房屋进行拆除并恢复原状。认真开展海洋环境保护执法行动。加强海洋工程建设项目监管，开展海洋倾废、入海排污口等方面的海洋环境保护执法检查。

打击海上违法行为　制定了《潮州市整治违法开采运输堆放销售海砂工作方案》，会同有关部门对违法开采、运输、堆放和销售海砂问题进行全面排查并清除了沿海9个堆砂点。多次组织对大埕湾等海域的违法违规吊养进行清拆。

（市海洋与渔业局）

扶贫工作

【简况】　2017年，潮州市共有省定贫困村45个（其中省直单位帮扶3个，中山市帮扶38个，潮州市自扶4个），有分散贫困户帮扶任务的镇（场、街道）47个。至年底，全市共有建档立卡贫困户1.94万户、贫困人口4.67万人。

【减贫成效】　2017年，全市预脱贫人口2.09万人，预脱贫有劳动力贫困户年人均可支配收入

1.01万元，超过预脱贫计划，完成年度减贫任务。

【精准帮扶】 2017年，全市贫困户子女九年义务教育阶段入学率达93%以上。2016—2017学年落实贫困学生教育补助6 636人；4.67万名贫困人口全部参加城乡基本医疗保险，患重特大疾病贫困户的合规医疗费用全部报销；按计划完成1 871户贫困户的危房改造任务；符合条件无劳动能力贫困家庭人员全部纳入低保救助、特困人员救助供养、孤儿补助或领取基本生活保障金；产业帮扶长效机制全面建立，45个省定贫困村均有产业扶贫项目，在家有劳动力贫困户均参与产业扶贫或资产性收益扶贫项目，实现收益增收；有就业意愿的贫困劳力都参与技能培训，贫困人口实现就业1.03万人，超计划完成；扶贫小额贷款全面落实，共发放3 564户贫困户扶贫小额贷款近1.12亿元。

【贫困村创建新农村示范村】 2017年，45个贫困村全部制定环境整治工作方案，均成立村民理事会，完成示范村整治创建规划；贫困村所有自然村都深入开展“三清理、三拆除、三整治”，全面整治农村脏乱差及垃圾、污水、畜禽污染，贫困村环境卫生明显改善。

【扶贫工作全面落实】 2017年，潮州市坚持把脱贫攻坚工作作为“一把手”工程抓紧抓落实，市委主要领导任市扶贫开发领导小组组长；将脱贫攻坚工作纳入市委、市政府督办事项，明确责任单位，以钉钉子精神，逐项狠抓落实，强力推动工作开展。

【医疗保障和救助】 2017年，潮州市高度重视因病致贫等深度贫困人口的医疗保障和救助工作，为研究出台因病致贫群众的具体帮扶政策，8月初，落实市委政研室、市扶贫办、市人社局、市卫计局、市民政局、市残联组成联合调研组，采取进村入户了解和座谈方式，对因病致贫情况进行调研。在此基础上，经多次深入研究，市政府于9月出台了《潮州市关于困难群体医疗保障救助的实施意见》，进一步解决困难群体因病致贫、因病返贫问题。如实施意见规定，从10月起，对贫困人员全面取消医疗救助起付线，住院和特殊门诊的年度最高医疗救助限额提高到15万元；在本市就医的，医保报销后的合规医疗费在最高限额内按100%比例给予医疗救助；潮州慈善总会开设“精准扶贫专项医疗救助”项目，对患重病贫困人员按1名受助对象年度申请2次，每人每次1 000元以上、8 000元以下给予救助。同时，加强医疗救助宣传，市民政局印制了5万册《医疗救助手册》，发放到各村（居）委会和贫困对象手里，方便群众了解和办理相关救助手续，尽快发挥医疗救助资金作用。全年全市贫困户获医疗救助3 971人，救助资金596万元。此外，市工商联认真落实市政府医疗救助部署，积极组织开展因病致贫帮扶活动，对全市379户患大病贫困户进行医疗救助，给予每户1万至5万元不等的医疗救助金，共发放医疗救助金724万元。

【教育资助全覆盖】 2017年，针对建档立卡贫困家庭全日制本科生没有列入扶贫家庭困难学生教育资助对象的情况，潮州市积极建立贫困家庭本科学生教育资助机制，在“中潮慈善爱心基金”设立助学金，对全日制本科院校在读的建档立卡贫困学生进行资助；同时，制定《潮州市“碧桂园教育基金”实施方案》，将碧桂园控股有限公司筹集扶贫资金部分用于资助全市就读全日制本科院校的建档立卡贫困学生，并积极做好“碧桂园助学金”的申报和发放工作。全年共资助建档立卡贫困本科生363人次，发放助学金195.1万元。

【无劳力贫困人口兜底保障】 2017年，制定出台《潮州市精准扶贫建档立卡无劳动能力贫困人口享受基本生活保障金实施方案》，对按现行低保等政策无法纳入保障的无劳动能力贫困家庭人口，从12月份起为他们发放基本生活保障金，落实政策兜底保障。

【就业扶贫】 2017年，市政府出台《关于进一步做好潮州市精准扶贫公益性岗位开发与安置工作的通知》和《关于支持鼓励创业致富带头人在相对贫困村创办企业的实施意见》，全市各级制订年度就业计划，开展公益性岗位开发和安置，强力推进贫困劳力就近就业。市人社局、市教育局等部门积极组织技工学校、职业技术学校，采取集中培训和送技下乡等形式，对有就业意愿的贫困劳力进行免费培训；饶平县积极组织“农民夜校”技能培训，深入到省定贫困村，根据贫困劳力需求，利用晚上农闲时间，开展果蔬种养技术、畜禽养殖技术、茶叶种植和加工技术、电子产品手工组装技术等4大类培训。市、县人社部门组织企业到全市各中心镇举办招聘会，服务到家门口，方便贫困群众进行就业对接。全市45个省定贫困村全面开通“村村通就业信息网”，打造“招聘信息统一发布、村居LED屏同步显示、高清远程视频实时对接、招聘应聘零距离洽谈”的劳务信息推送和远程招聘平台，把工作岗位直接推送村，村民足不出村就能随时应聘到省内企业。潮安区出台创业就业“以奖代补”政策措施，设定就业务工和创业经营两类奖补项目，对参与扶贫奖补项目并验收合格的贫困户劳动力给予每户年最高4 000元的奖补资金，已有2 553个贫困劳力申领奖补资金413.32万元。全年各级扶贫公益性岗位安置贫困人口206人，累计贫困人口就业1.03万人，有劳力贫困户平均每户就业1人以上。

【扶贫小额信贷】 2017年，全市各县（区）认真制订扶贫小额信贷工作方案，由各县（区）扶贫办与区域内的农村信用合作社、邮政储蓄银行等金融机构签订协议，县（区）政府落实担保金，并安排贴息资金，由金融机构与有劳力贫困户签订扶贫小额贷款协议，发放贷款。全年共为3 564户贫困户发放扶贫小额贷款近1.12亿元。

【扶贫宣传工作】 2017年，潮州市按要求严格落实扶贫政务公开工作，通过政府门户网站、简报、微信公众号、报纸、新闻广播等形式，多渠道全力开展脱贫攻坚宣传发动工作。印发了《关于进一步加强精准扶贫宣传工作的通知》《印发新时期精准扶贫宣传参考资料的通知》《潮州市精准扶贫工作手册》和《潮州市省定贫困村创建社会主义新农村示范村工作手册》等文件和宣传资料约10万份，广泛宣传精准扶贫政策。落实市人社局牵头，会同教育、民政、卫生计生、住建、残联等单位组成脱贫攻坚政策基层宣讲组，深入全市有扶贫任务的镇（场、街道），生动解读扶贫政策，为群众释疑解惑，并发放医疗救助、健康扶贫服务、残疾人工作宣传手册、危房改造政策明白卡、教育资助问答、就业服务等宣传图册（本）约2万套。

【示范村创建工作】 2017年，出台了《潮州市45个省定贫困村创建社会主义新农村示范村的工作方案》《潮州市村庄规划编制技术指引（试行）》和《关于编制示范村整治创建规划的指导意见》，切实加强对贫困村整治规划指导；加大资金支持力度，市按照每个贫困村500万元的标准，新增安排新农村示范村建设资金2.25亿元，重点用于贫困村村庄道路、集中供水、垃圾和污水处理等村内公益性设施的建设和村庄环境综合整治补助；加大工作攻坚力度，实行市人大代表、政协委员现场督导制度，并落实有关镇党委书记、镇长等主要领导挂钩区域内贫困村，一周开展一次“三清理、三拆除、三整治”集中行动，积极推进“文化墙”和“篱笆工程”，对进村沿线立面风貌进行管控和建设。至年底，全市45个贫困村所有自然村都成立村民理事会，全部完成村庄整治创建规划和示范村建设项目施工招投标，狮峰村、黄正村和英粉村等一批贫困村的新农村示范村项目在建设中。

（市扶贫办）

水利·气象

水 利

【简况】 2017年，全市水务重要项目（工作）共55项，年度计划总投资18亿元，全年共完成投资19.93亿元，占年度计划110%。其中完成2017年中央投资5 251万元，省级投资1.76亿元。加固江海堤围9.5千米，加固水库13宗，村村通自来水工程惠及36个乡镇，约120万人口。

【水利重点项目】 2017年，全面推进生态水乡重点项目建设。全年水利重点工程建设项目28项，总投资约70亿元，年度建设任务15.45亿元；完成投资14.5亿元，占年度建设计划93.9%。“一江两岸”四堤工程、粤东灌区续建配套与节水改造工程安揭渠首及江东围灌区改造工程、饶平海堤达标加固工程、省级水利示范县等项目扎实推进，按计划完成年度建设任务。

【防灾减灾工程】

饶平海堤达标加固工程 2017年，该工程规划共31.63公里，总投资1.83亿元，一期主体工程已基本完成；二期工程完成投入1 830万元，完成年度建设任务。

涝区整治工程建设 古枫涝区古巷片整治工程基本完工，完成投资4 195万元。内洋西总干涝区整治工程累积完成2.23亿元，完成年度建设任务。潮安区归湖涝区、江东涝区均已基本完工，归湖涝区完成投资2 761.46万元，江东涝区整治完成投资2 639.64万元。

中小河流和小流域治理 黄冈河中游整治工程投资完成1 520万，完成年度任务。西山溪凤塘段整治工程已基本完工，完成投资2 993.01万元。峙溪水小流域综合治理工程已完工。秋溪水小流域综合治理工程基本完工，完成投资3 335万元。中小河流重点县综合整治及水系连通试点项目完成2.6亿元。

病险水库、水闸除险加固 列入全国一般小（二）型病险水库除险加固计划的6座水库基本完成建设任务，13宗列入新增小型水库除险加固的项目均已完工，完成投资2 719万元。

【农村饮水安全工程】 2017年，饶平县、湘桥区（包括凤泉湖高新区）和潮安区先后列入省村村通自来水工程建设计划。各县（区）年度完成投资额分别为：潮安区完成7 887万元，饶平县完成2 547万元，湘桥区完成3 994万元，凤泉湖高新区完成2 157万元。均完成年度建设任务，其中饶平县、湘桥区、凤泉湖高新区完成全部建设计划。

【农村水利】

开展农村水利、水电工作 2017年，粤东灌区续建配套与节水改造工程，安揭灌区渠首工程今年度投入6 358万元，占年度计划99%；江东围灌区工程今年度投入2 051万元，完成年度建设任务。北关灌区、东凤灌区及攀月头灌区等3个子项目已完成初步设计，报送省水利厅审批。潮安江东西陇灌区配套改造工程完成投资额2 479.63万元，铁铺镇龙舌涵灌区完成投资额427万元，湘桥区岗山水库灌区完成投资2 589万元，白石岭水库灌区已完成投资680万元，上述工程均已基本完工。饶平汤溪水库灌区完成投资额2 570万元，占总工程量92%。

继续实施水库移民后期扶持政策 全年全市大中型水库移民后期扶持资金总量2 348万元，已经通过审批项目计划资金2 109.4万元，未编制扶持项目计划资金238.6万元。完成历年度项目建设投资额4 323.52万元；全市水库移民后期扶持资金结存量为5 745.76万元。其中：饶平县3 687.42万元，潮安区1 930.04万元，湘桥区128.3万元。

【规划计划】 2017年，意东堤、东厢堤浸没处理工程方面，加强与省有关部门沟通协调，争取在省补助资金明确的前提下，由市里组织实施，尽快解决堤后群众受浸问题，市韩东新城防洪综合整治一期工程等项目综合、集约推进。中小河流综合整治（二期）工程方面，积极做好前期各项准备工作，确保上级资金下达即可开工建设；结合省规划实施韩江、榕江、练江三江水系连通和中央环保督查工作要求，积极谋划古枫涝区整治工程、北溪综合整治工程、澄饶联围综合治理工程、韩江干流生态维护提升工程等总投资约235亿元的民生水利工程项目。

【水利执法与管理】

继续规范河道采砂管理秩序　2017年，组织开展白莲采区河砂开采，在确保河道堤防安全的前提下，按照统一规划、从严控制、合理布设、统筹兼顾、规范管理的原则，重新规划河砂临时堆放点并报市审批。对未经批准的堆砂场所，坚决做到发现一宗，取缔一宗。

严厉打击水事违法行为　共组织各级各相关部门开展4次韩江联合督查，月联合执法巡查10次，参与跨市区联合执法督查6次。共查获装运非法河砂船只18艘（有1艘移交潮安水务局办理），立案查处17艘，罚没款28.1万元（还有3艘在办理中）；查获“三无”非法抽（采）砂设备20艘；累计组织各类执法巡查1 500余次，检查过往运砂船只300余艘（次），出动执法人员3 000余人（次）。禁采区内违法采砂现象得到全面控制，河道管理秩序良好。

推进“水岸同治”　全面开展河、渠、塘、库“两清”工作。全市上下全力以赴、高效开展、成效明显，据统计，全市共投入3.4亿元，清拆面积87.06万平方米，清理河岸622.06千米，清理垃圾数量45.70万吨。

严格水资源综合管理　从严控制用水总量、用水效率、排污总量3条红线，加强韩江、黄冈河等主要河流入河排污口的监督管理，同环保等有关部门密切配合，重点加强对韩江水质状况的监控，防治水污染，保护水资源，通过省对潮州市最严格水资源管理的考核评定，得到良好等次。

全面推行河长制工作　全市四级河长体系已建立，各级已定期开展河长制工作监督检查，市级4条河流、2座水库、1个湖泊已完成全覆盖巡查，共巡河12人（次）。各级河长也正在陆续开展巡河工作，对巡河发现问题按照相关制度的要求及时进行整改处理和汇报通报。按要求完成对各县区的验收，并顺利完成省的验收督查。

（市水务局）

气　象

【气候特点】

温度　2017年，平均气温22.1℃，与历年平均值偏低0.1℃。年极端最高气温38.7℃，出现于9月27日，日极端最高气温≥35℃天数28天。年极端最低气温4.9℃，出现于12月21日，日极端最低气温≤5℃天数1天。

日照　年日照时数正常，年日照总时数1 954.6小时，比历年同期少60.6小时。其中只有2、4、8和9月份偏多，其余各月偏少或持平。

雨量　2017年，潮州全年降水量1 629.7毫米，比历年平均值少96.3毫米，偏少5.6%。各月降水分布不均，4、6、7、10、11月降水偏多，其中4、6、10、11月降水显著偏多，其余月份偏少，尤其是9月和12月，异常偏少。2017年日最大降水量101.4毫米，出现于6月18日。暴雨日8天，比历年平均偏多约1天。

【主要灾害性天气及其影响】

台风　受台风“海棠”外围环流影响，8月1日凌晨到早晨，全市出现暴雨，局部特大暴雨。强降水主要分布在潮安区北部和饶平县中部，其中潮安凤凰镇大山站197.4毫米，饶平浮山镇191.3毫米，潮安凤南186.7毫米，饶平浮滨镇166.9毫米。由于降雨时间短、强度

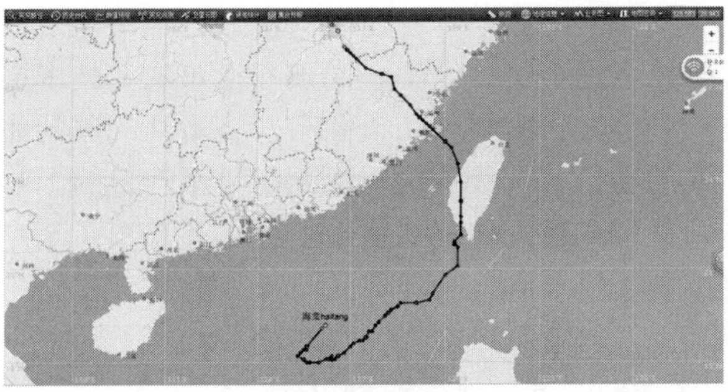

1710号台风“海棠”移动路径图

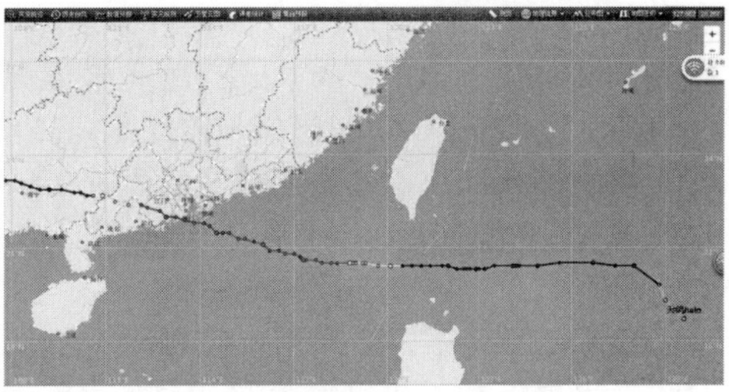

1713号台风“天鸽”移动路径图

强，饶平县中部及潮安区北部山区山洪暴发，部分地区发生内涝积水，多个地方出现道路受阻、交通中断，鱼塘淹没，房屋倒塌，农作物受淹，堤围决口，水利设施损坏。造成全市直接经济损失9 260.6万元；8月22日20时到23日20时，受台风“天鸽”外围环流影响，潮州市普降中到大雨，局部暴雨。全市有20个站降雨量超过50毫米，最大为凤凰山83毫米。据潮安区报告，该区文祠镇受灾农作物约500亩，橄榄落果约2.5万千克，果树倒伏100株，水产养殖受损面积20多亩，道路塌方4处，滑坡6处，水利沟渠损坏约80米，房屋倒塌7间，损失约45万元

暴雨　2017年，潮州市暴雨日数（日降水量≥50.0毫米）：8天；潮州市国家气象观测站录得日最大降雨量：101.4毫米（6月18日）。4月11日饶平出现罕见强降水，发布2017年广东首个暴雨红色预警信号；受冷空气和切变线共同影响，4月11日14时至20时，潮州市中南部出现暴雨，局部大暴雨到特大暴雨，其中饶平县南部17—20时有4个站点录得超过100毫米雨量，最大雨量出现在饶平县高堂镇为156.5毫米。饶平县气象台于11日19时14分发布了2017年广东首个暴雨红色预警信号。短时强降水造成饶平县多地出现积水，交通堵塞；6月17日到21日，潮州市出现连续强降水。6月中旬后期到下旬初，受低涡切变和西南季风共同影响，潮州市普降暴雨，局部大暴雨。6月17日08时至21日08时，全市平均雨量182毫米，其中41个站点录得降水量超过100毫米，19个站点超过200毫米。饶平东山镇录得全市最大雨量246.4毫米、市区224.3毫米、饶平县城230.9毫米。由于降水时间长，强度大，且雨势持续，致使局部地区出现内涝积水，农田受灾，公路中断，工矿企业停产，水利设施受损。

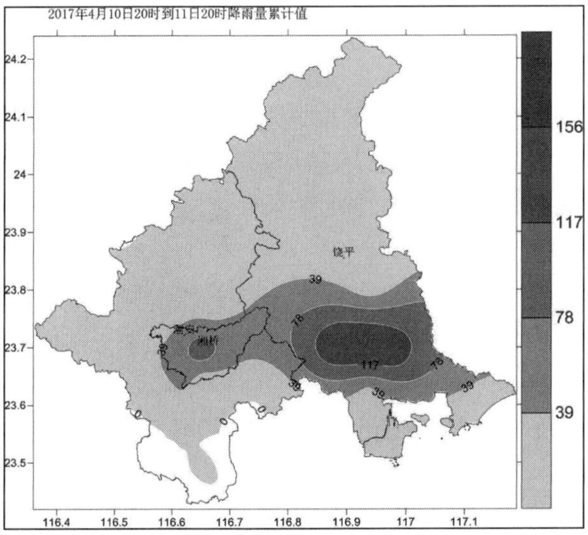

2017年4月10日20时至11日20时降水累计图（mm）

高温　2017年，高温天气集中出现在6月底～10月初。6月28日潮州出现首个高温日，10月10日潮州出现高温终日。年极端最高气温38.7℃，出现于9月27日，该日最高气温刷新

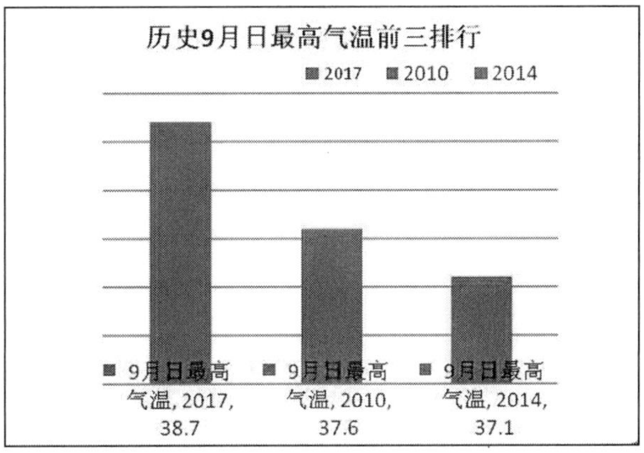

潮州历年9月日最高气温前三排行

了潮州建站以来9月份最高气温记录（原最高气温为2010年9月，37.6℃；第二高气温为2014年9月，37.1℃），日极端最高气温≥35℃的天数为28天；饶平年极端最高气温36.1℃，出现于9月27日，日极端最高气温≥35℃的天数为9天。

低温　2017年，潮州年极端最低气温为4.9℃，出现于12月21日，日极端最低气温≤5℃的天数为1天。

【智慧气象现代化建设】

推进潮州气象现代化建设　2017年，市政府和广东省气象局签署《潮州市人民政府　广东省气象局全面推进潮州气象现代化建设战略合作框架协议（2017—2020年）》，重点开展潮州海洋气象保障工程项目建设，生态文明气象保障工程建设，“互联网+气象服务”工程建设，完善潮州市突发事件预警信息发布体系，落实与气象事权相适应的支出责任等5方面的工作。

推动实施“互联网+气象服务”工程　推进“互联网+气象服务”工程列入潮州市委市政府重点项目库。制定潮州市推进“互联网+气象服务”项目实施行动计划；实施“民生工程”加密气象观测，深入推进部门间数据共享，强化公共安全气象保障，创新水库、发电厂的专业气象服务产品，提供智能化预警提醒和服务模式。

继续完善潮州气象综合监测网　实施“平安山区”“平安海洋”气象保障工程，提高全市对气象灾害天气的监测水平，顺利完成饶平海岛站和13个区域站的升级改造任务；完成5个新建区域站的基础及配套设施建设。

强化科技创新能力　市气象台、市气象公共服务中心完成的项目“潮州市农业气候资源分析与利用业务平台建设”获得了2016年度科学技术进步奖三等奖、2016年度市农业技术推广二等奖；由潮州市气象台、饶平县气象局完成的项目“气候变化对潮州市早稻产量的影响及早稻产量气候模型的建立”获得了2016年度市农业技术推广三等奖。

【气象防灾减灾保障能力】

强化气象防灾减灾救灾职能　2017年，启动应急响应8次，发布各类预警信号60次，向市委市政府、市有关部门发布重大气象信息快报、专报49期，天气报告103期，发送气象决策短信超过63.7万人（次），为公众发布气象灾害预警信息944.7万条，启动停课机制1次。

强化气象公共安全职能　加强气象灾害防御重点单位监督管理，以标准化分类指导监管气象灾害重点防御单位备战汛期。加强重要行业领域气象灾害防御暨防雷安全生产联合执法监察，开展全市危险化学品、易燃易爆场所雷电灾害防御“风险点、危险源”排查整治行动，建立“双随机一公开”行政执法制度。促进恶劣天气停工机制写入潮州市劳动合同标准版本，保证恶劣天气劳动安全。配合市人大开展《广东省气象灾害防御条例》执法检查。潮州市局被评为2017年度安全生产责任制考核优秀单位。

强化气象应急管理职能　推动市政府修订印发了《潮州市气象灾害应急预案》。加强应急演练提升实战能力，在市政府台风险情应急指挥桌面演练等6项演练中展示了气象部门较强的应急、协同处置能力。加强对基层应急责任人和信息员的动态管理，开展全市决策短信接收人员信息库的更新。

（市气象局）

“三防”工作

【雨情】　2017年，全市属于正常降水年份，前汛期降雨量较多，后汛期降雨量大幅偏少，且时空分布不均匀；全年没有台风正面影响，灾情较轻。全市年均降雨量1676.8毫米，略多于多年平均值。8—9月，全市出现持续高温少雨天气，两个月累计平均降雨量186.2毫米，比多年同期减少55%，9月，全市平均累计降雨量仅22.8毫米，比多年同期减少8成。

【水情】 韩江水情平稳，2017年6月15日5时，韩江潮安站出现洪峰流量5 380立方米/秒洪水。全年韩江水位基本保持在12.7米左右。年末全市山塘水库蓄水2.82亿立方米，略少于多年同期蓄水量，农业灌溉用水2.29亿立方米。

【风情】 2017年，全市防御的热带气旋主要有“苗柏”“纳沙”“天鸽”“帕卡”“玛娃”和“泰利”等。这些热带气旋前期对全市构成一定影响，但后期都偏离或远离，对全市影响较小。

【灾情】 2017年6月中下旬、7月初和8月初，3场强降雨，造成全市部分地区遭受了严重的洪涝灾害。8月初的突发强降雨，由于降雨来势猛、强度大，且正值下半夜，致使潮州中部地区山洪暴发，出现内涝积水，农田受浸，公路中断，水利设施受损。据统计，全市有4个县（区）48个镇（街道）14.19万人受灾，倒塌房屋60间，紧急转移人口3 510人，公路中断31条（次），供电、通讯线路中断22条（次），停产工矿企业53个；农作物受灾11.16万亩，水产养殖损失0.32万亩；损坏堤围89处3 558米，堤围决口11处170米，损坏小型水库2座、损坏护岸1处，损坏灌溉设施152处，直接经济总损失1.60亿元，其中，水利设施直接经济损失0.30亿元。全市没有因灾出现人员伤亡。

【防汛抢险和救灾复产工作】

防汛备汛　2017年，全市936宗(座)堤防、水库、水闸、水电站、山塘全部落实责任制，并签订防洪安全责任书。全市有649座水库山塘、169座水闸（水电站）、29宗堤防已编制防洪预案。采取多种形式开展防灾减灾宣传活动，提高全民的防灾减灾意识。举报各级三防指挥部举办三防责任人相关三防业务知识培训及冲锋舟应急救援演练和防汛抢险救援专业技能培训。共排查各类防汛隐患点、危险点（区）759处，消除安全隐患水利工程362处，投入资金约1 300万元。

开展工程应急除险和水毁工程修复　为确保防洪工程的安全度汛和受损的水利水毁工程尽快恢复效益，各级三防、水务部门专门成立工作组，制定修复方案和计划，抓紧抓抢修水毁工程，消除灾痕，恢复工程效益。共投入应急除险和水毁修复资金1 892.5万元。

开展防汛抗灾　在防御台风“苗柏”“天鸽”和强降雨过程中，认真落实“五个100%”，加强“三个对接”，全力以赴落实各项防范措施。据统计，防风期间全市出海船只683艘全部回港避风，海上作业人员4 930人撤离上岸，安全转移受威胁区人员1.1万多人次。全年实现人员零伤亡。

防洪非工程措施建设　通过三防标准化建设和建立防台风长效机制“十个一”工作，全面调试和完善挥系统、保障系统、会议体统、卫星、无线电通信等通信网络和各类信息平台。同时，市三防指挥部督导、联合值守等制度及应急响应工作手册编制、制订完成。市、县（区）两级的三防标准化建设方案也全面完成，镇（街道）级的三防标准建设方案抓紧编制中。

（市水务局）

工业

综　述

【简况】 2017年，潮州市工业经济运行总体平稳。全市实现工业增加值513.1亿元，增长6%，增速与上年同期持平，占生产总值（GDP）和第二产业增加值的比重分别为46.6%和93.7%。全市892家规上工业企业，实现工业增加值369.7亿元，增长6.4%，低于全省平均水平（7.2%）0.8个百分点，居全省第12位、粤东西北地区第6位。

【民营工业】 2017年，全市民营工业实现增加值409.22亿元，增长6.5%，占全市工业比重达79.8%，其中，规模以上民营工业实现增加值229.02亿元，增长7.2%，占全市规上工业增加值比重为70.8%。对规上工业增长贡献率达79.5%。

【工业投资和技改投资】 2017年，全市完成工业投资223.4亿元，增长21.2%，增速比上年同期提高7个百分点，比前三季度提高14个百分点，比全市年度目标值高出1.2个百分点。其中，工业技术改造投资完成62.8亿元，增长20.9%，占工业投资总额比重为28.1%。

【工业销售产值】 2017年，全市规模以上工业实现工业销售产值1 424.8亿元，增长11.5%，比上年同期提高5.3个百分点，其中，内销产值1 213.1亿元，增长14.2%，增速比上年同期提高6.5个百分点，占工业销售产值比重为85.1%，出口交货值211.7亿元，下降1%，降幅比前3季度收窄0.9个百分点，比上年同期收窄0.1个百分点。

【工业结构】 2017年，全市规模以上高技术制造业增加值29亿元，增长12.6%，占规模以上工业增加值的比重为7.8%，其中，电子及通信设备制造业增长17.2%；规模以上先进制造业增加值73.37亿元，增长6.4%，占规模以上工业增加值的比重为19.8%，比上年提高9.6个百分点，其中，新材料制造业增长18.8%，高端电子信息制造业增长17.4%。规模以上优势传统产业增加值195.91亿元，增长7.3%，其中，金属制品业增长14%，家用电力器具制造业增长9.6%，建筑材料增长8.5%，食品饮料业增长5.6%，家具制造业下降5.6%，纺织服装业下降9.4%。规模以上8大行业实现增加值254.7亿元，增长7.3%，占规模以上工业比重68.9%，拉动规模以上工业增长5.1个百分点。

支柱产业

【陶瓷产业】 2017年，全市规上陶瓷工业企业共332家，实现工业总产值449.9亿元，增长9.1%，实现规上增加值123.2亿元，增长9.3%，比上年同期提高0.6个百分点，占全市规上增加值比重为48.4%。

潮州市先后被授予“中国瓷都”“国家日用陶瓷高新技术产业化基地”“中国陶瓷出口基地”“国家陶瓷质量安全示范区”“全国陶瓷外贸转型升级示范基地”“国家新型工业化产业示范基地”“广东省陶瓷产业集群升级示范区”等称号。

7月14日，潮州市举行国家级出口陶瓷质量安全示范区授牌仪式，并启动出口商品质量提升倡议活动。广东检验检疫局副局长邓旭旗向潮州市颁发“国家级出口陶瓷质量安全示范区”荣誉牌匾。8月3日，“先进陶瓷材料创新研究中心”揭牌成立，市政府与韩山师范学院签订《市校共建先进陶瓷材料创新研究中心框架协议》，双方携手共建具有国际先进水平的陶瓷材料创新研究中心；10月24日，由广东省商务厅指导，广东省交易团、潮州市商务局主办，广贸天下承办的潮州陶瓷全球采购基地授牌仪式暨区域国际品牌全球发布活动在广州琶洲展馆第122届广交会举行。潮州市被授予潮州陶瓷全球采购基地认证牌匾和证书。11月19日，中法当代设计（陶瓷）产业研究中心暨广东陶瓷创意联盟在潮州正式成立，并在钱塘村古民居建筑“崇德里”举行中法瓷器创意工坊座谈会。广东陶瓷协会、广州美术学院、潮州市陶瓷行业协会、佛山市陶瓷行业协会、大埔县陶瓷行业协会、广东松发股份有限公司和深圳市斯达高瓷艺有限公司等单位共同发起成立了广东陶瓷创意联盟。此外，还以“开启瓷都创新之旅”为主题，举办了中法陶艺设计交流作品展，与法国利摩日国立美院的艺术家们开展文化交流；12月3日，由中国陶瓷工业协会、中国轻工工艺品进出口商会主办，广东陶瓷协会支持，潮州市陶瓷行业协会和潮州市建筑卫生陶瓷行业协会承办的2017中国瓷都·潮州陶瓷精品展系列活动在枫溪陶瓷城开幕。

【食品产业】 2017年，全市规上食品工业企业共91家，实现工业总产值132.1亿元，增长8.3%，实现规上增加值27.6亿元，增长5.6%。

潮州市食品产业历史悠久，主要分布在潮安区庵埠镇、饶平县钱东镇等地，拥有无穷、顺大、真美、雅士利等一批在国内外影响较大的龙头骨干企业。广大食品企业依靠科技进步实现创新发展，产品涵盖凉果、糖果、奶粉、营养食品、肉制品加工等近20大类2 000多个品种，畅销全国各地，并远销30多个国家和地区。获“中国第一食品名镇”“广东省食品产业集群升级示范区”“广东省食品外贸转型升级示范基地”“中国盐焗鸡之乡”等称号；12月21日，潮安区出口休闲食品质量安全示范区顺利通过广东省食品质量安全示范区考核组的验收，成为广东省首个出口休闲食品质量安全示范区。

【服装产业】 2017年，全市规上服装工业企业共51家，实现工业总产值45.2亿元，下降7.9%，实现规上增加值13.2亿元，增长-10.7%。

2017中国（潮州）国际婚纱礼服周

潮州服装产业是非物质文化遗产潮绣与现代产业完美结合的产物，以简洁大方而又富贵华丽的婚纱礼服为主要产品，有婚纱礼服企业500多家，是世界上最大的婚纱晚礼服生产出口基地之一。拥有名瑞、璐卡思、翔宇、国色等一批在国内外影响较大龙头骨干企业，年产值40多亿元，出口创汇3亿多美元，80%的产品远销欧美20多个国家和地区，形成名闻国内外的产业集群。连年来，在美国的全美婚纱年度评比中，综合指数前3名均是出自潮州的产品；在享有“世界高级时装橱窗”之称的纽约第七大道和第五大道婚纱礼服专卖店里，世界上最美的衣裳同样来自潮州。潮州市获“中国婚纱礼服名城”“中国服装跨国采购基地”“广东省婚纱晚礼服产业集群升级示范区”等称号。11月10日，2017中国（潮州）国际婚纱礼服周在潮州正式拉开帷幕。这是潮州市举办的第三届“国字号”大型婚纱礼服时尚盛典。

【不锈钢制品产业】 2017年，全市规上不锈钢制品业企业共93家，实现工业总产值97.2亿元，增长11.4%，实现规上增加值23.6亿元，增长16.7%。潮州市不锈钢制品产业主要分布在潮安区彩塘镇、东凤镇、金石镇等地，形成了从模具设计与制造、冲压加工、五金表面处理及其它配套产品的生产加工等综合经营格局，产品品种达上万个。拥有创生、永发、伟龙等一批在国内外影响较大龙头骨干企业。获“中国不锈钢制品之乡”“广东省不锈钢制品产业集群升级示范区”等称号。

【塑料产业】 2017年，全市规上塑料工业企业共79家，实现工业总产值80.5亿元，增长3.6%，实现规上增加值21.4亿元，增长-4.5%。潮州市塑料工业以工艺鞋为主，产品制造能力和工艺创新能力强，主要分布在湘桥区、市经济开发区和潮安区的东凤、彩塘、庵埠、龙湖等乡镇，拥有家家乐、中天城、永金兴等一批行业龙头企业。潮州塑料工艺鞋款式繁多，有五千多种，产品以出口为主。潮州市获“广东省工艺鞋产业集群升级示范区”“广东省工艺鞋生产基地”“中国工艺鞋出口基地”等称号。

【印刷包装产业】 2017年，全市规上印刷包装业企业共58家，实现工业总产值59.2亿元，增长6.8%，实现规上增加值14.8亿元，增长4%。印刷包装业主要分布在潮安区庵埠镇、东凤镇等地，产品涵盖各式塑料复合包装袋、铝塑复合包装袋、隐形防伪包装袋和食品药品内外包装、礼品盒等12大类150多个品种，拥有新宏泽、宝佳利、美士达等龙头企业。潮安区庵埠镇被中国包装联合会授予“中国印刷包装第一镇”称号。潮州（潮安）新型环保包装材料产业基地为“省市共建战略性新兴产业基地”。

【电子产业】 2017年，全市规上电子工业企业共12家，实现工业总产值54.8亿元，增长13.1%，实现规上增加值25.1亿元，增长17.1%。电子产业产品主要分布在潮安区凤塘镇、市经济开发区，拥有出三环、金源照明等一批国内外知名企业。其中三环集团是全国最大的先进技术陶瓷、电子元件生产基地之一，产品覆盖光纤通信、电子、电工、机械、节能环保、新能源、生物和时尚等应用领域，其中光纤连接器陶瓷插芯、氧化铝陶瓷基板、电阻器用陶瓷基体等产销量均居全球前列。潮州三环集团凭借在先进陶瓷材料上的多年技术探索和创新，成功牵手智能终端行业，其生产的陶瓷后盖，被小米手机广泛应用。2016年开始，其研发的手机指纹识别盖板也大批量应用到OPPO、vivo、华为和小米等畅销手机上。

【水族机电产业】 2017年，全市规上水族机电产业企业共11家，实现工业总产值24.2亿元，增长6.5%，实现规上增加值5.8亿元，增长3.2%。潮州市水族机电产业主要分布在饶平县，拥有海利、新功、博宇等一批龙头企业。产品大部分远销欧美、日本、韩国、东南亚、中东、香港、台湾等80多个国家和地区，技术水平在国内处于领先水平，具有与国外同行同场竞技的资格与能力。获“广东省火炬计划水族器材特色产业基地”和“广东省产业集群升级示范区”等称号。

（市经信局）

安全生产监督

【简况】 2017年，全市共发生各类生产安全事故255起，死亡56人，全市没有发生较大以上安全事故，连续14年保持无重特大安全事故发生，安全生产形势持续稳定趋好。

【安全生产领域改革】 2017年，制定出台了《中共潮州市委　潮州市人民政府关于推进安全生产领域改革发展的实施意见》。抓好统筹谋划，推进潮州市安全生产领域各项改革发展任务，制定出台了《潮州市重大生产安全事故隐患治理挂牌督办实施细则》《关于进一步强化企业安全生产主体责任落实的通知》《关于建立健全安全生产检查员队伍加强村（居）安全监管工作的意见》《潮州市各级党政领导干部检查安全生产工作指引》等相关配套文件，进一步压实安全生产责任，健全安全监管机制。

【安全生产责任制落实】

“一岗双责”落实　2017年，市委书记刘小涛、市委副书记、市长殷昭举先后多次召开市委常委会、市政府常务会研究部署安全生产工作，并多次对安全生产工作作出指示批示，通过密集部署、轮番推动的形式，真正把安全工作抓在日常、严在经常。为严格落实政府监管职责，殷昭举以个人名义向全市各县区、各有关部门共47名主要负责同志发出“一封信”，结合各地各单位实际分门别类提出安全生产的责任要求、目标任务和整治措施，“点对点”推动安全责任落实。

企业主体责任　在督促企业落实安全生产主体责任的同时，充分发挥行业自律作用，市安监局成立行业协会安全生产协作小组，组织全市22家行业协会召开安全生产工作座谈会，借助行业协会在政府和企业间的桥梁与纽带作用，全面推动各行业成员单位进一步落实安全生产主体责任。加大力度推广企业安全生产责任保险，发挥保险在安全生产中的作用，分散生产安全事故责任风险，保障生产经营单位及有关人员的合法权益。11月13日，制定印发了《潮州市人民政府关于印发进一步强化企业安全生产主体责任落实的通知》，从开展安全生产事故警示教育、设立风险点危险源公告牌、作出企业安全生产主体责任承诺方面等提出具体措施，督促企业严格落实安全生产主体责任，提升企业落实安全生产主体责任的法律意识和执行能力，有效防范较大和坚决遏制重特大生产安全事故发生。

落实责任制考核制度　全市各级各部门层层签订安全生产责任书，认真履行安全生产责任。12月中下旬，市安委会组织了5个考核小组，先后对1县3区党委、政府（管委会）、凤泉湖高新区管委会和20个市直有关单位的领导班子安全生产“一岗双责”履职情况进行了考核。通过进一步完善安全生产责任制考核实施方案，完善考核内容，细化考核标准，改进考核方式，增强考核的科学性、合理性和实操性，充分发挥考核的导向作用，进一步推进安全生产责任落实。

【安全生产风险管控和隐患排查整治】

特别防护期安全生产大检查　2017年，全市各级各部门深入开展特别防护期安全生产大检查工作和重点行业领域专项、综合治理，狠抓风险管控和隐患排查治理，不断加强安全生产监管，各项工作取得明显成效。据统计，全市全年共排查企业1.76万家，排查一般事故隐患5 654项，已整改5 556项，排查重大隐患30项，已整改28项，整改率为94%；对未完成整改的2项重大隐患，已落实挂牌督办。

全市性“风险点、危险源”排查整治行动　对排查的各类“风险点、危险源”进行深入排查、科学评估、分级管控，查清分布情况并建立统一的安全“风险点、危险源”数据库和决策分析系统，切实解决“想不到”的问题，风险点、危险源排查整治取得一定的成效。全市全年共排查风险点、危险源2 160个（红色风险24个，橙色风险137个，黄色风险240个，蓝色风险1 759个），正在整改346个，完成整改1 227个，落实管控587个。

重点行业领域综合整治　根据上级关于全面加强危险化学品、道路交通、电气火灾安全等综合治理的部署，结合本市实际，及时制定并印发了《潮州市危险化学品安全综合治理实施方案》《潮州市道路交通安全综合治理工作方案》《潮州市电气火灾综合治理工作实施方案》等，明确工作目标和治理内容，细化工作措施和工作要求，稳步推进全市危险化学品、道路交通、电气火灾安全等综合治理工作。

“城中村”消防安全专项治理　在推进重点行业领域安全生产专项整治的同时，结合本市消防安全工作实际，市安委会制定印发了《潮州市“城中村”消防安全专项整治实施方案》，积极推进“城中村”消防安全专项整治，各县（区）在本辖区内选取1个“城中村”作为试点先行整治，在9月底完成试点的整治工作，通过以点带面，广泛宣传，现场观摩、召开推进会、制播《逃生自救常识公益片》《电动车火灾警示公益片》等形式，“城中村”消防安全专项整治取得初步成效。

【安全生产保障体系建设】

抓宣传，营造浓厚氛围　2017年，全市各级各部门积极开展形式多样的安全生产宣传、教育和培训工作，努力提升全民安全意识。结合“安全生产月”和“《安全生产法》宣传周”活动，着力推动安全知识进企业、进社区、进学校，建立“一周一教育”校园安全教育制度，印发派送《安全生产法》《广东省安全生产条例》宣传册1.5万本。同时，利用潮州电视台、潮州日报、“红桃粿”APP、LED广告等宣传媒介，多渠道、多层面开展安全生产宣传活动，切实提高安全生产知识的普及度，营造“人人讲安全”的良好氛围。

抓演练，提升应急能力　把“双盲”应急演练作为提升应急管理能力的突破口，印发《潮州市安全生产委员会关于推行安全生产事故“双盲”应急演练的通知》，在全市推行安全生产事故“双盲”应急演练。各级各部门各单位结合实际，定期开展本地区、本行业、本领域安全生产“双盲”应急演练，切实增强安全生产事故的抢险救援和应急处置能力。

抓举报，集聚社会力量　建立安全隐患举报制度，通过电视公益广告等方式，广泛发动群众举报身边存在的安全隐患。同时，设立开通“12345”“12350”“2120399”举报电话，全面畅通举报渠道，方便群众监督举报。建立安全生产举报奖励机制，对有效举报给予300—1800元的奖励。

（市安监局）

工业园区

【潮州经济开发区】

园区经济指标完成情况　2017年，全区规模以上工业总产值完成14.88亿元，比增9.2%。全区固定资产投资完成额为21.54亿元。列入市重点项目6个，计划投资10.08亿元，实际完成投资10.87亿元，完成率107.8%，提前超额完成全年重点项目投资任务。

径南工业园基础设施建设　全年入园项目76个，总投资人民币177亿元，已建成项目16个，在建项目50个，中潮科技研发基地总占地面积约0.67公顷，总建筑面积约1.22万平方米，总投资约2 980万元。拟建设集科技研发、科研成果转化、商务经济为一体的综合研发大楼，由中潮投资公司作为业主单位，负责对项目组织实施。抓紧做好土建的收尾工作；中山大道全长5.9千米，采用一级公路技术标准，设计车速60公里／小时，路基宽32米，双向六车道水泥混凝土路面；设置大桥1座，涵洞14道。项目前期工作基本完成。28日下午，凤泉湖大桥箱梁吊装合龙，实现全线贯通。至9月1日，中山大道的所有建设手续已齐全；径南工业园污水处理厂工程项目是国家减排目标责任书项目，也是全区的重要基础设施项目，主体工程已全部完工，供电外线管道铺设已完成。完成投资8 502万元，占总投资的95.5%。

二期B区征地工作　凤泉湖高新区二期土地开发建设面积达688.13公顷，为做好凤泉湖高新区二期征地的各项工作，成立凤泉湖高新区（二期）建设用地征地拆迁补偿安置工作协调工作小组。相关征地工作已于2017年底正式启动，园区可征的467.12公顷（包括划留地69.47公顷）工业用地，已全部完成征地协议书签订，送市国土局审核盖章。省拟予增加的200公顷规模，由广州地理研究所在原土规中期调整的基础上研究划定用地范围后再进行土地测绘和土地征收工作。已启动开发建设的前期工作，成立二期开发建设领导小组，明确以金山公司为建设单位进行开发，总体设计，分步实施，加紧做好“七通一平”等前期工作。

招商促建工作　做好园区招商引资工作，以招商为抓手，走出去、请进来。组织参加广东潮州（广州）投资宣传推介洽谈会、中国高校成果交易会、粤港经济技术贸易合作交流会、昆明经贸交流与推介活动、市科技局“走进韩师”产学研活动、高新区经科局优惠政策宣传会等，并采用政策叠加等优惠措施。在招商引资过程中，做到科学招商，优质选商。其中新材料和新能源等战略性新兴产业项目取得重大突破。进园项目中重点引进了新型金属质感材料项目，该项目由上海明园集团投资15亿元，应用上海交通大学科研成果，获得多项发明专利，填补国内空白，项目建成投产年产值可达到50亿元以上。另外，高浓度有机污水转换生物基醇燃料及污水再生循环利用项目也已招商入园，该项目由深圳华联世纪生物工程股份有限公司投资，项目的建成不但将实现园区污水零排放，而且把有机污水转化为新能源。争取开通凤泉湖公交班车，解决入园企业员工“上班难”问题；协同市人社局开展招聘，解决企业招工难问题；年底前完成园区公租房的分配入住。

凤泉湖特色项目推进新机制　全区在中山对口帮扶指挥部的指导和帮扶下，围绕三个“一批”目标，即“动工一批，签约一批，洽谈一批”，坚持“一周一推进，两周一汇报，三周一检查”的项目推进机制，成立招商促产工作领导小组，促成统一思想、统一协调、统一指挥、统一行动的局面，加快推进项目建设进度，实现了早谋划、早建设、早投产，对发现的新问题、新困难，一起研究新办法、新措施、新决策予以解决，形成具有凤泉湖特色的项目推进新机制。全年园区新入园建设项目15个，已完成16家企业试投产。

以项目申报为抓手，促进企业优质发展　铁铺镇礼升陶瓷申报2017年高企培育与认定；铁铺镇粤王二手车交易市场申报潮州市中小微企业贷款风险补偿基金；潮州市湘桥区陶源锆砂加工厂、潮州市金润信陶瓷实业有限公司等11家企业申报2017年电力用户参与市场交易准入资格；广东佳业食品有限公司申报2017年广东省企业研究开发省级财政补助资金；广东英乐斯陶瓷科技有限公司申报2017年省级科技专项资金纵向协同管理省市联动项目、潮州市科技计划项目和潮州市知识产权专项资金扶持项目；锦新陶瓷、广东佳业食品有限公司申报2017年度外经贸发展专项资金。申报《潮州市数字视听产业培育孵化建设》项目顺利结题。继续推进“互联网+”小镇工作，编制“互联网+制造”培育小镇任务分解表。同时简政放权，用活用足市政府授予审批权限。全力确保授予全区相关市级经济和社会管理权限和相关部门行政审批“2号章”顺利推进，落实到位，所有受理事项做到即时受理、即时会签、即时审批，提高审批服务新效率。实行《修建性规划总图》审查意见书制度，取消7个工作日的公示程序，缩短审批时间。积极推行缺项受理审批模式，提高审批效率，实现对企业的服务便利化和高效化，促进优质项目加速落地。已收回土地19宗，总面积103.96公顷，都分别陆续供给新的投资企业。

土地确权　确权工作有序快速开展。全区国土“二调”需确权面积7 278亩，户数8 783户，23个村全部已经村集体经济组织成员会议通过，外业测绘工作已全部完成，完成实测面积961.73公顷，占总任务的198.2%，已完成颁证8 675本，颁证率98.8%。

精准扶贫　全区现有贫困户360户774人。严格按照“三个再过一遍”的工作要求，组织进村入户走访，再次调查核实帮扶对象情况，多次整改完善帮扶记录薄和系统网站信息，并实施动态管理；落实教育补助、医保、安全住房“三保障”工作；开展扶贫慰问活动，共发放大米5000余千克，方便面2500余千克，食用油1000余千克，慰问金10万元；积极推进光伏扶贫项目、小额贷款项目，努力争取各方支持，促进项目早日实施。

“六城同创”“治六乱”工作　推进“六城同创”“治六乱”工作，打造更加美好的城乡环境。全区共投入整治资金300多万元，拆除旧猪舍368间，旧厕所173间，旧房屋73间；清扫村道总长约224千米；清理池塘32个；清理违法占地面积1.37公顷，拆除违法建筑4 773平方米，拆除违章广告牌、铁皮183块。通过全面整治，在较短的时间内取得了明显成效，改善城乡环境，全面提升铁铺新形象。

园区全面建设　全区高度重视抓好社会稳定和安全生产工作，区域始终保持“无到省进京越级上访、无群体性事件、无重特大安全生产事故、无发生影响恶劣的案件”的“四无”态势，全力以赴做好十九大维稳安保工作，确保“零上访”“零非访”“零事件”“零发生”。社会面总体比较平稳。重点处理湖北恒广建筑工程公司等企业欠薪问题，涉及总金额约1 043万元，涉及民工约633人，已追回欠薪金额519多万元，解决企业欠薪信访问题7宗。推进“中心+网格化+信息化”建设，打造综治信访维稳中心升级版。深入展开“安全生产月”“安全生产大检查”“安全生产管理员培训班”活动，全面落实安全生产责任制，深化安全标准化建设，加强队伍建设、狠抓隐患排查治理、深入开展安全生产“大检查、大整治”专项行动、劳动密集型企业消防安全专项检查整治行动、“非煤矿山、危化企业、学校、食品”等重点部门安全专项检查整治行动、“打非治违”专项行动、火灾隐患“大排查、大整治”专项行动等。开展金融“村村通”试点工作，乡村金融（保险）服务站已全面完成，相关工作逐步有序进行。全面推进镇、村（居）公共服务综合平台建设，有效将基层公共服务延伸到村（居）一级。推进教育现代化建设，增强服务意识，加强校园规范化管理，做好新生入学招生工作，适龄儿童入园入学率100%，小学升初中259人，铁铺中学2017年高考再创佳绩，较好地完成上级下达任务。不断改善医疗服务条件，做好软硬件建设，完成八角楼、梅州板等6个村卫生站规范化建设。抓早抓实做好登革热及禽流感的防控工作，在全区范围内广泛开展爱国卫生运动，全区未发现“登革热”疫情。开展计生政策宣传，狠抓生育政策落实，加强流动人口管理服务，认真组织开展免费孕前健康检查，落实利益导向政策，全年共计发放各类奖励金额154.2万元。及时开展对困难群众的救助，特别是对民政核定的特困户、五保户、低保户、参战人员等群体，全年来共发放各项救助补助金额约337.4万元。

（市经济开发区管委会）

【潮州港经济开发区】 2017年，园区固定资产投资12.03亿元，实现规上工业总产值100.61亿元，规上工业增加值38亿元，税收收入5.86亿元，企业外贸进出口总值约35亿美元（其中：进口量为31.2亿美元，出口3.8亿美元）。

加快配套建设，优化园区发展环境　积极补齐园区基础设施建设短板。全面启动7项基础设施建设工程。至年底，潮州港扩建货运码头项目已试投产，临港污水处理工程、潮州港公用航道工程、三百门新港区疏港道路等项目已开工建设，文胜围土地平整工程正在勘察设计，进港公路延长线南堤至金狮湾浴场道路工程已完成项目立项，临港产业园污水处理管道工程已完成可研报告初稿。对接中国交通集团、中冶交通建设集团等大型央企，谋划合作建设潮州港进港公路连接石化园区道路扩建工程、潮州港进港公路与国道324线交接点连接沈海高速道路及高速接入口工程、潮州港大埕湾公共防波堤工程、潮州临港产业转移工业园综合管廊建设项目、大埔至潮州港疏港铁路等园区重大基础设施项目；着力破解项目建设用地瓶颈。结合饶平县土地利用总体规划中期调整工作，完成临港产业园和三百门港区（小红山片区）土规调整。结合华瀛粤东液化天然气接收站、益海嘉里潮州粮油生产销售基地、华丰中天丙烷脱氢产业园等重点投资项目的选址意向，加快推进文胜围41.8公顷建设用地报批收储，以及马头山首批78.2公顷和所城镇31.13公顷项目用地的征收工作。同时，积极与省海洋部门沟通，争取项目建设用海指标，全年获批用海面积约44.49公顷。

强化协调服务，推进产业项目建设　围绕签约项目抓开工。凡是到园区落户的项目，派专人全程免费、快捷服务，协助企业办理公司注册、项目立项、规划报建等手续，重点帮助已签约项目加快前期工作，督促已供地项目尽快动工。至年底，华瀛粤东液化天然气接收站已取得项目选址意见、用地预审、用海预审和社会稳定风险评估，抓紧进行项目申报核准和征地工作；益海嘉里潮州粮油生产销售基地已确定项目初步选址，推进项目供地工作和规划设计；华丰中天丙烷脱氢制丙烯（广东国瀚PDH）项目已完成园区规划和项目可研报告，确定征地红线范围，并进行征地工作；粤东名贵木材集散基地已完成部分土地回填平整、地质勘测和项目设计；围绕开工项目抓投产。重点抓好在建项目的服务工作，及时解决项目施工过程中的存在问题，确保项目尽早竣工投产。至年底，闽粤经济合区LNG储配站项目累计投资7.26亿元，完成罐体桩基工程建设和验收；国电海山风能项目累计投资4.2亿元，已正式投产发电；广东海润冷链物流项目已完成2万吨冷库的配套建设，并引进全自动活鱼切片生产线；围绕投产项目抓增效。在抓好企业正常生产、有序经营的基础上，积极督促骨干企业增资扩产，尽快启动二期建设。协助大唐电厂完成3、4号发电机组超低排放改造，顺利促成华丰集团与长春中天能源公司强强合作，建设闽粤经济合作区LNG储配站项目。

抓实招商工作，增强园区发展后劲　立足港口资源优势，明确招商引资主攻方向，确立以临港产业作为目标招商对象，专门制作针对性的宣传手册和招商视频，并结合网站、微信等平台，加大对外宣传推介。国家电投集团、泰富重装集团、益海嘉里集团、中冶交通集团、中国交建集团、东旭蓝天集团等10多家知名企业先后到开发区参观考察，洽谈投资合作事宜；先后前往广州、东莞、长沙、天津等地开展招商推介活动，加强与大型央企、知名民企的联系对接，推动一批项目取得实质性进展。6月12日，招商团队走访了湖南泰富重装集团，推动了重装智慧产业园项目签约合作；7月25日，招商团队参加了“广东潮州（广州）投资推介洽谈会”，与益海嘉里投资有限公司就潮州粮油生产销售基地项目达成签约共识。开发区重大产业签约项目有华丰中天丙烷脱氢制丙烯、国电投闽粤经济合作区（潮州）综合能源、泰富重装智慧产业园和益海嘉里潮州粮油生产销售基地等4个项目，意向总投资约501.1亿元；搭建投融资平台，牵头发动饶平、诏安两县知名企业家共同出资，成立了注册资金为7.62亿元的潮州市闽粤民融投资股份有限公司，撬动更多社会资金参与开发建设。

（潮州港经济开发区管委会）

电力·通信

电 力

【简况】 2017年，潮州供电局全力做好电力供应，实现潮州全网最高负荷达162.2万千瓦，同比增长8.4%。完成购电量85.63亿千瓦时，同比增长7.2%；售电量80.14亿千瓦时，同比增长7.3%。完成固定资产投资9.52亿元，完成率104.7%。获“全国文明单位”“广东省五一劳动奖状”等称号，连续8年在省社情满意度调查中蝉联潮州市第一名。

【政企联动】 2017年，市委、市政府成立市、县两级电网建设协调领导小组，出台一系列支持电力发展的政策制度，推动《电力设施建设与保护条例》列入市2018年立法计划，6项受阻多年的基建遗留工程全部竣工投产，顺利解决金枫电力公司接管问题。

【安全生产】 2017年，完善落实安全生产责任制，圆满完成党的十九大、央视《戏曲春晚》节目录制和金砖国家峰会等保供电任务，实现电网连续25年安全稳定运行。风险管控扎实有效。有效应对台风、山火等电网威胁，没有发生四级及以上事故事件。有效落实防范电网风险20项重点工作，成功化解二级及以上事件20个。深化隐患整改机制，消除设备缺陷隐患1 424项。全面推行关键任务控制卡，推进建设项目协调和安全管理属地化，确保现场人身风险管控措施落到实处。完善应急管理体系。全面梳理应急支援力量和受援能力，精简完善抢修复电工作流程，应急能力持续提升。建立“两违一障”工作新机制。由政府部门牵头、市委专项督查、供电局积极配合、乡镇政府落实解决，以每周一次“统一行动日”的方式，完成31处历史遗留、严重危及安全的线行下违章建筑整治，维护电网安全。

【电网建设】 2017年，500千伏韩江站#2主变扩建工程提前半年竣工投产，220千伏邹鲁和110千伏欧坑、宝山等输变电工程顺利竣工投产。配网发展水平明显提升。贯彻落实配网规划“一把手”负责制，及时调整工作重心向配网倾斜。成立配网规划工作机构，选强配齐工作小组，统筹协调配网规划建设运营工作。全面完成技术导则本地化落地和项目库修编，一批业务骨干加快成长，管理基础得到夯实，869个中低压配电网项目如期完成。

【优质服务】 2017年，共为全市客户节省资金7224万元。对重要工业园区、重要客户提供个性化服务，全面推行业扩报装“一口受理”，提供大客户增容绿色通道，提高办电效率。如为园区企业提供“点对点”用电报装服务，全力满足翔鹭钨业等“四梁八柱”企业发展用电需要。与市节能减排与清洁生产协会合作，加强对“双超”、“双有”及高耗能企业的清洁生产审核。完成全市“十三五”充电桩规划并通过政府发文，全省首创政企联合共建充电桩，负责全市中心区域充电桩的建设运营工作。

【党建党廉】 2017年，创建党员先锋工作站，在金枫电力公司开展“攻坚降损党员走在前”专项行动，实现线损率最高的两条10千伏支线下降36%。深化精神文明建设，持续宣贯《南网总纲》，在市区主干道电气设备围栏增添核心价值观和优质服务宣传展板，助力城市美化，提升企业形象。深入推进党风廉政建设。注重抓早抓小，紧盯节点开展明查暗访，认真践行“四种形态”。打造“潮安区人民检察院—潮安供电局”廉政教育基地，发挥廉洁文化示范单位的引领作用。

（市供电局）

邮　　政

【邮政监管】

简况　2017年，潮州市邮政行业业务收入（不含邮政储蓄银行直营业务收入）累计完成8.27亿元，同比增长40.1%；邮政行业业务总量累计完成17.52亿元，同比增长45.1%。其中，快递服务企业业务收入累计完成6.39亿元，同比增长49.7%；快递服务企业业务量累计完成7 963.53万件，同比增长46.9%。

主要工作　2017年，潮州市邮政业发展“十三五”规划相关内容被纳入《潮州市城市总体规划（2015—2030）》《潮州市新型城镇化“十三五”规划》《潮州市现代服务业发展“十三五”规划》等规划中，凤泉湖高新区、韩东新城等5个区域普遍服务网点建设用地规划也同时被纳入城市黄线控制区域。积极引进百世快递粤东分拨中心落户潮州，提升潮州快递行业区域竞争力（快件分拣场地面积将近1万平方米，日均处理快件达到80万件）。推动辖区内各品牌快递企业通过扩大分拣场地、增加传送带和运输车辆等形式，提高快件处理能力，提升快件运营效能。推进“一市一品”农特产品进城示范项目建设，积极鼓励、引导各快递企业在全市茶叶产区（潮安区凤凰镇、饶平县浮滨镇）设立网点，为茶农和茶叶销售商提供寄递服务，帮助茶叶产区拓宽销售渠道，助力农民增收致富。全年各快递企业累计寄递茶叶快件14.9万件，比增61.7%；寄递茶叶78.6万公斤，比增75.7%；寄递茶叶总价值1.29亿元，比增67.6%；截至年底，与快递企业合作的茶叶电商客户达到44家。创新方式提升末端服务能力，缓解投递“最后一公里”压力，全年新增智能快件箱（含邮政包裹柜）43组，共计格口数1 490个。推动韩山师范学院设立快递服务部，申通、天天等多个品牌进驻，日均派件量约1 600件。加强快递车辆便捷通行管理工作，全年共核发换证及新增快递便捷通行专用证明48份。

夯实安全监管基础，推进实名收寄等安全制度落地，顺利完成全国“两会”“一带一路”国际合作高峰论坛、香港回归20周年、金砖厦门会晤、党的十九大等重大活动期间的寄递渠道安全保障任务，安全监管和应急能力有所提升。扎实推进寄递渠道安全监管“绿盾”工程，顺利完成潮州申通、饶平中通两家企业的视频扩容项目，共计14个摄像头的视频资料接入市邮管局监控室，并与省邮政管理局安全监管中心联网。结合上级文件要求，市政府印发了《关于进一步规范我市党政机关邮件快件接收工作的通知》，重申任何单位和个人不得通过除邮政企业以外的渠道交寄国家机关公文，并对全市党政机关单位建立邮件快件专门接收场所及规范管理工作提出了要求，加大邮件快件接收的安全保障力度。加大执法检查力度和行政处罚力度，全年共出动执法人员398人（次），检查快递企业101家（次），发出书面责令改正通知书16份，共作出行政处罚9宗，罚款金额共2.9万元。截至年底，全市大部分寄递企业均能按要求执行收寄验视制度；快件实名收寄信息率约91%；寄递企业已配备X光机36台，比2016年增加8台，邮政等各主要品牌企业均已配备到位。

充分发挥寄递渠道安全管理领导小组协调机制作用，定期召开联席会议，积极推进与综治、公安、国安等部门的工作协作，突出运用暗访与拉网式相结合的方式，联合做好寄递渠道反恐、禁毒、“扫黄打非”、危化品运输等专项整治工作。全年共出动联合执法人员52人（次），排查安全隐患28个，根据公安机关提供的线索进行行政处罚7宗。

全市取得经营快递业务许可的法人企业共计27家，分支机构75家。全年开展法人企业许可申请协查2次，变更协查4次，分支机构变更（包括设立分支机构）核查23次，审核通过快递业务经营许可企业年度报告19份。积极推进末端网点登记备案工作，截至年底，全市共备案末端网点185个。

全年共进行撤销普服邮政营业场所审批1次，新增邮政营业场所备案1次，邮政营业场所迁址备案1次，暂时业务停限办备案2次，恢复开办业务备案2次。加大对邮政企业的监督检查力度，全年共出动了执法人员370人（次），检查邮政营业网点28家（次）、邮票销售网点10家（次）、报刊亭17家（次）、机要通信网点6家（次）、投递部6个、建制村46个，发出书面责令改正通知书2份，作出行政处罚1宗，罚款金额共1万元。认真做好行业“扫黄打非”工作，强化政治意识和前沿意识，出动执法人员440人（次），检查快递企业76家（次），邮政营业场所24家（次），邮政报刊亭17家（次）。

截至年底，全市共有40家快递企业、3家邮政企业被纳入统计系统。加大统计工作检查指导力度，共出动检查人员15人（次），潮州市源速达快递有限公司被评为2016年度广东省邮政行业统计工作先进企业。加强行业统计数据安全管理工作，研究制定《潮州市邮政行业统计数据安全管理实施细则（试行）》，促进统计工作制度化规范化，确保依法依规使用统计数据。

全年市邮政行业消费者申诉受理中心共受理消费者申诉2 073件，其中，有效申诉（确定企业责任）545件，为消费者挽回经济损失4.46万元。消费者对邮政管理部门申诉处理工作满意率为99.1%，对企业申诉处理结果满意率为97.2%。

全年向省邮政管理局报送信息报道共计39条，其中，省邮管局网站采用18条，国家局网站采用3条，《中国邮政快递报》采用1条。利用重要节日、政务网站和《潮州邮管信息》等平台，积极宣传邮政行业法律法规，报道行业动态信息。参与潮州政风行风热线节目上线直播工作。加大旺季服务保障工作宣传力度，拍摄专题报道2条。

强化对协会的指导和帮助，引导协会发挥资源优势，承接全市邮政业消费者申诉处理日常工作，并为企业提供各项咨询服务，充分发挥连接管局和企业的桥梁纽带作用。指导协会做好换届选举工作，选举产生第二届理事会和监事会，促进协会进一步规范管理，从而更好地适应新形势发展需要。截至年底，协会会员单位达到30家，比协会成立时增加9家。

（市邮政管理局）

【邮政业务】 2017年，中国邮政集团公司潮州市分公司实现业务收入1.90亿元，同比增长10.7%。

完善民生服务项目　全年余额规模达到83.56亿元，全年新增10.98亿元，再创历史新高，年末余额市场占有率达9.9%，较上年底提升1.0%，新增市场占有率达到35.5%，列全省第二位。电商快包通过细化营销考核指标、强化资源支撑，全年共开发新客户235个，实现收入1 641.49万元，同比增长140.2%；国际小包结合跟踪小包和PRIME挂号小包的产品优势，在满足国际小包大客户需求上取得突破，大客户收入占比达90%以上，全年累计收寄2.3万件，创收83.07万元，同比增长664.5%。全市新增邮乐站点746个，累计邮乐购站点978个；成立领导小组跟进饶平示范站点项目进度，完成了40个政府示范农村电商站点的店招建设；成功开发饶平草埔龙眼、潮安东凤茨实两个农产品返城项目；以邮乐小店为抓手加强校企合作，12月5日，与市高级技工学校联合成立校园创新创业基地，为在校学生搭建创业平台。4月26日，启动“预防职务犯罪邮路”活动，实现服务政务、社会影响双提升；推广新媒体广告业务，举办“腾邮赢客”中国行营销峰会活动。紧抓一六三师建师70周年、潮州市档案局新馆落成、饶平茂芝会议90周年纪念等三大契机，将邮文化与地方特色、历史文化结合起来，开发《一六三师建师七十周年纪念邮折》1.25万套，个性化邮票1.35万版；新增代征地税税款业务，累计代收业务5 032笔。

服务能力建设　全年整治了乌洋、新洋、凤凰、彩塘等网点，开展自助设备升级改造，加装存折读取功能。网运寄递也同步发力，建设并全面启用具有进口分拣能力的全市邮件处理中心，开通潮州市与广州中心局之间的直运

4月26日，启动“预防职务犯罪邮路”活动

干线，减少了网络经转层级，潮州部分出口珠三角地区的快递包裹时限T+1提升了43.68%；粤东大同城互寄时限最快实现次晨达；省际出口的邮件提早了约4小时到达广州中心局，部分省际路向时限加快一天；潮州进口省内/省际邮件提前约4小时到达潮州，省内互寄进口时限T+1提升了10.1%；全年布放39台包裹柜、164个人工自提点和904个条码自提点，累计自提量36.5万件，自提量占比为16.6%，双11和双12期间的自提量占比近20%。

服务质量管控　全年共开展市一级检查活动124次、139人（次），填写报告书107份；每季度开展检查考评，并召开全市服务质量工作会议，针对考评检查出现的问题进行深度剖析。强化投递运行质量KPI指标及快递包裹省内互寄进出口作业计划执行率、省际进出口时限达标率管控，全年投递KPI全省综合排名稳居前列，网运时限各项指标全面达标；建立健全安全制度体系建设，推进全市“平安邮政”建设工作，完善金融网点的安防、消防系统建设，开展了金融、押运枪弹等安全专项检查，圆满完成十九大、“一带一路”高峰论坛、“两会”等重要活动期间邮政安全保障工作。

（市邮政公司）

电　信

【电信业务】

持续加快网络基础设施建设投入，网络能力保持全面领先　2017年，共投入2.2个亿的建设资金，加快实施覆盖全市的光纤宽带网络和天翼4G网络建设。至年底，全市电信光纤端口总数已达67.3万个，实现893个行政村“村村通光纤”，全光网格覆盖率达到99.7%，在全省粤东西北地市中排名第一。5月初，潮州电信建设的国际一流（T3+级别）、粤东规模最大、安保等级最高的“云计算数据中心”正式挂牌启用，标志着潮州云计算和大数据服务迈入了信息技术的最前沿，已有腾讯、阿里、网宿等一批国内外知名互联网企业以及人大、纪委、卫计局等机关事业单位的服务器进驻。新建的583个800Mhz“黄金频段”天翼4G基站，解决了包括边远山区、海岛等农村区域的信号覆盖问题，并与现有网络实现高低频协同覆盖，支持高品质VoLTE（窄带物联网），为市民享用优质4G网络打下坚实基础；配合省政府在饶平县开展“中央苏区超高速无线局域网”建设，全面覆盖饶平全境363个行政村，累计放号3.9万户。积极响应“一中心三片区”城市规划，对高铁新城、凤泉湖高新区等区域加大投入力度，完成厦深高铁（潮州境内）沿线及隧道的3G及4G信号补点覆盖；持续加快推进“凤泉湖”技术产业开发区的网络配套建设，部署工业4.0云平台，为园区提供IT基础云服务及ERP应用。

实施“互联网+”行动计划，推动地方经济社会发展和转型升级　承建了政法委镇街综治联勤指挥中心项目、市人民检察院数据中心扩容项目、市委办共性办公手机应用系统等信息化项目30余个，涉及投资金额近三千万元，协助政府通过信息化手段提高公共服务能力和社会管理水平；协助市公安局完成移动警务APP平台建设、智能交通项目建设工程、平安社会二类视频资源平台建设及全市歌舞娱乐场所视频资源收编工作；推动“科技强警”工程“平安潮州二期”项目建设，截至12月份，已起租监控点2 898个，其中新增点数210个，对提高城市社会管理水平、夯实幸福潮州的环境基础、构建新型社会治安防控体系发挥着重要作用。与市教育局签订“‘互联网+教育’信息化基础网络提速合作协议”，全力推进潮州“教育创现”进程。与市政协、市总工会、市人大、紫莲度假村开展了“网站+云主机”业务合作；通过“专属云”完成医疗卫生“专网+云平台”的对接融合，使云计算技术在潮州得到积极应用。

落实“提速降费”“信息惠民”举措，扎实推进社会信息化进程　自2015年5月实行“提速降价”措施以来，至2017年底宽带户均速率由11.3M提升至67.4M，带宽单价由34.5元／M下降至不足1元／M；“百兆用户”占比约61%，居全省前列；二百兆以上用户超过一万户，居粤东首位。实现有C网信号就有4G网络，移动互联网速率大幅提升；自5月起推出真正“无限流量”套餐，每卡更是低至25.8元／月。全面取消新老用户手机国内长途和漫游费，并完成大幅降低互联网专线接入资费、降低国际及港澳台长途通话资费、低速公众及中小微企业宽带免费提速及农村铜缆单固话用户低价光改等举措。4月起，潮州电信与辖区大型超市、连锁商店等792家商家合作，推出“翼支付”惠民补贴政策，全市共有30多万户用户可通过翼支付消费享受每月至少65元的电信生活补贴；截至年底，潮州电信已为1.8万用户减免高达102.5万元的优惠金额。

多措并举做好网络信息安全保障，客户服务能力稳步提升　巩固电话实名制成果、加强垃圾短信治理，落实防范打击通讯信息诈骗工作；切实做好“扫黄打非”专项监管，加强网站备案管理和应急演练，配合公安部门推进公共场所安全无线上网和打击治理“黑宽带”专项行动，切实做好网络信息安全保障；圆满完成十九大、“两会”等党政军及重大事件应急通信保障。重视客户服务质量管理，开展“总经理服务日”、客户声音聆听会寻找服务短板，努力提升服务水平，全年客户服务重点指标完成情况在全省名列前茅。“5·17”电信日，潮州电信率先在潮州实施了业界最严格的“当日装、当日修、超时赔”装维硬性服务承诺，全面提升客户服务标准。

参与社会公益活动，落实企业社会责任　以信息化实现精准扶贫，快速完成挂钩扶贫点浮滨镇黄正村的基站建设；联合潮州人社局打造精准扶贫“村村通就业信息网”服务平台；联合市经信局及市扶贫困办完成潮州45个省定贫困村4K电视业务体验点建设。全力配合市“六城同创”“治六乱”专项行动，高效完成城中村“三线”整治和市城区主次干道架空线路落地工作。开展“向党旗敬礼，为客户服务”进小区服务活动，组建党员志愿者帮助住户检测网络，把服务做进家门；组织志愿者参与“雷锋日”、关怀山区留守儿童、“六城同创”、西湖公园“青春驿站”等公益项目24场

（次），参加人数达1 053人（次）；与团市委联办潮州市首届志愿公益文化节，以实际行动传播志愿服务理念；举办历史话剧《大明四臣相》、宫崎骏音乐会等活动17场，吸引近万名市民参与，丰富了市民的文化生活。

（中国电信股份有限公司潮州分公司）

【移动业务】

加强信息基础设施网络建设 2017年，潮州移动全市4G基站超过4 500个，4G用户数超过130万。建设新一代高速宽带有线网络。基于全光纤组网，建成四通八达的优质光缆网。至年底，累计覆盖家宽用户约77万户，家庭宽带用户超27万，市场份额超45%。推进蜂窝物联网建设，补强现有网络，并满足未来万物互联发展需要，为5G的发展打好基础。

“提速降费”让利客户 自5月1日起，大幅下调70个国家和地区的国际长途直拨资费，覆盖超过90%的国际直拨长途话务量；自9月1日起，取消国内长途漫游费，长途、漫游拨打按市话标准收费。不断降低流量资费，推出流量定向优惠、不限量套餐等，让更多客户畅享4G高速体验，保持稳定的终端补贴投入，开展“4G终端低至零元购”“关爱老年人购机”等活动，帮助更多客户轻松用上先进的4G网络。

助力“智慧城市”建设发展 2015年，广东移动与潮州市政府签订了《加快“十三五”信息化建设，推进“互联网+”战略合作框架协议》。年初，潮州移动也分别与潮安区、饶平县政府签订相关战略合作协议。公司紧贴市委、市政府关于“八网+产业”等相关要求，推进互联网在经济社会各领域的应用，并积极参与各项全市信息化及智能化项目建设，发挥自身信息化技术优势为“百团大战”等项目开展提供技术支撑。在智能集抄及配网改造项目、“两代表一委员”反映社情民意“一键通”平台项目、扬尘污染监控平台、“六城同创”“治六乱”责任监管平台等项目上提供的支撑和服务，有效助力提高智能管理水平、打造“数字政府”；针对小企业和个体户，推出“岭南优品”潮州特产电商销售平台。借鉴优秀O2O电商运营模式，帮助解决资源有限、缺少平台等困难，使小企业、小商户甚至边远山区的农民，均可在家实现开店销售、将潮州特产远销外地，走上致富路；大力推广高品质的“极光宽带”和4k网络电视。4k网络电视以技术先进的机顶盒、高速光纤宽带、高清视频、丰富的资源，获得了许多客户的青睐。至年底发展宽带电视用户达到11万户。

履行社会责任 配合开展创文宣传，发挥企业自有宣传渠道，运用互联网传播手段，积极开展各项创文社会宣传：如在全市30多个服务厅的店前LED电子屏滚动宣传创文宣传标语；利用10086短信端口协助中共市委宣传部做好创文宣传短信的发送工作等。

运用新技术、新媒体、新创意助力文明城市宣传。率先打造国内城市原创音乐VR–MV《和4G在你身边》，以足不出户即可720度全景体验潮州八景为创意，以“VR+MV+旅游概念+原创音乐”赋予潮州旅游城市更多的现代感，由潮州移动4G形象代言人倾情演绎，以新技术、新媒体、新创意助力城市形象的宣传。

新媒体助力传播。贴合城市“创文”主旋律，积极主动在潮州移动“全民视频秀”主题活动中，开辟文明城市宣传的子活动“‘发现和美潮州’随手拍”活动，旨在协助营造、带动、弘扬“创文”精神。活动征集能够体现和谐、美丽、文明的潮州城市景观和风土人情的小视频，发挥粉丝规模超过33万的“潮州移动10086”官方微信公众号的影响力，开展线上投票、评奖、传播等。活动共收集到市民采集的视频472条，优秀视频30条，1.05万人（次）参与投票，营造创建文明城市的良好氛围。

新创意助力推广。潮州移动与潮州电视台联合举办“全城热舞争霸赛暨潮州移动第四届4G形象代言人大赛”，并组织进入总决赛的“十强”舞队在潮州各主要景点（潮州西湖、凤凰洲公园、淡浮院、绿岛等多个景区）结合城市形象进行舞蹈MV拍摄，在潮州电视台、潮州移动10086官方微信公众号等多个媒介进行展播。

（市移动公司）

【联通业务】 2017年，潮州联通以“三个一切”为核心，以打造“五新联通”为抓手，积极推动质效规模转型、互联网化运营转型、新型数字化服务升级转型，分公司顺利通过“潮州市文明单位”的复评，并被评为2017年广东省“法治文化建设示范企业”，潮州联通青年志愿者服务队获得2017年“潮州市优秀志愿服务组织”称号，分公司工会获得省公司2017年度“先进基层工会组织。

匠心打造超卓网络，提供优质高效网络服务 以“超卓视频网”为核心，积极打造4G+精品网络。通过高目标、高标准加快4G网络建设规模，实现4G网络广覆盖。网络效能大幅提升，利用率达到47%。网络建设快速推进，基站开通146个，累计建成4G基站近千个，基本实现全市范围的4G全覆盖。另外，“超卓网络”区域规划在服率全省最高；核心价值区域4G+网络峰值速率超过150兆，视频零卡顿比例全省最佳；游戏严重卡顿小区比例全省最优。

响应提速降费要求，为市民打造实惠产品 积极响应国家“提速降费”要求，充分调研用户习惯，打造一系列满足不同用户需求的产品：针对喜欢上网的年轻人推出腾讯大王卡；针对商务用户推出“冰激凌套餐”，不限流量和语音通话，满足繁忙商务需求；同时，为老用户推出“视频包”“日租包”等产品，让老用户用极低的价格享受大流量优惠。

履行运营商职责，保障用户信息安全 配合公安部门严抓信息安全，通过多手段出击，借助自有网站、短信平台、反诈骗平台等严密监控，利用大数据进行科学分析，对涉诈行为进行拦截，遏止电信诈骗的嚣张气焰，保障广大用户的信息安全；同时，在实名制管控上，坚持实名红线，以高要求、严标准、全覆盖切实实施手机用户实名制要求，对新入网用户进行100%核验，确保入网用户的真实性和合法性

用户体验提升 利用大数据分析用户行为以及偏好，深化大服务保障体系，通过专属客服经理、10010热线、手机营业厅等多渠道，实现了客户7×24小时的优质服务体验。申诉率、NPS客户口碑、五星级客户保有等指标均名列全省前茅。

“互联网+”创新业务发展 充分利用混改的契机，发挥自身网络、技术等优势，构建全国一体化的云计算、大数据、物联网综合平台，为潮州各行业“互联网+”升级及“智慧潮州”赋能。在云平台方面，聚焦政务、金融、医疗、制造4大行业云，为客户提供基于互联网公司底层技术为保障，当地运营商运维为支撑的公有云服务。在物联网方面，整合产业链，为当地制造企业提供像智能马桶、智能水杯、智能灯具等物联网升级解决方案。在大数据方面，构建领先的大数据平台，为潮州产业构建智能大脑。通过自主研发的“联通慧眼”“沃风云版”等大数据应用，为相关政府行局、旅游景点、经营企业等经营决策提供了精准的大数据支持。如开展“数字法庭”、“重点污染源在线监控系统”“潮州市信息导检实战平台”建设、打造“智慧工地”，“生态旅游度假公司信息化管理平台”等，不断推进潮州市“互联网+”进程。

履行社会责任 推进精准扶贫开发工作，在精准扶贫上，高度重视合作扶贫项目，以结对子的方式对饶平燎星村开展对口帮扶，并派遣干部进行驻村帮扶，通过帮助村民落实住房改造、协助开展产业扶贫、发展光伏发电项目等，有效带动村民脱贫致富；国庆节期间，公司青年志愿者服务队积极参与“六城同创”“治六乱”公益活动，为游客和居民提供多样化的志愿活动；响应团市委号召，坚持开展“西湖驿站服务”，每周一次到西湖驿站开展文明劝导以及环保活动；积极参与“美丽中国”信息支教项目，依托公司互联网+教育资源云平台的优势，为“美丽中国”项目在潮州的18个支教学校免费提供优质的教育资源云平台服务。

（潮州联通公司）

交通运输

交通建设

【简况】 2017年，全市交通基础设施建设完成投资71.02亿元，比2016年增长25.4%，其中：公路桥梁建设55.53亿元（高速公路39.09亿元、国省道建设9.7亿元、县乡公路4.04亿元、大桥建设2.7亿元），铁路项目完成投资11.6亿元，码头建设1.4亿元。另外，市政道路完成2.49亿元。

【铁路】 2017年，会同各县（区）、市有关部门协调配合全力加快广梅汕铁路增建二线及厦深联络线、梅汕客运专线（含潮汕站动车运用所）征地拆迁、施工建设等工作，协调处理铁路建设涉地问题，全面完成广梅汕铁路增建二线及厦深联络线、梅汕客运专线主线的征拆工作。2个项目分别完成投资8.64亿元、2.86亿元。厦深铁路潮汕站扩容工程经努力争取，已完成初步设计的编制。潮安站改造项目获得铁路部门的支持，饶平站实现始发。

【高速公路】 宁莞高速公路粤闽界至潮州古巷段于2017年12月15日顺利通过交工验收，12月28日通车。大潮高速潮州段加紧开展征地拆迁、软基处理、土方工程、桥梁桩基、下构、梁板预制、涵洞及隧道施工。潮汕环线高速公路潮州段开展桥梁桩基、下构施工及路基施工。宁莞至汕海连接线高速公路可行性研究报告已编制并通过省交通运输厅组织的评审，开展相关前期工作。

【国道省道】 2017年，全市国省道建设共完成投资9.7亿元。省道S335线浮岗桥至深坑桥路段扩建工程已交工验收。潮州东大道第一、二合同段加紧施工，第三合同段已完成施工招标工作。省道S233古巷至凤塘段改建工程（外环西路）、护堤路枫溪段、省道S231凤凰至文祠路段路面整修和绿化提升工程正加紧施工。省道S222坑海线黄冈镇圩段和三百门大桥至海山段改建工程已完成施工图设计的审批。省道S231凤湾线文祠至意溪段改建工程、省道S222线三饶至浮山段、省道S501线浮滨至樟溪段改造、省道S222线胜利二桥改建工程、省道233线彩塘大寨至汕头交界路面改造工程等项目开展前期或勘察设计等工作。

【县乡公路】 2017年，全市县乡公路建设完成投资约4.04亿元，其中完成通村公路建设132.5公里，县乡公路开工建设15千米。其中：汕汾高速公路潮州互通立交至径南工业园连接线道路路基工程、桥梁、涵洞工程已完成，配套工程完成58%。

【大桥】 2017年，截至12月底，如意大桥磷溪段至枫溪环乡路口段施工已基本完成，如意大桥延长线道路部分已完成软基处理、路基土方施工，跨广梅汕铁路桥已完成32条桩基、6条系梁、3条墩柱施工。潮州大桥主体工程已全部完成。省道S232线市区段改线外环大桥（凤凰大桥）及连接线工程施工图已完成评审，施工监理招投标文件编制基本完成，征地工作全面开展。

交通运输

【简况】 至2017年底，全市拥有各种营运客车1 607辆，其中客运班车263辆1万客位，出租汽车915辆4 575客位，旅游车80辆3 524客位；公共汽车349辆9 218客位；市区人力三轮车661辆；各种营运货车9 475辆，其中大型货车1 330辆1.91万吨位，中小型货车8 145辆15 981吨位，牵引车101辆、挂车169辆5 428吨位；危险货物运输车辆397辆8 443吨，其中挂车124部。拥有客运船舶7艘420客位，货运船舶327艘59.3万载重吨，其中万吨级以上散货船5艘。全年完成公路客运量2 195万人（次）、客运周转量266 629万人公里，公路货运量4 097万吨、货运周转量558 789万吨公里；完成水路客运量12万人（次），客运周转量36万人公里，水路货运量921万吨，货运周转量1 975 295.42万吨公里。

【道路运输】

推进出租汽车行业转型升级，支持并指导本土网约车平台“潮运快车”取得服务范围为全国的线上服务能力认定　2017年10月1日，正式在全市开展线下经营服务，且同时为全市传统出租车开放接入端口并提供免费配客服务，促进新老业态错位经营、融合发展。

拟订共享单车试点项目建设方案　择优引入经营主体，启动电子围栏的选址和建设，加快为城区居民绿色出行提供更多的选择；

落实道路运输企业安全主体责任　规范道路运输从业人员的注册、备案、迁移、继续教育及其日常经营行为，狠抓车辆动态监管落实情况，实施“一处违章，处处受限”的源头管控措施，通过安全约谈对违章车辆、驾驶员及其所属企业的经营行为加以压束，建立健全道路运输业户安全生产承诺制度，实现了2017年全市道路运输生产零事故的工作目标。道路运输相关行业方面，主要开展了推进机动车驾驶员培训行业改革、配合“六城同创”规范机动车维修业经营行为、配合公安部门督促货运物流企业落实“四个百分百”安全管理制度等。

【水路运输】　2017年，新增营运船舶12艘，0.32万载重吨，其中200载重吨以上内河营运船舶9艘；注销退出营运船舶33艘。至年底，全市共有水路运输企业6家，水路运输辅助业企业5家，货运船舶318艘，46.4万载重吨，8.18万千瓦，其中万吨级以上船舶5艘，客运船舶7艘，420客位244千瓦。

【公共交通】　2017年，公交行业在城乡公共客运授予市粤运公司特许经营的基础上，继续深入推进客运“一张网”建设。政策方面，在财政等部门的大力支持下，起草《潮州市城乡公共交通财政补贴资金管理办法》，8月底，经市政府批准颁布实施。市粤运公司完成了对吉通公司客运资产的收购，打开了公交资源高效运行的新局面；基础设施建设方面，桥东公交枢纽二期工程建设继续推进，厦深铁路潮汕站公交枢纽完成扩建并顺利投入使用，公交站亭的建设管养体制改革顺利完成，全市的公交站亭交由粤运公司负责建设和管养，“站运一体”的可持续发展格局初步形成；公交服务质量方面，线网密度、覆盖率、准点率、安全及文明等指标正得到逐步提升。至年底，市区公交线路调整为18条，累计投入运营公交车242部；全市投入营运出租车915辆，全年更新出租车9辆；全市累计建成乡镇客运站35个，客运候车亭795个；农村客运班线18条，累计投入农村客运班车76辆。

【交通执法】　2017年，全市共出动执法人员4.53万人（次），出动执法车船1.12万辆（次），共查处案件2 919宗，卸载货物3 135.76吨，清理拆除违法广告牌1 779块，总面积达1.10万平方米；清理流动摊档、摆摊设点350处；清除省道S235、S231线公路两侧路障达27千米；拆除帐篷5处、棚屋5间、构筑物8处；打击和纠正交通运输违法经营行为，净化了交通运输环境，交通运输秩序明显好转。

港口管理

【简况】 潮州港完成货物吞吐量1 272.66万吨，同比约增长49.0%。从外贸货物完成情况看，全港完成外贸货物吞吐量759.22万吨。全年安全引航521艘（次），无发生安全生产事故。

【重点项目建设】

潮州港扩建货运码头工程 2017年，实际完成投资8 800万元，累计完成投资3.31亿万元，占项目总投资的59.4%。目前项目安全预评价报告、职业病预评价报告已通过专家审查，并由相关主管部门备案，安全设计专篇及职业病防护设计专篇已完成；职业病防护设计专篇专家评审复审通过；填海竣工验收报告已通过专家评审；防溢油评估报告已完成专家论证。房建一期工程于8月25日正式开工，码头现场的施工也按计划有序进行中。

潮州港公用航道一期工程 项目的施工单位、监理单位已经进场，同时已完成测量控制点移交工作、航标设置报批工作，并对施工海域清障期间界限设置浮标。在相关部门的共同努力下，已于9月29日动工建设，但由于项目海域清障工作未全面完成，影响项目继续推进。

【港口经营管理】

港口法治环境营造 2017年，在港口经营管理上，严格执行《港口经营管理规定》和《港口危险货物管理规定》，严把企业尤其是危险货物作业企业市场准入关口，依法从严审核，严禁带隐患投产，加强危险货物港口作业监管。为此，编制《港口经营许可办事指南》以及《港口经营许可业务手册》以更好地服务港口企业。全年共实施港口经营许可事项2项，审批港口危险货物作业303宗。全年无一例违反港口法的审批事项的案例发生。

加强日常监督管理，维护良好的港口秩序 持续加强日常监督管理，维护良好的港口秩序，对潮州恒业集装箱综合码头有限公司发出《关于责令限期整改的通知》，责令该司限期整改，并按要求完善经营相关手续；按照《潮州市整治违法开采运输堆放销售海砂工作方案》的要求，开展对海砂经营进行专项整治，要求各有关经营单位不得为运载海砂船舶、三无船舶提供装卸、靠泊、作业服务，责令港区海砂9月27日前清理完毕。认真做好港口危险货物作业现场监督管理工作，确保港口危险货物作业生产安全，全年共派出现场危险作业监装监卸750人（次），监装监卸船舶250艘（次）；严格执行落实港口船舶动态定期报告监督管理制度，强化进出港船舶的管理工作；抓好港口生产统计和数据分析。

加强船舶与港口污染物接收转运及处置的专项整治 为贯彻落实国务院“水十条”，加强船舶港口污染物控制，进一步规范船舶与港口污染物接收转运及处置的市场经营行为，严厉打击违规排放、违法经营等污染水体环境和扰乱市场秩序的行为，确保全市港口码头污染防治指标控制在国家环保部等11部委联合印发的《水污染防治行动计划实施情况考核规定（试行）》的范围内，向市财政申请资金开展全市船舶与港口污染物接收转运及处置建设方案的编制工作；与市经信局、环保局、住建局、潮州海事局联合制定了《潮州市船舶与港口污染物接收转运及处置联合专项整治行动方案》并印发给县、相关单位和下属企业；局领导亲自带队开展专项检查11企（次），发出整改通知11份，要求各港口经营人限期完成整改工作，定期提交工作报告，共同推进船舶和港口污染治理工作。《潮州市港口与船舶污染物接收、转运及处置设施建设方案》已经省交通运输厅和市局组织通过专家审查，报市人民政府审批印发。

加强韩江内河锚地设施的日常管理工作

根据潮州市航运总公司的报告，委托其管理的锚地浮筒（意溪头塘处）有1个浮筒进水而导致严重下沉，要求拨款对该浮筒进行维修或者处理。3月17日，经实地勘察。情况基本属实。要求市航总要采取措施做好锚地的日常管理维护工作，特别是安全管理工作；抓紧对该锚地浮筒维修资金进行预算并及时上报市财政部门。由于未能落实相关财政资金，已采取措施，将受损浮筒拖移锚地，消除存在隐患。

开展港口经营市场动态监督检查暨危险货物港口经营人资质年度核验工作　根据《中华人民共和国港口法》及《港口危险货物安全管理规定》的规定，对潮州港已取得《港口经营许可证》以及《港口危险货物作业附证》的港口经营企业开展港口经营市场动态监督检查暨危险货物港口经营人资质年度核验工作，逐步完善潮州港港口经营许可和监督管理机制，规范港口经营市场监督，把港口管理工作落到实处。

拓展港口市场，召开潮州港扩建货运码头项目推介会　潮州港扩建货运码头是由厦门港务发展股份有限公司与潮州海湾投资开发有限公司按照股比7：3成立的合资公司，旨在打造潮州地区集装箱业务和件杂货业务的港口公共综合物流服务平台，促进潮州临港新城的建设。潮州港扩建货运码头项目的水工主体结构工程已基本建成，11月9日，联合厦门港口管理局、厦门港务控股集团公司在市迎宾馆举办潮州港扩建货运码头推介会。

【港口安全监管】

加强港口设施保安工作的日常监督检查和年度核验工作　2017年，根据交通运输部《中华人民共和国港口设施保安规则》及《关于发布年度核验办法的通知》要求，为做好港口设施保安工作，对2家港口企业本年度的港口设施保安符合证书进行年度核验工作，采取书面审核和现场核查相结合的方式，对港口设施保安组织机构、港口设施保安员资质培训、港口设施保安设备状况及运行情况、港口设施保安费收缴及使用情况、港口设施保安规章制度完备性及实施情况等方面进行全面核查。从核查情况来看，2家港口企业的设施保安工作基本符合要求，对检查中存在的问题，有关港口企业按期完成相关整改工作。

开展危险货物港口作业安全治理专项行动　根据上级交通部门的统一部署，制定并印发了《潮州港危险货物港口作业安全治理专项行动实施方案》，决定于5月初至2018年12月底开展危险货物港口作业安全治理专项行动，重点对港口危险货物企业落实安全生产主体责任、开展重点领域和突出问题整治等方面进行部署。6月，到危险货物企业开展整治行动5企（次），对各危货码头装卸设施、作业工艺、消防救生设施等进行了检查，同时还核查了企业安全管理制度、应急管理、安全评价报告等执行情况，发出整改通知书5份，要求限期完成整改工作，切实推进危险货物港口作业安全治理专项行动的落实。

开展港口危险货物储存港区安全风险评估发现隐患问题整改“回头看”检查工作　为进一步推动企业落实主体责任，巩固2016年3月开展的港口危险货物港区安全风险评估工作成果，深化潮州港危险货物港口作业安全专项治理，再次排查发现并整改存在的隐患，8月8—10日，对5家危货企业进行检查，共出动检查人员30人（次），特邀行业专家全程参与，以查阅资料档案和作业现场检查相结合，发现一批隐患问题，下发整改通知书5份，以书面形式通知各港口经营人整改，相关整改工作跟踪落实中。

开展安全生产大检查　为深刻吸取“7·6”广河高速龙门永汉路段及“8·10”西汉高速陕西安康段特大交通事故的教训，迅速对各港口企业、在建工程和潮州引航站的安全生产主体责任进行检查，要求企业加强库区消防设施设备日常维护，消除隐患，确保安全；危货企业要加强对充装槽车装卸作业安全管理，严格落实车辆进出必检制度；并对前阶段港口危货作业专项整治行动发现的相关企业存在问题的整改情况进行督促、指导；抓好“五一”“国庆”“十九大防护期”等安全大检查。

开展潮州港危险货物港口企业风险点危险源排查管控治理工作　根据《潮州市安全生产

委员会关于实施全市性风险点危险源排查整治行动的通知》以及广东省交通运输厅有关文件要求，为摸清港口危险货物作业单位风险点危险源底数，评定存在风险点危险源的风险等级，以便更好采取有针对性的管控措施，降低港口危险货物作业安全风险，消除各类港口危险货物作业安全隐患，确保全市港口生产安全，委托有资质的安全评价机构开展港口危险货物作业单位风险点危险源评估辨识工作，编制《潮州市港口危险货物经营单位风险点危险源排查管控治理报告》。

（市交通运输局）

海事管理

【简况】 2017年，潮州辖区水上交通安全形势持续稳定，全年辖区水域未发生列入统计范围的一般等级以上水上交通事故和污染事故。辖区进出港船舶5.95万艘(次),货物吞吐量1 171万吨，旅客运送量36.92万人（次），征收港建费4 179.7万元；巡航里程2.10万海里，其中沿海4 715海里，内河1.63万海里；完成海船安检27艘（次），河船安检137艘（次）；实施行政处罚90宗；船名审核43艘（次），船舶所有权登记35艘（次），国籍登记133艘（次），最低配员登记89艘（次），光船租赁登记1艘（次），注销登记25艘（次），变更登记107艘（次）；发放海船船员适任证书1本，内河船员适任证书266本，内河客船船员特殊培训合格证2本，船员服务簿27本；审批国际航行进出口岸船舶307艘（次），审批载运危险货物船舶480艘（次）；完成船舶建造审图1套，新船建造检验8艘、营运检验379艘（次），验船总吨位5.7万。

【安全监管】

专项整治 2017年，认真做好安全大巡察工作，组织为期3个月的“春雷”行动，开展“翻箱倒柜”式的安全自查行动。及时制定大巡察方案，分析把握监管重点，评估监管成效，查找辖区问题。扎实开展防范船碰桥专项治理行动，组织召开防治船碰桥警示教育会议，强化船碰桥安全管理。督促桥梁业主落实安全主体责任，推动厦深高铁桥墩防碰撞设施的安装和韩江大桥桥墩防撞桁架的维修加固。完成两艘历史沉船的破拆打捞工作。建立健全辖区闲置停泊船舶的管理台账，清理桥区水域闲置船舶。召开辖区航运公司安全约谈会，督促停航船舶落实安全措施；严打内河船参与海上运输违法行为，充分调动执法力量24小时盯防违法船舶，协助地方政府开展海砂运输堆放专项整治。专项行动共协调拘留无证船员2名，取缔7个非法堆砂点。

推进治理攻坚辖区安全隐患 积极向地方政府报告汤溪水库、汛洲岛等水域非法载客隐患问题，推动政府挂牌督办两大安全隐患和列入省重点攻坚整治项目。联合执法查扣汤溪水库两艘非法载客船舶。抓住潮州港航道工程和船舶触碰养殖缆绳险情契机，在市政府专题会议上汇报养殖碍航情况，提出整改建议，推动当地政府组织开展非法养殖的清理取缔工作。

强化渡口渡船现场管理 以市政府的名义牵头组织开展了全市渡口渡船安全督查，要求各县（区）按时整改督查发现的问题。积极走访市交通局，做好渡船运营人的思想工作，促成辖区3艘老旧渡船进行拆解处理，彻底消除了安全隐患。联合周边海事单位、地方政府及相关部门开展渡船联合检查。主动向地方政府报告渡船管理情况和存在问题，推动隐患整改的落实。

推进防台防汛工作 及时组织召开辖区2017年防抗热带气旋工作会议，全面布置防台工作。圆满完成防抗台风“海棠”“玛娃”“泰利”等工作。加强与气象、水务等部门沟通联系，强化危险天气的预警预报，全年共发布预警预报信息6.4万余条。成功处置了华夏89轮的险情，及时组织力量将船员进行转移。做好

"金满江1"船搁浅事故处置工作，督促指导船方制订脱浅方案及落实安全措施，防止次生事故发生。

现场监管　加强韩江新开采砂区的现场监管，源头把控内河船舶运输航线，严查超载、配员不足等水上交通违法行为。深入开展"十九大特别防护期安全生产大检查""水上交通风险点危险源排查整治""水上交通安全大检查"等安全专项活动。深化与安监、交通、水务、渔业、航道、潮州供水枢纽等单位部门的联合执法机制，加强对重点水域重点时段重点船舶的监管力度，严惩重大违章，依法对3艘未经批准进入潮州港的外籍船实施行政处罚。

源头管理　严把船检质量关，开展了船舶号灯的专项治理行动和船舶不按规定标明船名牌的专项行动。加强航运公司安全管理，落实航运公司定点联系人制度，开展平安企业创建行动，推动了客船救生设备和助航设备的全面更新。严格按照法律法规开展船舶、船员发证工作，杜绝违规发证，确保船舶适航、船员适任。

【海事服务】

主动对接潮州市重大涉水项目　2017年，积极做好潮州大桥、东西溪大桥、宁莞高速韩江特大桥、潮州港扩建货运码头、韩江采砂作业区、灌区沉管等在建涉水重点项目的监管服务工作，督促业主单位落实安全生产主体责任。协助完成潮州港公用航道通航安全评估，配合做好航道整治工作。做好潮州港扩建货运码头试运行、大型电煤船进港等现场清道护航工作。

提供优质的海事政务服务　政务窗口增设4台办事可视化触摸屏，依法公开办事指南、申请指引等服务项目。做好市网上办事大厅海事服务指南的优化调整。积极落实降费减负政策，严格按照规定停收船舶登记费和船舶及船用产品设施检验费，为航运企业减负。做好《船舶登记办法》的宣贯实施工作，简化了申请材料，优化了船舶办证流程。

服务地方经济　完成市政府交办的央视春节戏曲晚会和潮州青龙庙会民俗活动的水上交通安全警戒任务，妥善协助完成韩江意溪段文祠水排洪溪水面油污应急处理工作。支持参与潮州电子口岸暨国际贸易"单一窗口"平台建设。支持辖区船员队伍发展，稳步推进内河船员信息采集工作，实现海船船员办证无纸化。

（谢钟杰）

国内贸易

综　述

【简况】 2017年，潮州市社会消费品零售总额544.05亿元，同比增长9.8%；分地域看，城镇市场实现零售额424.52亿元，同比增长9.8%；乡村市场零售额119.54亿元，同比增长9.7%。分行业看，批发零售业零售额499.43亿元，同比增长10%，拉动消费增长9.2%；住宿餐饮业零售额44.62亿元，同比增长7%。旅游市场保持较快增长，实现旅游收入234.76亿元，增长29.5%；接待海内外游客人数1 534.6万人次，增长30.2%；客房出租率为47.9%。

（许泽波）

【区域合作和交流】 2017年7月27日，潮州市组织经贸代表团赴香港参加2017粤港经济技术贸易合作交流会，推介潮州市投资环境及重点产业和进行产业对接交流洽谈。

8月24—28日，潮州市组织全市5家食品、服装企业参加在新疆乌鲁木齐举办的2017亚欧商品贸易博览会。

9月18日21日，潮州市组织代表团赴厦门参加2017厦门国际投资贸易洽谈会，宣传推介潮州投资环境和开展项目对口洽谈交流。

9月19日，潮州市组织全市5位企业家参加在广州举办的2017全球粤商大会。

11月23日24日，潮州市组织全市成员单位参加在福建漳州举办的闽粤赣13市党政领导第21次联席会议。

（郑德桦　蔡曼尼）

商品专营

【食盐专营】 2017年，全市食盐总销售量9 610.3吨，其中大包装食盐销售4 771.2吨，小包装食盐销售4 839.1吨。全市共出动执法人员2 054人（次），检查学校、集体食堂、酒楼、农贸市场、超市、店档、企业、厂家2 131个，查案123宗，其中一般案件5宗、责令改正案件118宗，查获违法盐产品30.85吨，罚款3 348元。

盐业体制改革　落实食盐储备任务，严格按照盐业体制改革方案中“建立由政府储备和企业社会责任储备组成的全社会食盐储备体系”的要求，加紧食盐储备调运工作，完成市级食盐储备量共1 550吨食盐储备任务，为应对食盐突发事件和食盐安全供应提供有力保障。按照改革方案中坚持政企分开改革方向，盐业主管机构、食盐安全监管机构与盐业公司分开的规定，着手做好职能移交的准备工作。

落实工作措施，确保全市食盐安全　加强食盐质量安全及落实国家盐改跨区经营政策专项行动检查，对销售环节的大型商超、农贸市场、食盐零售点、食盐配送点和使用环节的公共集体食堂、酒楼大排档、食盐终端用户等的食盐质量和食盐销售行为等情况进行检查，确保全市食盐质量安全、供应安全和国家盐改跨区经营政策的落实。

查处大案要案，查处食盐安全案件　5月，中央电视台对外省两家制盐企业的不合格盐产品（臭脚盐）进行曝光后，联合有关部门在潮安区彩塘镇一仓库内查获“臭脚盐”28件，已被立案处理。处罚食盐信息安全案件。8月，全市微信圈中出现一则主要内容为“潮州市12个职能部门、8家主流媒体9月份将在潮州市举办盐业物流工作发布会”的广告图片。此虚假广告盗用市政府名义，存在侵权行为，市法制、公安、工商和盐务部门联合开展调查，公安机关已对涉事人作出行政处罚。查处食盐跨区域经营案件。7月，在潮安区浮洋镇一仓库现场查获涉案盐产品24.5吨，依法对涉案人员进行立案调查。

宣传引导　通过《潮州日报》等新闻媒体及《潮州政风行风热线》栏目，开展盐业政策法规宣传，解读盐改政策，解答民众对盐改制度的疑惑，携手潮州电视台走进社区，开展“电视进社区，服务到家门”宣传活动，提高市民食盐安全意识。

（市盐务局）

【烟草专卖】 2017年，潮州市烟草专卖局（公司）获得全省直属单位2017年度工作目标综合考核二等奖、潮州市“纳税大户”等荣誉称号。

智慧打假　与公安、工商、邮政等部门联合印发《联合打击涉烟违法犯罪工作机制》《建立寄递渠道涉烟违法行为联合监管协作机制》等，完善联合打假工作制度。行业上级再度投入600万元综合治理专项经费，推进共治上新台阶。不断健全多部门联动、多警种联合办案协作机制，投入技侦力量和航拍等手段，通过强打狠打、严打重打，最大限度压缩制假产能。潮安彩塘“3·03”案件一举捣毁5个卷烟制假、转运窝点，抓获涉案人员52名（越南籍36名），为全市自2010年“海啸二号”专项行动以来打击力度最大、制假规模最大、案件经营最成功、抓捕人员最多的典型案件，受到公安部、国家局通报表彰，被评为“2015—2017年广东省‘两法衔接’优秀案例”，并刊登在《南方日报》“2017年全省卷烟打假打私典型案例”专版，1名局（公司）副局长被评为“全国卷烟打私打假工作先进个人”。先后开展规范新型烟草制品市场、打击违法违规经营大户、打击“假私非”违规经营等三大专项行动，严管严控，切实提高全市卷烟市场的守法经营率。全年共办理市场案件1 198宗（比增81%），查获涉烟卷烟43万支，案值34.55万元。全年破网涉烟打假案件73宗（比增38%），其中国标网络案件7宗、省标2宗，破网率创历史新高。查获制假机械56台（比增40%），假烟5 159万支（比增91%），烟丝73吨，案值约5 733万元。另外，协助工商部门查获印刷机械6台，烟标399万张。抓获涉案人员123人、刑拘128人、逮捕104人（其中制假老板、股东11人）、判刑61人。

卷烟经营　共引入新品33个，退出24个；加强市场监控，落实工商协同，做到货源投放与市场需求相吻合。围绕“大品牌·大家庭”理念，工商协同抓好“双喜”等重点品牌的培育，结构提升显著。全年全市“双喜”在销规格共22个，销售5.01万箱，比增1.2%；单箱结构达2.72万元，同比增加1 056元，比增4.0%，增幅排名全省第三；“双喜”一类烟销售4 046箱，比增42.2%，增幅排名全省第三；其中，“双喜”（珍藏）销售量达200箱，位列全省第二。全市双喜陈列比赛推荐作品分别荣获最佳创意奖及三等奖。完善营销队伍激励考评细则，合理分解任务，建立区域营销部月度考核制度。组建推行零售客户自律互助小组，打造高效客户服务模式，探索创新营销方式，营造和谐卷烟生态环境。全年保持了3个稳步增长：销售方面，全年共销售卷烟10.4万箱、比增0.02%，销售金额（含税）34.18亿元，比增2.5%；税利方面，实现卷烟税利8.41亿元、比增3.0%，其中，上缴各税6.28亿元、比增2.8%；卷烟结构方面，累计单箱销售收入（含税）3.29万元，位列全省第四，比增2.5%，增加795元，因结构提升带来销售收入增加8 268万元。

基础建设　新建卷烟物流配送中心项目被列入2018年潮州市重点建设项目，拟选地块进入地价评估及招、挂、拍阶段，并进入行业立项审批程序。开展精准扶贫、慰问困难卷烟零售客户等多项社会公益活动，全年共投入扶贫济困等捐赠款189万元。市烟草专卖局直属分局被评为全市“青年文明号”。

（市烟草专卖局）

开放型经济

综　述

【外贸进出口】 2017年，全市货物进出口210.9亿元，增长5.5%；其中出口176.2亿元，增长1.5%；进口34.7亿元，增长31.3%。一般贸易出口166.9亿元，同比增长1.3%。加工贸易出口5.7亿元，同比增长2.9%。

【县（区）出口情况】 2017年，潮安区出口59.8亿元，同比增长1.5%；饶平县出口39.2亿元，同比增长12.3%；湘桥区出口36.3亿元，同比下降3.7%；枫溪区出口35.9亿元，同比下降4.3%；凤泉湖高新区4.9亿元，同比增长11.9%。

【外资利用】 2017年，全市新批外商投资项目38个。增资项目1个，合同增资1 503万美元。实际利用外资3 545万美元，增长3.4%，合同利用外资向实际利用外资转化率达50.9%。

【口岸运作】 2017年，共验放交通工具5 133辆（艘）次，同比下降7.7%；其中，船舶421（艘）次，同比增长35.4%；进出境货物717.6万吨，同比增长48.0%；进出口货值13.87亿美元，同比增长26.1%；检查出入境人员7 410人（次），同比增长20.1%。

（陈芝鹏）

对外贸易

【主要出口商品】 2017年，主导产品陶瓷出口71.8亿元，同比增长1.7%，占全市出口总额的40.7%，而服装、机电、鞋类分别出口15.1亿元、10.6亿元和8.6亿元，分别同比下降18%、8.8%和10.5%。食品出口39.8亿元，同比增长18.1%。

【主要出口市场】 2017年，全市对第一大市场亚洲出口总额82.7亿元，同比下降2.5%；对欧洲、北美洲传统市场出口总额30.2亿元和31亿元，分别同比增长6.6%和1.5%。而对东盟、大洋洲、非洲等新兴市场分别出口34.3亿元、5.2亿元和18.4亿元，分别同比增长6.8%、7.0%和12.7%。

【多元化市场拓展】 2017年，重点利用121、122届“广交会”为主阵地，帮助企业抢订单、拓市场，抢抓商机促成交。两届广交会，全市参展企业累计500家（次），展位数累计超2 300个。稳妥推进外贸企业借内展扩外销计划。6月初，组织23家企业参加“中国（上海）国际厨房、卫浴设施展览会”，展位达320个；8月初，组织13家企业参加“上海国际尚品家居及室内装饰展览会”，展位46个；11月初，组织8家企业抱团参加青岛“中国国际渔业博览会”，展位20个。大力开拓国际市场。6月，组织6家企业赴墨西哥参加“广东（墨西哥）商品展览会”；8月，组织7家企业赴澳门参加“2017年粤澳名优商品展览会”；9月，组织8家重点外贸企业代表抱团赴意大利参加“广东（意大利）商品展览会”及赴瑞士、荷兰与当地商会和企业洽谈活动，精心组织企业参与各类经贸活动，深化与“一带一路”沿线国家和地区的经贸往来，推动市场多元化发展。

【外贸新业态培育】 2017年，支持外贸综合服务企业利用融资、信保、退税、物流、电子商务等手段，提升“磁场”效应，大力吸收外流货物回归措施，促进新业态综合竞争力和服务效益“双提升”。强化政策措施，研究出台支持外贸综合服务企业发展措施，对出口规模达1000万美元以上的外贸综合服务企业给予资金激励。全年全市外贸综合服务企业货物出口达10.2亿元。

（陈锡熙）

利用外资

【简况】 2017年，全市新增项目38个，同比增长850%；合同利用外资累计6 968万美元，同比增长31%；实际利用外资3 545万美元，同比增长3.4%。全年实现加工贸易企业委托设计和自主品牌混合生产占比重67.3%，承接3个珠三角加工贸易企业（项目）转移。至年底，全市累计设立外商直接投资项目1 937个，合同利用外资33.7亿美元，累计实际利用外资27.3亿美元。

【企业增资扩产】 2017年，全市认真研究国际资本流向，适应跨国投资发展趋势，着力抓好大型项目和重点项目的工作，推动及引导现有外资企业再投资及增资扩产。全年实现增资项目1个，合同增资1 503万美元，占全市合同利用外资总额21.6%。

【招商引资】 2017年3月28日，潮州市在中山市京华世纪酒店成功举办以“腾飞凤城、共创共赢”为主题的“中山—潮州产业共建招商引资洽谈会”，向各界商企介绍潮州市发展情况、投资环境，并举行32个投资及共建合作项目签约，主要涉及中潮两市产业共建、项目投资考察、共建中潮慈善爱心基金等方面。7月25日，潮州市在广州市广东大厦举行广东潮州（广州）投资推介洽谈会，并举行21个投资项目签约，项目领域覆盖城市综合体、农业产业园、粮油加工产业等多个方面。8月14—20日，副市长余鸿纯率领市商务局、外事侨务局及潮州日用陶瓷、卫生洁具、水产养殖、保健食品、酒类、能源等行业企业代表组成经贸代表团分别赴泰国、新加坡开展系列经贸交流活动，通过广泛对外推介潮州市投资环境、积极开展经贸洽谈对接、联系拜访当地组织社团等方式，进一步探索寻找合作共赢机会，同时开拓东盟市场，促进潮州市与东盟地区国家的合作交流。9月11日至20日，余鸿纯率领由市商务局以及部分重点企业代表组成的潮州经贸代表团赴荷兰、意大利、瑞士开展经贸交流活动。期间，代表团与荷兰、意大利、瑞士相关城市政府机构、商会进行了广泛交流，积极宣传、推介潮州，推动了潮州与欧洲国家经贸合作向更深层次、更广领域发展。9月18—21日，潮州市赴厦门参加2017厦门国际投资贸易洽谈会，宣传推介潮州市投资环境和开展项目对口洽谈交流。

【管理和服务】

外商投资项目动态跟踪服务　2017年，及时将项目招商信息库及审批数据库进行连接，并将项目录入项目信息跟踪管理系统，对项目从接触、洽谈、谈判、签订协议、项目报批、项目设立、资金到位、在建、投产经营的过程实行一条龙的信息动态跟踪管理，对项目在设立的过程中存在问题在系统中突出预警，及时发现问题、解决问题。

外商投资企业联合年报工作　保证应参检的企业不漏检，将全市外资企业进行分类排队，把部分生产不正常、资金困难、经营处于停顿或半停顿状态的企业，作为年检工作的重点、难点加以重视、引导；对于已转型、停产、濒临倒闭的企业，协助企业完成注销工作。全年全市参加年报外资企业441家，与上年同期参加联合年报的企业总数相比增加28家，企业网上申报率为106.8%，全市联合年报通过率达到100%。

外商投资企业审批改为备案　全年全市已有153家外商投资企业通过外商投资综合信息

管理系统完成备案手续，其中办理设立备案38家，办理变更备案115家。

（王　越　郑德桦）

【外商投资】 2017年，全市共有“三资”企业443家；经过联合年报，全市累计(历年+新批)合同利用外资9.5亿美元，实际利用外资7.9亿美元。全市新设立外商投资项目38个，合同利用外资6 968万美元，实际利用外资3 545万美元。按投资方式分：新设立合资经营企业5家，合同利用外资418万美元（含增资）；新设立独资企业33家，合同利用外资5 798万美元（含增资）；新设立外商投资股份制企业0家，合同利用外资752万美元（含增资）。按县区分：潮安区4个项目，合同利用外资4 215万美元，实际利用外资1 709万美元；饶平县32个项目，合同利用外资1 762万美元，实际利用外资1 044万美元；湘桥区合同利用外资824万美元，实际利用外资765万美元；枫溪区实际利用外资1万美元；市开发区2个项目，合同利用外资167万美元，实际利用外资26万美元。

【外商投资来源地】 2017年，潮州新批外商直接投资主要来源于香港，港资项目共35个，合同利用外资2 073万美元；全市新批准设立的38家外资企业中，第一产业项目19个，占比50%；第二产业项目10个，占比26%；第三产业项目9个，占比24%。

（王　越）

口岸管理

【口岸运作情况】 2017年，潮州口岸共验放交通工具5 133辆（艘）次，同比下降7.7%；其中，船舶421（艘）次，同比增长35.4%；进出境货物717.6万吨，同比增长48.0%；进出口货值13.87亿美元，同比增长26.1%；检查出入境人员7 410人（次），同比增长20.1%。

【口岸综合管理】 2017年，加强口岸系统之间的协调沟通，推动各项口岸改革措施落实，优化口岸环境。推动口岸经营服务单位规范各环节操作及口岸合规成本整治，实现货物通关时间压缩1/3；积极推动国际贸易“单一窗口”标准版在全市落地实施。全年全市在“单一窗口”国家标准版注册报关报检的企业达88家，实现了口岸全覆盖的目标，业务单量达到3 944票；其中报关1 223票、报检2 612票、舱单92票、运输工具17票，报关、报检、舱单申报率超过30%的目标。推进三百门码头进口肉类指定口岸启动运作，协调跟进潮州港扩建货运码头建设。

【口岸监管服务】 2017年8月25日，来自西班牙的“惠金桥08号”货轮，首批5个集装箱133吨的冻猪肾和冻猪横膈膜在潮州港三百门码头进口肉类指定口岸顺利通关。该批冻肉是三百门码头作为国家进口肉类指定口岸所接收的第一批货物，标志着潮州作为食品加工重镇可以直接进口肉类原料。潮州港三百门码头也将借此重启停止多年的外贸运作；8月24日下午，潮州报检有限公司成功通过“单一窗口”国家标准版发送首份出口食品报检单，该单从申报到放行用时仅用了6分钟，标志着国际贸易“单一窗口”国家标准版在全市试点启动。

（曾纪昭）

城乡建设

国土矿产资源管理

【土地利用规划】

土地利用总体规划　2017年，组织对建设项目用地预审、建设用地报批、“三旧”改造和卫片执法检查等业务进行规划审核把关。完成对交通、水利、能源、环保等6个市重点项目的用地预审并出具预审意见，指导华瀛液化天然气接收站项目、宁莞与沈海高速潮州东联络线项目上报国土资源部和省国土资源厅并取得用地预审意见。

加强土地利用计划管理　省下达潮州市2017年度新增建设用地指标276.6公顷（含耕地140.67公顷），土地利用计划指标分解表经市政府批准下达各县区。

【耕地保护】

2016年度耕地保护目标责任制履行情况自查　2017年，潮州市组织对2016年度耕地保护责任目标履行情况进行自查，根据2016年度土地变更调查数据，至2016年末，潮州市实际耕地（含可调整地类）保有量为4.90万公顷，比省下达潮州市耕地保有量控制指标多0.52万公顷；2016年底潮州市基本农田面积3.86万公顷，比省下达潮州市基本农田保护控制指标多0.12万公顷，完成省下达的年度耕控制指标任务，并通过省的考核。

划定永久基本农田和土地利用总体规划调整完善工作　完成市、县（区）城市周边永久基本农田核实举证工作和城市周边永久基本农田局部微调，形成市、县（区）全域永久基本农田划定方案，并通过省国土资源厅审核，于6月底全面完成全域永久基本农田划定工作。将省国土资源厅下达潮州市调整后到2020年的耕地保有量、基本农田保护任务和建设用地规模分解下达各县、区，形成各县、区土地利用总体规划调整完善方案并全部获得省政府批准实施。

高标准基本农田建设工作　全市12个2015年度建设项目面积4.38万亩，除湘桥区2个项目未完工外，潮安区5个项目、饶平县5个项目均完成建设。7个2016年度建设项目面积3.6万亩，潮安区4个项目和饶平县2个项目已完成规划设计，湘桥区1个项目开展规划设计工作。

垦造水田工作　省建工集团完成饶平县新圩镇长彬村垦造水田131.73公顷的立项并动工建设；潮安区兑现承诺改造水田66.67公顷亩完成立项和规划设计编制，饶平县兑现承诺改造水田40公顷、湘桥区兑现承诺改造水田33.33公顷已开展前期工作。

【建设用地管理】

市区重点项目土地征收报批工作　2017年，组织做好凤东路北侧土地征用、外环大桥、意溪镇临江片区、韩东新城防洪综合整治、潮汕环线、凤泉湖高新区环保发电、凤城生态水乡、北站东路、北站二路、意东三路两侧征地、桥东交通枢纽站等12个项目总面积约1.8万亩的用地征收工作。开展半岛广场、东大道二三标段、如意大桥、凤泉湖二期征地大潮高速等12个项目总面积约0.10万公顷的用地报批。

供地服务工作　制订《2017年潮州市国有建设用地供地计划》，并通过市政府批准实施，保障年度建设项目用地需求。全年市区共供应土地23宗，面积合计约262公顷，其中划拨土地17宗，面积约171.47公顷。

“三未”土地清理整治　2017年，全市部署开展批而未征、征而未供和供而未用土地清理整治工作，经清理整治，2012年以来，全市批而未征土地70.95公顷，征地率达到95.2%；批而未供土地415.67公顷，供地率达到71.7%；供而未用土地36宗，面积120.54公顷，对于已供未用宗数多、面积大的存在问题，积极推进盘活利用。至年底，径南工业园已收回19宗面积103.96公顷的国有土地使用权，并重新挂牌出让给新入园的项目使用。

办理村集体划留用地　完成潮州市市区2017年第四批次城镇建设用地建设用地报批，解决桥东街道卧石村拖欠历史留用地0.97公顷。提前4个月完成征地留用地历史遗留问题专项治理落实全市157.69公顷历史留用地工作任务。

建立健全用地政策机制　制订了《关于完善市区部分国有土地手续有关问题的意见（试行）》，并经市政府批准实施，为解决部分国有和集体企业的国有土地存在的历史遗留问题提供了政策依据。

“三旧”改造审批工作　潮州市区完成7宗“三旧”改造用地的协议出让，收缴出让金3.35亿元。截至年底，全市各级批准“三旧”改造方案合计1 720个面积0.14万公顷，其中获省批准的37宗面积85.88公顷，收取的土地出让金及处罚款约6.5亿元。制订出台了《关于提升“三旧”改造水平促进节约集约用地的实施意见》《潮州市市城区“三旧”改造无偿移交公益性项目用地操作细则》《潮州市市城区“三旧”改造项目完善历史用地手续操作细则》《潮州市市城区“三旧”改造方案审批操作细则》《潮州市市城区“三旧”改造项目认定操作细则》5个规范性文件。

【国土资源执法】

2016年度土地卫片执法检查工作　2017年，根据国土资源部下发的2016年度土地变更调查遥感监测数据，全市共下发图斑1 671个，面积455.57公顷，其中耕地137.26公顷。其中合法用地209宗，面积146公顷；违法用地952宗，面积88.86公顷，占用耕地44.79公顷。违法用地中村民建房（一户一宅）468宗，面积20.56公顷，其中耕地13.27公顷。约占违法用地宗数的一半。与上年度相比，违法用地宗数下降22.9%；违法用地面积下降41.8%，违法占用耕地面积下降43.5%，全市违法违规用地连续两年有明显下降。应立案违法用地355宗，已立案355宗，落实行政罚款263.4万元。拆除违法违规用地170宗，拆除面积16.51公顷，复绿面积14.21公顷。经过大力整改，顺利通过省级的实地检查验收。

“两违”百日专项整治　6月，根据市委市政府的工作部署，全市以“统一行动日”模式开展全市“两违”百日专项整治集中大行动，经过3个月15次行动日的大力整治，“两违”百日专项整治行动顺利完成并取得重要成效。行动期间共出动联合执法人员2.23万人（次），出动机械1 104台（次），整治各类“两违”1 194宗，面积86.66公顷，拆除违法违规构建筑物面积34.74万平方米，落实复耕复绿132宗，面积31.99公顷。控停违法建设182宗，面积约13.02万平方米，全市土地和城乡建设管理秩序持续好转，各类“两违”现象明显下降。

开展“小产权房”专项整治　联同住建、规划部门，牵头制订“小产权房”整治工作方案。各县区人民政府切实加强对本地区“小产权房”整治工作的领导，协调市国土资源、住房和城乡建设、城乡规划、发展改革、工商、税务、供电供水等相关部门对排查中发现的在建、在售“小产权房”行为组织相关部门进行控停查处。通过媒体公开宣传报道和曝光一批违法违规小产权房名单，结合“两违”专项整治，已经采取断水断电等措施控停违法建设182宗，控停面积约13.02万平方米。

开展“五违”瓷泥加工场专项整治　部署开展“五违”瓷泥加工场专项整治工作，全年共出动执法人员400多人（次），查处制止乱挖乱采行为21宗，纠正不规范泥头车运载42宗，清理乱堆放瓷土行为25宗。联合湘桥区已排查瓷泥企业288家，其中已完善国土手续的企业有39户，落实工商注册的191户，落实税务登记有134户；落实围挡遮盖防尘等措施的企业有183户；落实关停15户，进行转型升级企业8户，实施厂房拆除14户。

开展农村土地“三乱”问题专项治理　全市排查出农村土地“三乱”行为共87宗，面积22.97公顷，其中潮安区55宗，面积8.53公顷；饶平县15宗，面积12.99公顷；湘桥区15宗，面积1.24公顷；枫溪区2宗，面积0.21公顷。全市共组织较大规模农村土地“三乱”专项拆除整治行动2次，乡镇组织拆除行动9

次，出动执法人员700多人（次），落实拆除面积1.1万平方米，完成复耕复绿4.55公顷。重点查办了各基层村委会非法乱卖农村宅基地的问题，潮安区局向公安机关移送凤塘镇泮洋镇村委会乱卖土地案件1宗，饶平县局向公安机关移送浮山镇军埔村、东山镇西山村、钱东镇下浮山村等三个村委会乱卖宅基地的“三乱”案件3宗。

强化土地动态巡查　全面提高在线巡查上线率和事件上报率，降低漏报率。全市2017年下半年以来上线率保持在75%以上。全年上线率64.8%，达到省厅60%以上的要求，全年上报事件374宗，比去年增加54%。配合在线动态巡查工作，充分利用群众的力量和监督，及时制止和纠正违法违规用地行为，全年办理12336举报平台线索239宗，办理省厅12336转办件26宗，受理省厅转办举报来信17宗。发现制止土地矿产违法行为21宗。立案查处国土资源违法案件45宗，面积8.47万平方米，罚款10.98万元。

【矿产资源管理】

矿业权审批出让工作　2017年，共办理探矿权延续登记4宗，采矿权转让变更1宗，采矿权新立登记1宗。

矿业权人信息公示工作　严格按照省厅部署，通过召开培训会、现场指导等方式，确保矿业权人公示率100%，成立核查组对抽查矿山开展核查并按时上报公示系统。

矿业权统一配号系统数据库清理工作　组织开展矿业权统一配号系统数据库清理工作，共公告注销3个采矿权和1个探矿权

矿山安全检查工作　制订《潮州市国土资源系统2017年安全生产大检查实施工作方案》，组织对双节期间、党的十九大会议期间、岁末年初的开展安全生产检查工作，确保矿山企业安全无事故。全年共检查矿山企业28家（次），现场整改隐患65处。

矿山地质环境恢复和综合治理工作　联合市发改、经信、环保、财政等部门联合制订了《潮州市矿山地质环境恢复和综合治理工作方案》，市政府落实工作资金120万元，通过政府采购程序确定广东省地质局第八地质大队为项目承担单位。全市现有3个省级财政资金支持的矿山地质环境恢复治理项目，其中磷溪镇大岭头采石场已治理完成并通过管养期验收，意溪镇红灯脚水利石场也基本完工，潮安区庵埠镇建兴石场矿山地质环境恢复治理项目抓紧施工。

潮州市第三轮矿产资源规划编制工作　2017年，《广东省潮州市第三轮矿产资源规划（2016—2020年）》完成编制并通过省国土资源厅批准实施。

北部地区地热资源调查和整治工作　继续开展饶平北部地区地热资源调查工作，为北部地区制定和发展依托温泉的旅游产业提供有力的技术支持，通过政府采购方式落实广东省有色金属地质局九三一队开展地热勘查工作，已完成“预可行性勘察”工作。开展打击饶平县新丰镇等区域地热资源（温泉）非法盗采温泉资源专项行动，对新丰等四镇的违法开采地热水行为进行调查摸底，共清理出违法开采地热水19家，并结合水岸同治行动清理部分开采点的抽水设施。

配合做好道路扬尘整治工作　加大对市城区范围内非煤矿山开发利用督查监管力度，向各采石场发放《致各采石场业主一封信》，并签订责任书，要求各采石场业积极配合做好市城区道路扬尘整治行动，采取措施，规范做好石料运载，市局出动人员180人（次），检查市区矿山企业45家（次），现场共发现纠正不按规定装载的运输车20车（次），均落实卸载及遮盖等整改措施。

开展自然保护区督导工作　落实“绿盾2017”自然保护区监督检查专项行动工作部署，重点开展《2016年广东省省级自然保护区人类活动状况遥感监测报告》核查处理。

【地质灾害防治】

地质灾害防治工作　2017年，结合气象部门的气象预测，联合建设、交通、水利等部门制订《潮州市2017年度地质灾害防治方案》，并经市政府批准实施。加强地质灾害隐患点巡查排查，重点排查了削坡建房、边坡建筑等地

质灾害易发区，在汛期和台风、暴雨等极端天气期间，严格落实落实局领导分片负责制度，组织对重大地质灾害隐患点进行督查。截至年底，潮州市存在地质灾害隐患点158处，其中威胁100人以上的54处。

开展茶园地质灾害排查专项行动　组织对市辖区范围内茶园存在的地质灾害进行排查，共排查茶园地质灾害5宗，各隐患点已落实责任人及防范措施。

部署地质灾害隐患点搬迁避让和治理工作　争取各级政府重视并加大财政资金投入，市政府下达784万元市级地质灾害防治资金，省级也下达685万元地质灾害防治资金，同时配合韩师申请中央地质灾害治理资金。

地质灾害预警工作　与市气象局紧密合作，开展汛期地质灾害气象风险预警工作，及时变更隐患点各级政府责任人、监测员的手机号码100多个。全年来共联合发布地质灾害预警信息14期，潮州市地质灾害气象风险预警系统完成建设并投入试运行。

地质灾害宣传和培训演练工作　利用“地球日”“防灾减灾日”“安全生产月”“土地日”举行形式多样内容丰富的地质灾害防治户外咨询活动2次，现场发放宣传小册子2 000多份。督促指导各县区开展地质灾害应急演练，分别在饶平县新塘镇、潮安区文祠镇开展地灾应急演练活动，提高了人民群众应急避险、自救互救的能力。

地质灾害防治高标准“十有县”建设　按照省国土资源厅关于推进地质灾害防治高标准“十有县”建设的工作要求和建设标准，推进地质灾害防治高标准“十有县”建设步伐，潮安区基本通过地质灾害防治高标准“十有县”验收。

【测绘信息管理】

年度测绘统计工作　2017年，组织完成了全市2016年度测绘统计工作，2016年全市测绘服务总值333.18万元，年平均从业人员总数45人。

强化基础数据服务工作　配合市城区“推进全省农村土地承包经营权登记颁证”、市城乡规划局“潮州市城市总体规划（修编）”、潮安区“农村地籍调查项目”、市住建局“潮州市城区地下管线普查采购项目”、市水务局“潮州市全面推行河长制电子标绘工作”、市农业局“整治农村‘散、乱、小’及规模化畜禽养殖污染问题等工作的开展，申领并别移交相关的1：2000高分影像图资料。

地理信息项目建设工作　完成数字潮州地理空间框架地理信息公共平台数据更新升级和保密处理工作，重新建设了公共服务平台门户网站并投入使用，实地督导数字县（区）地理空间框架及“一村一镇一地图”建设工作，潮安、饶平已完成项目建设。

地图服务工作　联合关部门开展潮州市全覆盖排查整治“问题地图”专项行动，并组织开展会同看工作。联合潮州市国家安全局开展潮州卫星导航定位基站安全专项整治行动，对存在安全隐患的基准站进行全面整治，规范基准站安全建设管理。部署开展潮州市测绘地理信息领域安全生产专项整治工作。

【不动产登记】

不动产统一登记工作　2017年，制订出台《关于潮州市城区不动产统一登记有关问题的处理意见（试行）》，为解决不动产登记历史遗留问题提供了重要政策依据。通过市政府落实1 600万元购买服务方式推动市城区不动产登记数据整合暨未测量住宅小区测绘工作，已完成项目招投标。做好不动产登记存量数据整合汇交工作，向省国土资源厅汇交存量数据信息条约2.3万条。充实了16名劳务派遣人员和21名实习生，同时在办事大厅增设4个受理窗口。积极提升办事效率，将一手房交易业务调整为委托登记中心二级审查直接办理，交易业务办事时限从20个工作日缩短为15个工作日，抵押业务办事时限从原提速7个工作日再次缩短至5个工作日，登记提速明显。

日常登记发证工作　全年共办理各类登记1.17万宗，其中：集体土地所有权首次登记2宗，国有建设用地首次、转移、变更56宗，土地使用权抵押权首次登记53宗，土地使用权抵押权注销登记102宗，国有建设用地使用权注销登记4宗，国有建设用地使用权/房屋所有权首次、转移、变更4 368宗，国有建设用地使用权/房屋所有权抵押登记1 626宗，国有建设用地使用权/房屋所有权注销登记73宗，国有（集体）建设用地使用权及房屋所有权、在建工程抵押权注销登记1 623宗，预售商品房抵押权预告登记2 446宗，预售商品房抵押权预告注销登记372宗，海域使用权首次登记1宗，林地使用权抵押权首次登记4宗。遗失补发证书21宗，更正登记21宗。协助法院查封、解封等协助执行906宗。

【地籍工作】

开展2017年度土地变更调查工作　2017年，根据省国土资源厅下发的新增建设用地图斑384个，总面积145.80公顷（其中湘桥区共计345个，枫溪区共计39个），完成实地外业核查，逐个核实新增建设用地图斑，并搜集有关资料提出变更意见后进行变更。

市城区农村地籍调查工作　开展市城区农村地籍调查工作，全市市城区农村地籍调查，完成枫溪区3个办事处、湘桥区意溪镇、桥东街道、凤新街道、磷溪镇等区域合计约63平方公里的地籍测量。完成湘桥区、枫溪区156个村的外业权属调查工作，占总工作量的100%。

第三次全国土地调查工作　做好第三次全国土地调查前期各项准备，成立潮州市国土资源局第三次全国土地调查工作筹备领导小组及办公室，起草《关于成立潮州市第三次全国土地调查工作领导小组》报政府审定。

【基础工作】

信访维稳工作　2017年，开展国土资源信访责任落实年活动，落实信访工作检查整改。推进通过法定途径分类处理信访投诉请求工作，研究制定相关配套措施和工作细则准确甄别群众信访投诉请求，按法定分类处理。完成了潮州市国土资源系统系统建设验收并投入使用。开展国土资源领域矛盾纠纷排查化解和信访突出问题专项治理，全年排查信访积案2宗，其中1宗已化解。全年全市国土资源系统共接待群众来访30批88人（次），受理上级转办和群众来信316件。

人大建议和政协提案办理　全年涉及市国土资源局办理的人大建议主办件0件，会办件4件，政协提案主办件4件，会办件6件，全部建议提案按期完成答复工作。

国土资源法律法规宣传　结合“地球日”“土地日”等节点，大力宣传国土资源法律法规，联合潮安区人民政府在潮安区庵埠镇举行第27个“全国土地日”现场咨询宣传活动。

（市国土局）

城乡规划

【规划编制】　2017年，完成《潮州市城市总体规划（2015—2035年）》成果编制，上报省人民政府审批；《潮州市城区“三旧”改造规划（修编）》经市政府批准实施；《凤泉湖高新技术开发区（径南片区）控制性详细规划（修编）》上报市人民政府审批；完成《潮州市“十三五”近期建设规划》《潮州市生态控制线（划定）规划》《潮州市海绵城市专项规划》《潮州市城市地下管廊专项规划》《潮州市枫溪片区用地控制性详细规划》《韩江新城核心区一体化规划设计专项规划》的初步成果编制；加强中心城区单元控规的调整和动态维护工作，完成D07单元、D02-1、X04-01、X13-06、X14-17、X11-04-02、X15等控规单元控规调整工作。组织开展潮州市城中村调查研究，完成中心城区（包括湘桥区、枫溪区、潮安区）城中村空间信息数据库及城中村调查报告编制。扎实推进创建新农村示范村整治创建规划编制，全市45个省定贫困村9月30前全部完成整治规划的编制工作。

【规划服务】　2017年，引进著名设计团队参与城市重要节点的城市设计，组织开展仙洲岛发展规划与城市设计国际竞赛工作，规划设计成果通过专家评审并评定2个优胜方案。开展城市重要节点的规划研究，完成韩东新城总部区选址、老城区临时停车场所设置、市城区户外公益广告设置的规划方案、潮州大道沿街广告牌整治规划方案、新农村民居示范设计方案编制，不断完善城市功能。

【换届和规划管理】 2017年，完成潮州市城市规划委员会换届工作，17名专家、公众代表委员与14名政府及其相关部门代表委员共同组成潮州市第三届规划委员会。组织开展历史建筑普查，并认定第一批共18处历史建筑为市级历史建筑。加强规范性文件制定，《潮州市城乡规划技术管理规定》由市人民政府颁发实施；组织制订了《潮州市城乡宅基地住宅建设管理办法》《潮州市非住宅类建筑物配建停车设施设置标准与准则》。

【规划审批】 2017年，全年受理实施各类建设项目规划行政许可121宗，其中核发选址意见书3宗，用地面积1.5万平方米；核发建设用地规划许可证15宗，用地面积33.5万平方米；核发建设工程规划许可证60宗，建筑面积249.7万平方米；核发规划验收合格证32宗，建筑面积208.8万平方米；户外广告设置许可11宗。全年收取城市基础设施配套费3.4亿元。

【规划监察】 2017年，严查严控违法建设，会同属地政府对全市160多宗在建违规工程采取停水停电、查封施工现场进行控制，并在潮州日报、潮州电视台等媒体进行公开曝光；对未按规划要求建设的违规建设工程进行行政处罚处理，处罚金额2 635万元。对省住房和城乡建设厅确认的152宗违法图斑及时下发属地政府组织查处，其中违法用地图斑108宗，违法建设图斑44宗，违法建设图斑44宗中已办结35宗，查处中9宗，查处率79.5%；违法用地图斑108宗中，已办结43宗，查处中65宗，查处率39.8%。

（市城乡规划局）

建 筑 业

【工程建设与建筑业】

勘察设计管理　2017年，市住建局共办理大中型建设工程初步设计审查3项，超限高层工程抗震设防专项审查1项。全市共完成设计图纸审查项目106项其中，房屋建筑工程87项，（公共建筑61.19万平方米，房屋建筑225.3万平方米）；市政工程19项；大力提升施工图审查效率和服务质量，出台《关于有序放开施工图审查工作的通知》，在粤东地区率先有序放开施工图审查市场，支持省内一类及超高层施工图审查机构在全市开展审图业务。

建设工程造价管理　完成招标控制价备案19项、施工合同价备案7项，异地工程造价咨询企业在潮承接单项工程造价咨询业务信息登记7家，调解定额计价纠纷问题1个。

建筑市场管理　潮州市所属施工企业累计完成建安产值46.35亿元。截至年底，全市拥有建筑业企业75家，其中，施工总承包一级企业2家、施工总承包二级企业9家、施工总承包三级31家、专业承包二级9家、专业承包三级6家、劳务施工企业3家，预拌混凝土企业15家。共协调处理建筑领域劳资纠纷投诉41宗、涉及人数196人、涉及金额489.48万元。

建筑工程质量安全管理　潮州市以开展“工程质量治理两年行动”为重点，认真落实工程参建各方主体责任，强化建筑起重机械、深基坑、高支撑等危险性较大分部工程的安全监管，从严查处各类违法违规行为，确保工程质量和施工安全。全市住建部门共组织各类建筑施工安全检查186项（次），检查在建工程362项（次），排查隐患1 140项。

绿色建筑　潮州恒大名都一期、饶平益智

学校易地新建项目、饶平第二人民医院、恒大山水城25-30#、饶平县中心幼儿园新建工程等项目列为绿色建筑示范项目，推进绿色建筑发展。

节能减排　全年全市完成民用建筑项目节能设计审查56项，建筑面积259.56万平方米。其中居住建筑20项，建筑面积219.37万平方米，公用建筑36项，建筑面积40.19万平方米，市新建建筑设计阶段节能标准执行率100%。加强建筑节能执行情况的监管。开展建筑节能专项检查，确保节能建筑工程质量。全市房屋建筑竣工工程共13项，建筑面积约40万平方米，施工阶段执行建筑节能标准比例基本达到100%。

新型墙体材料及散装水泥推广　1月1日起，潮州市城区范围内禁止在施工现场搅拌砂浆。截至年底，潮州市共有预拌混凝土企业15家，全年商品混凝土使用量126.19万立方米。

房地产业与住房保障

【房地产开发】　2017年，潮州市共完成房地产开发投资额66.84亿元，比上年同期增长8.2%；房地产施工面积288.4万平方米，比上年同期下降0.2%；房地产竣工面积154.71万平方米，比上年同期增长229.5%。

【房地产市场】　2017年，潮州市商品房销售面积145.72万平方米，比上年同期增长44.4%；商品房销售额89.21亿元，比上年同期增长98.2%。推进住房租赁平台建设。加快住房制度改革，推进住房保障货币化、建立购租并举住房制度等措施，推动去库存工作有效开展。认真落实销售套数、面积、价格申报制度和价格公示制度，积极推行商品房买卖合同网上签订和备案制度，引导房地产企业主动适应市场形势，转变经营模式，提高楼盘品位和市场竞争力，促进全市房地产行业平稳健康发展。加强房地产领域不稳定问题专项治理，突出抓好房地产开发建设、工程质量、预售销售、物业管理等涉众型矛盾纠纷问题的排查化解工作，全年共组织排查25项（次），协调处理房地产领域纠纷信访、投诉案件18宗。

【物业管理】　2017年，继续加强住宅小区物业管理，落实物业服务企业加强住宅小区物业服务管理，并配合相关做好住宅小区矛盾纠纷化解和消防安全工作，为业主营造安全文明的居住环境。截至年底，全市共有物业服务企业31家，物业管理项目85个。

【住房保障建设】　2017年，潮州市大力推进公租房分配、加大租赁补贴发放力度，截止年底，全市发放租赁补贴433户，占目标任务240户的180%；基本建成保障房358套，占目标任务358套的100%；2013年底前已开工的保障性安居工程项目2 785套，截至2017年底已累计分配2 573套，分配比例为92.4%；2014年底已开工政府投资项目308套，截至2017年底已累计分配280套，分配比例为91%。

（市住建局）

【住房公积金管理】　2017年，潮州市住房公积金实缴单位1 860个，实缴职工9.19万人，缴存12.77亿元，比上年增长12.9%。当年新开户建缴单位103个，净增102个，新开户缴存职工1.33万人，净增0.35万人。截至年底，潮州市住房公积金累计缴存87.73亿元，缴存余额30.30亿元。全年累计提取住房公积金7.16亿元，提取总额57.43亿元。全年发放个人住房贷款0.16万笔、6.60亿元，回收个人住房贷款1.78亿元，个人住房贷款率为73.2%，比上年增长2.9%。

（市住房公积金管理中心）

燃气建设与管理

【燃气“一张网”建设】 2015年底，潮州市城镇管道燃气特许经营项目率先举行公开招标，潮州深能公司依法取得该项目30年特许经营权。2016年1月城镇管道燃气项目正式动工建设，截至2017年12月底，城镇管道燃气项目已完成投资4.51亿元，已完成华丰意溪气站、海鸿、锦东、潮州中海油的并购工作。此外，潮州闽粤经济合作区LNG储配站（一期）项目加快建设中，累计完成投资约7.26亿元，已完成可研、环评、土地变更等前期相关手续及厂区平整、罐区桩基础施工等工作。

【燃气管理】 截至2017年底，潮州市现有液化石油气（LPG）储气库3座、液化石油气（LPG）储配站62座、液化天然气（LNG）9座、住宅小区管道供气企业2家。2017年，全市LPG储配站共销售液化石油气38万吨，LNG气化站共销售液化天然气56.8万吨。

（市住建局）

城市管理

【城市综合管理与执法】

城管综合执法　2017年，潮州市出台《关于深入开展城市执法体制改革改进城市管理工作实施方案》，理顺城市管理体制，改进城市管理。

市容市貌整治　推进网格化整治“乱搭乱摆乱堆”现象长效管理机制，制定并实施网格化考核办法。开展“六城同创”“治六乱”专项行动，逐个击破“六乱黑点”，提升城市文明程度和综合发展实力。赴浙江省宁波市鄞州区考察道路停车有偿收费体系建设，并完成可研报告。

【市政建设】

城市基础设施建设　2017年，潮州市完成“一江两岸”夜景提升、中山路工艺街景观提升、潮州西湖夜景提升、人民广场音乐喷泉改造、市城区10条道路“黑底化”改造提升、新建改造市城区52所公厕、10个新改建公园、凤凰洲公园改造提升、凤城公园B区、东山路景观改造提升等工程。动工建设市主城区道路景观提升工程（甬莞高速古巷西出口至潮州迎宾馆）、韩江东岸改造提升项目（北溪桥闸意东一路）、垃圾压缩站（中转站）建设等城市基础设施项目。

道路交通设施建设　潮州市完成金塘路、兴工北路等市政道路建设。完成潮州大道路灯照明改造项目、韩江大桥路灯照明项目、滨江长廊（韩江大桥西桥头至陈厝楼）临江景观灯改造等市政照明项目。实施了东湖西路（东湖直街）步道改造、一八八医院前道路修整、绿榕北路（潮州大道至新洋路段）道路整修等道路修整工程;完成潮枫路(枫溪广场至口岸路)、枫春路(枫溪广场至口岸路)、口岸路、福安路(潮州大道至新春路)等4个路段的树斗石维修及加铺石米,美化树斗915个。

园林绿化　潮州市共种、补植乔木268株、灌木20.15万株、地被植物4 186平方米，修剪乔木5 310株，修剪绿篱约26万平方米，病虫害防治喷施药物2 832千克，绿化施肥3.9万千克，巩固和提高了市区的绿化景观。完成潮州西湖夜景提升项目、凤凰洲公园改造提升、慧如公园改造提质项目、新改建十个公园提升等工程。按照2017年修正的《城市绿化条例》，结合潮州市城市绿化管理工作实际，修订了《潮州市城市绿化管理办法》，并于12月25日经市政府颁布实施。编制《广东省潮州西风景名胜区总体规划修编（2015—2035）》，经合法性审查已于10月31日上报省住建厅。

【环境卫生】

环卫设施建设　2017年，潮州市完成新建改造市城区52所公厕、市区垃圾焚烧发电厂项目选址等工作。抓紧开展第三填埋区底部、渗滤液处理设施二期等工作。潮州大桥下工具屋（环卫工人休息室）、布梳街垃圾中转站及公厕二合一、太平路古树庙街垃圾中转站、枫春果菜水产批发市场垃圾压缩站、枫溪如意垃圾压缩站等5个市区垃圾压缩站（中转站）在建。

市容保洁　潮州市制定《潮州市区环卫市场化区域改革、调整及第四合同年度合同签订方案》，并加强环卫市场化管理，协调区级环卫主管部门督促市隧成公司认真做好环境卫生整治工作，突出重点部位、关键节点，尤其是节假日期间垃圾清运工作，提前做好人力安排、设备设施检修、车辆维护等工作，增加流动保洁车辆、人力，保证保洁作业的正常运作。集中洒水车、洗路车、高压清洗车等设备对中心城区主干道的防护栏、隔离栏以及道路两侧的人行道进行拉网式清扫、水洗，确保达到栏杆无尘、路见本色。

生活垃圾处理　2017年，潮州市市政城市生活垃圾处理场渗滤液处理量约5.5万吨，市区垃圾处理场生活垃圾处理量达49万吨，平均每天处理垃圾约1 343吨，市区生活垃圾无害化处理率达到100%。

【城市水环境建设】

城镇生活污水处理　潮州市第一污水处理厂共处理污水3 641万吨，COD削减量0.3万吨，出水各项指标均达到《城镇污水处理厂污染物排放标准》（GB18918-2002）的一级B标准；污泥全年产生总量为0.95万吨，污泥处理采用制砖处理工艺，无害化处置量为0.95万吨，无害化处理率达到100%；设备设施完好率为99.4%。潮州市桥东污水处理厂共处理污水109万吨，平均日处理量为0.3万吨，最高日处理量为1.2万吨，累计去除COD为23吨，各处理厂出水水质基本稳定达标。

城市供水　截至年底，潮州市区有3座自来水厂，分别是竹竿山水厂、桥东水厂、枫溪水厂，日最大供水能力44万立方米。城市供水管道长度594.45千米，用水总人口60万，市区用水普及率100%，市区供水水量6003万立方米。

（郑苗苗）

环境保护

【简况】 2017年，全市环境质量全面改善。空气质量各项指标全面达到或优于二级标准；饮用水源水质、城市水域功能区水质和近岸海域功能区水质达标率均为100%；城市声环境质量基本稳定在较好水平；危险废物、医疗废物得到合理处置；环境管理制度得到较好实施，各项环境保护工作取得积极进展。

【机构建设】 2017年12月，经市编委批复同意，增设市环保局湘桥执法分局，将市环保局枫溪分局更名为市环保局枫溪执法分局并收归市环保局直接管理，新增行政执法专项编制15名。

【中央环保督察反馈意见整改】 2017年4月，接到中央环保督察组反馈意见后，市委第一时间召开常委会议，专题研究整改工作，制订《潮州市贯彻落实中央第四环境保护督查组督察反馈意见整改方案》，成立工作领导小组，部署开展整改工作。市委、市政府多次召开环保督察整改专题会议和现场推进会议，全面推进督察整改工作的深入开展。全市各级各有关部门对照《整改方案》和《整改措施清单》，落实各项整改措施和任务，全年整改任务基本完成。

【环保责任考核】 2017年，围绕省下达的环保责任考核目标和任务，切实抓好2016年度环境保护责任考核工作。根据省环保厅的通报，潮州市2016年度环保责任考核考核结果为良好等次。根据《潮州市环境保护责任考核工作意见》，开展对各县区政府（管委会）2016年度的环境保护责任考核工作，经考核，各县（区）2016年均达到良好等次。

【大气污染防治】 2017年，印发《潮州市2017年大气污染整治工作方案》《潮州市“百团大战”大气污染整治工作方案》《厦门会晤潮州市空气质量保障实施方案》等文件，落实各级各部门工作责任，坚持防治结合、协同控制、联防联控原则，采取“五控一预”有效措施，全面推进大气污染整治工作。开展扬尘精细化整治，强化道路和建筑施工扬尘控制；开展露天焚烧整治，对在露天场所焚烧秸秆、垃圾和其他废弃物等违法行为严查重罚；开展机动车尾气治理，启用“潮州市机动车简易工况法监管平台”，对所有上线进行排放检测的机动车进行在线视频监控和数据比对；推进黄标车淘汰工作，将黄标车的限行区域扩大至全市范围（国道、省道和高速公路除外），全年共淘汰黄标车约3800辆，超额完成省下达的任务；按照《关于进一步加强高污染燃料禁燃区管理的通告》，实施最严格的禁燃高污染燃料，加强燃用高污染燃料锅炉管理，推进禁燃区高污染燃料锅炉淘汰和改造工作。全部完成广东大唐潮州发电公司4台燃煤发电机组超低排放改造；推进企业废气治理，加强对瓷泥厂、陶瓷制品企业的监管，推进挥发性有机物污染综合整治，规范配套大气污染防治措施，强化执法，严查各种环境违法行为；强化大气污染预警应对，科学开展空气质量预测预报工作，及时了解空气质量和气象条件变化情况，以潮州、汕头、揭阳3市同城化为契机，与汕头市、揭阳市有关部门加强区域大气污染防治联防联治工作，提前做好重污染天气的应对工作。全年市区空气质量进一步改善，改善幅度列全省首位，优良率为95.6%，比上年同期提高2.7%，空气质量综合指数在全省排名第6位，比2016年提高5位，空气质量各项指标全面达到或优于二级标准。污染天数大幅下降，全年污染天气16天，比2016年减少11天。

【水污染防治】 2017年，全市认真贯彻落实国家和省“水十条”的部署要求，制订《潮州市2017年水污染整治工作方案》，全面开展水环境污染防治工作。全面贯彻实施《潮州市韩江流域水环境保护条例》，建立韩江流域水环境保护联席会议制度，设立韩江流域水环境保护专项资金，定期开展联合巡查，严厉打击各种破坏韩江流域水环境安全和影响韩江流域水环境质量的违法违规行为；枫江流域潮州段水环境整治一期工程（PPP项目）进展基本符合预期，取得了阶段性成效。加强对枫江流域污染源的执法力度，与揭阳市开展为期1个月的枫江流域污染源联合交叉执法检查工作，依法查处枫江流域各类环境违法行为；饶平县制定《黄冈河水质达标方案》，全面开展黄冈河综合整治，重点清理整治畜禽养殖业和生活源污染，推进镇村生活污水和生活垃圾处理设施配套建设，改善黄冈河水质；推进黑臭水体整治工作，加强城市建成区黑臭水体的治理。全年全市水环境质量保持在较好水平，城市饮用水源、水环境功能区、韩江干流水质保持在地表水Ⅱ类标准以上，韩江、黄冈河集中饮用水源及近岸海域功能区等水质达标率均达到100%，枫江流域的水环境质量有所改善。全市地表水水质优良比例为83.3%，完成省下达的年度任务。

【土壤污染防治】 2017年，编制实施《潮州市土壤污染防治行动计划实施方案》，稳步推进土壤污染防治。开展土壤污染状况详查前期工作，推进重点行业企业初步识别及空间位置遥感核实、农用地详查点位核实工作，完成省要求的2017年度工作任务。

【农村环境保护】 2017年，推进“生态示范镇村”创建工作，全市共创建市级生态示范村60个。实施《广东省农村环境保护行动计划》，加大农村环境综合整治力度，全年共开展33个建制村的环境综合整治，完成省下达的年度任务。继续开展韩江、黄冈河镇级交界断面水质监测和通报工作，文祠水水质完成年度整治目标，下半年水质均达到或优于Ⅲ类水质目标要求。开展畜禽养殖污染整治，市农业部门、环部门及各县区通力合作，上下联动，加大监管力度，推进畜禽养殖清理整治工作，全市禁养区畜禽养殖污染整治基本完成，共清理禁养区畜禽养殖场（户）130个。

【建设项目环境管理】 2017年，做好建设项目的环评审批服务。先后印发《建设项目环境影响评价文件审批工作制度》《环境影响评价文件技术评估管理工作制度》《潮州市环境保护局审批环境影响报告书（表）的建设项目名录（2017年本）》和《环境影响评价审查专家库管理办法（试行）》等文件，启动环境影响登记表网上备案，加强环评机构的管理和考核，严把建设项目环保准入“关口”，规范、优化环评审批行为。加大省产业园区的环境保护管理工作力度，不断完善园区的环境管理工作。启动环评审批服务前置，印发《关于优化“百团大战”项目环评文件审批流程的工作方案》等文件，对政府项目、重点项目主动发告知函，将办理环评手续必备材料、有关程序一次性告知业主单位。全年全市共审批报告书项目180个，验收项目33个。

【排污许可制】 2017年，贯彻落实国务院办公厅《控制污染物排放许可制实施方案》，进一步强化排污许证管理，推进以排污许可证为核心的固定污染源环境管理制度改革。按照《排污许可证管理暂行规定》等文件的要求，编制《潮州市开展火电、造纸行业排污许可证管理工作方案》《潮州市2017年下半年国家排污许可证管理工作方案》并组织实施，全年全市共核发火电、造纸、电镀、印染等重点行业企业排污许可证42家，完成省下达的年度任务。

【环境执法】 2017年，完善环境监管制度建设，实施环境保护联合执法工作机制和排污许可制，深化环保公安联动执法、环境监测监察联动、重点污染源在线监控、污染源日常环境监管随机抽查、环境信用评价等制度，强化环境监管。以打击恶意违法排污和弄虚作假行为为重点，组织开展了严查重治各类环境违法违规建设、生产及排污行为专项行动，环境保护风险点、危险源环境安全隐患排查整治，汛期环境安全检查，环境安全大检查行动，砖瓦行业环保专项执法行动等一系列执法行动，打击环境污染违法行为。全年共出动环境执法人员近2万人次，检查企业4 300多家（次），关停取缔违法污染源3384家；实施环境行政处罚案件85宗，罚款人民币591.11万元；实施违法排污查封案件108宗；移送适应行政拘留环境违法案件1宗；移送涉嫌环境污染犯罪案件45宗；公安部门已刑事拘留51人，网上追逃1人；被法院判刑14人。处罚、查封、移送案件数量、罚款金额、刑拘判刑人数均创历史新高。

【环境风险管控】 2017年，组织开展涉环境保护领域矛盾纠纷专项治理行动，落实“十九大”特防期环境安全保障工作，全市没有发生污染事故、没有发生涉环保邻避和进京上访事件。继续推行信访案件分类受理和分级办理，认真做好环境信访调查处理工作。

【环境法制宣教】 2017年，完成《潮州市扬尘污染防治条例》的起草工作，建立市韩江流域水环境保护联席会议制度，抓好《潮州市韩江流域水环境保护条例》贯彻实施。健全环境信息公开制度，做好“政务五公开专栏”和“重点领域信息公开专栏”等工作，拓宽公众参与环保渠道。围绕环保督察整改、“六城同创”“治六乱”等中心工作，加强环保新闻宣传报道，推进环保工作的深入开展。加强网络舆论监控引导，推进涉及民生环境问题的化解，促进经济与环保协调发展。开展“6·5”环保宣传活动，先后组织开展环保开放日、“共同守护潮州蓝”随手拍等活动，提高广大人民群众的环境保护意识。

【环境监测体系】 2017年，加强大气、水、噪声、农村生态环境质量监测，及时全面掌握全市环境质量状况。实施《广东省生态环境监测网络建设实施方案》年度工作计划，加强大气、水、土壤和生态监测网络建设。

（市环保局）

防震减灾

【简况】 2017年，市地震局在全省地市级以上防震减灾综合评比中获“优秀”奖，市地震台在全省地震流体、形变和电磁台站运行管理每月评比均名列前茅，水化学分析资料在全省年度评比中获第一名。

【创建防震减灾示范城市】 2017年，严格按照《关于开展潮州市市级地震安全示范社区创建工作的通知》要求，扎实推进全市防震减灾示范城市的创建工作。湘桥区凤新街道万绿社区、凤新街道奎元社区和潮安区庵埠镇龙桥社区等3个社区被评定为省级地震安全示范社区，奎元、宏天、厦寺、宜园等10个社区被评定市级地震安全示范社区，市实验小学、潮州市华侨中学、饶平县师范附属小学、湘桥区城西中学、枫溪区崇礼中学等9所学校被评定为市级地震科普示范学校。

【国家地震烈度速报与预警工程】 2017年，国家地震烈度速报与预警工程项目在潮州市行政区域内新建1个基准站（测震+强震动观测站）、10个基本站（强震动观测站）和28个一般站（烈度仪观测站）已完成相关台站的选址工作，台站建设抓紧进行中。另外，省下达潮州市的地震预警信息试点单位8所学校，已全部完成设备的安装调试并交付学校使用。

【地震监测预报】 2017年，继续加强对地震监测环境的保护和现有地震监测手段的日常管理维护，全年共投入资金近10万元，对地震台的供电线路和防雷设施进行改造升级，室外供电线路全部改为地下走线，并新增加一套雷电预警系统，为供电线路加装防雷保护开关等，进一步增强地震监测系统的防雷抗雷能力，优化地震监测条件。每天定时向上级地震部门报送地震前兆观测资料和水质观测项目的监测资料，定期进行观测资料对比分析，及时交流前兆异常资料，及时了解宏观信息，复核宏观“异常”，确保地震观测资料的连续性和准确性。参加粤东闽南协作区区域内的地震趋势会商会，加强区域观测资料交流、技术交流，实现资源共享。

【地震灾害防御】

建设工程抗震设防管理和监督　2017年，严格执行《地震安全性评价管理条例》和《广东省工程建设场地地震安全性评价管理规定》，加强对本区域内新建、扩建、改建重点工程和生命线工程项目抗震设防工作的监督和指导。

创新群测群防工作机制　对地震灾情速报员进行重新登记，建立资料库，完善配置，实现对“四员”的动态化、网络化和信息化管理。3月1日，开展“四员”业务培训，加强对“四员”的业务指导，提高群测群防队伍的专业水平。全年新增加3处地震宏观观测点，提高群测群防的覆盖面。

加强重点人群地震应急教育　在人民广场、恒大城住宅小区、铮蓉中学、枫溪中学、潮安区庵埠镇茂龙村等地，通过开展防震减灾知识讲座、地震应急疏散演练、发放地震应急宣教资料等形式，深入开展应急避震宣传教育，增强师生和居民的抗震救灾知识。

【地震应急救援】

做好地震应急预案的修订及应急检查工

作　2017年9月，完成《潮州市地震应急预案》的修订，并由市政府发文实施，进一步明确各级各部门的应急责任、应急目标、应急措施。3月31日，按照《应急检查工作制度》的要求，印发了《关于商请收集地震应急基础数据的函》，对潮州市城区重点企业及易燃、易爆生产（储存）企业进行初步摸查，逐步收集各相关行业的基础数据，健全地震应急管理工作数据库。

完善震后灾害速报和评估、余震跟踪监测、震后趋势判断机制　在保证应急指挥通信系统、信息反馈系统畅通的同时，落实震后趋势判断、震害收集、余震跟踪、信息处理、震后决策等工作制度，着手筹建城市地震应急信息网络。

做好震情速报、汇报工作　对区域内及近邻影响较大的地震，能够及时会商震情，解答疑问，编发简报，并在第一时间将地震信息报告市领导和有关部门。对众反映的“宏观异常”报告及网络上传播的虚假地震信息，及时开展调查、取证、核实，平息地震谣言。

完善地震应急指挥平台功能　实现与市政府应急指挥中心和省地震局指挥中心的互联互通，并投入资金10多万元，为应急指挥车新配置了流动测震台、视频采集和实时通讯系统。

做好应急避难疏散场所的维护管理　做好对已建成人民广场、西湖健身广场、古城文化公园、高级中学、维兰中学、厦寺公园、滨江公园、火车站站前广场等8处应急避难疏散场所的维护和管理，并通过新闻媒体开展应急避难疏散知识宣传，公开应急避难场所的位置、功能等信息。

加强地震应急救援队伍建设　对原潮州市地震应急志愿队人员进行调整和充实，人员扩充至91人，并将队伍名称改为潮州市地震应急志愿者一队。

开展地震应急演练　共组织了枫溪中学、潮安区庵埠镇茂龙村委会、恒大城住宅小区、铮蓉中学等地开展地震应急疏散演练，并参加市应急指挥中心系统桌面演练，联合各县（区）开展全市地震应急指挥网络演练等。通过多次的应急演练活动，增强地震防灾安全意识和逃生、自救、互救的技能，提高应对和处置地震突发事件的能力。

【防震减灾宣教】

地震科普基地建设　2017年，共投入16万多元，依托地震台新建地震科普基地，新增加了地震构造模型、地质结构模型、地动仪模型、地球结构模型和科普宣传栏等内容，成立了市级科普基地。

举办“防震减灾日”大型宣传活动　5月，组织了一系列防震减灾宣传活动，12日，与民政、气象、安监等部门在市区举办了大型户外宣传活动暨汶川大地震纪念活动；参加市社科联举办的科技活动周，宣传防震减灾知识；在市区各主要路段张挂防震减灾宣传横幅标语；市防震减灾科普基地对市民开放，接待市民参观。此外，各县（区）还通过举办防震减灾专题知识讲座、发放纪念日宣传资料、户外宣传咨询等活动，营造浓烈的宣传氛围。

创新宣传手段、丰富宣传形式　充分发挥政府网站和地震科普基地信息量大、辐射力强、直观易懂的特点，不断更新宣传教育内容，提高宣传效果。通过“潮州市防震减灾四员网络信息系统”定期向“四员”发送防震减灾知识宣传资料，开展科技下乡和防震减灾进课堂等活动。

（市地震局）

旅游

旅游动态

【概况】 2017年，全市接待国内游客1 534.6万人（次），同比增长30.2%；实现旅游总收入234.76亿元，同比增长29.5%，增长率继续居全省前列。截至年底，全市旅行社43家，其中出境游组团社5家。新增绿太阳生态旅游度假区AAA级景区1家，全市A级景区达到7家（其中AAAA级景区6家、3AA级景区1家）。各类酒店206家，其中星级饭店13家（含四星级6家，三星级4家）；客房数为9 035间，床位数为1.56万个。潮州市获评全国十个之一、广东省唯一一个“厕所革命优秀城市”；2017年广东国际旅游产业博览会“最佳组织奖”；绿太阳生态旅游度假区被授予“广东省旅游工作先进集体”；紫莲野生动物园旅游区等6个项目列入广东省旅游投融资项目库。

【“橡木花会”旅游周活动】 2017年3月12日，2017潮州橡木花会旅游周活动在韩文公祠广场正式拉开帷幕。以花会活动提升文化和旅游魅力，传播韩愈文化和潮州文化。市领导赵红、许志晖、王少勇、陈史青、柯泓等出席开幕仪式。

2017年橡木花会旅游宣传活动

【绿色发展示范区旅游踩线采风宣传】 2017年6月22日至24日，举办潮州市创建全域旅游暨绿色发展示范区旅游踩线采风宣传活动，市委副书记林壮森在启动仪式上鸣锣宣布踩线团出发。以此次活动为契机，以全域旅游的视野，在重点打造古城文化旅游区的基础上，深挖文化民俗、自然生态、特色景观，着力发展休闲度假旅游，打造多条乡村旅游线路，助推全域旅游的发展。

【特色美食示范店创建】 2017年9月28日，“潮州市特色美食示范店”授牌仪式在湖边小馆举行。市委书记刘小涛、市政协主席杨志明、副市长洪岳伟出席仪式并为十大“潮州市特色美食示范店”授牌。首期10家特色美食示范店已按照“通风整洁卫生、突出传统特色、增加文化内涵、推广特色美食”原则，根据各自实际，进行内外环境和餐厨设备改造升级，打造成符合古城风貌，环境舒适、餐厨卫生的示范店。

【群众性主题旅游活动】 2017年11月8日，举行“潮人游潮州”主题旅游活动，组织基层干部群众、乡村教师、外来工代表、科技人才代表等1 000人游览市区，发布潮州古城旅游优惠套票和市民年票。市领导陈史青、王文森、柯泓和市直各有关单位、各县（区）分管旅游工作的领导以及旅游部门负责同志等出席仪式。11月29日，举行“中山万人游潮州”活动，与中山市签订了旅游合作协议，为两地旅行社代表颁发了“潮州中山旅游合作贡献奖”。

【百家旅行社潮州大型旅游签约与宣传踩线活动】 2017年12月28日，“品味潮州·寻梦古城”百家旅行社潮州大型旅游签约与宣传踩线活动在潮州市举行。邀请东南亚4个国家、中国港澳地区、国内30个城市共150家旅行社和著名OTA企业负责人、旅游名人以及国内主流媒体记者到潮州踩线采风。仪式上举行了“旅游名人谈潮州”主题活动，多项旅游合作协议、旅游建设项目在仪式上成功签订。省旅游局局长曾颖如，市领导刘小涛、殷昭举、杨志明等领导共同按动活动启动球，并见证旅游合作签约仪式。市委书记刘小涛为踩线团授旗，并宣布踩线团出发。

（市旅游局）

旅游资源开发

【旅游规划与方案编制】 2017年，委托广州中大城乡规划设计研究院完成《潮州市绿色发展示范区旅游发展专项规划》规划编制工作；委托华南理工大学旅游发展与规划设计研究中心编制完成《潮州古城文化特色区创建5A级景区提升提升方案》《潮州古城文化旅游特色区旅游发展总体规划（2016—2030）》和《潮州市国家旅游综合改革试点市总体实施方案》。

【全域旅游示范区创建】 2017年，潮州市和湘桥区入选第二批“广东省全域旅游示范区”创建单位。全域旅游作为“六城同创”的重要组成部分，纳入了党委、政府的重要议事日程。成立了由市政府主要领导为组长的全域旅游创建领导小组并设立了办公室，县（区）组建了领导小组和办公室。制订并印发了《工作方案》和《三年行动计划》，对创建工作项目九类51项进行梳理，细化为22类64项，制定了《2017年重点推进工作任务表》以及图表台账，分解形成责任清单，明确目标、任务和各级各部门职责。

【产业体系提升】

发展古城文化旅游 2017年，推动名人故居纪念馆、虹桥商业广场项目、美食文化展示中心、义安路沿街整治工程、牌坊街公房商铺招租等项目建设。引导创客、民资利用民居民俗开设茶馆、客栈，古城区新开了载阳茶馆、七朵客栈等31多家客栈和23家茶舍（馆）；评选“潮州十大特色美食示范店”并资助开展改造，为古城区餐饮业提供典型示范；开展潮州“十大手信”评选工作，引导潮州旅游商品的开发生产和销售。

推进乡村旅游和旅游精准扶贫 编制推广潮州绿色发展示范区4条旅游线路，组织开展“凤凰腾飞、绿色共享——绿色发展示范区自驾游采风踩线宣传活动”，邀请闽粤两省自驾车旅游协会考察北部山区自驾游线路，授予饶平新塘食来运转生态园、潮安归湖科美生态园等6家单位“探索农庄经济试点单位”，授予潮州中国旅行社等5个单位“潮州市绿色发展示范区旅游推广单位”称号，凤凰镇获评“全国十大魅力茶乡”称号。加强人才培训，组织扶贫村第一书记外出参观学习，鼓励农户兴办家庭旅馆、农家乐，涌现出饶平县新丰镇吉骏农牧有限公司农业公园、新塘镇食来运转生态园、上饶镇永善村等乡村旅游扶贫项目。

促进旅游融合发展 全市新建续建旅游投资项目7个，总投资约2.7亿元。汇聚国内百名工艺美术大师精品杰作的百师园创意馆开馆，中医药康养示范点太安堂向游客开放，闽粤文化创意产业园建设工作加紧推进；松发、柏林、长城等陶瓷龙头企业的工业旅游先行点已接待游客20多批（次）。湘桥区紫莲野生动物园开展项目规划编制。

【旅游公共服务设施体系完善】

实施厕所革命 2017年，潮州市被国家旅游局评为全国10个“厕所革命优秀城市”之一，是省内唯一获此称号的设区市，超额完成全国厕所革命3年行动计划，三年来全市新建改扩建旅游厕所200座（新建98座，改扩建102座）。

建立智慧旅游系统 经市编办批准设立了潮州市旅游数据中心，与移动公司合作开展黄金周旅游大数据分析；积极寻找智慧旅游建设合作伙伴，着手制订可研报告和实施方案。

完善旅游交通 同粤运公司合作，积极推进潮州交通枢纽（池湖站区）旅游集散服务中心建设。开辟“汕头—潮州”旅游客运直达专线、潮汕站至古城区、潮汕站至主要景区、市区至凤凰山、千果山、幽谷逸林、绿岛、绿太阳等景区的公交车。

【宣传推介】

打造潮州古城旅游品牌 2017年，整合潮州美食、潮州工艺、潮州民俗等文化元素，组织古城文化旅游精品线路，开发“周末游”

“高铁游”“深度游”等古城旅游产品。精心拍摄了《潮州古城》旅游宣传片，制作了潮州旅游画册、潮州旅游手绘地图、潮州美食手绘地图、潮州古城客栈（茶舍）分布图等一批质量较高的潮州古城旅游宣传资料。

多渠道宣传潮州形象　在广州白云机场国际登机口、北京地铁站、公交站播放潮州旅游宣传视频及灯箱宣传画；在广州珠江夜游游船上表演潮州工夫茶艺。配合著名娱乐公司“开心麻花”电影《羞羞的铁拳》在潮州的拍摄工作，借力中央电视台《2018春节戏曲晚会》潮州分会场、《唱响新时代》潮州专场的录制和播出、中国(潮州)国际婚纱礼服周的举办，大力宣传潮州旅游。与中国红色旅游发展专业委员会、北京家有童星游学联盟合作，在古城和紫莲山庄取景拍摄贺岁档精品剧《一起“潮”前走》。

举办节庆活动　举办橡木花会旅游周、创建特色美食示范店活动、中国旅游日宣传活动暨“一里长桥一里市——民间艺人赶集来”活动、广济桥文化旅游宣传推广活动启动仪式暨央视纪录片《心志之桥》开机仪式、“潮人游潮州”“中山万人游潮州”群众性主题旅游活动、创建全域旅游示范区暨北部绿色发展区旅游踩线采风宣传活动和“品味潮州·寻梦古城”百家旅行社潮州旅游签约与宣传踩线活动，开展旅游签约、踩线采风活动。

“请进来、走出去”　与南方都市报、南方卫视等媒体合作，组织中新社、今日头条、香港商报等数家主流媒体到潮州市采风互动；策划2017年广东国际旅游产业博览会的参展工作，潮州市展馆凭借潮州古城、潮州民居五行山墙文化元素的设计，成为省内唯一一个获得“最佳组织奖”的设区市；组织旅游商品企业参加第13届中国（深圳）国际文化产业博览交易会；组织前往杭州、大连开展“心悦之旅”旅游宣传推介活动，与两市旅游部门分别签订了旅游合作协议；应邀参加国际华商观光协会41周年年会。

旅游业管理

【旅游市场综合监管加强】　2017年，出台《潮州市加强旅游市场综合监管工作方案》。全年共出动检查人员159人（次），开展各类旅游检查行动49场（次），检查旅行社及服务网点51家，导游人员18名，约谈旅行社及酒店有关负责人9人（次），纠正违规经营服务行为8宗，罚款金额1.75万元，没收违法所得1 460元。全面加强12345、12301系统的信息跟踪，及时受理各类旅游投诉，规范旅游市场秩序。全年接到有效旅游投诉20个，其中电话投诉15个，来访2个，12345、12301投诉信息3个，所有投诉事项均妥善办理办结。

【旅游安全生产】　2017年，认真贯彻落实《旅游法》和安全生产有关法律法规，督促县（区）旅游部门落实属地管理原则，落实涉旅企业安全生产主体责任。开展旅游安全检查，建立旅游安全隐患台账，对发现的隐患及时整改。健全旅游安全预警机制，制订《关于进一步加强旅游安全工作的通知》等系列文件，及时下发省、市各级部门安全生产文件，确保旅游企业及时收到旅游安全相关文件及信息。

【行业监督管理强化】　2017年，开展星级酒店复核，全面推行国家标准《旅游饭店星级的划分与评定》，对全市13家星级饭店进行复核，1家四星级酒店顺利通过省星评委评定性复核。推进景区转型升级，潮安绿太阳通过AAA级景区评审，西湖公园和乃兴生态旅游区加快创建国家AAA级景区。全面完成电子导游证换发工作，共有641名导游完成换证，通过全国导游监管平台即可对导游人员进行动态监管；全年导游资格考试共有200人报名参加，108人参加面试，60人通过。制订实施《导游征信系统建设工作方案》，倡导旅游社诚信经营和文明经营。

财税

财　政

【收支管理】 2017年，全市一般公共预算收入44.59亿元，完成年度预算（经各级人大通过的调整数）的99.5%，按可比口径（剔除营改增因素）比上年增长1.9%。全年全市一般公共预算支出142.82亿元，完成年度预算的102.3%，下降2.6%（剔除新增地债资金比上年同期减少的因素后增长6.7%）。全年全市一般公共预算收入加上上级税收返还和转移支付补助、债券转贷收入、调入资金和上年结转等，减去一般公共预算支出、债务还本支出和上解省款项等，全市一般公共预算实现收支平衡。

收入方面　围绕全年收入预期增长目标，积极落实征管措施，税收收入稳步增长。加强非税收入征管，严格执行国家、省取消行政事业性收费政策，加大非税存量清缴力度，提升收入质量。

支出方面　加强预算管理，加快一般公共预算支出进度，优化支出结构，保障市委、市政府确定的重点项目、民生事业资金需要。牢固树立“政府过紧日子，群众过好日子”意识，严控一般性支出，规范“三公”经费管理，全年全市党政机关单位（含参公单位）会议费及“三公”经费财政拨款支出7 166万元，比上年同期下降9.1%。

【经济发展服务】 2017年，盘活财政存量资金，及早发挥财政资金效益。“收、调、减、压”并举，促进存量资金尽快落实到项目，建立盘活财政存量资金的长效机制，充分释放积极财政政策的有效作用。拓宽渠道筹集资金支持重点项目建设，推动我市经济发展。积极主动向省财政厅申请地方政府债券转贷资金，开展存量债务置换，强化规范债务管理，切实降低公共基础设施项目举债融资成本。积极推广政府与社会资本合作（PPP）模式，吸引社会资本参与基础设施建设。新增饶平县宝斗石生活垃圾填埋场升级改造及综合处理资源化利用工程、饶平县畜禽无害化处理中心项目、潮安区生活污水处理设施整体捆绑项目和枫江流域水环境整治一期工程等4个项目纳入全国PPP综合信息平台项目库管理。优化营商环境，扶持企业做大做强。落实税费优惠政策，降低创业创新成本，对企业技术改造、市场开拓等方面给予资金扶持，加强融资增信服务，助力实体经济加快发展。

【民生保障】 2017年，全市民生类科目完成支出112.71亿元，占一般公共预算支出142.82亿元的78.9%。统筹推进社会保障体系建设，提高城乡居民基本养老补助、城乡低保等底线民生保障水平，积极推进机关事业单位养老改革和企业养老保险省级统筹改革工作。提升公共卫生服务水平，提高城乡医疗救助等补助标准，推进城市公立医院综合改革工作，加强基层医疗卫生服务能力建设。促进教育事业优质均衡发展，落实“两相当”“强师工程”等各项教育投入政策，促进学校教育教学质量、办学条件和教师素质的提高，完善政府助学体系。完善公共文化服务体系，继续加大公共文化财政资金投入，支持“送电影下乡”和地方基层文化事业建设，丰富群众文化生活。推进社会主义新农村建设，支持全市水利事业、农业基础设施和产业化建设，落实农业“三项补贴”，开展巨灾保险试点，促进农村农业发展和农民增收。开展扶贫攻坚工作。落实好新时期精准扶贫精准脱贫3年攻坚计划，支持开展贫困家庭劳动力技能培训，落实农村低收入住房困难户住房改造，完善保障房等安居工程建设。

【财政改革】

深化部门预算管理制度改革　2017年，完善部门预算编制，通过早编、细编项目支出预算，增强预算约束的精准度。全年市本级与财政有正常经费领拨关系的194个预算单位纳入部门预算编制范围。推进零基预算改革，对专项性工作经费按照“一事一预算”的原则每年据实核定，全年共有18个类型不同预算单位开展试点工作。

依法推进预决算信息公开　各级各部门不断完善预决算公开工作，依法公开预决算信息，建立预决算信息公开常态化机制。

加强财政信息化建设　完善全市财政信息系统安全管理体系和技术防护体系，推进财政管理一体化系统建设，努力提高财政信息化、精细化管理水平。

稳妥推进国库管理改革　开展对潮州市工商行政管理局等16家2015—2016年度新增的市级预算单位公务卡推广工作，推进乡镇国库集中支付改革，在全市预算单位开展政府综合财务报告试编工作。

【财政监督】

严格项目管理和资金审批　2017年，规范对政府投资项目的资金审核管理，质效并举推进预结算审核进度。从严按进度拨付资金，确保财政资金安全高效运行。

开展财政支出绩效自评工作　通过绩效评价，促进各部门各单位严格执行预算，完善财政资金管理。

加强行政事业单位资产管理　严把资产处置关，防止国有资产流失，并加强对有关单位经营性资产收益的监管工作，最大限度提高资产使用效益。

规范地方政府债务管理　密切关注财政隐性债务风险，整合金融风险金、专项风险金等统一归并为偿债准备金，建立防范债务风险的长效机制。

强化财政监督检查　开展财政资金地方库款和财政专户管理、预算执行动态监控等日常安全自查和省级专项资金、一般性转移支付资金、债券资金、会计信息质量等一系列财政监督检查，不断规范资金管理工作。

（市财政局）

国家税务

【税收征管】

税收收入有效组织　2017年，坚持以组织收入为中心，主动践行“谋帮查”工作方略，落实组织收入联动分析机制、督导机制和沟通机制，不断提升税收收入质量，实现了税收收入稳步增长。全年共组织税收总收入64.96亿元，同比增长16.7%。其中国内税收收入57.78亿元，同比增长11.6%，可比增长1.9%；直接形成大市区市级收入3.94亿元，同比增长26.1%，可比增长5.1%，为全市经济建设发展提供了稳定的财力保障。

国地税征管体制改革　认真对照改革时间表、路线图、任务书，推进国地税征管体制改革，深化和完善推广专项改革试点，加强国地税合作，推进落实好20大类35项改革任务。

征管基础实　推进征管基础建设，多部门联合开展经济户口清理，综合治税机制不断完善；突出抓好零散税源管理、信息共享、“双定户”核定管理和多元办税等工作，税收征管质量稳步提升。积极稳妥实施纳税人分类分级管理，全市形成按一般纳税人和小规模纳税人、“营改增”四大行业、行业+区域+规模的分类分级管理模式。

税种管理　持续推进“营改增”扩围工作，打造了试点行业规范管理的“潮州经验”。加强所得税管理，探索风险管理前移，创新开展汇算清缴征前辅导工作。加强消费税管理。积极推进车辆购置税征管方式改革。加强出口退（免）税工作，全年共办理出口退免税23.71亿元。五是大企业管理有效优化。开展大企业风险管理，增强事先防范、事中控制和事后应对能力。探索行业模型指标体系建设，主动推广TRD系统。六是国际税收管理有效落实。落实税收服务“一带一路”措施，优化"走出去"企业服务与管理。拓展第三方信息渠道，强化跨境税源监控，成功征收全市最大单笔非居民企业股权转让所得税。强化关联申报和同期资料管理，夯实反避税基础工作。

风险管理 抓好重点行业、重点领域和重点事项的风险管理，创新构筑"稽查+风控"的查管互动模式，解决各类涉税风险。2017年全市国税系统共完成风险任务应对2 489户，入库税款、滞纳金及罚款合计共16 330万元。

依法治税 坚持把依法治税贯穿税收工作全过程，强力推动税收治理迈入法治化轨道。全面推行税收行政执法公示、税收执法全过程记录和重大税收执法决定法制审核三项制度，有效保障和监督税务机关依法履行职责。推行公职律师制度、法律顾问制度，落实税收执法说理制度，国地税携手出台税务行政处罚协作工作制度，统一执行行政处罚裁量权基准，执法行为有效规范。积极培育创建法治税务示范基地，潮安、湘桥、枫溪三个县区国税局先后被命名为省级法治示范基地，数量占比居全省前列。

稽查质效 全面贯彻《税务稽查规范》，严厉打击各类税收违法行为，全年全市各项稽（检）查共组织查补收入1.23亿元，

【纳税服务】

升级"规范化"服务 2017年，全面落实各项税收优惠政策，全年办理各类减免税5.2亿元，办理出口退免税23.71亿元。深化国地税合作，在全省率先实现国地税共建办税服务大厅"一厅"对外和"一窗"办结。推进车辆购置税涉税事项同市通办，提速行政审批管理，启用国地税联合清税，推进办税服务规范化管理。

升级"便利化"服务 扩宽网上办税模式，积极落实商事制度改革，确保5类20项46条便民举措落地生效。积极与大企业签署个性化纳税服务协议和税收遵从合作备忘录，建立平等、互信、合作、协同共治新型税企关系。

升级"遵从化"服务 深化"银税互动""税保合作"项目，全年累积授信692户，发放贷款63.32亿元。落实"双公示"制度，推进守信联合激励、失信联合惩戒机制建设，推动纳税信用信息共享。

升级"透明化"服务 抓好提升纳税人满意度工作，全年开展专项需求征集活动8次，

潮州市国税局、潮州市地税局联合举办我市首批市级大企业《个性化纳税服务协议》暨《税收遵从合作备忘录》签约仪式

发放调查问卷3 000多份，收集意见建议69条（次）。完善纳税服务投诉管理，召开纳税人服务维权中心特邀监督员座谈会，保障纳税人权益。国地税联合开展“千人走千企”特色税收宣传活动，走访规模上企业886户，企业诉求解决率达100%。

升级“协同化”服务　统筹内部和外部各方服务力量，开展经济户口清理、税收专项整治等专项行动，形成纵向横向联动贯通、多方参与的服务共治格局。加强涉税中介管理，搭建“国税、地税、涉税专业服务机构、行业协会、行业主管部门、纳税人”六位一体的协作运行机制，全面排查整改违规插手涉税中介行为，肃清涉税中介环境。

【廉政建设】

深化思想认识　2017年，不断深化“三转”工作，强化“两个责任”，严抓党风廉政建设。通过深入基层分局开展巡回式特别党日活动、举办专题辅导报告、“微党课”活动、谈心谈话提醒教育等形式，实现纪律教育全覆盖。

创新监督手段　创新建立纪检组长季度座谈会机制及纪检监察走访制度，提升监督管理水平。

推进巡视巡察　加强巡视巡察规范年建设，积极探索机关党支部巡察的方式方法，切实提升巡察工作质效。认真做好税务总局延伸巡视各项工作，严肃整改问题8项，新建和修订完善制度5项，批评教育相关责任人员7人次。加强执纪问责。对违规违纪行为充分运用监督执纪“四种形态”，严肃问责追究，全年共开展谈话提醒353人（次），监督执纪全面强化。

【文化建设】

增进文化认同　2017年，围绕学习型组织建设，深化党建引领，推广“支部工作法”，开展“文化展厅”“四个之家”创建，举办“文化引领”大讨论等活动，强化价值认同。

营造文化氛围　组建潮州国税志愿服务支队，陆续开展税法宣传、扶危济困、“蓝色梦想”等志愿活动，把“奉献社会、关爱他人”的文化理念落到实处。用好用活文化展厅、“四个之家”等载体，组建书法、声乐等10个兴趣小组，并依托工会、妇委会和团委定期开展集体活动。

推进文明创建　积极开展精神文明创建活动，获评广东省文明单位，成为全市3个上榜单位之一。全市部门先后获市（局）级以上集体荣誉奖项27项（次），个人荣誉奖项310人（次）。

（市国税局）

地方税务

【组织收入】 2017年，全市组织地方税费收入60.02亿元，增收2.81亿元，剔除营改增因素可比增长4.9%。地方税收收入30.91亿元，增收1.18亿元，可比增长4.0%，其中：中央级收入8.23亿元，增长1.1%；省级收入4.67亿元，增长23.6%；市县级收入18.01亿元，增长1.3%；组织社保费收入26.18亿元，增收2.11亿元，同比增长8.8%。其他费金收入2.92亿元，同比下降14.1%。

预期管理　广泛采集经济税源指标，强化税源调查摸底，综合考虑经济发展、税源状况、征管能力等因素，分区域、分税种、分行业测算经济税源总账、重点税源明细账、潜力税源分类账，科学编制、统筹分解落实收入预期目标，及时制定应对预案和措施，提升组织收入统筹力和掌控力。

税收分析　联系宏观经济、其他部门和领域的数据，以重点行业和重点税源为轴心，以税收与生产要素关联分析、税种与政策效应分析、行业和重点税源分析为着力点，形成企业、行业、级库、税种、区域等多维度分析预测体系，科学锁定税源变化和风险点，有效引导征管措施跟进。

督导考核　全面落实“坚决依法收好税、坚决不收‘过头税’、坚决落实减免税、坚决打击偷骗税”工作要求，提升税收收入增长质量。强化组织收入督导，完善市、县（区）、分局三级督导，健全“以天保周、以周保月、以月保季”的时序倒逼机制。加大对征管主观努力程度、税收与经济匹配性等方面的跟踪问效和考核力度，构建收入动态闭环管理机制。

税费集成控管　强化税费“五同”征缴机制，对外以县（区）政府为主导，联合人社、工商、工会等部门，实施联合宣传、联合检查、联合督导等“三联”工作机制，形成社保费扩面征缴合力。对内借助规费监控平台，认真开展缴费工资和缴费人员的核查和欠费清理，将劳动密集型企业、服务业业户、民营医疗机构、参保人数与生产经营规模不相匹配的业户、参保人数与个人所得税明细申报人数不相匹配的业户列入重点检查范围，推动实发工资总额与参保人数同查的工作模式，实现税费联动集成控管。

【服务地方发展】

落实全市重点项目　2017年，将深化征管体制改革融入“百团大战”计划项目，积极加强与市国税局的沟通协调，共同研究制定工作落实方案，在办税便利化改革、跨部门税收合作、涉税信息共享和建立促进诚信纳税机制等20个大类35小项上精准发力，于7月提前完成全年项目任务。

服务党政决策　发挥地税部门大数据优势，运用全市综合信息共享数据，推行“每月一分析，每季一报告”。联合国税部门报送经济运行情况分析报告，全年提交分析报告17篇。自主撰写《从地税税收收入视角分析全市经济发展态势》《从年所得12万元以上个人所得税申报数据看潮州经济发展态势》等专题调研报告7篇，“跳出税收看经济”为地方发展出谋献策。

精准加大政策扶持　梳理出台10大项36小措施项优化营商环境，落实6项减税政策，全年共减税降负5.55亿元，有效扶持实体经济发展。落实“谁执法谁普法”机制，线上利用“两微一网三端”等平台解读税收政策。线下“点对点+面上全覆盖”开展政策宣传，打造“政府+地税+社保”的精准辅导模式，融合税收与潮文化打造“古城税韵街”，开展“千人走千企”活动解决企业诉求，诉求解决率100%。

【税收改革】

优化征管组织保障　2017年，践行专业化理念，梳理分类基层分局109项涉税事项，对口设置基础管理分局、法制事务分局、风险管理分局、纳税服务和电子税务分局；将县（区）局机关内审、督察等职能分离，由新设督察内审部门扎口管理；新设信息管理部门，专责涉税数据分析应用和风险推送。践行扁平化理念，将纳服部门和基层分局承担的纳税服务职能归并到纳税服务和电子税务分局，专责线上线下一体化及纳税服务；将征管部门的“风险管理”职能归并到风险管理分局，“税收执法检查和税收法制工作”职能归并到法制事务分局，压缩管理层级。践行集约化理念，在基层分局内部设置风控组等25个组别岗位，形成分工明确、纵向联动的分级管理闭环，初步构建以市局、县（区）局、基层税务部门纵向职能运转为核心、以机关各部门横向业务支撑为保障的征管体系。

强化税收共治　与潮州市政务信息共享平台对接，获取政府采购、工程交易、国土资源交易及产权交易等四大类项目数据，建立健全公共资源交易涉税信息共享机制，全年累计从12个部门获取涉税信息61.4万条，查补税款超过1.2亿元。加强房地产行业全链条管理，联动控管企业所得税和土地增值税，查补税款1.27亿元。

推动税种集成规范管理　严格落实11个行业、6个税种管理办法和规程，加强涉土税种管理，契税、房产税和土地增值税收入分别增长42.7%、14.6%和81.2%。加强企业所得税汇算清缴，查补企业所得税1.66亿元，汇缴面100%。

突出自然人税收管理　拓展“以地控税”

系统的自然人管理功能，探索从时空两个维度回溯排查同一纳税人不同时点的纳税遵从度，以及同时期税务机关执法的合规性和主观努力程度，建立自然人涉税风险模型，形成自然人纳税人信用体系，有效实施差异化管理，防控自然人涉税风险。

【营商环境优化】

拓展办税便利　2017年，抓好国地税服务资源整合，全省率先完成国地税办税厅共建，全省率先实现涉税事项“一厅一窗一人一机一系统”，做到办税大厅、服务模式、业务规范、管理标准和网上服务“五统一”，办税时间缩短50%。加大电子税务局推广应用，引导纳税人办税“走网路”，网上办税率超过90%。简并纳税人涉税报送资料，所有涉税审批事项实现“一窗受理、内部流转、限时办结、窗口出件”，推行“互联网+涉税审批”，加快推进“多证合一”。加速办理涉税审批事项，存量房交易涉税事项办理，由3个部门流转审核压缩为1个部门统一审核，办理时间从10个工作日缩短为3个工作日。

深化依法治税　全覆盖创建法治税务示范基地，建立基层法制员队伍，运用“六率”加强法制考核，湘桥区局顺利获评“全省法治税务示范基地”。部署推行执法过错亮牌管理，对执法行为事前、事中、事后3环节实施管控，阻断式防控执法风险，有力构建法治税务保障体系。全年违规行为明显下降。深入开展股权转让专项检查，实行“数据全网海淘、疑点精准分析、立案重点打击”查处模式，查补个人所得税2 452.5万元。严格落实“双随机、一公开”执法，加强国地税联合稽查，加强税警联动，全年查补税款9 040.3万元，同比增长22.5%。

增强纳税遵从　出台17项守信激励和失信惩戒措施，对信用好企业推出助力融资、减少检查次数等10项“便企暖企”措施，对欠税纳税人信息纳入人民银行征信系统等措施，建立税收违法“黑名单”制度，有效清理欠税3 670万元。优化“银税互动”“税保合作”品牌效应，为符合条件的纳税人提供低成本、高效率的贷款保证保险产品，破解企业融资难困局，全年共为646户纳税人提供48.6亿元贷款。推送失信纳税人到人行征信系统，2016年度纳税信用A、B级纳税人同比增加14.5%。

【全面从严治党】

压实主体责任　2017年，制定全面从严治党和抓党建主体责任清单，明确7类21个方面96项责任，综合采取定期听取汇报、定期调研指导、定期评议考核等方式，加强下一级党组监督，构建主责清晰、履责到位和追责严格的责任落实体系。

抓牢基层党建　依托党组中心组学习、专题研讨班等形式，在全系统掀起学习贯彻党的十九大精神热潮。推动“两学一做”学习教育常态化制度化，广泛开展专项教育、专家辅导等活动，严肃党内政治生活，促使“三会一课”“三册一表”、主题党日等落实。开展机关与基层、国税与地税、税务部门与企业“三个党建共建”10余场，打造融合式党建品牌。

强化监督执纪　对全市16个国地税共建服务厅、26个基层单位进行暗访，全年开展廉政谈话364人（次）。开展违纪违法线索专项排查，加强信访核查，紧盯廉政风险易发多发事项进行巡察风险点排查。在市局稽查局等执法部门开展作风整顿活动，惩治基层“微腐败”。运用谈话谈心、定期汇报、问卷调查等方式加强“八小时以外”监管，建立苗头性问题提醒机制，构建严密的监督网络。

（市地税局）

金融

中国人民银行潮州市中心支行

【简况】 2017年，潮州辖区金融运行平稳，金融支持地方经济发展力度不断加大。至12月末，全市本外币各项存款余额1 267亿元，比年初增长5.3%；本外币各项贷款余额399.9亿元，比年初增长8.5%；存贷比例31.6%，比上年末提高1个百分点。

【稳健中性的货币信贷政策】

政策指导力度加大　2017年，加强对银行业金融机构的政策指导和沟通，引导金融机构加大对重点项目、优势产业、自主创新、技术改造、节能环保、文化产业、现代服务业等重点领域的金融支持，引导信贷资金投向实体经济。制定出台《关于金融支持潮州市新型城镇化建设的实施意见》，引导金融机构加快建立多层次、广覆盖、可持续的新型城镇化建设金融服务体系，提升潮州市城镇化水平和质量。开展宏观审慎评估和合格审慎评估，引导金融机构提高经营管理和自我约束能力。与市商务局、潮州海关、市国税局签订《深化涉外经济管理与服务合作备忘录》，建立外汇管理和服务协作机制。支持大型企业开展对外投资活动，帮助辖区1家企业完成境外并购。支持企业开展跨境融资，全市企业跨境融资提款780.6万美元，1家大型企业登记备案内保外贷资金调回境内使用2.8亿元人民币。

中小微企业融资服务环境改善　全面推动“广东（潮州）中小微企业信用信息和融资对接平台”建设，与市政务服务中心、市财政局、市经信局联合印发对接平台建设实施方案，与相关职能部门签订数据报送协议，组织银行机构上平台推介信贷产品，促成融资3 685万元。继续推广应收账款融资服务平台应用，重点推动供应链核心企业加入平台，带动供应链上下游企业利用平台开展质押融资，累计促成融资97.3亿元，发展核心企业供应链2条，帮助9家链上企业融资9 306万元。开发征信综合报表系统，并在全省推广应用，征信管理工作效率和数据使用价值大幅提升。与市金融局、潮州银监分局联合开办“潮州金融超市”，在潮安区举办银企融资洽谈对接会，推动银企合作持续开展。

信贷支农支小水平提升　运用再贷款、再贴现等货币政策工具，重点支持辖区涉农和小微企业，全年发放支农再贷款3 648万元，办理再贴现业务7 328万元。鼓励农村金融产品和服务方式创新，至12月末，创新金融产品贷款余额22亿元，增长1.7%。支持新型农村经营主体发展，至12月末，新型农业经营主体贷款余额5.2亿元，增长19.8%。

【风险防控和金融管理】

风险防控工　2017年，加大风险监测力度，对全市陶瓷、不锈钢、服装制造等5个区域重点行业，证券、保险及非银行机构等重点机构定期开展风险监测，并根据辖区实际对银行业不良资产化解、同业业务、县域金融风险、非标融资、农合机构风险状况、供给侧结构性改革去产能、地方债务等10多个重点领域开展风险排查，及时分析、研判辖区金融风险状况和影响趋势。实行金融机构重大事项及重要信息月报制度。深入开展银行业机构综合评估，促进银行业机构稳健经营。密切跟进辖区3家农信社改制工作，指导农信社增强发展能力和抗风险能力。

跨部门、跨区域协作　与市公安局签订工作合作协议，强化协作配合和信息共享，加大防范和打击洗钱、制贩假币、电信网络诈骗、地下钱庄等犯罪活动力度。牵头建立粤东五市反假货币协作会议制度，完善反假货币工作网络建设，保持对假币“零容忍”高压态势。加强与公安、税务部门的合作，积极推进“反洗钱、反恐怖融资、反逃税”专项行动，协助破获涉嫌地下钱庄案件1宗。优化反洗钱监管工作机制，推进《金融机构大额交易和可疑交易报告管理办法》落实，强化风险导向，加强对风险机构、风险业务和薄弱环节的重点监管。推进潮州金融综治暨平安金融创建工作，会同有关部门开展互联网金融风险专项整治、打击治理电信网络新型违法犯罪、非法集资风险排查、“聚合支付”专项摸排清查、“微盘”交易平台处置以及整治非法买卖银行卡信息、整治预付卡违规经营专项行动等工作。深化闽粤边界（漳州、潮州）金融交流合作机制，定期开展反假货币、反洗钱、金融稳定、金融消费权益保护、国库等工作交流，联合开展金融机构突发挤提事件、国库业务等应急演练，共同维护区域金融安全稳定。

【普惠金融发展】

金融知识普及教育　2017年，在全省率先创新开展校园爱护人民币和反假货币宣传教育基地建设活动，全市13家银行业金融机构分别与26所学校签署共建协议，以点带面，有效扩大反假货币宣传的覆盖面和影响力。在全省率先开展金融系统青年诚信大使聘任工作，举办“为你朗读”诚信诗歌分享会，创新诚信文化宣传方式。开办“潮州金融大讲堂”，为潮州市党政机关干部和企业宣讲金融知识。创新开展亲子金融知识竞赛，举办“反洗钱、反恐怖融资、反逃税”宣传月启动仪式暨徒步宣传活动，结合金融消费权益保护工作，开展“2017年金融知识普及月”活动，全面普及金融知识。

便捷支付服务　推广金融IC卡、移动支付等非现金支付工具使用，制定《潮州市移动支付便民工程实施方案（2017—2018年）》，将移动支付推广纳入潮州市“六城同创”统筹规划和建设中。在全省率先完成金融IC卡小额免密免签、ODA项目在公共交通领域的应用，开展具有潮州特色的“红、蓝、绿”金融IC卡和移动支付示范工程建设。巩固和加强助农取款服务点功能，打造助农取款金融服务专区，至12月末，全辖助农取款服务点562个，同比增长41.2%。积极推广电子商业汇票业务，实现电子商业汇票系统在开展商业汇票业务的机构中全覆盖。

金融助推精准扶贫工作　将农村信用体系建设与精准扶贫工作挂钩，推进“三个一百”信用扶贫工作，实现广东省农户信用信息系统应用全覆盖，组织开展贫困人口建档数据录入和有劳动能力贫困人口的信用评分工作，引导金融机构对符合条件的贫困户提供扶贫小额信用贷款，对农业龙头企业和信用贫困村（乡镇）具有比较优势的产业进行评级，通过增信加大信贷支持。至12月末，全市精准扶贫贷款余额近3亿元。

国库服务管理　加快推进国库信息化建设，启用财税库行横向联网系统（ETS）直缴模式征缴社保费，完成二代国库信息处理系统（TIPS）上线。开展县（区）级国库集中收付代理银行资格认定工作，加强对国债销售银行的合规性监管，抓好储蓄国债（凭证式）发行工作。与人民银行漳州市中心支行联合开展国库业务跨省应急演练，提高应急处置能力。

（人行潮州市中心支行）

潮州银监

【简况】 2017年，潮州银监分局辖区共有各类银行业金融机构14家，营业网点295个。各项存款余额1 235.43亿元，比年初增加64.64亿元，增长5.5%。各项贷款余额399.88亿元，比年初增加31.33亿元，增长8.5%；其中，不良贷款余额44.27亿元，比年初减少2.88亿元；不良贷款率11.1%。

【经济服务】

支持辖区重点项目建设　2017年，督促各银行业金融机构紧抓全市实施“百团大战”的历史机遇，深挖企业、项目融资需求，对接全市路网、燃气网、水运、污水处理、节能发电等重点项目，全力支持辖区经济转型发展。如辖内各银行业金融机构支持软硬基础设施短板建设授信余额超过95亿元。加大对凤泉湖高新区建设的金融支持，建设银行潮州市分行与政府合作成立潮州凤泉湖高新区中潮产业基金，规模为3亿元。

推动支持“三去”工作　至12月末辖内住房按揭贷款余额71.69亿，比年初增加18.05亿，保持较快增速。继续发挥好债委会作用。密切监测辖区债委会运作情况和风险处置进展，确保统一步调，稳妥处置风险。其中正龙电池工业有限公司5.48亿元债权已全部打包转让至资产管理公司。

指导提升小微企业金融服务水平　通过加强通报、持续推进各机构加强与企业的融资洽谈、将对辖区小微企业金融服务“三个不低于”数据影响较大的机构列入重点督导对象并进行约谈、开展现场督查等方式，推动各机构提升小微企业金融服务水平。至12月末全面完成小微企业金融服务“三个不低于”目标。同时，持续推进“银税互动”工作，通过联合税务部门召开工作联席会和推进会、开展问卷调查、实地走访等推动该项工作。截至12月末，辖区“银税互动”项下小微企业贷款全年累放额为26.72亿元，惠及小微企业627户。此外，重点加强对科技型中小微企业的支持力度，指导通过设立科技金融机构，为科技型企业提供专业化服务。

加大金融扶贫工作督导力度　制订《潮州银行业助力精准扶贫精准脱贫工作落实方案》，督促各涉农机构与扶贫办签订业务合作协议，明确贷款利率、信用评定、贴息担保办法等合作事项。同时召开精准扶贫宣传工作推进会，落实涉农机构对45个相对贫困村进行金融知识宣传，努力提高贫困地区群众的金融常识。组织3家责任银行向分局签订扶贫小额信贷承诺书，进一步明确职责。截至12月末，共发放扶贫小额贷款3 587笔、3 587户，余额1.3亿元。

组织召开潮州市2017年“银税互动”助力企业发展工作推进会

加强公众金融知识宣传教育　组织全辖银行业金融机构开展“金融知识进万家”宣传服务月活动，针对不同受众对象重点围绕违法违规“校园贷”、电信网络诈骗、非法集资等开展宣传。共开展集中宣教222次，受众客户33万人，发放宣传资料12.29万份，发送宣传短信8.08万条，通过微信发送宣传内容5.19万条，电视台、报刊等媒体宣传共计5次。

【风险防范】

以查促改整治金融市场乱象　2017年，先后开展了员工异常行为排查和信用风险专项排查、“三套利”“四不当”专项治理现场检查、市场乱象整治现场检查、信息科技风险快速巡查等一系列现场检查和督查工作，切实整治金融乱象。对“三套利”“四不当”、市场乱象整治等重点检查项目，累计派出检查组11个，检查机构16家（次），检查业务涉及金额86.80亿元，发现问题52个，问题涉及金额48.65亿元。通过检查，促进各机构风险管控水平的提升。同时，严格违规问责，全年实施行政处罚4起，罚款138万元，处罚高管4人（次）、从业人员2人（次）。

以案为鉴抓实合规案防　针对辖区建设银行发生的一起员工办理虚假贷款案件，通过成立督查小组并开展现场督查、督促涉案机构加强内部问责、组织全辖开展案件风险排查确保以案为鉴，对涉案机构启动行政处罚等，确保筑牢案件防控的坚实壁垒。通过建立完善分局火灾应急处置预案、信访突发事件应急预案，联合辖区建设银行举办“消防安全知识与技能培训”，落实好信访信息“零报告”机制及值班制度等，确保做好十九大期间应急维稳等工作。

【农信改革】

组织领导　2017年初，制定了一揽子风险处置方案并报送市政府。根据工作需要成立了以分局主要负责人为组长、分管领导为副组长，相关部门负责人为成员的辖区农商行组建工作领导小组，统筹推进各项工作。并多次组织监管人员深入学习改制农商行相关文件，认真贯彻落实好各项要求。

政策宣讲　通过对拟改制机构高管人员进行政策宣讲，督促提高认识，纠正指标改革、财务改革和翻牌改革等错误思想。同时，配合市金融工作局、省农信联社潮州办和拟改制机构制订改革工作主要任务分工及时间安排表，确保改革有序开展。不定期召开组建工作质效督导会，针对改革工作中遇到的问题提出针对性的监管要求，确保在规定时间内保质保量完成改制化险工作。

建立反馈机制　建立信息联络群，要求省农信联社潮州办和拟改制机构每周向分局报送组建进度，及时掌握要情，推广好的经验做法。如针对潮安农信联社安排全社人员穿马甲上门清收不良贷款，发动其他联社借鉴，营造依法全力清收声势。截至12月末，市区农信联社现金收回不良贷款243.56万元；潮安农信联社收回不良贷款1.22亿元；饶平农信联社收回不良贷款6 394万元。

（潮州银监分局）

商业银行

【工行潮州分行】

提高服务供给能力　2017年，工行潮州分行加强重点项目市场拓展，有效增加对实体经济的资金投放。参与全省大交通银团项目，向宁莞高速潮州连接线、大潮高速、潮汕环线潮州段、广梅汕客专潮州段等交通项目提供信贷支持。充分发挥主流银行在支持经济发展中的主流作用，支持潮州八大支柱产业转型升级。全年累计发放贷款43.99亿元；深入结合潮州经济特点和政府战略规划，创新推出了特色小微企业融资产品，为小微企业主提供了良好支持，特别是以政府设立的风险补偿基金和借款人缴纳的互助保证金作为增信手段，创新推出“银政通”业务，全年累计向338家小微企业发放贷款15.26亿元。满足民生领域金融需求，全年累计发放个人贷款10.61亿元；稳步推进互联网金融升级，做大做强做通工行“融e购”电商平台、“融e联”即时通讯平台和“融e行”直销银行平台等3大平台，为广大消费者提供更具效率、更富价值的金融服务，利用自身技术和平台帮助企业实现“互联网+”，已有41家潮州名优企业进驻“融e购”电商平台，全年融e购交易额达到12.43亿元。

提高转型发展能力　注重按商业银行规律办事，提升服务实体经济针对性和有效性，进一步提高转型发展能力。截至年末，全年实现拨备前利润4.39亿元，中间业务收入2亿元；各项存款余额211.61亿元，比年初增加5.24亿元；各项贷款余额56.69亿元，比年初增加0.94亿元。

提高风险防控能力　加强信贷风险管控，加快不良贷款清收处置，不良贷款余额和不良贷款保持“双降”，创造股改以来最好水平。主动化解信贷潜在风险，切实落实各项缓释措施，防范系统性金融风险，维护地方金融稳定。

（市工行）

【农行潮州分行】　2017年，潮州农行各项存款184.57亿元，比年初增加2.73亿元；各项贷款35.14亿元，比年初增加6.9亿元，增量排同业首位。

抓经营，强基础　推进惠农支付结算的优化升级，拓展移动金融在公共服务领域的应用，深入推进普惠金融“惠农通”业务，至年底，累计发放惠农卡17万张，“惠农通”转账电话1 093台，电子机具行政村覆盖率达到100%。加强与政府、重点项目相关单位的沟通，通过跟踪项目进度，争取对项目进行信贷资金支持。加大对新消费、服务业、有效投资等领域的金融支持，锁定客户范围，发展分期业务。

抓服务，履责任　推动“机器解放人”服务工程，加大力度推进“压高转岗”，同时加快网点流程优化进度，提高柜台工作效率、工作质量。7月底，全行第一家“无高柜”网点—新桥路支行开业。

抓案防，促党廉　开展保密宣传教育培训，加强办公管理和宣传工作的监督，全年无泄密、窃密事件发生。持续强化网格案防管理，密集开展了员工风险行为专项排查、员工经商办企业、个人征信等多项专项排查，全面起底风险隐患。推动“三线一网格”各项工作的开展，将“两个责任”和经营管理有机融合，把“两个责任”抓紧抓实。成立潮州分行巡察组，紧盯重点事、重点人和重点问题进驻潮安支行开展综合巡察，反馈意见后密切跟进整改落实，发挥巡视利剑作用。

（潮州农行）

【中行潮州分行】

支持实体经济不遗余力　2017年，中行潮州分行主动对接市政府重点项目建设，成功为潮漳高速、大潮高速、中心医院、潮州港扩建、滨江华府、市燃气供应“一张网”等重点项目核定授信总量近17亿元。探索股权投资业务模式，与市政府共同设立“潮州产业股权合作基金”13.3亿元，发挥财政性资金的引导和杠杆作用，撬动社会资金投资参与潮州建设，进一步深化结构调整，支持实体经济去产能、去库存、去杠杆、降成本、补短板等结构性改革。至年末，全行贷款余额55.95亿元，存贷比35.8%。

破解中小企业融资难题　创新推出中银融资融智系列活动，汇聚各方资源，举全行之力，搭建“面对面、一对多”的服务平台，主动为中小企业客户群提供“融资+融智”的综合服务。连续举办两场“中银中小企业融资融智南粤行”、一场“中银科创企业投贷联动直通车——潮州科技专场”平台活动（附图），联系对接潮州八大支柱产业的科技、陶瓷、食品、水产、印刷包装、教育、医疗、环保类中小企业，现场为120多家中小企业审批贷款超过7亿元，并且以固定资产抵押、股权质押、出口退税账户质押、存单质押、知识产权质押、认股权等多重担保的创新方式，有效解决了全市中小微企业“融资难、融资贵”等问题。

助力外贸企业“走出去”　加快推进海内外一体化发展，依托覆盖全球的人民币清算网络，全力支持企业“走出去”，为企业办理跨境存贸组合、内保外贷、全口径跨境融资等业务，全方位多角度推动跨境业务发展。全年累计为全市企业办理国际结算业务14.54亿美元，跨境人民币业务9.67亿元。

打造最佳服务平台　推出了公积金归集、社会保障卡、银医互联、民生代收费、非税项目收费、财政补贴、代发薪、出国金融等多项便民惠民的服务项目，为潮州市居民制作社会保障卡超过74万张，并深入各乡镇做好社保卡激活工作。发行全市第一张全流程电子化、由银行代办工商登记、带金融功能的电子营业执照，成立潮州金融系统首家科技支行，实现全辖营业网点智能柜台全覆盖，该行营业部获评“中国银行业文明规范服务四星级营业网点”等，为企业和市民提供一系列便捷的金融服务。

（中行潮州分行）

【建行潮州分行】

支持地方经济、社会发展　2017年，开展银政合作，进军住房租赁市场。市分行先后与市住房和城乡建设局签订住房租赁发展战略合作意向书和住房租赁管理系统建设合作协议。开启普惠金融信贷审批绿色通道。从政治高度落实普惠金融服务工作，通过专门的综合服务、统计核算、风险管理、资源配置和考核评价五项机制，将资源、政策向普惠金融服务倾斜，建立差异化的信贷审批机制，优化审批授权管理。开展经营机制改革，全面下沉小企业业务。实施信贷下沉，辖内所有网点均可直接经营小企业信贷产品、个人助业贷款业务，网点经办小额信贷业务，实现批量化营销、综合化服务、特色化经营的能力大力推进。截至12月底，普惠金融余额4.91亿元。市分行本部及下辖机构共挂钩帮扶饶平县浮滨镇黄正村、湘桥区意溪镇锡美村等5个贫困村。由行领导带队，共36人（次）进村入户开展结对精准帮扶活动。

推动科技金融服务工作，支持区域高新企业发展　着力于科技金融研究，结合科技创新企业实际需求和市场最新变化进行了产品和服务的迭代升级，推出了Fit粤3.0科技金融综合服务方案。以创新评价体系为基础，以创新产品为抓手，把握与政府联合试点推广机遇，进一步提升科技金融普惠性。首创“技术流”、“能力流”全新客户评价体系，将专利数量、种类、结构及变化趋势量化为信用评价指标，进而转化为“资金流”；依托互联网+大数据应用，创新科技普惠贷、科技补贴快贷、科技小微快贷、科技专利贷、科贸融等新型融资产品，助力科创企业便捷、高效融通生产经营所需资金，为处于初创阶段急需融资的中小微企业提供资金保障。

推进渠道转型与服务升级，提升网点客户服务能力　构建起了以旗舰型网点为核心、综合网点为主力、轻型网点和自助渠道为补充的物理渠道新格局，打造首个轻型网点。加强离行自助银行的布设和设备的优化调整，落实低效自助设备的整治，通过打造智能服务区、开展智慧柜员机业务迁移竞赛活动、强化数据通报、配套考核和激励，促进柜面业务向智慧柜员机迁移。

建立健全合规管理架构　成立潮州市分行检查中心，整合辖内机构开展常态化监督检查。实施网点经营管理授权、员工行为网格化管理、合规管理“三沟通”、“三建议”等工作，开展覆盖全员的谈心家访工作和员工行为排查，夯实合规管理基础、经营发展基础。

（建行潮州分行）

【广发行潮州分行】　2017年，广发银行潮州分行本外币日均存款比上年度增长20.4%，贷款余额比上年增长1.7%，全年营业收入比上年度增长3.3%。

内控案防建设工作，提升风险防控水平　坚持业务与合规并重的发展理念，不断细化内部管理工作，重点做好各层级员工行为管理及异常思想排查工作，健全员工行为管理机制；开展“三违反”行为专项治理、“三套利”专项治理、银行业市场乱象整治、涉嫌非法集资风险专项排查等工作，确保全行业务安全稳健发展；开展“广发合规日”“纪律教育学习月”等合规宣传工作，提高员工不想违规、不敢违规的合规意识；抓好安保工作，定期开展消防知识培训及应急演练，提高员工安全防范意识，保持全年安全运营无事故的良好态势，经市综治委金融系统社会治安综合治理考核评议为优秀单位。

推进转型升级，全面提升金融服务水平　紧紧围绕总行发展战略，灵活运用“快融通”等标准化小微企业特色产品，结合潮州企业的经营特点，与粤财普惠金融（潮州）融资担保股份有限公司开展融资担保合作，优化创新担保方式，解决中小微企业和个体工商户的融资难题，全力支持地方经济发展；积极创新企业开户方式和优惠政策，继续对企业开户、手机银行转账等金融服务实施费用减免政策，开通企业开户网上预填单及预约开户等业务，优化企业开户流程，提升服务效率。

推进普惠金融发展，积极履行社会责任　积极响应全国普惠金融工作，从信贷支持、优化服务等方面入手，助力普惠金融工作的推广。开展“3·15消费者权益保护日”“金融知识进万家”“金融知识普及月”“支付结算服务宣传”“反假货币宣传月”等活动，普及大众金融知识，重点做好防范电信网络新型诈骗宣传教育工作，提高社会公众的金融权益自我保护意识，防范金融风险。

（广发行潮州分行）

【农发行潮州分行】

做好地方粮油储备资金供应与管理工作　2017年，农发行潮州分行共发放市、县级储备粮贷款8191万元，支持市、县地方储备粮油轮换、新增工作。

做好中长期项目贷款的营销和管理工作，支持全市农业农村基础设施建设　全年新签订中长期贷款合同项目14个，合同金额25.65亿元，累计已投放贷款2.47亿元。加强业务宣传对接，重点聚焦PPP模式和政府授权公司自营等融资新模式，营销了“潮州市枫江流域水环境整治一期工程”和“潮安区生活污水处理设施整区捆绑项目”2个PPP项目，融资金额共11.2亿元，年底已完成评估，上报省行审批。

加强内部管理，防控各类风险　深入推进基础管理，履行社会责任，开展金融知识宣传、做好挂钩扶贫工作，加强案件风险排查工作，建立声誉风险防控制度，切实防控各类风险。新办公楼正式搬迁营业，不断强化内部管理和内部监督，全年实现安全生产和营运无事故。至年末，各项贷款余额9.71亿万元，比年初增加1.10亿万元，增幅12.8%；各项存款5.99亿元，比年初增加1.16亿元，增幅24%。

（市农发行）

【中国人寿潮州分公司】

保险保障　2017年，中国人寿潮州分公司自营总保费收入为8.8亿元，同比增长5.3%，市场份额为41%；共计为7 323人（次）提供保险理赔服务，理赔给付金额为4 235万元。

深化政企合作，提高公共服务水平　公司与市老龄办共同推进的“银龄安康行动”，为25.69万老年人提供了意外伤害综合保险保障；与市卫计部门合作，共同推动开展计划生育保险项目，为2.1万计生家庭人员提供了意外及重疾保障；与市扶贫办达成战略合作协议，为547名驻村扶贫干部赠送了重大疾病保险保障，并配合饶平县精准扶贫项目开展，为饶平县14个乡镇，共计1.07万扶贫对象提供了保险保障服务。

创新服务模式，完善增值服务　持续开展国寿官方微信、微回访、微信理赔等电子化服务推广工作，不断完善便民利民服务平台。大力推行“国寿1+N”服务品牌，开展国寿大讲堂“知心姐姐”“中国人寿杯”少儿绘画大赛等一系列增值服务活动。

公益事业　2017年，公司积极参与市扶贫办组织的扶贫公益活动，组织全市系统员工开展爱心捐赠，并根据扶贫工作的相关安排，积极参与精准扶贫工作，定期组织到对口扶贫点进行入户慰问，为帮扶户送上慰问物资，鼓励他们树立信心，坚信党和政府的领导，争取早日脱贫。

风险管控　公司按监管要求组织开展风险防控自查自纠工作，全面排查本单位存在的重大经营风险，强化制度执行力，提升依法合规经营能力，巩固公司规范管理和内部控制，增强防范和控制风险能力。公司以反洗钱法律法规、监管规定和公司规章制度为依据，加强组织领导，强化制度执行，开展反洗钱自查自纠，严格落实监管要求。

（中国人寿潮州分公司）

中国人寿潮州分公司荣获潮州市“2016年度纳税百强”称号

经济综合管理

发展和改革

【发展全局调研谋划】 2017年，市发改局就市供给侧结构性改革、原中央苏区振兴发展、途经潮州市线状工程规划、新型城镇化、固定资产投资、价费改革等一系列专题开展调研活动25项，参与人员达265人（次），撰写《学习“十九大”精神，积极推进供给侧结构性改革，实现潮州经济新跨越》《关于发展特色产业促进老区人民脱贫致富专题调研的情况汇报》《潮州市开展新型城镇化建设的情况汇报》等方案或专题报告15篇。

推进“十三五”规划实施　起草《潮州市国民经济和社会发展第十三个五年规划纲要主要目标和任务工作分工》经市政府印发至各责任单位，推进“十三五”各项规划实施。配合国家和省开展“十三五”规划纲要实施情况监测评估工作，形成2016年度实施情况分析报告并送市政府审定后报省发改委。《潮州市粮食安全保障“十三五”规划》《潮州市能源发展“十三五”规划》《潮州市服务业发展“十三五”规划》《潮州市绿色发展示范区发展总体规划》等4个专项规划先后经市政府常务会议通过并印发实施。印发《潮州市第十三个五年规划成果汇编》。

提出发展计划并推进实施　起草《潮州市2016年国民经济和社会发展计划执行情况与2017年计划草案的报告》，提交市十五届人大一次会议审议通过。围绕2017年全市计划实现经济增长9%的工作目标，牵头市直各有关部门对主要经济指标进行研究细化。11月，将2017年全市经济增长预期目标由9%调整为7%以上，经潮州市第十五届人民代表大会常务委员会第八次会议审议通过。

做好经济运行监测预警　形成每季度《潮州发展改革动态》分析材料，向市委市政府提出相关对策建议。配合省发改委开展《广东省沿海经济带发展规划》、《海峡西岸城市群发展规划》相关工作。完成《广东省国民经济和社会发展报告》等材料的编写工作。做好2018年潮州市人口计划编报等工作。注重开展国民经济动员潜力调查。

【重大发展平台搭建】

开展特色小镇创建工作　2017年，推荐意溪木艺小镇、钱东潮商文化小镇、海山红头船小镇、庵埠食品小镇、凤凰茶旅小镇、龙湖旅游小镇6个特色小镇作为省示范点候选单位。钱东潮商文化小镇入选为省级特色小镇创建工作示范点。向省发改委申请创建工作费用100万元并全额下达给各县（区），用于补充特色小镇发展规划和概念性设计编制费用。

推动开发区改革创新　起草《关于配合省开展开发区总体发展规划编制工作的通知》并以市政府名义印发。明确责任分工，落实开展开发区总体规划编制工作。做好开发区审核公共目录复核工作。牵头对潮州列入《中国开发区审核公告目录》修订方案的开发区相关信息进行了核对、整改，并将相关资料报省审核。省政府同意向国家发改委提出将潮州高新技术产业开发区再次增补纳入《中国开发区审核公告目录》的请求。

推进汕潮揭同城化　配合省发改委推进《汕潮揭临港空铁经济合作区发展总体规划（2016—2030）》编制工作，经省政府常务会议审议通过，于9月由省发改委正式印发实施。潮安区南部浮洋、龙湖、沙溪、金石等4镇全域或部分地区，约122平方公里纳入规划中，并划定高铁新城和梅林湖等2个起步区，作为近期开发重点区域。牵头编写形成《2016年推进汕潮揭同城化工作总结》和《关于推进汕潮揭同城化工作的相关建议》报送市委、市政府领导审定。配合揭阳市顺利召开推进汕潮揭同城化第六次联席会议。

推动原中央苏区和革命老区振兴发展　协助饶平县上报《饶平县茂芝红色经济生态示范

区发展规划》，向省发改委申请列为广东省红色经济示范区。牵头成立潮州市加快原中央苏区振兴发展工作领导小组，抢抓支持赣南等原中央苏区振兴发展部际联席会议第五次会议筹备召开的有利时机，形成《潮州市推动饶平县原中央苏区振兴发展有关情况汇报》（送审稿），提出了拟提交第五次部际联席会议协调解决的事项共计11项。涉及争取支持大埔至潮州港疏港铁路建设、澄饶联围整治、“茂芝会议”红色旅游景区打造等重大工程和重大事项。经积极衔接争取，省发改委已将其中8项较重要的事项（项目）上报国家发改委。

推进绿色发展示范区建设　完成《潮州市绿色发展示范区发展总体规划》编制工作；组织2017年度市绿色发展示范区建设工作会议和工作现场推进会；完成2016年度绿色发展示范区各镇场“三化”建设考评工作并落实奖补措施；协调指导市有关部门组织开展潮州市创建全域旅游暨绿色发展示范区旅游踩线采风宣传活动、2017年潮汕登山活动；督导绿色发展示范区“百团大战”14个项目建设和“农村五治理”工作落实。推进新型城镇化综合试点工作。配合省发改委开展新型城镇化中期评估工作，形成《潮州市开展新型城镇化建设的情况汇报》报市政府审定后报送省发改委。形成《关于报送国家新型城镇化综合试点经验总结情况的汇报》。开展潮州新区统计体系建设。确定新区及其起步区界址点坐标，明确统计范围，形成《潮州新区开发建设情况调研报告》报送省发改委。会同闽粤经济合作区管委会形成《闽粤经济合作区建设情况汇报》，提出建立协商推进机制、支持优惠政策叠加、共同争取国家支持、加大用地用海支持等4项诉求。

【项目驱动】

申报项目资金　2017年，积极申报各类补助资金和建设基金项目。争取到上级下达资金项目9个，总投10.92亿元，已下达国家和省专项补助资金共7 246.6万元（农业领域2个，已落实资金2 196万元；资源节约和环保领域2个，已落实资金909.6万元；社会领域4个，已落实资金3 136万元；商贸服务类1个，已落实资金1 005万元）。争取到重大基础设施专项建设基金1.66亿元，专项用于梅汕客专潮州段项目。牵头开展全市新能源汽车补助资金申报工作。根据省的部署，委托第三方对2016年推广的168辆新能源汽车情况进行核查。开展农产品进口关税配额申报工作。初步审核饶平县粮食总公司等4家企业关于2018年农产品进品关税配额的申报材料，并转报省发改委。申报凤泉湖高新区铁铺镇光伏扶贫项目并成功纳入广东省2017年村级光伏扶贫电站项目，项目实施后，可使138户445人脱贫。积极做好2018年中央预算内投资项目申报工作。上报中央预算内投资计划草案9个，总投资33.62亿元，申请预算内投资13.95亿元；上报2018年资环领域中央预算内投资项目2个，总投4.38亿元，申请预算内投资3 736万元；上报2018年重大基础设施前期项目11个，总投98亿元，申请前期工作经费1.43亿元。

推进PPP投资模式　从市“十三五”规划重大项目库中，筛选出50个基础设施重大项目，提供给有意向的投资者作为参考。项目库项目总投资727.12亿元，其中10亿元以上项目19个，百亿以上项目2个。辅导市各有关单位就“枫江污水整治项目（一期）”“市区垃圾焚烧发电项目（一期）”“饶平宝斗石垃圾综合处理项目”与社会资本合作开展各项前期工作，并按照法定程序分别以予核准，吸引了社会资本投资12.95亿元。

做好招商引资工作　组织牵头市直单位就新型城镇化建设、重大基础设施建设等方面与广东省创业投资协会做好对接，谋划合作深化项目11个、前期项目5个，并在广州市签订了《潮州市人民政府与广东省创业投资协会战略合作框架协议》等5个战略合作协议。与中交投资有限公司对接，梳理出“澄饶联围综合治理工程”“凤泉湖高新区二期综合开发”“韩东新城建设开发”“闽粤合作区基础设施建设”等4个合作项目，全力做好招商引资工作。

加强项目建设管理　全年共审批、核准、备案项目51个，总金额达144.00亿元，其中审批项目27项，投资金额36.08亿元；备案项目13项，投资金额70.70亿元；核准项目11项，投资金额37.22亿。服务项目前期的推进工作，争取到省级财政预算内基建统筹资金85万元，已将资金分解下达至市直各有关单位和各县区发改局。牵头协调推进途经市的LNG配套管线工程建设，完成6镇路由确认、2座站场阀室用地选址及手续办理；配合省发改委开展粤东城际铁路网规划工作；牵头推进潮州市城市轨道交通线网规划编制工作。跟踪协调华丰中天能源项目、华瀛接收站、疏港铁路等项目前期工作，推进项目尽快落地建设。农村电网改造升级继续推进，全年改造升级项目850个，总投6.06亿元，年底前可全部建成投产。编制了《固定资产投资项目实用政策汇编》共3册，收录政府投资、PPP、招投标等重要政策文件98份。

【重点项目建设】 2017年，列入市重点项目共96个（含4个已开工的前期项目），年度投资计划164.65亿元，居历年之最。全年累计完成投资181.28亿元，占计划110.1%。34个前期预算项目已有4个提前开工建设。列入省重点项目共16个（子项目22个），年度投资计划37.04亿元，全年完成投资37.04亿元，占计划100.8%。99个“八网+产业”项目年度投资计划91.08亿元，全年累计完成投资94.55亿，占计划103.8%；其中47个“八网”基础设施项目，年度投资计划51.4亿元，全年累计完成投资54.93亿元，占计划106.9%，52个传统产业发展提升项目或房地产业项目，年度投资计划39.68亿元，全年累计完成投资39.62元，占计划99.9%。列入市重点项目和“八网+产业”项目建设均赶超时间进度，项目建设呈积极向上态势。同时做好中央预算内投资项目的监管工作。全面摸查2015—2017年中央预算内投资项目建设进展并按月报送省发改委。截至今年年底，全市2015年项目22个均已开工，完工10个；2016年项目6个均已开工，完成3个；2017年已下达项目9个，开工9个，完工3个。加强对中央预算内投资项目稽察力度。组织对2013—2017年中央预算内投资项目进行督查。督促未开工和进度缓慢的项目落实整改。

【深化改革】

推进供给侧结构性改革　2017年，牵头起草形成《潮州市推进供给侧结构性改革2017年度工作方案》并由市府办印发实施，加强改革进展情况跟踪，每季度形成进展情况报告，以供决策参考。完成省布置的淘汰钢铁落后产能各项工作。全面清查全市钢铁行业去产能情况，每周形成报告送市政府，逐级完成去产能承诺工作。积极推进省下达的18项2017年“补短板”项目建设，计划总投70.7亿元，涉及农村电网配电工程、天然气主干管网、宽带网络工程、交通网络工程等33个子项目。全年完成投资82.28亿元，占年度计划的116.4%。

清费减负“降成本”工作　自元旦起，大工业和一般工商业电度电价每千瓦时统一降低2.33分；取消城市公用事业附加，降低国家重大水利工程建设基金和大中型水库移民后期扶持基金的征收标准。以上措施年可减轻群众企业电费负担2.34亿元。自10月1日起，将高可靠性供电费用及临时接电费用征收统一按照较低标准执行，在此基础上再统一降低30%。从12月1日起，取消临时接电费。提高燃煤发电企业上网电价。大唐三百门电厂年可增收1 622.5万元。取消电气化铁路配套供电工程还贷电价，年可减负670万元。2016年全市行政事业性收费金额为4.33亿元，市直经营服务性收费情况为3.12亿元。根据国家、省部署共取消16项、降低9项、停征25项行政事业性收费，减轻企业负担7 405.5万元。经营服务收费共取消9项、放开6项、降低1项。

“双创”生态系统建设　制订潮州市发展和改革局贯彻落实《潮州市培育发展新兴产业行动计划（2017—2019年）》的工作方案。组织申报重大科技成果产业化扶持专项项目2个，总投资14.3亿元，两个项目均已通过省专家评审并上报省政府最终确定；组织高技术企业申报国家创新平台，三环集团已被评为2017年度省双创示范基地；凯普集团申报的“国家企业技术中心”已由省上报国家审批。

体制改革工作　开展全市市场准入负责清单制度改革试点评估。组织全市46个单位开展评估工作，并形成评估报告。做好公共服务事项标准化编制工作。公共服务事项标准化工作已修订完成三版。牵头制订《潮州市盐业体制改革工作方案》，经市政府常务会通过并印发实施。

依法行政　做好2016年度依法行政考评，经考核，市发改局被评为优秀单位。开展规范性文件清理。上报《潮州市市级政府投资项目招标投标工作规定（修订）》清理意见。认真审查政府投资项目招标文件。完成31个投资项目招标文件的审查工作。承办市级人大建议和政协提案8件、承办省重点提案2项。

信用体系建设　推进市公共信用信息管理系统建设。“信用潮州”网站和微门户，行政处罚和行政许可“双公示”已投入试运行。做好信用信息数据归集。系统归集到全市34个部门66.9万条信用数据。行政许可和行政处罚归集到全市67个部门2.5万条数据。还接收国家下发的信用数据4 244万条。

公车改革　起草《中共潮州市委办公室　潮州市人民政府办公室　关于推进全市事业单位和国有企业公务用车制度改革工作的通知》，经市委审定后印发执行，并报省委办公室备案。全市企事业单位原有公务用车977辆，批复保留637辆，保留车辆均已喷涂单位标识。拟取消处置340车辆，截至年底已处置299辆，占87.9%。全市共核发放公务交通补贴214人。改革后事业单位节支16.6%，国有企业节支34.2%。

【稳价惠民】　2017年，全市CPI累计上涨1.3%，各月价格指数均未达到启动社会救助和保障标准与物价上涨挂钩联动机制的标准，市场价格总水平和价格秩序保持基本平稳。

监管调控，稳定市场价格　全年执行国家、省的16项监测任务，通过全市41个监测定点单位对市场重要商品和服务价格进行监测并分析研判。做好“十九大”防护期和元旦、春节、中秋国庆等重要节假日价格巡检，防止价格异动。开展食盐、药品等特殊商品的监测工作并形成报告报省。

统筹协调，推动价费改革　牵头拟订《潮州市关于贯彻落实中共广东省委广东省人民政府关于推进价格机制改革的实施意见的工作方案》草案，报市政府审批同意发布。经成本采集测算并征求意见后，形成《潮州市公立医疗机构取消药品加成调整基本医疗服务价格拟调整方案》报市政府批准，自7月8日起，全市所有城市公立医院全面取消药品加成（中药饮片除外）。推动全市农业水价综合改革。拟订《潮州市农业水价综合改革实施方案》报市人民政府审议通过，于9月由市府办正式印发。

加强执法，规范市场价格行为　全年共受理价格咨询投诉举报790件，其中咨询360件，价格投诉347件，举报83件，办结率99%。实施经济制裁9件，共3.38万元。及时做好调解绿榕湖畔和云景花苑物业公司提高停车费标准引起的价格纠纷。全年共处理价格违法案件1宗，实施经济制裁73.17万元。在全市配置价格移动执法租赁设备15台，提高执法水平。完成定调价监审项目6个，涉及监审对象单位12家，审核金额2.06亿元，核定金额7 055.96万元，核总计核减成本1.36亿元。

【建仓储粮】

粮食储备基础设施建设　2017年，启动市级粮食储备库扩建工程，争取到国家粮库建设资金1 005万元。经多方协调，争取到划拨建设用地0.64公顷、资金440万元，基本完成4 000吨储备库的建设任务。开展粮食智能化升级改造，申请国家专项资金260万元。

组织开展2016年度粮食安全责任考核工作　牵头市直14个单位做好省对潮州市2016年度粮食安全责任考核工作。经考核，潮州市被省评为良好等次。牵头组织对各县区政府开展粮食安全责任考核，经考评，饶平县、湘桥区为优秀等级、潮安区、枫溪区为良好等次，考评结果经市政府同意后进行通报。

市储备粮轮换和管理工作　牵头协调市财政局、农发行下达2017年市级储备粮轮换计划，6 700吨稻谷和4 997吨小麦均已按计划完成轮换。逐级签订《安全生产责任书》，组织粮食系统开展安全隐患“大排查、快整治、严执法”活动，共发现安全隐患116处，已完成整改99个，实现全市粮食熏蒸化学药物0库存。抽取新增储备粮原粮样品47个，并对7个超标样品发出整改通报。紧抓粮食轮换出入库两个关键节点，对入库粮食做到每车必检，在2017年轮换入库的1万多吨粮食中，超标300吨的粮食全部退回。

新形势下军粮保障工作　向市政府申请财政补助资金50万元；指导各军供站点通过军供粮油平价商店平台弥补资金缺口；认真遴选军粮供应定点加工企业，降低配送成本；抓好军粮质量监控工作，受省委托，对市3个军供站点粮油进行抽样送检，经检测，均符合标准。

【精准扶贫】 2017年，派出干部担任村第一书记，驻饶中村开展精准帮扶工作。从工作经费中拨付8万元解决村合作社茶园周边基础设施加固和更新村信息化办公设备。指导精准扶贫项目“枕头岽高山茶园”申报市级茶产业扶持项目，争取到帮扶资金50万元。通过化肥补贴项目、开荒山地补贴、入股发展高山茶园等多种帮扶措施帮助脱贫。大力开展新农村示范村创建工作，全年共投入资金26.5万元用于“三清理”“三拆除”“三整治”工作，投入6.3万元安装文化创意墙。开展“以党建促扶贫”和创建“党建示范村”工作。共完成脱贫23户共92人，脱贫率达84%，村贫困居民人均可支配收入达7 591元，实现年度脱贫目标。

【网络安全和政务公开】 2017年，根据市政府部署，于8月15日关停潮州市发改局门户网站，并将网站原有信息迁移至市公众网发改局页面。配合做好市公众网“政务五公开”栏目建设。全年共发布各类信息236份，及时处理咨询投诉件63份，受理依申请公开3份，均及时答复。

（市发改局）

统　计

【基层统计基础建设】 2017年，加强与有关部门的沟通协调，及时召开县区局长会议，组织业务骨干进行讨论研究，制定并下发了《2017年潮州市统计基层基础建设工作方案》；对2014年以来各县（区）所属镇（街）统计机构设置、统计人员配置及变动有关情况、存在问题及意见建议进行了摸底，并形成情况汇报，印制好《2016潮州市各镇（街道）主要统计数据》小册子；按《2017年潮州市统计基层基础建设工作方案》的工作计划，对照《关于进一步加强我市各镇（街道）统计基础建设的通知》的有关要求，组织对各镇（街道）各项落实情况进行督查，摸清各县（区）及镇（街道）对进一步加强统计基础建设有关工作的落实情况，汇总、梳理上报市有关领导参考；加强对镇（街道）主要领导的业务培训。

【三农普登记督导和质量抽查】 2017年，认真开展农业普查现场登记督导检查工作。在普查登记期间，组织开展农普数据质量检查，对检查发现的问题及时进行整改；开展农普现场登记数据逐级审核与验收工作，做好验收记录；布置县区乡镇普查表和行政村普查表调查工作；组织开展联网直报审核与验收工作；参加省级农普质量抽查布置会议，组织开展市级农普事后质量抽查，确保普查数据质量；分步完成数据的审核、验收、简易汇总工作，按照省的要求分批进行平台错误审核修改。

【统计分析和监测预警】 2017年，增加出版《潮州统计快讯》，全年累计出版26期；改版《潮州统计报告》，主要以比较全面、翔实、综合的经济运行分析或专题分析为主。《党的十八大以来潮州经济社会发展成绩斐然》《潮州市规模以上服务业情况分析》《2016年我市规模以上工业企业R&D投入规模扩大》等统计报告受到副市长王文森的批示；每月撰写《潮州经济运行简析》，报送市领导及有关部门；加强对全市经济运行情况的监测。每月收集、整理有关部门及专业统计基础数据，对全市GDP运行情况进行监测，并撰写《GDP监测报告》报送市委、市政府主要领导；加强对联网直报企业的管理和监测。

【统计资料收集整理及统计咨询服务】2017年，改版《潮州统计月报》。组织各县区、各有关专业收集整理各镇（街道）主要统计数据，首次编印了《2016年潮州市各镇（街道）主要统计数据》；每月收集整理全省各市、全市及各县区、有关部门相关经济指标数据，汇总形成《潮州市主要经济指标》专报材料并报送市委、市政府主要领导；提供市委、市政府有关决策部署所需的统计数据和有关资料。每季度在潮州日报头版公布各县（区）主要经济运行情况。

（市统计局）

工商行政管理

【便利营商环境】

商事制度改革　2017年，推进工商注册登记便利化，实施"五证合一"、"多证合一、一照一码"、个体工商户"两证整合"、企业简易注销登记等一系列商事制度改革措施，积极推行电子营业执照和全程电子化登记，出台《潮州市商事主体住所经营场所登记管理规定》《潮州市工商行政管理局关于放宽商事主体名称登记条件的意见》，进一步放宽企业登记条件，降低市场准入门槛，充分释放政策红利，全面激发市场主体活力。全年全市新登记市场主体近2万户（含分支机构），其中：内资企业184户，外资企业41户，私营企业2 687户，个体工商户1.70万户，农民专业合作社85户。全市各类市场主体10.35万户（含分支机构），突破10万户大关，期末实有注册资本948.53亿元，同比分别增长13.5%、19.9%；共颁发"三证合一"执照10 233份、"五证合一"执照7 816份、个体工商户"两证整合"执照1.85万份，"多证合一"执照1.02万份；发放电子营业执照1 297份，办理全程电子化业务218笔。根据省工商局和省社会科学院发布的《2017年度广东各市开办企业便利度评估报告》，潮州市开办企业便利度排名全省第6位，居粤东西北地市首位。

支持个体户转型升级　制订《潮州市工商局2017年"百团大战""个升企"项目实施方案》，将工作目标分解到各县、区（分）局，发挥基层工商所的前沿阵地作用，积极引导、主动帮扶，落实各项优惠措施，助推个体户转型升级。今年来，全市工商系统共引导"个升企"568户，超额完成全年450户的目标任务。

服务"四梁八柱"民营企业发展　建立市工商局领导挂钩联系重点企业服务制度，市工商局领导班子成员分别挂钩联系市委市政府通报的44家"四梁八柱"民营大企业，实行定期上门走访、"一对一"精准服务，切实帮助解决重点企业在登记注册、争创名标、融资发展中碰到的困难和问题，促进企业做大做强。全年共办理企业冠省名123户；新增股份有限公司10户，期末实有股份有限公司72户；"翔鹭钨业"、"新宏泽"、"凯普生物"正式挂牌上市，期末实有上市公司8户；办理股权出质25笔，被担保债权数额59.51亿元；办理动产抵押登记50宗，合同抵押物值5.21亿元，帮助企业融资3.5亿元；467家企业被省工商局公示为2016年度广东省"守合同重信用企业"称号；新认定著名商标4件，延续认定25件，全市累计拥有著名商标103件，驰名商标12件。

【公平竞争环境】

加强事中事后监管　2017年，推进市场主体年报工作和"双随机一公开"抽查工作，规范和引导市场主体守法诚信经营。全市企业年报率93.8%，排名全省第三位，个体工商户92.1%，农民专业合作社93%；推行"双随机一公开”抽查工作，对526户企业的年报信息进行抽查，列入经营异常名录88户；配合开展危险化学品安全整治，抽查危化品销售企业46户，查处违法违规企业5户，其中3户被列入经营异常名录；对上年度未按照规定的期限公示年度报告，申请移出经营异常名录的企业进行立案查处，倒迫企业履行公示义务，共立案查处132宗，罚款92.2万元。

加强执法监管　做好反不正当竞争、打击制假售假、打击走私贩私、打击传销规范直销、网络市场监管、广告监管和食品安全、扫黄打非、禁毒、预防电信诈骗等工作，有力规范市场经济秩序。全年全市工商系统共查处经济违法案件713宗，罚没金额515.1万元，同比分别增长30.3%和15.3%，总案值1 354.13万元，向司法机关移送案件7宗。

查处无照经营行为　全年共立案查处221宗，罚没金额168.92万元；责令限期补办营业执照并函告有关部门3 028户，清理无照经营并核发营业执照1.27万份。

【消费环境】

加强消费纠纷调解工作　2017年，全年处理投诉受理消费者投诉举报1 837宗，其中投诉1 295件、举报542件，共为消费者挽回经济损失62.82万元。围绕“网络诚信　消费无忧”年主题，开展3·15国际消费者权益日、食品安全周、诚信兴商和“创建放心老年消费环境”等一系列宣传活动。其中，举办3·15国际消费者权益日主题宣传活动，组织全市55家职能部门、行业协会和大型企业约600名工作人员现场宣传消费维权法律法规知识，受理疑难问题咨询、消费投诉、举报案件等。通过《潮州日报》、潮州广播电台、“红桃粿”APP和广告大屏幕等渠道，抓住老年人消费、网络消费和节日消费等热点，发布一系列消费警示，倡导共同保护消费者的合法权益。积极推进消费维权和社会监督体系建设，开展消费维权社会监督员队伍培育工作，组织监督员参与法规宣传、消费纠纷调解体验等活动，鼓励监督员根据自身特长和条件在一定领域开展消费维权和社会监督活动。与市文明办联合制定《潮州市太平路牌坊街诚信商圈示范点建设方案》，协调有关部门和社会组织制订《潮州市湘桥区太平路牌坊街诚信商圈商业零售和服务行业服务规范》，促进全市旅游业加快发展。开展公用事业类、旅游类、房地产类等合同格式条款整治行动，立案查处案件3宗，案值2万元，罚没金额0.9万元。推行商品交易市场信用分类监管，运用信息系统提高市场管理水平。

加强流通领域商品质量监管　以服装、装饰材料、交通工具及配件、家用电器、儿童用品、燃气具6类商品为重点开展专项整治行动，集中清查无厂名、厂址等来源不明商品违法行为；配合电气火灾综合治理工作，开展流通领域商品质量抽检，并做好不合格商品后续处理工作。查处违法违规案件45宗，案值88.82万元，罚没金额26.53万元；经营者自行退市、召回商品61个，建立服装等重点商品监管对象2 317户，抽检儿童汽车安全座椅等商品213批（次）。

【全市中心工作服务】

开展“六城同创”“治六乱”工作　2017年，以整治集贸市场经营秩序、规范坐店经商、查处无照经营和打击虚假违法广告为重点，积极配合有关部门开展集中整治行动。共出动执法人员8 785人（次），检查经营户1.83万户，开展市场执法检查142场（次），责令改正乱摆乱卖等行为2 108户（次）；立案查处无照经营90户，清理核发营业执照3 864户，持照经营成为社会共识；检查广告经营单位216家，公共场所103处，市城区烟草等违法广告全面杜绝；查处违反活禽经营管理的经营行为20宗，罚款2.59万元。

推进“小个专”党建工作　积极探索非公经济组织特别是小微企业、个体工商户和专业市场党组织设置方式，采取单位组建、片区联建、同业共建、挂靠组建、派驻帮建、龙头带建等方式，单独或联合建立党组织，努力扩大党的组织覆盖；引导非公经济组织中的“隐形党员”主动亮明身份，及时办理流动党员组织关系接转手续，有计划有重点的从优秀企业主和员工中发展新党员。至年底，全市“小个专”已建立党组织240个，比2016年底增加32%，拥有中共党员2 005人，比2016年底增加21%；建立“小个专”党建工作联系点20个，联系点党员254人，一名企业管理人员荣获“广东省非公经济组织党员标兵”称号。

（市工商局）

审　　计

【简况】 2017年，全市审计机关完成审计项目98个，查出主要问题金额65.14亿元，其中违规金额3 075万元、管理不规范金额64.82亿元；损益（收支）不实金额21.42亿元；审计处理处罚金额4.35亿元，其中应上缴财政2 808万元、应归还原渠道资金255万元、应调账处理金额4.04亿元；审计发现非金额计量问题484个；审计促进整改落实有关问题金额2.71亿元，其中增收节支454万元、已调账处理金额1.27亿元；审计促进拨付资金到位169万元；审计后挽回（避免）损失9万元。提交审计信息23篇，被批示、采用2篇。提出审计建议244条，被采纳108条；推动完善规章制度2项。向社会公告审计结果4篇。向党委、政府提交经济责任审计报告和信息数量64篇，党政领导批示数量7件，经济责任审计结果报告归入干部档案49次，作为考核干部廉政情况依据2次，给予党纪处分2人，检查和处理有关案件时参考审计结果11次，作为干部考核、奖惩、选拔、任用重要依据26次，移送司法机关处理2人。发挥参谋作用，为市政府决策提供参考意见142份。

【重大政策措施落实情况跟踪审计】 2017年，对潮州市2016年供给侧结构性改革推进情况、简政放权和“放管服”改革推进情况、重大建设项目建设进展情况、创新驱动发展战略落实情况、中山对口帮扶潮州工作（第二轮）落实情况、民生实事落实情况等6个方面政策措施的落实情况进行跟踪审计，审计发现潮州市各级、各部门对国家和省各项重大政策措施总体上能予以重视，并采取措施加以贯彻落实；对跟踪审计过程中发现的问题，能认真落实整改。

【财政审计】 2017年，对2016年度本级财政预算执行情况审计，重点检查市本级全口径预算编制和执行情况、财政存量资金情况、“三公”经费预算决算情况，对零基预算试点单位部门预算编制及执行情况实行延伸审计。重点揭露预算编制、预算收支、财政存量资金管理、部门预算管理、专项资金使用管理等5个方面问题，提出了完善全口径预决算体系、盘活财政存量资金、完善政府专项资金管理、健全重大政策落实长效机制的意见和建议。

【经济责任审计】 2017年，全市审计机关全年完成对71位领导干部的经济责任审计，查出违规金额345万元，管理不规范资金12.61亿元。审计发现侵害人民群众利益458万元；提交审计报告和审计结果报告131篇，向被审计单位提出审计建议150条。

【固定资产投资审计】 2017年，开展了潮州大道整修工程、市级粮食储备库项目工程等5个项目的竣工决算审计，揭示了工程建设程序及资金使用管理方面存在的问题，共核减投资额1 630多万元；对潮州市6个列入省重大基础设施建设项目进行了跟踪审计，注重揭示在建设进度、征地拆迁、造价控制和管理制度等方面存在的薄弱环节和风险隐患，出具整改函4份，促进工程建设安全、有序、有效进行，提高投资效益。

【民生项目审计】 2017年，按照审计署的统一部署，潮州市审计机关开展了2016年汕头市保障性安居工程审计和2017年精准扶贫精准脱贫跟踪审计。

开展汕头市保障性安居工程跟踪审计　由

省审计厅牵头，市审计局对2017年汕头市保障性安居工程的及配套基础设施的计划、投资、建设、分配、运营等情况进行审计，重点对棚户区改造及配套基础设施建设项目、保障性住房分配和管理情况进行了审计。

开展2017年精准扶贫精准脱贫跟踪审计　组织开展2017年精准扶贫精准脱贫专项跟踪审计，采取数字化审计和现场核查相结合的方式，对扶贫对象认定精准情况进行了核查，提高审计效率。

【农业与资源环保审计】　2017年，组织开展了潮安区2014至2016年森林资源管理情况审计调查，对潮安区加快项目建设进度，提高森林资源资金使用效益。

【企业审计】　2017年，对市金山投资公司、市金叶贸易总公司、市韩江投资公司、市商业企业集团公司等4家市属国有企业开展审计，促进了全市国有企业规范运作，维护国有资产安全。

【专项资金审计】　2017年，在“同级审”项目中对出生缺陷综合防控专项资金的使用情况进行了审计，并就发现问题专门向市卫计局出具了审计整改函。促进了潮州市出生缺陷综合防控工作的开展。

【审计整改】　2017年，通过建立审计问题整改台帐和实行定期跟踪检查制度等方式，对审计发现的问题逐个登记跟进，逐个落实整改。全年共对达到审计整改期限的35个审计项目所揭示问题的整改情况进行跟踪检查，督促被审计单位采取积极措施，落实整改审计发现的问题，并采纳审计建议。

（市审计局）

质量技术监督

【质量强市建设】

完善质量强市政策措施　2017年，积极履行质量强市办职责，组织开展质量强市建设，做好市对县区政府和省政府对潮州市质量考核工作。指导推动饶平县创建“广东省质量强县示范县”。健全政府质量工作机制，调整完善质量强市领导小组成员，成员单位由27个增加到33个；梳理确定了35项质量强市建设重点工作任务，逐项分解落实到各单位，相关文件由市政府印发实施，促进各级、各部门形成质量工作合力。

加强品牌培育，提升“潮州制造”影响力和附加值　全力推进“潮州老香黄”“潮州手拉朱泥壶”申报地理标志产品保护、古巷镇创建“卫生陶瓷产业全国知名品牌示范区”两个“百团大战”项目落实落地，打造产业和区域品牌。积极培育企业申报省名牌产品，全市省名牌产品（工业类）48个，数量居全省第12位。实施“凤凰单丛茶”地理标志产品保护，有19家茶叶企业获准使用地理标志。

实施标准化战略，促进产业转型升级　新增11个单位参与14项国家、行业和地方标准制修订，累计参与209项标准制修订。推进农业标准化，全市有国家级农业标准化示范区5个、省级12个。推进服务业标准化，开展“潮州菜”“潮州工夫茶”标准体系建设和推广实施，已制订发布实施相关联盟标准86个，评选标准化示范店8家。

【质量基础建设加强】

强化计量基础保障作用　2017年，市级新建20项社会公用计量标准，总数71项。指导企业完善计量体系建设，新增19家企业获得二、三级计量体系确认；新增4家企业获AAA级测量管理体系认证，总数8家居全省前列。

强化检验检测技术服务支撑作用　完善公共检测服务平台建设。“广东省质量监督智能洁具检验站（潮州）”建成投入运作，完成

2017年市“十件民生实事”任务；以申报筹建“广东省质量监督陶瓷燃气窑炉检验站（潮州）”为依托，启动建设“潮州市特种设备检测基地”，服务全市特种设备安全和绿色生产，市政府无偿划拨建设用地1公顷，项目顺利通省局“三合一”论证；市质计所连续3年在全国产品质检机构考核中被评为I类；国家陶瓷质检中心与加拿大标准协会(CSA)建立检测认证战略合作，实现国外检测互认零的突破，使全市企业可在当地完成输美产品质检认证。市质计所全年检验产品4 300多批（次）、检定计量器具1.2万多台（套）；省特检院潮州检测院共检验特种设备8 788台（套）、压力管道114公里，锅炉水质化验577份，校验安全阀3 968个，完成对梅州市在用电梯监督抽查400台、省级电梯监督抽查628台。

【监管执法】

加强质量安全监管和风险防控，守住安全底线 2017年，狠抓特种设备安全，开展“特别防护期”安全大检查，确保十九大期间特种设备安全；坚持重在防范，针对重点行业、场所、设备（石油气充装站、锅炉、电梯、游乐设施、起重机械等）开展隐患排查，检查使用单位726家、设备2 246台套，发现消除安全隐患488宗；开展气瓶充装、电梯维保质量、危险化学品及涉氨制冷特种设备、特种设备作业人员无证上岗及违规作业、场（厂）内专用机动车辆等专项整治。保障重点消费品、食品相关产品质量安全，开展市级产品质量监督抽查和风险监测，抽查产品344批（次），合格率92.73%，风险监测50批（次）；开展电线电缆专项监督检查和服装、卫生洁具、交通工具、家电、儿童用品、手机、燃气具等7类产品质量整治提升行动。强化民生安全计量监管，对146家集贸市场、医疗卫生单位实施计量器具免费检定；开展定量包装商品抽查151批（次）。

加强执法打假，净化市场环境 全市质监系统开展“质检利剑”专项执法打假行动，查处各类案件65宗，保障群众和企业合法权益。履行打假办职责，成立打假领导小组，健全工作机制；落实打假责任制；组织开展卷烟打假等联合行动；加强督查督办，推动“打假重点区域”实施综合整治。全年全市各级、各职能部门共查办各类假冒伪劣案件2 312宗，查获假冒伪劣商品、工具一批，涉案总标值5 781万多元。

【改革措施】 2017年，推进企业产品和服务标准自我声明公开和监督制度，逐步取消企业标准备案，共有114家企业在网上自我声明209项标准；在市直单位中率先成立行政审批科进驻政务服务中心，行政审批实现“三集中、一分离”和“一门式、一网式”模式，完善行政审批标准化，整体提速30%，相关经验做法受到市领导的充分肯定，并批示在市委办《工作信息》刊发学习；探索实施“双随机、一公开”机制，在市级监督抽查中，通过分组抽签等方式从企业主体名录库中随机抽取抽查160家，随机选派抽查人员，抽查结果依法上网公开；深化“两建”工作，积极参与全市政务信息资源共享平台建设；落实行政审批和处罚“双公示”;巩固深化电梯安全监管体制改革,全市在用电梯基本确认使用管理权人,6 824台电梯购买安全责任保险，占在用电梯92%。做好气瓶安全监管改革基础性工作。

【文明法治建设】

开展文明创建 实施中小企业免费培训，培训企业人员500多人（次），增强企业责任主体意识；开展质量月、标准日、计量日等主题活动，弘扬质量文化，提高全民质量素质。开设“潮州质监”微信公众号，利用新媒体开展宣传。帮扶指导田湖村实施“脱贫攻坚”战和“治六乱”、建设社会主义新农村等工作。

法治质监建设 推进依法行政机制建设，规范权力运行；抓好举报申诉处理、信访和政务公开工作；实施“七五”普法规划，提升队伍依法行政水平；深化行政审批标准化建设，全年办理审批4 056件，业务量居窗口单位前列，实现100%按时办结和零投诉。

（市质监局）

食品药品监管

【重点治理】 2017年，开展食品生产加工小作坊专项整治工作，经清理全市需要登记的食品小作坊共86家，已完成登记的有69家，已升级申领了食品生产许可证的有4家，停产的有11家，依法取缔的有2家，完成了食品小作坊登记率100%的工作任务。全市共获得省级示范单位22家，市级示范单位55家，区级示范单位24家；已量化分级1 219家，量化率96.1%，其中A级68家，B级883家，C级268家，学校食堂已全面灭“C”。全市已完成486家餐饮单位明厨亮灶建设工作，其中学校食堂356家，大型餐饮单位36家，学校食堂大型餐饮单位已完成创建比例91%。3大网络订餐平台餐饮服务单位持证率已达到80%以上。开展为期5个月的全市餐饮消费环节食品安全专项整治行动，每周5个市、县区、乡镇所三级统一行动，重点治理食品经营单位无证经营行为；联合市城市综合管理局、工商局、环保局等多部门开展夜间小餐饮、小摊贩的专项检查。共出动2 162人（次），检查餐饮服务单位374家，发出办证告知书245份，监督意见书33份。已有22个镇完成食品摊贩登记工作，分发食品摊贩登记卡358张。创建了湘桥区府学旧地和潮安区卜蜂莲花商业广场省级食品安全示范街和潮州市大润发超市省级“放心示范超市”。

【主体责任】 2017年，组织召开全市食品生产经营企业落实主体责任推进会暨食品安全标准培训班，要求企业严格按要求开展自查，同时对企业自查情况进行督查；在春秋季开展学校食堂食品安全专项清理；督促网络订餐第三方平台落实主体责任。对经核实无持有效《食品经营许可证》的情况，要求订餐平台对餐饮单位进行删除，同时要求第三方平台提供者切实履行食品安全主体责任。组织全市药品经营企业开展自查，并与企业签订落实主体责任承诺书。

【技术支撑】 2017年，市食品检验检测中心项目建成投入使用；严格按照每千人1.5批（次）要求开展食品专项抽检，全市共抽食品检4 854批次，完成年度抽检任务的122.3%，抽检合格率98.3%；组织药品抽检共861批（次），完成年度药品任务抽检830批（次）的103.7%，抽检合格率97.3%；认真落实市政府10项民生实事，如期在全市30家农贸市场开展食用农产品快检工作，充分发挥快检筛查的“防火墙”“过滤网”作用，全年共快检食用农产品76 272批次，处理不合格食用农产品6 711.19千克。

【专项整治】 2017年，以水产品、茶叶产品、进口食品等为重点品种，以城乡结合区、校园周边、旅游景区为重点区域，针对农兽药残留、“两超一非”等重难点问题开展专项治理。全市已检查辖区内的桶装饮用水企业24家次，发出责令整改意见书7份，依法注销1家。开展为期5个月的餐饮消费环节食品安全专项整治和为期3个月的打击“两超一非”百日专项整治工作。全市共检查食品生产经营企业700余家，抽检样品124批（次），尚未发现“两超一非”行为。落实《潮州市局开展药品生产源头规范行动工作方案》，共检查药品生产企业12家，对发现问题及时督促企业落实整改。全市共检查药品零售企业685家次，撤销GSP认证证书3家。对全市药品零售连锁企业和药品零售企业开展信用等级评定，对检查中发现违法违规的企业评定为失信并对社会进行公开公告；落实《2017年度潮州市化妆品综合整治实施方案》，检查生产经营企业400余家次；现场对可疑产品实施快检，并将10批阳性产品抽样送省所检验，全市化妆品经营企业立案31宗。审核、复核国产非特殊用途化妆品备案101个品种，备案后检查88个品种。开展化妆品安全治理示范区建设工作，选取湘桥区趣春路、枫溪区规划路作为省级示范区进行建设，选取饶平县新丰大道、饶平县清华路和潮安区金石大道作为市级示范区进行建设。开展医疗器械安全风险隐患大排查大整治，共排查生产环节企业13家、经营环节企业92家、使用环节单位55家，发现存在隐患并要求责令整改16家，并把排查情况按时上报省局。开展无菌和植入性医疗器械监督检查工作，共检查医疗器械经营企业108家（次）、检查医疗器械使用单位95家（次）。开展药、械、化不良反应监测工作，全市审核评价药、械、化不良反应报告分别为888例、249例、5例。

【稽查打假】 2017年，围绕以打击利用互联网实施食品药品违法犯罪“清网行动”、打击食品“两超一非”及“南粤护老”等专项整治工作为重点，充分发挥“两法衔接”作用，加强与公安机关、检察机关等部门的联合执法检查力度，加大对“三重一大”案件查处，以高压态势严厉打击制售假冒伪劣“三品一械”各类违法犯罪行为。全市共立案345宗，已结案333宗，涉案货值39万元，罚没款202.5万元；全市向公安机关移送案件8宗，其中移送公安机关被追究刑事责任案件4宗；全市受理处理各类投诉举报392宗；市局受理外地来函协查132件，其中协助市公安部门协查4宗，查处无证经营食品药品案件6宗。

【宣传引导】 2017年，充分利用食品安全宣传周、药品安全用药月、3·15消费者权益日等平台，开展了食品药品安全宣传“进社区、进学校、进企业、进农村”、“民生热线户外上线暨科普宣传活动”等活动，营造全社会共同维护的良好氛围。加强与新闻媒体合作，充分用好微信、微博、科普宣传基地等平台，全年被省、市媒体刊物采用信息300余条，组织召开了1期新闻发布会。市局微信公众号每周持续推送科普信息，累计发布微信文章近121篇，总点击量超过10万人（次）。全市共出动人员3 100余人（次），组织开展各类宣传活动260余次，张贴各类宣传海报、标语3 200余份，制作专题展板1 759块，发放各类宣传材料19万余份，开展现场咨询活动99场，接受现场咨询1.1万人次，开展各类培训23次，接受培训1 100余人次，组织开展“五进”活动共409次，联合广播电视等媒体进行报道291次。

（市食药监局）

海　　关

【潮州海关】

高质服务　2017年，多次走访潮州市委市政府、发改委等相关单位，促成关地“21世纪海上丝绸之路”战略合作框架协议的签订。深化涉外经济管理与服务合作，与市外汇局、商务局、国税局签订合作备忘录，营造良好的涉外经济发展环境。主动联合市商务局等部门前往黄埔海关东莞片区学习调研保税物流先进做法，形成《东莞片区海关队伍业务建设情况调研报告》《潮州海关关于促进潮州市保税物流发展的建议》《关于在我市设立保税物流项目的分析报告》，并向市委、市政府作专题分析报告。

优化监管　推进“单一窗口”改革走在前列，率先实现“零突破”，成为汕头关区第一个实现“单一窗口”报关成功的陆运口岸。落实“去繁就简”要求，确保“压缩货物通关时间三分之一”，全年潮州海关进口通关时间为5.31小时，出口为0.35小时，同比分别减少77.1%和47.8%；加强单证审核和风险分析力度，全年共查获货运渠道违规案件2宗。

推动打私　加强对重点、敏感商品的风险分析和查验力度，深入开展“国门利剑2017”打私专项行动。积极配合地方开展反走私综合治理，加强关警打私联动，提高反走私整体效能，通过简易程序案件方式查处申报不实违规案件2宗。

综合治税　加强税收征管，引导关区企业使用电子支付系统，确保纳税大户全覆盖。共征收税款1 508.77万元，增长53.9%，超额完成全年税收任务。

（李维嘉）

【饶平海关】

主动回应地方诉求　2017年，提前介入，主动服务，推动实现潮州港三百门码头首次肉类进口、小红山货运码头扩建、对台小额贸易等重大项目；积极打造良好的营商环境，加大力度培育海关高级认证企业，经过多方努力凯裕科教文化和新功电器两家企业顺利通过高级认证，博宇公司通过重新认证，联合饶平县政府举行海关高级认证企业授牌仪式暨政策宣讲会；针对饶平外贸情况深入调研，向地方党政报送工作简报、外贸情况调研报告七份。

树立创新先锋形象　落实“去繁就简”改革部署，大力梳理优化通关作业流程，压缩货物通关时间；参与各项业务改革工作，推动“互联网+海关”建设，提高“单一窗口”使用覆盖率至100%；与饶平出入境检验检疫局签订合作备忘录，在通关一体化协作、互认现场监管等重点业务领域开展合作；推出14条扶持措施推动饶平国家农业对外开放合作试验区建设；从便利出口活鱼企业的角度出发，将查验场所从开放港口前移至渔排基地，以“海上监装”方式办理通关手续，中国海关杂志进行了报道，关领导批示肯定；召开“关、银、企”3方多元化税收担保改革推进会，探索多元化税收担保和汇总征税等新税收改革措施；拓展与俄罗斯的港口合作。推动符拉迪沃斯托克市（海参崴市）与潮州互访、港口合作、中小企业深度合作；积极参与个人平时考核试点和内控“三张清单”试点工作。将“三个区分开来”纳入个人平时考核标准。在内控试点中，制定自控清单，共开展内控自查3次，发现问题1次并及时进行整改。

不断强化打私合力　与饶平分局成立联合课题组，撰写调研报告得到关领导批示肯定；与分局联合地方打私办、边防派出所开展非设关地巡查调研，打造法治化、便利化营商环境；与分局联合饶平县政府走访东山海关和缉私分局，加强粤闽结合部打私力度；坚持正面监管，对原产地和滞期费等风险要素开展分析，为地方外向型经济发展净化通关环境。

（饶平海关）

出入境检验检疫

【潮州出入境检验检疫】　2017年，共签发原产地证书4 992份，金额1.55亿美元，同比增长10.8%和增长6.3%；完成出入境货物检验检疫1.50万批（次），金额6.28亿美元，同比减少13.7%和9.5%；共实施出入境人员疾病监测48人次，查验出境集装箱775标箱，出境特殊物品47批次，未发现异常。

提升通关效率　结合潮州外贸实际，落实广东检验检疫局“三种模式”“三个体系”为主导的检验检疫监管新模式，形成“日常监管+法检项目抽检”模式，提高监管有效性，在安全保障前提下的实现“通关零等待”；推进网上申报系统及无纸化业务，进一步实现企业自主报检，积极推进涵盖申报、施检、监管、签证放行等检验检疫全流程无纸化建设，全国无纸化报检上传率为99.6%。；推进一个窗口建设，已有40多家企业备案，通过“单一窗口”国家标准版已报检受理1 911批，12月覆盖率40.3%，超额完成上级下达的任务。

提升供给水平　创建省级食品质量安全示范区，强化源头管理提升质量，与潮安区签署合作备忘录，创建广东首个出口休闲食品质量安全示范区。举办国家级出口陶瓷质量安全示范区授牌仪式，为获得四家“中国出口质量安全示范企业”荣誉称号和四家日用陶瓷产品“三同”工程试点的企业授牌，加强示范引领提升质量。加强认证认可审核，全年辖区备案出口食品企业95家，获HACCP认证企业33家，上线“三同”公共服务平台企业31家，获输美日用陶瓷生产厂认证167家。

提升保障能力　对接ECIQ的口岸公共卫生风险预警系统，运用大数据提升对口岸公共卫生安全的保障能力，开展国门生物安全知识进校园宣传，加强防控保口岸安全，防止疫情跨境传播，保障国门环境安全；加强对输非、中东装运前检验监装，没有不合格批次；积极推出“一厂一策、一牌一策”的扶持措施，助推辖区内化妆品首次顺利出口，扶持21吨茶叶、货值70万美元的当地特色农产品茶叶顺利出口到泰国；强化检验监管模式，将食品检验延伸到生产过程中，确保产品质量安全，全年共检验检疫出口食品1.14万批，货值5.33亿美元；开展目录外商品监督抽查，全年抽查以突出问题导向共抽查18批（次），其中不合格15批（次），不合格率83.3%。

（潮州检验检疫局）

【饶平出入境检验检疫】 2017年，饶平出入境检验检疫局共完成出入境货物检验检疫2 355批、9.81亿美元，同比分别下降35.2%和增长42.7%。其中：出境货物检验检疫2 130批、29 862万美元，同比分别下降38.7%和增长4.5%；入境货物检验检疫225批，68 242万美元），同比分别增长43.3%和70.0%。检出不合格货物16批、6 311.22万美元。共检疫出入境船舶373艘（次）、出入境人员7 365人（次）。签发产地证1 923份，货值1.33.亿美元，分别比上年同期增长43.5%和32.6%。

通关便利化　2017年，通过积极开展e－CIQ主干系统、全国网上申报系统、全国无纸化系统、智检综合业务管理系统和国际贸易“单一窗口”国家标准版等5个系统的推广应用，无纸化报检覆盖率达100%，推动口岸通关便利化；推进通关一体化，按照全国通关一体化现场推进会要求，率先与浙江舟山局签署《通关放行合作备忘录》，共建输韩海水网箱养殖活鱼跨区域检验检疫通关放行合作模式；建立新型关检“三互”通关模式，与饶平海关签署《关检合作备忘录》，实现关检信息互联互通以及资源的优势互补；推进“同线同标同质”工程，已有3家企业符合上线三同服务平台的要求，2家符合条件的企业已上线“三同”平台，“三同”企业的数量和产品种类实现新的突破。

坚守国门安全底线　严格国境卫生检疫，全年在入出境人员中共检出传染病4例，首次在入境人员中检出带状疱疹病例；开展口岸核与辐射涉恐事件应急处置演练，全年检出出入境货物放射性超标4批次，均按规定进行处置；扎实推进口岸动植物检疫规范化建设，推进动植物产品检验检疫分类管理，严把口岸检疫关。强化进出口重点敏感商品监管，共检出2批货值542万美元的进口煤炭不合格，为企业挽回损失140多万美元；在口岸天平行动中，共检出13批进口液化石油气短重，为企业挽回损失26.16万美元；加强法制稽查工作，对1宗擅自出口未报检的出口法检商品案件进行结案，罚没金额16 033元。

促进地方外贸稳定增长　出台推进饶平经济质量发展提速增效十项措施，获市、县两级主要领导批示和肯定，协调推动地方质量提升工作；与饶平县政府签订合作框架协议，助力饶平农产品对外开放合作试验区获批全国首批农业对外开放合作试验区，促进饶平外向型农业发展；全力推进出口水产品质量安全示范区建设，促进出口水产品形成以技术、品牌、质量为核心的竞争新优势，全年出口冷冻水产品1 354批，54 126.0吨，2.44亿美元，同比增长20.0%，24.0%，12.0%；助力辖区内首家果脯类（青梅）生产企业调味梅干首次出口日本；发挥职能优势，助力三百门码头首批冻肉顺利通关；深化原产地证改革，自贸协定原产地证书签证份数及金额与上年同比分别增加115%和86.8%，为企业减免关税约358.9万美元，签发中国—东盟签证份数603份，货值2 023.12万美元，同比分别增长153.4%和108.4%。

（饶平检验检疫局）

文化建设

教　育

【概况】

教育系统党建水平提升 2017年，落实定期学习制度，推进教育系统“两学一做”制度化常态化工作。做好基层党组织换届和新成立党支部工作，配强基层党组织班子。开展全市学校党建专项督查，厘清学校党组织隶属关系，规范学校党建工作。加强意识形态安全管理，开展维护学校政治安全、意识形态安全专项工作。落实党风廉政建设主体责任，加强党员干部纪律教育。

教育基础建设推进 全市已投入教育“争先进”资金5.99亿元，推进教育现代化建设。完成市教育发展“十三五”规划。制定实施了新建住宅区配套教育设施建设管理办法。引进名校合作办学，暨南大学附属学校、华南师大潮州附属学校、光正实验学校落地潮州，认真贯彻落实省市共建韩山师范学院部署，推动潮州卫生健康职业学院建设项目纳入省高校设置十三五规划；协调配合做好潮汕高等研究院（潮汕大学）的筹办；推进一批公办学校新建、扩建、重建工程。

各级各类教育协调发展 加强“改薄”和招生办学管理，统筹推进义务教育均衡优质发展；启动学前教育第三期行动计划，做好全市3年学前教育项目规划，规范普惠发展学前教育；积极探索普通高中优化布局；深化教学诊断与改进，引导强化产教融合，大力发展中职教育；申报落实年度省级专项资金项目，推进民办义务教育标准化建设，扶持和规范民办教育发展；新建市特殊教育学校，推进饶平益智学校易址重建，加快发展特殊教育。全市学前教育毛入园率达102.9%，高中阶段毛入学率提高到93.7%，中职学校毕业生就业率高于98%，民办教育学校规范化覆盖率提高到78.7%。

教育发展内涵增强 深化招生考试改革，提高“指标到校”比例到50%，推进中考考试改革，调整完善有关政策性照顾入学办法，推进义务教育阶段招生改革。加强教研工作，全市共有153个项目获省比赛一等奖。创新德育工作，开展德育支教活动，组建家长讲师团，推进潮州大锣鼓等特色文化进校园，全市2所学校被教育部评为全国中小学中华优秀文化艺术传承学校。加强国防教育，全市10所学校被教育部评为国防教育特色学校。推行全市学校网站集约化管理，基本实现全市学校网络带宽达到省定“争先进”标准。

教师队伍整体素质提升 全面加强师德师风整治建设。实施学历提升工程，力促3300多名教师参与提高学历；积极向省争取研究生培养指标，并赴省内外高校招收硕士研究生39名，解决教师研究生学历达标难题。实施教师培训3年规划，推进“十百千人才培养工程”，与市委编办、市人社局等共同制订关于公开招聘教育专业技术人才政策，加强名校长、名教师工作室建设，提升教师队伍整体素质，打造名师队伍。推行轮岗制度，全市交流校长、教师超1 400人，落实“临聘教师”、人才支教等措施，优化教师资源配置。

教育发展环境持续优化 建设实现全市“美丽校园”100%覆盖。开展教育系统创文“十个一”主题系列活动，助力全市“六城”同创，推进文明校园建设。开展2017年尊师重教系列活动，奖助师生、表彰家长，召开校长座谈会、评选十大感动潮州教师、慰问一线教师等，浓化尊师重教社会氛围。完善教育资助帮扶体系，全年全市投入1.1亿元，约5.7万名学生受益，强化教育民生保障。实现全市“平安校园”100%覆盖，建成省级“安全文明校园”35所；完成全市学校章程和法律顾问制度建设100%覆盖，建成省级依法治校示范校89所，打造教育安全法治环境。

（刘世通）

【义务教育】 2017年，全市义务教育阶段学校719所（其中初中104所，小学615所）。全市初中、小学在校学生分别为7.93万人、19.93万人。全市初中、小学专任教师分别为7 149人、1.04万人。小学适龄儿童入学率为100%、辍学率为0；初中毛入学率为134%，辍学率为0.17%。各项指标均达到或优于省规定的标准。全市特教学校4所，学生209人，残疾儿童、少年在全日制小学、初中附设特教班（随班就读）就读399人。

【学前教育】 2017年，全市各级各类幼儿园674所，在园幼儿10.34万人，入园率102.9%。

【高中教育】 2017年，全市有全日制高中阶段学校44所(含民办),其中普通高中35所,中等职业技术学校9所(含民办,不含技工)。全市高中阶段在校生6.06万人，其中普高5.19万人，中职8 731人（不含技工），高中毛入学率达到93.7%。

（陈贤斌）

【教师队伍建设】 2017年，完成潮州市第一批潮州市“十百千”人才培训工程，培养名校长58人、名教师170人；与韩山师范学院联合开展幼儿园师资队伍专项培训；培养市级骨干教师2 953人；新建市级名校长名教师工作室9个。加强教师师德宣传与学习，开展“感动潮州十大最美教师”评选。提高山区和农村边远地区学校教师生活补助人均达到900元／月，惠及8 688多名农村教师。制定《潮州市教育系统引进培养高层次人才实施办法》，吸引优秀师范毕业生和硕士研究生到潮州市任教。加大公办学校研究生招聘比例，鼓励、资助在职教师学历提升。推进中小学教师资格考试和定期注册制度改革，县域内公办义务教育学校教师、校长定期交流轮岗制度完善，教师职称制度改革试点全面实施，全市新增正高级教师1人，副高级教师256人，中级职称教师216人。

（沈　静）

【德育工作】 2017年，把培育和践行社会主义核心价值观活动贯穿学校教育教学全过程，在全市中小学生中举行诵读十九大报告原文、演讲、讲座、征文等活动。全年共有43个个人和集体获得星河奖，18名教师获得潮汕星河第六届辉勇师表，有639名品学兼优的大学新生获得第九届“金银星”奖学金。在尊师重学系列活动中，共有172名中考优秀生、111名高考优秀生获得奖学金，100名贫困大学生获得新生助学金。参与市创建国家文明城市活动，开展“文明校园”创建、“身边美丑随手拍”“分明分享会”“致家长的一封信”征文、“师生宣誓签名”等活动，共建、共治、共享美丽家园。进一步加强全市班主任队伍建设，8所潮州市首批市级“名班主任”工作室揭牌。

（郑春凤）

【体卫艺工作】 2017年，做好全市校园足球推广普及工作，开展校园足球“送教入校”活动，全市共完成了“送教入校”250余课次。建立和完善全市中小学足球联赛制度，举办第二届全市中小学生足球联赛。继续做好全市学校卫生管理工作。指导各级各类学校做好各类常见病、传染病、流行性疾病的预防工作，制定防控预案。推进传统文化进校园工作，以潮州大锣鼓为龙头，带动潮绣、潮剧等特色文化和“非遗文化”进校园。积极发展农村学校艺术教育，组织艺术骨干教师参加省新农村舞蹈教师培训工作，提高艺术教师师资水平。全年共有7所新农村少儿舞蹈教室通过省的检查验收认定、5所学校被评选为首批“广东省中小学艺术教育特色学校”、2所学校被评为“全国中小学中华优秀文化艺术传承学校”，饶平县获广东省农村学校艺术教育实验县称号。

（郭婷子）

【教研工作】 2017年，加强教师教学能力建设，培养青年教师参加首届广东省中小学青年教师教学能力大赛，全市有2名选手夺得全省第二名并获得省一等奖，有9名选手获得省二等奖。开展教材培训工作，组织全市教师参加语文、政治和历史三个学科教材培训，组织参加各级培训约2 000人。请全国高考专家到潮州市讲学，组织学校校长参加国家教育行政学院举办的“聚焦学生核心素养培养”的学习培训和“高考改革背景下的学校教育变革专题培训班”。做好教学课题申报和评选，组织全市申报省2017年教育教学成果奖评选，全市有3项获得一等奖；组织市“十三·五”教育教学课题申报，主题是“培养学生核心素养”，全市共有100多个课题获得市立项。加强高考备考，全市上一本线人数为2 156人，一本上线率为11.1%，比上年高出0.5个百分点。

（谢泽雄）

【教育信息化】 2017年，全面实现“校校通”全市中小学校网络覆盖率达100%，全市中小学校拥有教学计算机6万台，百名学生拥有计算机18.3台，多媒体平台7 746套，网络多媒体教室占教学班数88%。组织全市教师参加全国2016—2017年度“一师一优课，一课一名师”活动，全面完成省下达的任务，共晒课10 421节，获部级优课7节，获省级优课111节。组织承担“一师一优课，一课一名师”“优课教研室”研讨节目录制活动。组织全市相关学科教师观看“互联网+同一堂课”网络教研活动；组织全市教师参加第18届广东省中小学电脑制作活动；组织全市中小学校实验教学教师参加全国中小学实验教学说课活动，共收到18个实验教学案例，推荐7个优秀实验教学案例参加省赛；组织举办2017年全市中学物理和小学科学实验教师实验操作与创新技能竞赛活动；联合市科协、科技局等部门召开2016年全市青少年科技创新大赛总结表彰大会，并组队参加广东省第32届青少年科技创新大赛获一等奖5项。

（陈明霞）

【勤工工作】 2017年，严格执行学校食品安全管理制度，强化学校食品安全的监管责任，抓好重点时期，特别是十九大召开前夕，中高考期间学校食品安全工作，联合市食药监局开展“考试月”学校学生食堂食品安全等检查工作。要求相关学校每日安排行政到学生食堂用餐，对食堂卫生、饭菜价格、饭菜质量、学生反映做好登记，建立食堂义务监督员制度，加强对学校食堂食品安全、食品价格的监管。及时排除和化解学校食堂食品安全隐患，预防安全事故和因饭菜价格而产生的不稳定事件的发生，确保师生身心健康，维护学校安全稳定，构建和谐校园。

【安全工作】 2017年，全市教育系统安全无事故，为全市推进教育现代化先进市创建工作提供了坚强的安全保障。抓教育宣传，提高师生安全意识。认真做好校园及周边环境综合整治和单位内部安保工作。完善“三防”建设，不断提高学校安全防范能力。抓好隐患排查整治。深入推进“平安校园”创建工作。全市763所公办中小学100%达到省、市平安办提出的工作目标，市高级实验学校等10所学校被市综治委授予“潮州市平安创建优秀单位”。全市共建成564所省、市、县（区）级安全文明校园，1 441所中小学幼儿园全部配备专兼职保安人员，校园安全监控系统覆盖率达100%，全市大部分学校安装一键报警系统连接到公安110报警中心或派出所。

（丁　洁）

【韩山师范学院】

简况　2017年，韩山师范学院校园占地面积约85.8万平方米，总建筑面积约50.2万平方米，运动场地面积约8.3万平方米，教学行政用房面积约21.1万平方米。图书馆面积近3万平方米，馆藏纸质图书文献总量171.2万册，电子图书84.5万种。学校本专科全日制在校生1.72万人(其中本科生1.60万人),教职工1 194名，本专科教学专任教师817名，教师中具有硕士、博士学位和具有高级专业技术职称的教师分别占专任教师的76.9%和43.1%。

学校设有材料科学与工程学院（陶瓷研究所）、化学与环境工程学院（环境化学应用技术研究所）、计算机与信息工程学院（潮州市“互联网+”研究院）、经济与管理学院（潮商学院）、教育科学学院（心理健康教育与咨询中心）、历史文化学院（潮学研究院）、马克思主义学院、美术与设计学院、烹饪与酒店管理学院（潮菜学院）、食品工程与生物科技学院、数学与统计学院、体育学院（场馆管理中心）、陶瓷与非物质文化遗产传承学院（广东省陶瓷职业技术学校）文学与新闻传播学院、外国语学院、物理与电子工程学院（人工智能研究所）、音乐学院、政法学院等18个二级学院、55个本科专业，涵盖文学、历史学、法学、教育学、理学、工学、管理学、艺术学等学科门类和基础教育的所有学科。拥有国家级特色专业2个，国家级专业综合改革试点2个，省级重点专业14个，有2个工科专业通过IEET认证。

学校拥有粤东分析测试中心、新型功能材料及其应用技术科研平台、潮汕非物质文化遗产数据库研发中心、先进陶瓷材料工程技术研发中心、全国预防青少年犯罪研究基地等13个中央财政支持的科学研究平台；潮学研究中心（广东省普通高校人文社科重点研究基地）、广东地方特色文化研究基地、广东省非物质文化遗产研究基地等11个省级重点研究平台；24个省级实验示范中心和大学生实训基地；“互联网+”研究院、先进陶瓷材料创新研究中心等市校共建平台。

教学改革与人才培养工作　继续完善教学规章制度及教学质量监控机制，在师范专业上深入开展“大学—地方政府—中小学”三位一体教育机制改革，在应用类专业开展校企深度合作的产学融合改革。继续与中职学校、高职学校合作开展非遗专业及其他应用类专业“三二分段”、“2+2”等中高职衔接、高职本科衔接人才培养试点班。教学改革工作成效明显，获得2017年度省质量工程项目立项项目4个，获得2017年度省教学改革项目立项项目13个；获得广东省高等教育教育教学成果奖二等奖项目3个，是学校历年来获奖数量最多的一次。

成立创新创业学院，完善国家、地方、高校三级创新创业实训教学体系。全年共有15个项目获得国家级资助，新增215个大学生创新创业训练项目校内资助项目；建成8门创新创业教育精品课程项目，《基于潮商创业精神的大学生创业教育》《核酸分子诊断技术》被列入省级建设课程。建设校内创新创业教育基地，拓展校外创新创业实践基地，开拓渠道、打造创客教育品牌，联合举办第二届全国中小学创客教育论坛暨首届粤东青少年创客文化节。

学生继续在省级以上学科竞赛和技能比赛中频获佳绩，如在第5届广东省师范生专业技能大赛中，学校有11名学生获一等奖，13名学生获二等奖，英语、物理、生物组列全省第一；在第14届“挑战杯”广东大学生课外学术科技作品竞赛终审决赛中，学生获一等奖1项、二等奖1项、三等奖10项。2017届毕业生初次就业率为94.4%，其中本科93.2%，专科98.4%。全年全校普高本科录取4 088人，普高专科录取401人，各层次录取数均超出原计划数。

学科建设与科研工作　学校有4个学科被纳入省级重点学科行列，其中专门史（潮学潮究）升格为省级优势重点学科，材料物理与化学、生物学两个学科新增为省级特色重点学科，教育学新增为省级培育重点。在省教育厅的主导下，学校与华南师范大学建立了联合培养研究生合作关系；继续深化与已建立联培关系高校间的交流与合作，共有10名教师获广东技术师范学院2017年新增校外硕士生导师资格；在科研项目立项方面，全年获得国家自然科学基金委立项资助项目2项；在新工科领域，获得广东省省科技发展专项资金资助项目6项；在文科领域，获得教育部项目1项，省规划办项目14项，教育厅创新强校重大项目1项及特色创新类、青年人才类和教育类项目10项；另外，潮州市委托项目1项。在科研成果方面，获广东省第七届哲学社会科学优秀成果奖二等奖（著作类）1项，为粤东地区唯一最高奖，与省内同类高校相比，也位列前茅；获2016年度广东省农业技术推广奖三等奖1项；获得潮州市哲学社会科学优秀成果奖23项，其中一等奖2项，二等级6项；获得2016年度潮州市科技进步奖三等奖3项。全年共获得发明专利11项，实用新型专利10项，软件著作权6项。

师资队伍建设工作　全年共引进各类高层

次人才11人，其中博士教授2人，博士副教授1人，博士8人；外聘（返聘）兼职教师67人，学术带头人8人，客座教授4人。全年共组织培训青年教师人数260人；12人考取博士研究生，派出9人到国内外访学和进修。

对外交流与合作工作　与德国BSK国际教育机构、新加坡TMC学院、美国内布拉斯加大学奥马哈分校、泰国潮州中学、台湾弘光科技大学、中国对外友好合作服务中心、广东省留学人员服务中心等7所国内外高校或机构签署或续签了合作交流协议。全年共聘请来自美国、加拿大、韩国、乌克兰等7个国家的14名外国专家来校任教，共邀请国（境）外专家14批58人（次）到校讲学、研修；选拔学生19批共124人（次）赴国（境）外各合作院校交流学习及赴美国、日本、泰国等国家实习交流、支教，选派28名学生到韩国大田大学开展短期研修活动；共招收长期来华留学生6人（次），接收来自泰国华文学校、日本高校短期来校研修生3批次共40人（次）；接待日本、泰国、马来西亚、美国及港澳台地区等访客11批143人（次），促进学校与国（境）外学校和教育机构之间的教育合作和文化交流，提升学校国际化水平。

省市共建与社会服务工作　学校围绕区域经济社会主导产业、高新技术产业和新兴产业，深化校市对接，与市共建“先进陶瓷材料创新研究中心”“互联网+研究院”，推动粤东分析测试中心、智能制造工程技术研发中心、潮州菜承与创新中心和粤东食品加工与安全控制技术研究中心、教师教育改革与服务地方教育中心等的建设发展；学校取得了省级高层次平台建设的重大突破，共有3个平台顺利通过广东省科学技术厅认定；申报1项2017年科技发展专项资金（一市一重点项目）获得广东省科技厅立项资助（经费500万元），韩山师范学院是唯一获得此次资助的高校。全年共与9家企事业单位共建合作研究平台，与56家企事业单位签订合作协议69项，涉及18类行业（大类），尤其在先进陶瓷材料、中药研发、智能玩具、大数据分析与挖掘、“互联网+”研究、潮台经济文化研究等领域成果显著；全年共开办各种类型教师继续教育培训班19个，累计培训达到1.98万人（次）。先后举办了佛山、湛江、汕头、揭阳等地的工会、银行、税务干部培训班12期，培训学员600多人。全年共组织各工种多等级的技能统考鉴定8批累计299人（次），学历认证中心受理毕业证书及学位证书认证近3 000份。

（韩山师范学院）

科　　技

【高新技术企业发展】　2017年，全年申报高新技术企业认定二批次总数达到53家，比2016年增加165%；全年通过专家评审的企业共有44家，通过率达83%，超过全省平均通过率将近20%，全市高企存量已达到79家，超额完成省科技厅下达的65家目标任务；同时，共组织了43家企业申请入库培育，申请量超过2016年1倍以上。

【创新平台建设】　2017年，全市共新认定9家省级工程中心，其中企业类6家，高校类（韩师）3家，完成“认定省级工程技术研究中心5家”的任务，全市累计省级工程中心49家（含高校类）；新组建市级工程中心两批共14家。全市共有市级工程中心97家。推进新型研发机构建设，潮州市潮安区庵埠食品与软包装研究所获广东省新型研发机构的认定，取得零的突破。建立健全科技公共服务平台，推进“市县镇企”四级创新服务平台的建设，潮州—中山产业创新中心举办了多场培训班、知识讲座，庵埠—小榄生产力促进中心及广东五研检测技术有限公司申报省“科技服务机构培育”项目，获得立项资助经费30万元。中国潮州（餐具炊具）知识产权快速维权中心获国家知识产权局批准成立，已正式运营。

【科技计划项目】 2017年，争取上级资金政策扶持地方产业，组织实施各类科技计划，推动科技成果转化，着力突破产业关键核心技术，共获得上级资金支持6 000多万元。其中推荐35家企业申报2017年广东省企业研究开发省级财政补助资金，获得省补助资金约2 600万；推荐2017年省级科技专项资金纵向协同管理省市联动项目22项，获资助850万元；组织申报省“一市一重点”项目，已经通过专家组论证，获资助500万；组织申报“扬帆计划”引进创新创业团队项目4项，获资助600万元以上。同时，组织科技计划项目结题验收管理工作。积极推进已到期项目的结题验收工作，全年共审核提交省级科技计划项目验收申请16项，受省科技厅委托组织省级科技计划项目验收11项；组织市级科技计划项目验收39项，结题率位居粤东西北第二位。

【科技企业孵化器】 2017年，推进科技企业孵化器建设，超额完成省科技厅下达完成认定4家的任务，在省孵化在线平台登记孵化器6家、众创空间4家、在孵企业129家，其中认定国家级、省级和市级众创空间各1家，孵化育成体系建设跃居粤东西北前列。

【科技成果与奖励】 2017年，开展技术合同认定登记工作，加速科技成果转化，已登记注册企业4家，已完成技术合同认定登记6项。开展2017年科技创新券后补助申报工作，有14家申报单位获创新券后补助200万元。完成2016年度市科学技术进步奖励评审有关工作，由市人民政府授予潮州市科学技术进步奖励项目37项。全年推荐5项科技成果申报2017年度广东省科学技术奖项目，潮州三环（集团）股份有限公司的“高品质电子陶瓷元件关键技术及大规模产业化”和广东中包公司的“节能降耗的多制式多功能智能双列制袋装备的研发及应用”项目分别获省科技奖一等奖、三等奖。

【专业镇创新发展】 2017年，推进专业镇创新发展工作，联饶镇被认定为省级专业镇，全市省级专业镇达到21个；枫溪区、庵埠镇、古巷镇、浮滨镇、城西街道等5个省级专业镇被认定为潮州市创新发展示范专业镇。推动并完成年产值5亿元以上大型工业企业研发机构全覆盖，全市主营业务收入5亿元以上企业设立研发机构的比例达到100%。

【知识产权管理工作】 2017年，全市专利申请量为5 688项，同比增长5.6%，位居全省第12位；授权量4 227项，同比增长11.4%，位居全省第10位；全市“每万人口发明专利拥有量”为2.22件，居全省第11位，居粤东西北各市第2位；有4项专利荣获第19届中国专利优秀奖，其中发明专利2项，实用新型专利1项，外观设计专利1项。全市累计获评中国专利优秀奖18项，凯普生物公司的发明专利荣获第十八届中国专利金奖，实现了全市国家专利金奖零的突破，是粤东西北地区唯一获奖项目。

【知识产权保护】 2017年，专利侵权纠纷案件立案28宗，联合县区知识产权局与镇政府开展查处假冒专利专项行动，立案查处假冒专利案件5宗。做好专利知识产权质押融资和金融结合工作，与有关单位研究出台知识产权质押风险补偿金政策，为更好的开展知识产权工作打好基础，出台了《潮州市知识产权质押融资补贴办法》和《潮州市专利保险补贴办法》两份规范性文件，全年度专利质押融资额突破200万元。在巩固国家知识产权试点城市建设工作基础上，印发了《潮州市开展国家知识产权示范城市培育工作方案》。

【科技金融结合】 2017年，经市政府同意，印发了《潮州市科技信贷风险准备金管理办法》，发挥财政资金的引导和杠杆效应，推动科技、金融、产业的融合，改善科技企业的融资环境。市科技局与建设银行潮州分行签订科技型企业信贷风险准备金业务合作协议，市财政出资1 000万元（首期资金到位资金200万元），建行放大10倍以上，为科技型企业提供信贷业务。市科技局还与中国银行潮州分行签订《潮州市科技金融综合服务战略合作框架协议》，进一步深化合作，贯彻落实国家创新驱动发展战略，改善全市科技型企业的融资环境。

（余　聃）

附：　潮州市2017年度广东省科学技术奖获奖情况

序号	获奖等级	项目名称	主要完成单位	主要完成人	推荐单位
1	一等奖	高品质电子陶瓷元件关键技术及大规模产业化	潮州三环（集团）股份有限公司 华南理工大学	谢灿生　陈烁烁　凌志远 邱基华　马艳红　郭向华 胡　星　符小艺　项黎华 郑镇宏　江　楠　刘建伟 张　磊　陈仕军	潮州市科学技术局
2	三等奖	节能减耗的多制式多功能智能双列制袋装备的研究及应用	广东中包机械有限公司 广东工业大学 潮州市彩达包装机械有限公司 厦门市蓝雅科技发展有限公司	彭泽光　邵　明　阎秋生 陈炎明　彭　杭　胡雁彬 李永光	潮州市科学技术局

社会文化

【文化活动】 2017年，举办“春满凤城·鼓动潮州”潮州市2017年闹元宵系列文化活动，包括潮州市民间潮乐大赛决赛、牌坊街定点文艺表演、文艺巡游活动和元宵夜闹灯等。举办潮州市2017年文化艺术节，以广东省歌舞剧院献演的舞剧《沙湾往事》拉开艺术节帷幕，期间组织舞剧专场、文艺晚会、原创文艺作品展演、潮剧专场、合唱音乐会、潮曲潮乐表演、优秀美术展、非遗展览、音乐舞蹈评选、县区专场、阵地活动等16项专题活动，为广大群众带来一场文化盛宴。开展以“我们的中国梦，文化进万家”为主题的文化志愿者送戏下乡活动8场次，送电影进社区活动20场次。举办“文化古城·乐享名街”牌坊街群众文艺活动、“风雅颂”广东省第三届朗诵大赛（潮州赛区）、“我的梦”第四届广东省演讲大赛暨2017广东省修身齐家演讲大赛（潮州赛区）等形式多样的文化活动。

【文化交流】 2017年，邀请周秉德、潘鲁生、王鲁湘等一批国内知名艺术家及民俗专家到潮州参观考察“大闹热”习俗、非遗成果，参加闹元宵活动。联合浙江省绍兴市文广新局在潮州市文化馆一楼展厅举办“喜庆十九大　共筑中国梦”2017年绍兴市美术书法摄影作品展之文化走亲潮州行。组织市潮响24节令鼓表演队赴北京参加“第四届恭王府福文化节”表演。组织市潮州民间音乐团骨干赴香港长洲潮州会馆开展潮州大锣鼓的辅导和展演活动。组织市潮剧团艺人赴新加坡潮安会馆演出6场。组织潮州非遗项目、非遗传承人参加第13届中国（深圳）国际文化产业博览交易会、第六届中国成都国际非物质文化遗产节、2017年广东省“文化和自然遗产日”、第七届粤东侨博会等交流活动。

【非物质文化遗产传承保护】 2017年，广东省文化厅公布第五批省级非遗传承人和第三批省级非遗传承基地，潮州市9人被命名为省级传承人，6个单位被命名为省级非遗传承基地。

开展第七批市级非遗项目的评选和申报工作，确定将潮州畲歌、潮州佛乐——禅和板、潮州麒麟舞、潮州讲古、潮州玉雕、潮州漆器制作技艺、潮州炭炉制作技艺、潮州佛手果（老香黄）制作技艺、潮州腐乳饼制作技艺等9个项目列为第七批市级非遗项目。组织婚纱《龙凤褂裙》、彩瓷《友谊》、金漆木雕《龙虾蟹篓》、潮绣《福禧》、麦秆画《梅兰竹菊》、朱泥手拉壶《朝阳壶》《梨型壶》《玉韵提梁》等6个项目共11件（套）非遗展品自9月30日起在潮汕国际机场国内“潮文化”展区展出。至年底，全市共有市级非遗项目51项，其中，被列为省级非遗项目34项，省级非遗项目中被列为国家级非遗项目15项；市级传承人149人，其中，被列为省级传承人70人，省级传承人中被列为国家级传承人16人；市级传承基地45个，省级基地26个，国家级基地2个，省级生态保护实验区1个。

【中国纺织工业联合会驻广东潮州传统工艺工作站】 2017年7月11日，中国纺织工业联合会驻潮州传统工艺工作站在潮州正式揭牌成立。该工作站是文化部在全国设立的第6个工作站，广东省第一个国家级的工作站，以潮州刺绣为重点，集合行业优势资源，推动传统工艺振兴发展。

【“博物馆之城”创建工作】 2017年，根据《潮州市建设博物馆之城实施方案》精神，经创建工作专家组评审和征求相关单位意见，创建工作领导小组批准，认定潮州市博物馆、韩愈纪念馆、颐陶轩潮州窑博物馆、辜柳希木雕精品馆、百师园创意馆、湘桥区居民文化展览馆、潮安区潮州嵌瓷博物馆、华夏博物馆、饶平县博物馆、饶平彩青习俗展习馆、市中国瓷都陈列馆等11个单位为第一批纳入潮州市“博物馆之城”系统单位。2月11日，举行潮州市首批“博物馆之城”系列馆授牌仪式。至年底，已开展第二批博物馆创建评估认定工作。

2017年2月11日，市委书记李水华，中国文联副主席、全国政协委员、中国民间文艺家协会主席潘鲁生为第一批纳入潮州市“博物馆之城”体系的“潮州市颐陶轩潮州窑博物馆”揭牌

【读书征文比赛】 2017年，市文广新局与市教育局联合举办“我的书屋·我的梦”征文活动，共收到71个单位推荐作品284篇，经潮州市评委评审，最终评出一至三等奖共20篇并推荐参加省、国家上级部门评选。全市6名中小学生获国家新闻出版广电总局通报表扬，受通报表扬人数占全省6成。

【展览活动】 2017年，市文化馆联合其他单位先后举办了“佃介眉先生书画艺术展”“童画第五届全国小画家之星大赛优秀作品展暨第二届潮州市儿童创意美术作品展”“同源异彩——潮汕五少艺术作品展”等一系列展览活动。

【农村电影放映工程】 至2017年底，全市农村电影放映1.07万场次，惠及群众245万人（次），实现1行政村1月放映1场电影的目标任务。共有7座数字影院建成投入经营，票房收入达3 553.99万元，观影人（次）近100万。

【文化市场监管督查】 2017年，市文化市场综合执法大队先后开展了娱乐场所专项检查行动和网吧清查行动、印刷复制企业和出版物市场专项检查、校园周边文化市场环境整治行动、迎接党的十九大文化市场专项保障行动等多项行动。至年底，共出动执法人员1 583人（次），检查经营单位425家（次），立案查办25宗，均办妥结案，罚没款14.8万元，有效维护了全市文化环境安全稳定。市场案件在案源、案件种类、办案质量上均有新的突破，所有案件均无出现当事人申请行政复议的行为。

【“扫黄打非”工作】 2017年，市“扫黄打非”办以服务和保障党的十九大胜利召开为主线，先后部署开展“护苗”“固边”“清源”“净网”“秋风”五大专项行动。全年全市查处涉及“扫黄打非”案件22宗，潮州市获广东省“扫黄打非”工作先进地区称号。

【版权宣传保护】 2017年，开展“保护著作权宣传周”活动，推进潮州版权保护登记机构建设。至年底，全市作品著作权自愿登记368件，较上年增加41%。推进软件正版化工作，组织政府机关和企业开展自查自纠，举办政府机关和企业软件正版化培训，对各县（区）政府（管委会）、市各有关单位使用正版软件督办企业的软件使用情况进行督查，提高软件正版化工作水平。

文学艺术

【文艺作品创作和获奖】 2017年，打造文艺精品。组织4个作品参加省第七届音乐舞蹈花会决赛，潮州大锣鼓《凤凰腾飞》获银奖，女声表演唱《凤凰洲传说》、女声独唱《岭南新水乡》、广场舞《策马扬鞭奔康乐》获铜奖。广东省文化厅公布全省2016年度群众文艺作品评选结果，潮州市共8件作品获奖，其中舞蹈类《策马扬鞭》和戏剧类《租爹》获一等奖，音乐类《唯爱》等6件作品获三等奖。公布2016年度潮州市群众文艺作品评选结果，此次评选共收到作品98件（小戏11件，小品30件，曲艺12件，音乐21件，舞蹈24件），评出获奖作品55件。

文物工作

【文物保护工作】 2017年，潮州老城古民居建筑群文物消防工程设计（二期）通过国家文物局专家评审。完成第九批省级文物保护单位申报工作，全市共上报9处文物点。争取到国家和省文物专项资金合计2 456万元。

【笔架山潮州窑考古遗址公园】 2017年12月3日，国家文物局公布第三批国家考古遗址公园立项名单，笔架山潮州窑考古遗址公园成功入选，成为粤东地区首个获准立项的国家级考古遗址公园。

【文物活化利用】 2017年，利用市博物馆平台优势，举办《馆藏文物系列展》和《南粤藏珍——广东省第一次可移动文物普查》等近20场文物博物展览活动。以韩文公祠为主阵地，举办“橡木花会”旅游周，弘扬韩愈文化，推动

笔架山潮州窑

文化旅游发展。依托市区各文物点，策划举办了观花灯、赏桃花、听筝曲、看“铁枝木偶”戏、闻香、汲古泉、花灯创作大赛、“拜孔子·诵国韵·开笔礼”仪式、“绿意护古城”亲子植树活动、弟子规公益学习班等系列公益活动，充分发挥文物的公共文化服务和社会教育功能。至年底，广济桥等一批国保单位成为全市旅游发展的龙头景区，门票收入近1 000万元。

体　　育

【全国历史文化名城围棋赛】 2017年11月5日，第11届全国历史文化名城围棋赛在潮州迎宾馆举行，全国政协民宗委副主任杜鹰、中国围棋协会主席王汝南、中国城市围棋联谊会理事长周德明、潮州市人民政府副市长王文森、中华时报社社长曾晓辉等嘉宾出席开幕式，来自北京、上海、广州、天津等40个城市的160多名业余围棋爱好者参加角逐。

【南粤古驿道定向大赛潮州钱塘站】 2017年11月19日，2017南粤古驿道定向大赛暨中国南粤古驿道文化之旅第九站赛事在潮州饶平钱东镇钱塘村拉开帷幕。广东省体育局局长王禹平、副市长王文森、世界冠军张惜香和第18届亚洲田径锦标赛冠军、第12届全运会冠军刘孝生出席活动，来自香港、福建、广州、深圳、佛山、潮州等地的600多名定向爱好者参加赛事。潮州钱塘站是2017年中国南粤古驿道文化之旅的第九站。大赛举办期间，结合潮州“千年瓷都”的历史文化，展出中国南粤古驿道首届文化创意大赛中的43件瓷器作品。

【潮州市第16届运动会】 2017年10月27日，潮州市第16届运动会在潮州体育馆开幕。历时44天，共有15个代表团1 513名运动员参加田径、游泳、体操、棋类、篮球、乒乓球等18个项目的比赛，共产生金牌265枚，促进了全市竞技体育发展。

【群众体育活动】 2017年，举办新春围棋赛、迎春足球赛、新年街舞嘉年华赛、元宵篮球邀请赛和庆元宵羽毛球赛等多项群众体育活动，丰富群众的节日体育生活。组织开展潮州市第十八届体育节，期间举办了潮州市市直庆“七一”机关干部围棋锦标赛、潮州市首届百人瑜伽展示活动、潮州市全民健身日活动启动仪式暨潮安区全民健身展示活动、潮州市街舞大赛汇演晚会、潮州市武术交流大赛、岁月杯足球赛等系列活动，推动全民健身活动深入开展。举办2017年潮州、汕头、揭阳三市徒步登山节，吸引了潮汕3市约400多名登山爱好者参加。举办首届潮汕3市自行车邀请赛，来自潮汕3市的200多名选手同场竞技。

【全民健身工作】 2017年，认真贯彻实施潮州市全民健身实施计划（2016—2020年），加强公共体育场地、农民健身工程建设。改善全民健身环境，为有场地条件的乡村社区配建健身路径、篮球场、乒乓球台等健身设施，部分公共体育场馆免费或低收费开放，全市所有室外公共体育设施均免费向群众开放。开展国民体质监测工作，在各县区开展2017年潮州市国民体质监测活动，监测近2 000人（次），12月，开展市直机关单位工作人员体质监测活动。壮大社会体育指导员队伍，全市的社会体育指导员超过7 800名，平均每万人配置约28人。

【参赛夺奖】 2017年，组织运动员参加第13届全国运动会跳水、拳击、围棋、蹦床等4个项目的角逐，获第一名1项、第三名2项、第五名2项，第八名1项。组织选手参加2017年全国象棋少年锦标赛，陈怀容获女子丙组第八名。组织运动员参加2017年广东省锦标赛田径、游泳、蹦床、体操、举重、拳击、摔跤、武术散打、武术套路、跆拳道、羽毛球、跳水、射击、自行车等14个项目的锦标赛，取得了81个前八名的好成绩。其中，第一名2项，第二名4项，第三名15项，第四至八名共60项。首次组织运动员参加广东省青少年健美操锦标，获少年组第一名。组织选手参加广东省青少年象棋、国际象棋、围棋等“三棋”锦标赛，其中，获第一名3项，第二名2项，第三名4项，第四至六名共11项。

【体育彩票】 2017年，全市共销售体育彩票2.48亿元，其中电脑型彩票2.39亿元，即开型彩票816万元，同比增长7 684万元，增幅44.9%，市场占有率43.1%，增长7.7%。超额完成省中心下达的销售任务，销量再上新台阶，开创全市销售历史新高。募集全市体育彩票公益金1 673万元，代扣代缴偶然所得税401万元，为体育事业和社会公益事业的发展提供了有力的经费支撑。全市在线电脑型网点176个，即开型网点193个，北京单场网点63个，网点总数比上年增加14个，增幅8.6%。

【体校及场馆】 2017年，市体育运动学校大力拓宽办学渠道，提高办学质量。市业余体校以抓好省运会为重点，加强训练，提高水平。市体育场馆积极为市委市政府及有关部门举办大型文化体育活动做好场地提供、维护等工作，认真做好全民健身广场和馆广场的保卫管理、绿化卫生和场地器械维护工作，全年进场锻炼人数约24万人次。

【体育协会】 2017年，充分发挥各单项体育协会的作用，广泛开展全民健身活动。老年人体育协会、乒乓球协会、羽毛球协会、足球协会、冬泳协会、象棋协会、围棋协会、篮球协会、体育舞蹈协会、钓鱼协会、无线电运动协会、跆拳道协会、信鸽协会、武术协会、高尔夫球协会、登山户外运动协会、街舞协会、长跑协会、健美操协会、龙狮运动协会、网球协会、瑜伽协会、太极拳协会、空手道协会、电子竞技协会和自行车协会等26个体育协会的活动有成效。

（文广新局）

广播电视

【简况】 2017年，市广播电视台两个电视频道的收视率在省设区市台中名列第一，三个广播频率节目的潮州市场占有率位居省内地方台第一、全国地方台第三，全台经营创收工作平稳发展，与2016年基本持平。

【“十九大”精神宣传贯彻】 2017年，精心组织策划“砥砺奋进的五年”“喜迎十九大”“十九大时光”等重大主题宣传，为党的十九大胜利召开和全市深入学习宣传贯彻十九大精神营造团结奋进、昂扬向上的舆论氛围。电视台《潮州新闻》重点报道全市广大党员干部大力开展“读原文、全覆盖”活动；《民生直播室》突出十九大报告的关键词、关键句为主题，展现潮州城市面貌的变化和民众的获得感，弘扬主旋律、传递正能量。电台每天转播中央台、省台和潮州电视台的新闻节目；滚动播出会议动态、各界反响、市民期盼等十九大新闻信息。广播电视网站、红桃粿APP等新媒体平台，开设“十九大”网络专栏，各宣传平台阅读总量超过20万人（次）。

【全市工作大局服务】 2017年，聚焦重点项目，摄制“六城同创”“治六乱”“创建全国文明城市”“精准扶贫”等20多部专题片。采制《来自基层代表委员的声音》《警方解救被拐卖男孩　一家人终得团聚》等4篇报道分别在央视《新闻联播》《朝闻天下》等栏目播出，制作200多期《潮汕风情话》《十分潮州话》节目在中国国际广播电台播出。全年选送广东电视台及上级媒体平台的新闻325条，其中在《广东新闻联播》播出65条；在省电台播出新闻稿件341篇；上传“触电新闻”平台共286条。在年度（2016年）广东新闻奖及广东省广播影视奖评选中，共有21件作品获奖，其中二等奖5件，三等奖16件。潮州电台交通音乐频率获年度（2016年）“全国广播收听市场风云榜车载收听十强”称号。纪录片《饶宗颐》获南派纪录片十年十大经典作品。

【民生节目】 2017年，《民生直播室》坚持“三贴近”原则，聚焦公共利益，加大服务民生力度。围绕社会热点，推出系列报道《争做精致潮人》《环保整改进行时》等专栏；关注民生视点做好公共题材策划，推出《调查住宅小区安全问题》《陆秀夫陵园遭破坏》等一批深度报道和突发新闻；先后完成了“南越古郡　梧潮同辉”双城记、《他乡潮人之家在河南》等大型采访活动；全面升级《民生直播室》互动版块，打造“民生朋友圈”，进一步强化深度报道和舆论监督。广播中心突出以《民生在线》为重点做好民生服务，加强《940现在关注》即时新闻报道；办好《潮州政风行风热线》栏目，共受理市民咨询和投诉问题406个，做到件件有答复、事事有回音。

【媒体融合】 2017年，新媒体中心依托广播电视网站、红桃粿APP、微博、微信等新媒体平台，全面推进直播常态化，组织开展网络直播和现场采访，融入广播电视新闻宣传，发挥全媒体联动宣传优势。红桃粿APP基本确立主流新媒体的地位和形象，下载安装量接近30万，活跃度在业内处于较高水平。7月，红桃粿APP入驻新华社客户端“现场云”，打造潮州对外宣传新型主流平台。

【电视节目创新创优】 2017年，进行全频道的阶段性改版，新改版《潮州新闻》《民生直播室》《630说吧》《天天好生活》《青青园中葵》《梨园票友汇》等新栏目和新形态，以全新的栏目结构、编排与栏目包装，凸显节目本土化和栏目品牌特色，更加贴近本土受众的精神文化需求。7月起，《天天好生活》《630说吧》《青青园中葵》试行制片人制，提高节目关注度和影响力，实现线上节目与线下产业的有效联动。

【品牌栏目】 2017年，综合广播新开办栏目《老友快乐帮》，以“首届老年人公益服务节”等线下活动强化与听众的互动，提高听众对频率的粘合度；交通音乐广播凸显频率服务交通的权威性和及时性，重点办好《一路畅行》《914在关注》等品牌节目，第一时间发布交通信息、路况报道，全年共接收车友微信和热线路况报料信息1.5万多则；戏曲广播精心经营《城乡大搜罗》《幸福乡村》栏目，采用“线上+线下”联动模式打造品牌，提升栏目市场价值。

【优质纪录片打造】 2017年，主动加强与央视联系，制作完成三集纪录片《湘子桥畔》，在央视科教频道播出，促进了纪录片制作水平的提升；做好纪录片《海丝拾贝》《陈伟南》《湘子桥》在广东卫视和省台纪录频道播出的报送工作；完成《潮州人　一定行》《今日粤东——潮州》等城市宣传片的制作任务。专题中心强化经营思维，尝试对外联系承接有偿摄制纪录片业务，已经开拍的纪录片《潮州青龙庙会》，开启与社会组织、社会资本合作拍摄纪录片的先例。

【公益理念传播】 2017年，民生志愿者协会各项活动有声有色，《爱心照亮大学路》《爱心跳蚤市场》《故事妈妈》和《环保行动》等品牌活动十分活跃，共组织开展公益活动200多场（次），受益人数超过1万人（次）。电台综合频率以《公益会客厅》栏目为公益主线条，服务各类公益机构及各界公益热心人士，策划推出“为你朗读”节目，增强了栏目与听众的线下互动。还成功举办了2017年“感动潮州”人物致敬盛典，选树潮州人身边道德模范，弘扬时代新风；举办2017粤东公益慈善展会，创新区域公益资源交流方式，搭建起粤东公益合作、公益展示的平台。

【对外承办和宣传工作】 2017年，积极做好中央电视台《2018春节戏曲晚会》潮州分会场的相关承办和宣传工作，“春戏晚”潮州分会场大年农历初二晚在央视综合频道首播，初三、初四晚在央视戏曲频道接连播出。承办组织好上级交办的大型活动及晚会的策划组织和录播工作，圆满完成了《潮州市2017年元宵晚会》《潮州电视台2017潮宝少儿春晚》《潮州人 一定行》主题文艺巡演晚会、“书香潮州”全民读书节等活动的策划组织和录播工作。

【安全管理强化】 2017年，围绕确保十九大的安全播出工作，完善各个重要的技术系统，提高安全生产和安全播出的保障能力。始终坚持安全发展理念，全力构筑安全播出工作基础，确保了十九大重要保障期和各安全播出重要保障期的安全播出、内容管理、网络信息安全和安全生产工作，圆满完成“党的十九大”重要保障期的安全播出工作任务。

（市广播电视台）

史志档案

【党史工作】

深入学习贯彻党的十九大精神 2017年，发挥党史工作独特优势，在“市机关学习讲堂”、市疾控中心、市职业技术学校、市华侨中学、市城南小学、市经信局、城西街道、江东镇佘厝洲村等开展党的十九大精神宣讲工作，推动党的十九大精神进机关、进校园、进社区、进农村、进企业、进革命老区。

开展关于落实国务院原中央苏区县振兴发展政策的专题调研 2017年6月6日至9日，赴广东省梅州市、福建省龙岩市、江西省赣州市开展调研学习，起草完成《赴梅州市、龙岩市、赣州市调研落实原中央苏区县扶持政策专题考察报告》呈报市委。市委书记刘小涛专门组织召开进一步落实原中央苏区县有关政策工作会议，指示有关部门逐条加以落实。会后，市委办、市政府办印发了《关于成立潮州市加快原中央苏区振兴发展工作领导小组的通知》等文件。

联合承办纪念“茂芝会议”召开90周年学术研讨会 2017年11月28日，与饶平县委联合承办纪念南昌起义军“茂芝会议”召开90周年学术研讨会，负责指导开展茂芝会议纪念馆布展工作、革命史实和有关发言材料的审定及参与研讨会论文初审工作。牵头市委党校、市委政策研究室成立“潮州市茂芝会议研究会”。经市民政局核准，“潮州市茂芝会议研究会”于11月23日，在市委党校举行揭牌仪式并召开“潮州市茂芝会议研究会”成立会员大会。

创新党史宣传教育的方式方法 不断创新办刊理念，按时按质出版期刊《潮州党史与党建》，适时开辟纪念“潮州七日红”“茂芝会议”90周年特刊和“学习党的十九大精神”特刊。出版内部期刊增刊《潮史资政·专刊》，并在11月份印发第一期。同时，利用“潮州党史与党建”微信公众号，不定期推出史迹选编、工作动态、聚焦十九大等宣传文章。室主任及其他同志接受潮州电视台专题采访，讲述南昌起义军“潮州七日红”史实，解读其历史意义。

开展红色历史文化资源保护利用工作 组织相关人员到黄埔军校潮州分校旧址李厝祠实地考察，并完成《黄埔军校潮州分校旧址——李厝祠大门外围墙的处置意见》。组织全室党员干部到龙湖镇鹳巢村、磷溪镇英山村、江东镇佘厝洲村考察革命史迹保护开发情况，与当地村委干部座谈，对当地的革命史迹保护修缮、开发利用工作进行规划落实，帮助提供史实资料，指导布展工作。陪同到潮州调研“红色交通线”史实的深圳市史志办公室副主任王地久一行到红色交通线遗址实地考察，并召开座谈会，交流工作经验。陪同全国政协委员、中国人民解放军装备学院原副院长少将刘建考察饶平县上饶镇茂芝会议旧址全德学校、茂芝会议纪念馆、南昌起义军二十军三师指挥部旧址及黄埔军校潮州分校旧址李厝祠等地，就如何进一步挖掘利用好红色资源，发展好红色经

济，打造独具特色的红色品牌进行座谈交流。

协助评定全市第一批省扶持建设的红色村庄　陪同省委组织部领导王叶敏、市领导姚继新到饶平县新圩镇长彬村、东山镇湖岭村、上饶镇上善村开展“红色村”建设专题调研，最后评定潮州市第一批省扶持建设的红色村庄——潮安区登塘镇世田村，饶平县新圩镇长彬村、东山镇湖岭村、上饶镇上善村为红色村。并向世田村、长彬村、湖岭村3个试点红色村各下拨资金500万元。

开展党史专著和实录课题编撰　完成了《中国共产党潮州历史（1949—1978）》（第二卷）的修改、定稿工作并出版发行，正式启动《中国共产党潮州历史（1979—2012）》（第三卷）的编写工作。撰写《潮州陶瓷工业在改革开放中发展》入选《风起云涌的广东城乡改革》，于2月印刷出版。根据省委党史研究室《关于组织编写〈广东改革开放实录〉（第四辑）的通知》《关于组织编写〈广东解放实录〉的通知》要求，撰写上报了《潮州市旅游业的创新和发展》《潮州解放实录》。

提高党史部门服务大局水平　根据《潮州市“六城同创”“治六乱”宣传工作方案》的部署要求，开展与西湖街道的互联共建工作，到西湖街道杏花巷实地考察，并与街道干部群众座谈讨论共建工作。

（市党史研究室）

【地方志工作】

地方综合年鉴编纂　2017年，《潮州年鉴》2017卷根据省的要求，严格按照《地方综合年鉴出版规定》《广东省地方综合年鉴编纂规范》和《广东年鉴》业务规范的要求进行编纂，完成当年出版、公开出版的目标任务。全书共设特辑、重要纪事、概况、中共潮州市委、市人大、市政府、市政协、市纪委、潮州军分区、民主党派与工商联、人民团体、公安司法、农牧林渔、水利气象、工业、电力通信、交通运输、国内贸易、对外贸易、城乡建设、文物旅游、财税、金融、经济综合管理、文化建设、社会生活、侨务外事、潮安区概况、饶平县概况、湘桥区概况、枫溪区概况、附录等32个类目，共约69万字，配12版彩页，图文并茂，并于8月由广东人民出版社出版，电子版在潮州市地情网发布。

县（区）年鉴编纂　《饶平年鉴》2017卷公开出版，实现当年收集资料、当年编纂、当年出版发行和公开出版的“三当年一公开”目标。全书共设25类，共编辑条目900余条，彩色图片62幅，人物3个，统计表格8个，工作报告4篇，总字数60万余字。其中，增设“物色小镇”栏目，及时反映全县钱东镇被列为广东省唯一潮商文化特色小镇等重要事件和发展成就；《潮安年鉴》2016卷于2017年2月完成总纂送排版公司排版，3月送方志出版社审核公开出版。全书设28篇共55万字，全面系统反映了2016年潮安区政治经济和社会各项事业的基本情况，为读者了解和研究潮安提供基本资料。《潮安年鉴》2017卷于10月全面完成总纂送排版公司排版；《湘桥年鉴》2016卷于11月送广东人民出版社出版，实现年鉴公开出版的目标；《湘桥年鉴》2017卷抓紧编纂中。

广东省自然村落历史人文普查　根据《广东省自然村落历史人文普查工作方案》和《潮州市自然村落历史人文普查工作方案》的要求，加强指导和督查，强力推进普查进度。经市、县、镇、村各级普查人员的通力协作，普查工作取得突破性进展，成效明显。全市2412个自然村于10月全面完成普查表的填报和初稿撰写工作，提前2个月完成省下达的自然村落历史人文普查基础工作的阶段性目标任务。同时制定了全市《全粤村情》各卷的出版时间规划，《全粤村情·潮州市》饶平卷第一册已于10月按时送交出版社出版；按照省地方志办的部署，开展“爱家乡查村情”主题教育实践活动，通过市志办动员报送参赛的调查村落有南关乡、龙湖古寨、后郭村、井里村、三圣村、仙庭村、银湖村。其中，《潮州南关乡》获综合类一等奖；《龙湖古寨乡情调查》获文章类一等奖。并完成省志办下达的《广东省精准扶贫村情集成》中潮州市45个行政村185个自然村的村情报送工作。

地方志资料年报　6月，完成收集市直单位资料年报共109份，上报率100%，并按照相关的体例规范和质量标准进行整理、存档。饶平县完成108个承报单位全部资料年报报送工作。潮安区完成全区104个单位资料年报工作，湘桥区2017年资料年报工作开展顺利，基本实现全面完成逐年年报制度。

名镇志、名村志规划　5月，根据中指办《关于印发〈中国名镇志文化工程实施方案〉的通知》《关于印发〈中国名村志文化工程实施方案〉的通知》和省地方志办《关于印发广东省贯彻中国名镇志、名村志文化工程方案实施意见的通知》的文件精神，结合潮州实际，召集各县区地方志部门召开实施方案征求意见会，并拟定征求意见稿，6月，《潮州市贯彻中国名镇志、名村志文化工程方案实施规划》报送省地方志办审批。

《潮州》杂志编辑　继续编辑出版地方史志期刊——《潮州》，共4期、约42万字。刊物突出地方特色、史志特色，结合市委、市政府今年的重点工作开设专题，主要有“百团大战”建设巡礼、“全国特色小镇——湘桥区意溪镇”“‘六城同创’‘治六乱’　共建共享新家园”“千年潮韵　凤城璀璨”等。同时，结合省自然村落历史人文普查工作开设“自然村落”专栏，及时报道普查情况。《潮州》以图文并茂的形式，形象、生动地展示潮州的大事要闻、建设成就和地方志事业发展情况，宣传、介绍潮州，弘扬潮州文化，宣传地方志文化，树立方志文化自信。9月，《潮州》在全省地方志优秀期刊评议活动中荣获二等奖。

《广东国家级历史文化名城展》参展情况　根据省地方志办《关于举办〈名城精髓——广东国家级历史文化名城展〉》文件要求，积极组织、筹备有关展品的报送工作，共组织参展名城图片近百幅，名城视频、名城图书、保护政策及相关文字资料等一批；选择具有地标性建筑物实物模型和国家级非物质文化遗产精品十多件送省参展。

地方志信息化　“潮州地情网”发布志书2部，年鉴9部，地情丛书3部，期刊6期，地情资料100多篇，网站总访问量116万多人次。“饶平地情网”已上传综合志书1部、年鉴4部、地情丛书5本、文章40多篇共约300多万字。“潮安地情网”已上传地情资料600篇共131.9万字、图片64幅、政策法9条。湘桥区地情网已上传综合志书1部、年鉴1部、地情丛书1本、文章36篇共约3 152万字。

（苏少荣）

【档案工作】

丰富优化档案馆藏　2017年，全市各级国家综合档案馆共接收文书档案3 910卷4.70万件，光盘22张，政府公开信息文件856份，重大活动实物档案340件，征集各类史志、族谱47册。开展馆藏国家重点档案抢救工作，全年抢救国家重点档案572卷。开展档案开放鉴定工作，全年开放档案215卷。市档案局积极开展全市政务、外事接待、重大活动摄影工作，全年共摄影206场（次），拍摄照片3.5万多张，全市各级国家综合档案馆收集整理政务照片818张。积极组织摄影爱好者到饶平古驿道沿线进行摄影采风活动，联合潮州广播电视台、第二建筑安装总公司举办“潮州古驿道文化走廊建设摄影大赛”作品展，共展出作品120余幅。

开发利用档案资源　全市各级国家综合档案馆接待查阅利用719人（次），调阅档案836卷，为有关单位和个人保障权益、解决纠纷、工作参考、编史修志等提供凭证。全市各级国家综合档案馆立足本地区实际，编印《潮州青龙庙会》《潮州菜烹饪技艺》等档案资政参考2期，编印《潮州嵌瓷》《土地革命战争时期中共潮安县委书记考》等档案专题编研4期，举办各类专题展览8个。开展国家重点档案保护与开发项目，组织专人对馆藏抗战档案进行整理、编辑和信息化，并汇编成《潮安县民国抗日战争档案汇编》。11月7日，国家档案局副局长刘鲤生率队到潮州市检查调研国家重点档案保护与开发工作。

开展档案监督指导　全市各级档案行政部门认真开展档案年度执法检查，加强对基层各单位档案工作的监督指导，切实提高档案管理水平；强化对精准扶贫档案工作的管理，促使扶贫档案工作管理精准化、规范化；加强对农村土地确权档案的指导，确保土地确权工作有序进行；举办档案业务（岗位）人员培训班，提高全市档案工作者的业务水平。对市属重点建设项目档案工作进行现场业务指导，确保项目工程顺利通过验收；支持服务民间档案馆建设，多次对国内首家省级民间档案馆——广东省岭海档案馆的馆库建设、档案整理与保管等工作进行现场指导。3月22日，广东省民间档案文献协作组2017年度会议活动暨广东省岭海档案馆开馆仪式在潮州举行，省档案局副局长孟凡华、潮州市副市长王文森参加开馆仪式并致辞。

提升档案服务水平　全市各级国家综合档案馆全面完成馆藏档案目录录入工作，累计文件级目录总量达到135.3万条。开展馆藏档案数字化工作，全年新增档案数字化185.65万页。认真做好档案信息网站网页的建设工作，及时更新动态新闻74条，举办网上展览4个。筹划开通档案微信公众号，创新档案信息服务方式。

加大档案宣传力度　全市各级档案行政管理部门以“6·9国际档案日”宣传活动周为契机，积极开展档案宣传工作。通过拉挂横幅、张贴档案宣传标语、发放宣传手册、利用LED大屏幕播放标语、组织参加征文等方式，进行档案法制、档案知识、档案利用等多方面内容的宣传服务，有效地扩大档案工作的社会影响力。组织韩山师范学院档案学专业学生参观“潮汕记忆——民间档案文献收藏展”，强化学生对档案工作重要性的认识。全年全市各级国家综合档案馆在国家局刊物刊登文章2篇，在省局刊物刊登文章9篇。

推进档案馆舍建设　6月，市政府同意将原市购书中心一、二层划拨给市档案馆，使新馆面积符合国家及省的标准。10月，市政府常务会议同意市档案馆新馆配套设施资金预算方案。12月，新馆建设工程通过竣工验收，抓紧进行新馆配套设施采购和搬迁前的准备工作。饶平县档案馆、湘桥区档案馆已完成新馆选址。

（市档案局）

【潮州文化研究】

加强内部管理，完善内部软硬工作条件　2017年，潮州文化研究中心着力加强内部管理，进一步完善工作软硬条件。整合、调整、补充一系列规章制度，并整理成册，于10月制定编印了《市潮州文研中心规章制度汇编》；对不适合办公需要的场所进行改造、修缮，腾出空间设置“党员活动室”，配套相关设施，完善“特约研究员之家”。

强化“三级编审制”，夯实文化交流平台　办好期刊《潮州文化研究》，保持“前沿性、学术味、高品位”的办刊方向。配合宣传国家“一带一路”建设，增设“海丝论坛”栏目，及时组织相关人员开展研究，从古海丝之路重要节点的角度彰显潮州的历史文化底蕴。继续发掘地方人文社会现象进行研究，坚持编排“韩愈研究”“饶学研究”等特色栏目的基础上，新辟“潮人俊彦”“史话钩沉”栏目，还对潮汕地区祠堂文化为主的祠堂、善堂及寺庙等展开研究，专辟“祠寺信俗”栏目作为交流平台。

数据化资料库建设取得新进展　于4月底正式创办并推出中心官方微信公众号“潮人潮文”，每周四定期对外发布信息，内容辟有“潮研新闻”“潮古讲坛”“潮业百态”“潮文选摘”等栏目。12月中旬“潮人潮文”公众号成为潮州市首批入驻“南方号”“网易号”和“今日头条号”的移动客户端。

重心明确，狠抓研究课题落实　抓好课题项目研究，积极牵头策划，发掘重点题材，争取各级立项。作为“广东省宣传人才资金资助项目”和“理论粤军·广东地方特色文化研究基金建设资助项目”的两个课题——《潮汕本土题材潮州歌册整理与研究》（上下册）及《潮州古建筑样式与构件装饰内涵解析》，其研究成果经过严格的编审程序，4月，分别由深圳报业集团出版社和花城出版社正式成书出版发行。其中《潮汕本土题材潮州歌册整理与研究》由市委常委、宣传部长赵红作序，5月底，该省级课题顺利完成结项。7月初，中心主任詹树荣与特约研究员李煜群共同编写完成新编潮语舞台艺术剧《薛中离开溪》剧本创作。与市委宣传部签约的市重点创作项目《区域治理视野下的潮府善堂》于年底成书并公开出版。向省社科院院申报的潮州分院课题——“潮州‘博物馆之城’规划建设可行性研究”获立项，于11月中旬通过省社科院评审完成结题。

加强社会文化传播，举办“潮州百姓讲堂”公益活动等 由潮州文化研究中心和省社科院潮州分院主办的“潮州百姓讲堂”举办的专题讲座主要有：在市博物馆举办的潮籍著名书画家佃介眉“艺术修养与人生”；落实市政协提案“关于在青少年中开展‘君子文化’教育的建议”，邀请提案人——市政协副主席陈耿之到市高级中学为师生们开讲“君子文化所涵盖的社会主义核心价值观”讲座；邀请新华社厦门分社前副社长王炜中开讲“企业文化建设与企业发展”；配合市委宣传部主办的“书香潮州全民读书节”活动举办的两场讲座：即在市文化馆演讲厅邀请潮州歌册研究学者博士肖少宋开讲“《论语》通读法”与“读书与修养、立志”主题讲座；邀请剪纸国家级“非遗”传承人陈小燕走进潮安基层，为少年儿童及其家长互动讲授“剪纸艺术及技法”；由市文化馆专业老师郭创永开讲“潮语歌曲创作及其文化内涵”；在市饶宗颐学术馆，应约专门为粤港高校探寻南粤文化之旅——“粤学粤文化”大学生团队的师生们开设“潮州民俗文化漫谈”等讲座。此外，在“全民读书节”期间，中心举办了《潮汕本土题材潮州歌册整理及研究》和《潮人潮古》二书首发式；12月中旬，主办《发现城市之美·潮州》一书首发式暨詹培明世界鸟类摄影展。

多层面参与社会文化拓展，扩大合作、研究空间 全力承办市委宣传部主导的“潮人家训馆”筹建工作，于5月中旬与市文明办联合开展征集潮人家训、实物资料活动，通过《潮州日报》、潮州电视台、“潮州文明网”及中心微信公众号“潮人潮文”（每周一次）、《潮州文化研究》期刊和其他相关自媒体，向社会公开征集潮人家训、实物，并召开多场专家座谈、咨询会，制定家训馆建设方案框架。至年底，潮人家训馆已完成文字资料整理及大部分实物征集，按8个专题加紧实施布展图纸设计等工作。

对外文化交流 参加省社科院或广东智库联盟组织的成员单位专题调研、考察活动。5月下旬，接待了江西省宜春市宣传文化部门莅潮考察“韩愈文化”团队，组织专题座谈、考察和研讨；10月下旬，组织潮州市有关方面组队参加孟州“韩愈国际学术研讨会”，潮州文化研究中心当选为中国“韩研会”副会长单位，中心主任詹树荣当选为新一届理事会副会长，此外，于5月底提前完成2017年市政协《关于在中小学校中开展“君子文化”教育的建议》和《关于加强潮州古籍整理与潮汕历史文化研究的建议》两项提案的会办任务。推进省“潮汕文化研究基地”建设，5月初在潮安区华声群艺馆建立新的“潮州文化研习基地”并挂牌运作，拓展了研究空间、延伸了合作平台。

（市文研中心）

社会生活

民 政

【社会救助】

低保 2017年5月27日，全市印发《关于调整2017年城乡居（村）民最低生活保障标准和提高低保补差水平的通知》。调整后的全市低标准为：城镇由485元／人月提高到580元／人月、农村由335元／人月提高到400元／人月；低保对象月人均补差水平城镇不低于457元／人月、农村不低于206元／人月。截至12月，全市列入最低生活保障对象2.28万户5.12万人，其中：潮安区城镇低保对象559户1 049人，农村低保对象7 059户1.74万人；饶平县城镇低保对象2 276户3 921人，农村低保对象1.03万户2.33万人；湘桥区城镇低保对象457户823人，农村低保对象1 326户2 915人；枫溪区城镇低保对象182户328人，农村低保对象366户772人；凤泉湖高新区农村低保对象314户677人。12月，发放低保资金1 227.96万元，全年共发放低保金1.39亿元。下拨2017年市级城乡（村）居民最低生活保障资金500万元。

五保供养 市级财政下拨2017年度市级财政农村五保供养专项补助资金125万元，截至12月，全市共有五保对象4 720人，其中分散供养4 512人，集中供养208人，全年共发放五保供养金3 883.44万元。

医疗救助 全年共实施医疗救助16.08万人（次），支出医疗救助金共3 073.57万元，下拨2017年市级城乡医疗救助补助资金116.10万元，救助对象在本市定点医院政策范围内自付医疗费用报销比例达到100%；全市城乡医疗救助人均补助标准实际达到4 947.21元。

其他救助 9月21日，潮州市研究出台《潮州市关于进一步完善困难群体医疗保障救助措施的实施意见》，规定全面推行普通门诊救助，普通门诊救助按特困供养人员500元／人年、最低生活保障家庭成员和建档立卡的贫困人员150元／人年的标准；取消起付线、提高封顶线，将其住院和特殊门诊的年度最高医疗救助限额（即医疗救助封顶线）提高到15万元／人年；提高医疗救助报销比例，将特困供养人员、最低生活保障家庭成员、建档立卡的贫困人员在全市范围内的合规费用，按100%的比例给予医疗救助（全省要求的报销比例是80%）；全年共发放市直已故原工商业者无工作配偶待遇和市直原工商业者基本医疗补助金共23.1万元。

【救灾工作】 2017年，全市主要受到台风“玛娃”“天鸽”影响，造成部分地区农作物受浸和房屋倒塌、公路等基础设施受损。经统计，全年全市受灾人口15.68万人，农作物受灾面积8 422公顷，倒塌房屋21户25间（其中因灾全倒户8户），直接经济损失15 882万元。联合市财政局下拨省财政自然灾害生活救助资金共98.35万元，用于遭受台风、洪涝等自然灾害地区群众生活救助、救灾应急工作。于10月初部署开展冬春救助工作共下拨中央和省冬春生活救助资金459万元；9月，下发《关于推进应急避护场所建设与救灾物资管理的通知》，推进应急避护场所建设与救灾物资管理，并建立应急避护场所台账、救灾物资储备仓库台账。市、县（区）、镇（街道）、村居委会各级利用学校、办公楼、公园等公共设施，设置应急避护场所供1 795个（其中室外900个、室内895个）。定期组织人员检查仓库物资，为仓库安装消防设施；与大型商场签订救灾物资供购协议，保障急用时能及时到位。5月，在潮州市民政网发布采购棉被公告，通过公开招投标方式采购棉被2 000床，充实仓库救灾物资。

【双拥活动】 2017年，扎实推进双拥模范城创建活动。据统计，春节和“八一”期间，市、县（区）两级共投入财政资金约1 033万元，其中700多万用于直接慰问重点优抚对象及解决个别优抚对象特殊困难；成立了市创建新一轮全国“双拥模范城”工作领导小组，确定了项目首席责任人、责任人和联络员。对照《双拥模范城（县）创建命名管理办法》和《全国双拥模范城（县）考核标准》，印发了《潮州市开展新一轮全国“双拥模范城”创建活动实施方案》和《潮州市开展新一轮全国“双拥模范城”创建活动三年行动计划（2017／2019年）》。不断加大支持部队建设力度，为解决新进驻潮州市的部队官兵生活设施建设困难，市政府于11月初经常务会议研究确定支持部队建设资金100万元。解决部队随军家属安置问题，指令性安排15名驻市区部队随军家属就业，给180名市区驻军已办理挂靠关系的随军家属发放生活补贴125.2万元。对市区4面大型双拥宣传牌和10个宣传栏进行全面更新，报纸、电视、电台经常开展双拥创建宣传活动。

【优抚安置】 2017年安置年度，全市共接收退役士兵763人，其中符合政府安排工作条件退役士兵34名，自主就业退役士兵729人，均已得到妥善安置；有167名退役士兵报名参加免费职业技能培训；至2017年12月，全市享受定期抚恤补助的各类优抚对象共2.03万人，分为16个类型，其中：残疾军人、伤残人民警察、伤残国家机关工作人员和伤残民兵民工共计1 089人，享受定期抚恤金人员（“三属”即：烈士遗属、因公牺牲军人遗属、病故军人遗属）163人，享受定期补助人员（红军失散人员、在乡复员军人、带病回乡退伍军人、农村籍60周岁以上退役人员、部分烈士老年子女）1.26万人，参战退役人员5 449人，直接参与铀矿开采军队退役人员767人，“五老”（老游击队员、老堡垒户、老交通员、老党员、苏区干部）253人。全市全年共发放各类优抚补助资金1.15亿元、医疗补助资金330万元。此外，全市在“高龄对象和无身份认证对象全覆盖”的核查基础上，按本地优抚对象人数的三分之一比例入户核查。市、县两级入户抽查核查人数需达4 000多人；开展送医送药和组织部分优抚对象参与短期疗养，配合省医疗队为160多人优抚对象和特困群众送医送药，派送70名优抚对象到省属疗养院疗养；对部分有特殊困难的优抚对象，在调查审核的基础上，以解“三难”的方式，帮助解决优抚对象的燃眉之急，其中，市共解决优抚对象“三难”问题1 558宗，救助资金162万元，其中市级解决107宗，救助资金14.62万元；全市健在的军休干部、职工72名，接收安置率100%。

【复退军人服务体系建设】 2017年，潮州市印发了《关于建立和完善我市复退军人服务体系的实施意见》，提出设立市县镇村四级复退军人服务组织，建立复退军人精神激励机制、优待机制（包括生活困难优待、医疗保障优待、住房保障优待、子女教育优待、就业创业优待）、社会力量参与机制、会商机制等措施。至12月中旬，全市已建立各级复退军人服务组织1 076个，其中市级复退军人服务中心1个，县级复退军人服务中心5个，镇级复退军人服务工作站53个，村级复退军人服务工作联络点1 017个。

【维稳工作】 2017年，全市涉军群体信访主要有已领取定期定量补助人员。反映强烈的是部分下岗失业残疾军人、部分参战退役人员，要求“老有所养，老有所医”；没有认定为定期定量补助人员，要求认定并享受优抚待遇。市民政局把维护涉军群体稳定工作作为创建活动的一个重点，没有出现群体进京信访现象。

【专项社会事务】

殡葬管理 2017年，全市共火化遗体1.67万具，继续推行7项殡葬基本服务免费政策，全市共免除殡葬服务费1.63万宗，金额约2 000万元。出台《潮州市生态安葬奖励办法》，对自愿参加节地生态葬法活动的潮州市户籍居民，给予1 000元的资金奖励，全年共66份先人骨灰参加骨灰海葬、花（树）葬活动。全市已建成骨灰存放设施625处（其中骨灰楼堂357处，公益性生态墓地267处，经营性墓地1处），可提供格（穴）位约36.85万个。

基层政权和社区建设 潮州市于3月27日正式启动全市第七届村（第六届居）民委员会

换届选举工作。全市应开展换届工作的村（居）委会共1 015个（其中：村委会893个、居委会122个），于6月底全部完成换届选举，选举产生村委会主任891人、副主任908人、成员3 865人，居委会主任122名、副主任198名、成员694名。随后，全市村（居）务监督委员会、村民小组、居民小组陆续完成换届，其中：893个村务监督委员会和122个社区居务监督委员会推选产生新一届成员3 618名；5 066个村民小组推选产生新一届村民小组组长和副组长6 155名、村民代表3.43万名，2 068个居民小组推选产生新一届居民小组组长2 068名、居民代表4 926名。

社会组织管理　全年全市新登记成立的社会组织共计135家，其中社团34个（市直12家、潮安4家、饶平14家、湘桥4家、枫溪0家），民非97个（市直19家、潮安41家、饶平4家、湘桥28家、枫溪5家）基金会4个均在市直登记。截至12月底，全市共登记注册社会组织已达1 355家，其中社团629家（其中行业协会37家），民非719家，非公募基金会7家；根据省统一部署，2016年起社会组织开始使用社会信用代码（实施法人库项目建设），实行三证合一工作，即社会组织证书、组织机构代码和税务登记证合并为一证，使用全国统一信用代码。至12月，全市原有社会组织存量1 127家，已完成三证合一1 092家，换证率96.9%；印发实施了《潮州市社会组织登记评估评分细则》和《潮州市社会组织评估实施办法》，由潮州市社会组织评估服务中心对社会组织的诚信力、发展能力、资金使用等事项业务进行评价。

救助管理　市救助管理站全年共实施救助对象1 968人次，饶平县救助站实施救助对象680人（次）。其中，全市救助保护流浪未成年人8名。

婚姻登记　全年全市办理国内人员结婚登记对数1.89万对，离婚登记对数2 474对，另有涉外婚姻登记70对（含结婚、离婚）。

福利彩票发行　全年全市共销售彩票3.26亿元，其中电脑彩票销售额2.01亿元，同比增长2.9%；中福在线销售额9 841万元，同比增长13.9%；刮刮乐销售额2 715万元，同比下降7.3%。全年福利彩票共为各级筹集公益金9 052万元（其中市级3 222万元），为地方创税177万元。

【社会和慈善工作】

社会工作　2017年3月19日至25日是广东省第六届岭南社工宣传周。3月21日，全市在市古城牌坊街举办以“牢记社工心　建功新时

首届潮州市社会组织公益慈善晚会

湘桥区太平街道举行社工服务站揭牌仪式

代”为主题的潮州市第七届“岭南社工宣传周”活动启动仪式。启动仪式后，参加启动仪式的人员徒步牌坊街向群众发放社会工作相关宣传资料；举办2017年全市社会工作者职业水平考前免费辅导培训班，累计组织300多人次考生在潮州市社会组织总会会议厅举办的2场社工考试培训班；配合省厅对潮州市社工站社工的招聘工作，通过专业面试选拔组成一支51人的本土一线社工服务队伍（经统计，其中社工证持证12人，社工专业毕业14人。），成立“双百”社工领导小组，并积极配合协调落实社工站的配套资金，督促各镇街与招聘社工签订劳动合同，并多次到各社工站现场督查工作。组织各社工机构及“双百”督导人员到惠州、深圳、汕尾等地学习交流；截至年底，潮州市共有162人取得社会工作者职业水平证书，在民政部门注册登记的社工组织有9家、志愿者协会有13家。

社会慈善事业　全年潮州慈善总会共支出善款644.72万元，其中：资助扶贫济困项目250.52万元，其他定向慈善捐款264万元；2017年“广东扶贫济困日”活动，截至12月，潮州慈善总会收到捐款402.87万元。

【社会福利和老龄事业】

儿童福利　2017年的孤儿最低养育标准是：机构供养1 450元／人月，散居880元／人月。全市孤儿相关信息已按上级要求全部录入全国儿童福利信息管理系统，建立信息库，及时进行更新。截至12月底，全市确认符合条件的孤儿共297名，其中：市儿童福利院54名、潮安区50名、饶平县150名、湘桥区39名、枫溪区4名；全市事实无人抚养儿童基本生活保障金按500元／人月的标准及时发放。截止12月底，全市已确认保障对象567名，其中：潮安区149名，饶平县389名，湘桥区23名、枫溪区6名。全年全市共发放事实无人抚养儿童基本生活保障金340.2万元。

老龄工作　全年从市级福彩公益金中安排资金225.9万元，为全市60周岁以上五保对象、低保对象、享受定期抚恤补助的优抚对象等特殊群体老年人和69周岁以上的老年人，按每人10元的保险费（保险期一年），统一购买老年人意外伤害综合保险。截至12月底，通过政府统保和自费投保，全市投保“老年人意外伤害综合保险”的老年人共有23.21万名（占全市老年人的53%），保费达到374万元；发生意外理赔618人（次），赔付金额171万元，有效提高了老年人抵御风险能力；全市领取高龄津贴的老年人共有6.36万人（次）（按月累计），发放金额共95.82万元。其中：对80／89周岁的普通老年人每人每月发给生活津贴10元，对80／99周岁的低保对象、五保对象和享受定期抚恤补贴优抚对象老年人每人每月发给生活津贴30元，对90／99周岁的老年人每人每月发给生活津贴30元，对100岁以上老年人每人每月发给生活津贴200元。

残疾人社会福利　全年全市困难残疾人生活补贴标准150元／月人、重度残疾人护理补贴标准200元／月人。截至12月底，全市领取困难残疾人生活补贴的残疾人1.07万名、领取重度残疾人护理补贴的残疾人2.01万名，全年发放残疾人两项补贴共计6 601万元。

（市民政局）

人力资源管理

【就业创业】

公共就业服务　2017年，组织各类招聘活动，全市新增城镇就业1.87万人，失业人员再就业4 163人，就业困难人员实现就业人数1 098人，分别完成全年目标任务的104.1%、104.1%和109.8%。城镇登记失业率2.6%，全市就业呈稳定态势。

创业孵化基地　省市共建的潮州市创业孵化基地建成投入使用，引入运营团队，为入驻的创业团队提供创业辅导、培育、商事服务等一站式便捷服务，入驻的52支团队工商登记40家，孵化成功率达77%。

举办首届“2017粤东创业英雄会”创业大赛　市人社部门牵头联合汕头、揭阳2市人社部门开展创业大赛活动，并聘请五名优秀企业家作为创业导师对参赛团队进行辅导，经过3个月的选拔赛、晋级赛、封闭式培训，于6月23日进行总决赛，在全市迅速掀起“双创”热潮。全年促进创业1 271人，完成全年目标105.9%，带动就业超过3 000人。潮州市创业工作得到省厅的高度肯定，并在全省人社工作会议上作了经验介绍发言。

就业、技能精准扶贫服务，帮助实现就业脱贫　组织2 000多家企业提供超过2 500个就业岗位，先后到到45个贫困村所在镇举办专项招聘活动12场（次），印制1万份岗位名册发放到贫困户手中，并积极调研动员就业。搭建“村村通就业信息网”，实现贫困人员“家门口找工作”。开展集中技能扶贫培训和拉网式“送教下乡”行动，确保有培训意愿的贫困人员100%享受技能培训。牵头会同各有关部门分赴48个有精准扶贫任务的镇（街道）进行扶贫政策宣讲和宣传活动，共发放宣传材料2万套，并现场为贫困人员办理各项业务，提升扶贫政策的知晓度和实效。

企业用工服务　开展各类技能培训超过1万人（次），共有7 676人（次）经考核合格获得相应职业资格证书，有5 770人享受技能提升补贴合计1 089万元。开展用工监测、薪酬调查等工作，全面把握企业用人需求。先后24次组织部分骨干民营企业到劳务输出地和各高校、技工院校开展人才招聘，帮助企业解决招才用工问题。支持10家获得“潮州市特色美食示范店”称号的美食店建设。开展各类“校企合作”培训行动，为企业提供实用型人才。

【社会保险】

推进社保扩面征缴　2017年，落实各级政府责任，明确责任主体，各单位各部门带头履行社会责任，为临聘人员解决参保工作。职工养老、职工医疗、失业、工伤和生育保险人数分别达到41.62万人（其中参加企业职工养老保险37.28万人）、33.62万人、34.15万人、34.18万人和33.26万人。城乡居民养老、医疗保险的参保人数分别达到97.03万人和230.75万人。

社保基金　全年全市社保费征缴收入26.18亿元，同比增长8.8%，增收2.11亿元，其中企业养老保险收入17.61亿元，同比增长6.3%，增收1.04亿元。

实施社保兜牢底线民生行动　按上级部署将退休人员基本养老金待遇水平调整增加约5.5%，城乡居民养老保险基础养老金水平提高到每人每月120元，各级财政对城乡居民医疗保险的补助标准提高到每人每年450元，提前兑现年初市委、市政府关于办好社保实事的民生承诺。

解决因病致贫问题　对贫困人员因病致贫问题开展进村入户调查，集中走访120户因病致贫家庭，详细记录各种费用开支情况，研究出台《关于印发〈潮州市关于困难群体医疗保障救助的实施意见〉的通知》，加大对贫困人口医疗保障支撑，大病保险再度倾斜兜底。2017年度大病保险为3.65万人（次）的参保人减轻大额医疗费用负担合计超过1亿元。

推进各项社保改革　企业职工养老保险省级统筹、机关事业单位养老保险制度改革等工作扎实开展。不断完善异地就医结算服务管理平台，与省内536家医院、跨省7181家医院实现基本医保和大病保险“一站式”直接结算。

大力推进社保卡全覆盖、一卡通专项行动　全市累计制发社保卡257.7万张，户籍人口覆盖率超过96%，激活率达74%。在解放军第一八八医院开展社保卡代替诊疗卡的“一卡通”服务试点、省医保移动支付平台对接项目试点工作。

【人事人才】

提升人事管理水平　2017年，建立政府部门绩效考核办法，发挥绩效考核的导向、激励和约束作用，引导全体党员干部“争上游、做实事、守底线”，夯实潮州发展的干部队伍基础。继续优化机关事业单位人事管理各项业务流程，提高服务效率。推行阳光考务，招录公务员面试工作通过考官“双抽签”、考生“三抽签”、区域“四隔离”等做法，最大限度对考官、考生信息进行“加密”，维护人事考试公平公正。

高层次人才引进培养体制机制取得新突破　修订出台《潮州市高层次人才引进培养办法》，参与起草并由市委印发了《潮州市深化人才发展体制机制改革的若干意见》，在推进人才管理、优化人才培养、创新人才引进、改革人才评价激励以及完善人才保障等方面提出了23条具含金量高、可操作性强的措施。“人才新政23条”的出台。

紧缺急需人才引进力度加大　加紧编制急需紧缺人才目录，对企事业单位新引进目录内的紧缺急需人才兑现相应待遇。出台政策措施支持教育、卫生等部门引进人才，简化程序和手续。提高机关研究生和本科生待遇。

人才智力引进培养激励机制完善　与清华大学研究生院共建研究生社会实践基地，每年引进一批专业型干部到潮州市挂职。落实民营企业优才专家园政策，首批3名符合条件专家顺利入住专家园。积极组织实施人才“扬帆计划”项目，举办“潮州论道”主题论坛，配合组织部成立高层次人才联谊会，建设人才咖啡、人才驿站等高端人才智力聚集的平台。

【劳资关系】

依法规范企业用工行为　2017年，全市各类企业劳动合同签订率达到94%，已建工会企业集体合同签订率达到82%。积极构建和谐劳动关系，开展关爱异地务工人员系列活动，评选表彰10名优秀异地务工人员和6家“尊重劳动、关爱员工”先进企业，形成全社会关爱异地务工人员良好风尚。

依法开展劳动保障监察执法　推动相关部门落实建筑领域劳资纠纷源头治理工作取得新突破，在落实工资分账管理和实名制的基础上建立工资保证金制度。全面落实重心下移、关口前置的劳动保障监察执法体系改革，开展各类专项执法行动，全年共检查用人单位9 688家，涉及劳动者约14.87万人，为1 329名劳动者讨回欠薪超过1 576万元；全市共立案查处劳动保障违法案件15件，协调处理劳资纠纷案件284件；分3次向社会公布了9家存在重大劳动保障违法行为的用人单位；移送司法机关7宗，已抓捕到案2宗共2人。

依法调解化解劳动争议　各级人社部门接待群众信访事项661宗，涉及人数1 328人次，初信初访办结率100%。各级基层劳动争议调解组织共调解劳动纠纷649宗，涉案金额1 687万元。各级劳动人事争议仲裁机构立案受理劳动争议案件77宗，当期结案78宗（含上年结转2宗），涉案金额1 279万元，法定期限内结案率达到100%。

【依法行政】　2017年，健全完善重大劳资案件审核工作机制，对劳动监察、劳动仲裁、工伤认定等重大劳资案件在做出行政决定前由审核工作小组进行审查把关，共审核行政决定126宗，提高行政决定的合法性和准确度，市人社部门行政复议、行政应诉案件维持率达100%。

【基础建设】　2017年，“互联网+人社服务”的“智慧人社”项目有序推进，顺利完成服务大厅建设，软件系统建设已完成招投标进入实施阶段。加强覆盖全市50个镇街道、1 015个村居的基层人社服务平台建设，初步实现省、市、县区、镇街、村居“五级联网”，推动服务向基层延伸。

（市人社局）

卫生和计划生育

【简况】 2017年，潮州市有卫生机构2 332个，其中，医院类机构31个、基层医疗机构2 274个；有床位6 710张，其中医院类机构床位4 930张、基层医疗机构床位1 780张，全市每千常住人口床位数2.53张；卫生机构有在岗职工1.36万人，其中卫生技术人员1.01万人，含执业（助理）医师4 600人、注册护士3 323人，全市每千常住人口拥有执业（助理）医师、注册护士分别为1.74人、1.25人。全市户籍人口278.81万人，出生人数40 248人，出生人口性别比106.00，出生率14.55‰，自然增长率8.61‰。

【医药卫生体制改革】 2017年，潮州市公立医院改革全面推开，出台《潮州市城市公立医院综合改革实施方案》《深化医药卫生体制综合改革实施方案》，全市9家城市公立医院于7月8日起全部取消药品加成（中药饮片除外），将公立医院补偿由服务收费、药品加成收入和政府补助3个渠道改为服务收费和政府补助两个渠道。健全全民医保制度，全市城乡医疗保险参保率稳定在98%以上，城乡居民医保补助标准提高到每人每年450元。推进医联体工作，潮州市人民医院与潮安区江东卫生院、潮州市中心医院与饶平县钱东中心卫生院分别结成医联体。县、镇层面，推进潮安区县域医联体试点工作。

【公共卫生】

疾病预防控制 2017年，潮州市无甲类传染病报告，报告乙、丙类法定传染病19种9 561例。加大重大传染病防控力度，重点抓好人感染H7N9禽流感、登革热等疫情防控工作。全年全市共报告登革热病例11例，人感染H7N9禽流感病例3例。完善精神卫生防治管理体系，统筹全市精神卫生防治业务管理，推进潮州市精神卫生中心建设。组织开展艾滋病、结核病等防治工作。

综合监督 依法开展医疗和公共卫生监督执法，全年全市共出动监督执法人员7 000多人（次），出动执法车辆1 800多车（次），检查各类单位3 600多户（次），罚款金额15.74万元，受理群众投诉举报40件，发出监督意见书1 638份。按时完成对全市270家单位的双随机抽检工作，规范医疗市场秩序和公共场所行业经营行为。完成食品安全风险监测任务，开展食品中“化学污染物及有害因素”监测工作和“微生物及其致病因子”监测。全年开展9宗食源性疾病事件现场流行病学调查（致病因子为致病菌4宗、诺如病毒2宗、农药中毒2宗，药酒中毒1宗）。

卫生应急 2017年，潮州市共报告突发公共卫生事件6宗，报告发病6例，死亡1例；突发公共卫生事件涉及病种为登革热、人感染H7N9禽流感。修订完善《潮州市突发事件医疗卫生救援应急预案》，加强应急物资的储备和管理工作，提高应急物资储备和调配能力。做好全市应急指挥系统的日常维护和调试工作，配合市应急指挥中心开展应急平台互联演练。参加省卫计委组织的“卫生应急技能竞赛”取得团体第13名、个人二等奖的好成绩。

卫生监测 全年接受各类公共场所委托检测117家1 194项（次），总合格率96.3%。开展383家医疗机构1 314项次的消毒质量监测工作，总合格率99.4%。完成市区30个饮用水水质卫生监测工作，共检测水样100份3 242项（次），合格率为97%。监测全市游泳池18家，合格15家。开展职业性健康检查950人，发现

2例职业禁忌人员、1例职业性噪声聋（由省职防院诊断），已按要求上报相关部门跟踪、调查。

信息与统计　编制《潮州市卫生与健康“十三五”规划》和《潮州市卫生专项规划（2016／2020年）》。完成基层医疗卫生机构管理信息系统建设，全市54家基层医疗卫生机构管理信息系统全面上线，实现互联互通。

【医政管理】　2017年，潮州市先后出台《关于加强基层医疗卫生服务能力建设的实施方案》《全面振兴潮州市医疗卫生水平三年行动计划》等文件。深入实施饶平县新丰中心卫生院升级建设为饶平县第二人民医院、6家县级公立医院升级建设、饶平县院前急救医疗（指挥）中心建设等项目。持续改进医疗服务质量，改善医疗服务3年行动目标顺利完成，实现三级医院预约诊疗全覆盖、二级以上医院优质护理服务全覆盖、同级医疗机构检查结果互认全覆盖。继续开展平安医院建设，巩固完善医疗纠纷人民调解制度，推进医疗责任保险工作。全市63家医院、乡镇卫生院（社区卫生服务中心）全部完成平安医院创建工作。推进建立疾病应急救助制度，全年全市实际救助31人次，基金实际支付金额约50万元。加强血液安全管理工作，全年全市共8 106人（次）参加献血，总采血量223.49万毫升，采集单采血小板共189人（次），采集257治疗量。

【基层卫生与妇幼保健】

基层卫生　2017年，潮州市人均基本公共卫生服务经费标准达50元，全市基本公共卫生服务项目顺利实施。完成全市12家乡镇卫生院标准化建设和199所村卫生站公建规范化建设任务。潮安区浮洋中心卫生院、凤塘卫生院，饶平县浮山中心卫生院、钱东中心卫生院、三饶卫生院，湘桥区官塘中心卫生院6家卫生院被国家评为2017年群众满意的乡镇卫生院。开展家庭医生签约服务，全市基层医疗机构开展家庭医生覆盖率100%，重点服务人群签约率62.8%。

妇幼保健　推进潮州市妇幼保健院扩建工程，完成市妇幼保健院征地工作。全面实施免费孕前优生健康检查，全年全市免费孕前优生健康检查目标人群覆盖率为88.5%，地中海贫血防控血常规初筛率达到93.7%。预防艾滋病、梅毒、乙肝母婴传播免费服务项目实现人群全覆盖。将“精准扶贫村”列为“两癌”筛查的重点，扩大农村妇女“两癌”免费筛查覆盖面。做好实施出生缺陷综合防控项目，全年全市县级出生缺陷综合干预中心累计完成出生缺陷筛查人数53 988例。加强计划生育技术服务，全市妇幼检验检测机构与凯普生物合作开展地中海贫血基因筛查项目和新生儿耳聋基因筛查项目。潮州市中心医院正式通过人类辅助生殖技术现场评审。

【科研教育】　2017年，全市在培住院医师规培共69人，其中新招录住院医师规范化培训学员11人。共组织落实全科医生规范化培训、转岗培训、岗位培训232人，全科医生带教师资培训122人。做好2017年订单定向培养农村卫生人才录取考生协议签订工作，共有44名学生被录取。落实好2014级9名订单定向培养农村卫生人才毕业生的毕业安置工作及助理全科医生规范化培训工作。全年全市获得市厅级科研项目立项168项，其中纳入潮州市卫生计生局科研项目立项126项、申报潮州市科技局2017年科技计划项目40项（其中获市科技局经费支持4项，共8万元）、获2017年省科技厅自筹经费项目2项。全市卫生计生系统发表科研论文被SCI收录期刊2篇、被国内核心期刊收录27篇。认真做好继续医学教育项目备案工作。全年共举办国家级继续教育项目4项、省级继续医学教育项目14项、市级继续医学教育项目112项。做好继续医学教育学分周期验证工作。

【爱国卫生与健康宣传】

爱国卫生　2017年，全市启动创建国家卫生城市工作，出台了《潮州市创建国家卫生城市工作方案》《潮州市创建国家卫生城市三年行动计划（2017年—2019年）》等文件。继续深入落实“三个一”环境卫生整治制度，在全市范围内推行月、周行动日制度。开展纪念爱国卫生运动65周年等一系列宣传工作，组织各县区、市爱卫会各成员单位结合爱国卫生65周年、登革热防控、创建国家卫生城市等工作开展宣传活动。加强水质监测和改厕工作，全市自来水普及率达到86.2%，居民饮用水水质合格率达到90%以上，农村卫生户厕普及率达到96.5%。潮州市成为全国十个之一、广东省唯一一个“厕所革命优秀城市”。开展卫生镇村创建工作，全年共创建省卫生村38个。

健康教育与促进工作　开展健康促进县（区）建设，潮安区积极申报健康促进区建设。开展健康促进医院创建工作，2017年共成功创建医院6家，新创建戒烟门诊2家。开展健康素养公益广告，在潮州电视台播放《漫话健康素养／中国公民健康素养解读(2015版)》以及禽流感防控、登革热防控、出生缺陷防控等公益广告，总计投放次数1 460次。组织开展公务员健康知识讲座10场，为全市2 070名公务员普及健康知识。推动无烟单位创建工作。

【中医药工作】 2017年，加强中医医院基础设施建设，推进饶平县中医医院住院楼建设、潮安区中医医院和湘桥区中医医院装修、基层医疗机构中医药诊疗综合服务区、名中医师承工作室等项目建设。加强中医药健康文化的宣传，全年共组织中医药科学与文化宣传3场次，通过义医义诊、健康知识咨询等方式向群众科普中医药科学与文化，提高人民群众的疾病防治及健康保健意识，提升全市中医药工作社会影响力。加强专科专病建设，充分发挥中医专科优势，提升中医药服务能力水平。

【计划生育】

计划生育利益导向　2017年（2016年10月—2017年9月），潮州市落实计生利益导向4项制度，共发放奖励扶助金5 224万元，惠及4.92万人。

计划生育家庭发展　开展“家庭发展促进月”系列活动。建立饶平县浮滨镇和湘桥区太平街道“新家庭计划——家庭发展能力建设”项目示范点。潮安区依托潮安东方爱婴早教中心创立“潮州市潮安区计划生育家庭科学育儿”示范基地，与龙湖镇合作创建“潮州市潮安区计划生育家庭养老照护”示范基地。深入开展关爱女孩行动，加大“两非”违法行为打击力度，全市共查处“两非”案件3宗。

流动人口计划生育服务管理　推进流动人口卫生计生基本公共服务等化工作，免费计划生育技术服务实现全覆盖。与江西省全员人口信息全面对接，凤塘镇与安远县开展实质性的区域协作活动。与中山市签订《流动人口计划生育“区域协作+扶贫”协议书》，探索在服务管理工作中加入“扶贫”元素的有效途径。组织开展流动人口集中服务管理专项活动，全市投入143.7万元集中开展流动人口服务管理专项活动。组织市妇幼保健院专家分别到饶平县浮滨镇启新中学为留守青少年举办以青春期性与生殖健康、心理健康为主题的健康教育讲座，到枫溪区枫溪小学为外来务工人员子女举办以自我卫生防护为主题的健康教育讲座。据统计，两场讲座共有4 000多名学生参与听讲。全年全市共有流入人口15.5万人，其中跨省流入人口13.4万人、省内流入人口2.1万人，流出人口24.4万人。

计生协会工作　深入开展计生“三结合”活动，加强对各地计生“三结合”项目点的调研督查。继续抓好青春健康项目点的健康教育。加强流动人口计生协会建设，潮安区金石镇、古巷镇分别与贵州省台江县、四川省中江县建立了流动人口“协会+党支部”服务管理模式。继续开展5·29“一元爱心捐助”活动，全市共募集爱心捐款59 760元。落实好计划生育家庭投保工作。

【卫生计生宣传】 2017年，开展“全面两孩”政策、生育健康知识的学习宣传，充分发挥广播电视、网络媒体等宣传新阵地作用，利用“卫生计生”微信公众号和“官方微博”等网络传播方式开展宣传。全年市级电视台、潮州日报社分别宣传报道卫生计生工作85次、60次，开设卫生计生专栏政策及健康知识宣传12期。在电视台卫生计生专栏播出《人口流动健康同行》公益广告和《流动人口健康教育核心信息》动画短片。全市各级围绕“婚育新风进万家”活动主题，进村入户开展宣传服务活动。开展健康知识巡讲活动。加强舆情监测，及时关注掌握舆情动向，特别是做好十九大期间、登革热防控等各个重要时点的舆情监测工作。全年潮州市卫生计生整体舆情平稳。

【潮州市中心医院易地新建项目动工建设】 2017年12月15日，潮州市中心医院易地新建项目正式动工建设。项目建设地点位于潮州市湘桥区意东三路与东山路交界处，总投资8.4亿元。项目总占地面积8万平方米，首期建筑基底面积2.3万平方米，首期总建筑面积13万平方米，医院按三级甲等标准建设，设置住院病床1 000张，日门诊量3 000人（次）。潮州市委书记刘小涛，市委副书记、市长殷昭举，副市长余鸿纯出席动工仪式。

【潮州市国家卫生城市创建工作启动】 2017年，潮州市启动创建国家卫生城市工作，印发《潮州市创建国家卫生城市实施方案》，提出要通过国家卫生城市创建活动，使潮州市在爱国卫生组织管理、健康教育、市容环境卫生、环境保护等方面达到国家卫生城市标准，力争2019年底实现国家卫生城市创建目标。

【《潮州市计划生育目标管理责任制考评办法》出台】 2017年11月13日，市委办、市政办印发《潮州市计划生育目标管理责任制考评办法》。《潮州市人口与计划生育管理办法》共包括7个部分，对计划生育目标管理责任制考评对象、考评内容、考评方法、考评步骤、奖惩办法、质量要求和解释权进行说明，适应新形势下全市计划生育工作的需要。

【《潮州市人口与计划生育管理办法》出台】 2017年12月7日，潮州市政府发布《潮州市人口与计划生育管理办法》，于2018年1月1日起施行。《潮州市人口与计划生育管理办法》共五章39条，其中总则7条，生育调节与技术服务8条，组织实施与监督管理11条，奖励与处罚11条，附则2条。主要内容是建立健全10项服务管理制度，用制度规范计划生育服务管理工作。

【“百团大战”健康潮州项目顺利完成】 2017年，健康潮州建设列入潮州市委、市政府“百团大战”19大类重点项目的重要内容，包括改造提升公立骨干医院办医水平；全力推进全科医生培养使用，提高镇村医疗水平；引进一间以上社会办三甲医院；试点公立医疗单位托管制定；完成潮州市妇幼保健计划生育服务中心扩建工程征地；乡镇卫生院标准化建设全面完成等6项重点项目。全市顺利完成全年“健康潮州”项目建设任务。

（市卫计局）

民族宗教

【少数民族基本情况】 截至2017年底，在全市工作生活的少数民族共有36个，常住少数民族（有户籍）人口6 282人，占全市总人口的0.2%。其中世居畲族常住人口为2 871人，占全市人口的0.1%，主要零星分布在饶平、潮安、湘桥等3个县（区）的9个村；外来少数民族有侗族、土家族、黎族等35个，常住（有户籍）人口3 411人，占全市总人口的0.1%，大体散居在辖区内各县区汉族群体中。

【蓝屋村民俗文体表演队工作室建设】 2017年，“十三五期间”蓝屋村继续被国家列入“少数民族特色村寨”名录并继续加大建设。全年省上拨款40万元，用于该村民俗文体表演队工作室项目建设。在上半年完成了工程限价、设计、预算、财审等工作的基础上，下半年进入土建施工并按时完成项目建设，至年底，共投入资金40万元，顺利完成年度工作任务。

【碗窑村公共厕所及相关配套设施修建】 2017年，投入12万元，帮助归湖镇碗窑畲族村修建公共厕所及相关配套设施。项目在前阶段完成工程预算、限价并与施工单位签订合同进行施工建设的基础上，完成了公厕内外墙贴砖和内部6个蹲位、水电等相关配套设施的安装，该项目共投入12.5万元（省级少数民族发展资金12万元，其它资金0.5万元），于7月初竣工，通过验收并投入使用。

【凤凰镇石古坪村村道路基拓宽改造】 2017年，经潮安区委统战部及潮安区财政局共同商议，将省下达的2016年中央少数民族发展资金43万元，专项用于石古坪村2.3千米进村村道路基拓宽改造。该项目资金总投入65万元（中央少数民族发展资金43万元，其他资金22万元），项目建设单位为石古坪畲族村民委员会。在前阶段完成了工程预算、财政限价、筹集资金缺口、招投标等各项前期工作的基础上，工程已于9月进入土建施工，10月底竣工，11月2日，顺利通过验收投入使用。

【少数民族流动人口服务管理】 2017年底，全市新疆籍商户共5家、维民20人，青海、甘肃籍少数民族清真拉面店共26家、少数民族员工80人。全市没有发现新疆籍等外来少数民族群众受歧视及涉及民族因素的纠纷事件。加强服务引导和民族政策宣传工作，尤其是对在潮的新疆、青海、甘肃籍等少数民族流动人员的服务引导，引导他们守法经营。

【民宗团结进步示范点创建】 2017年，以市创建全国文明城市为契机，发挥民族团结进步创建活动示范模范单位的引领作用，在以宣传栏、民族阅览室、现代网络、网站等为载体继续开展宣传的同时，与湘桥区民宗局、奎元社区、骄阳艺术学校联合举办“各族人民爱相随　大手小手齐行动”为主题庆祝母亲节亲子活动，举办“童声颂和平　各族一家亲”为主题庆六一文艺表演活动。认真推荐全国民族团结进步创建示范社区。推荐湘桥区凤新街道奎元社区参加第五批全国民族团结进步创建示范区评审。开展民族团结进步宣传月活动。根据上级有关精神，认真制定印发《2017年潮州市民族团结进步宣传月活动实施方案》并组织实施，活动期间联合县区到饶平、潮安少数民族群众较集中的畲族村和饶洋镇水东小学开展法律法规、少数民族高考生照顾录取及大学生资金资助等优惠政策宣传并印发宣传资料约700份、制作宣传标语6条、宣传横幅2条、民族政策汇编30本。

【宗教事务基本情况】 全市有佛教、天主教、基督教3大宗教，截至2017年底有教徒10.14万人。其中佛教6.61万人；天主教8 016人；基督教2.72万人；全市宗教教职人员337人，其中已认定领证294人，佛教220人（比丘111人、比丘尼109人）、天主教3人（神父3人）、基督教72人（牧师17人、长老9人、宣传师15人，传道人31人）。全市批准设立的宗教活动场所216个，其中，佛教134个（潮安34，饶平63，湘桥28，枫溪3，市直6）、天主教26个（潮安6，饶平18，湘桥1，市直1）、基督教56个（潮安16，饶平32，湘桥6，枫溪1，市直1）。有市、县（区）佛教协会、天主教爱国会、基督教三自爱国会等各级宗教团体11个。

【全市民族宗教工作会议】 2017年2月21日，全市民族宗教工作会议胜利召开。会上深入学习贯彻全国、全省宗教工作会议以及全省民族工作会议、民宗局局长会议，特别是习近平总书记、省委书记胡春华重要讲话精神，市委领导出席会议并讲话，市民宗局长作了具体工作部署。市人大、市政协，市宗教工作协调领导小组成员单位，市直有关部门，各县区党委、政府分管负责同志，统战和民族宗教工作部门有关同志共80多人参加了会议。全市各级民族宗教工作部门还通过以会代训的方式，积极组织宗教团体和宗教活动场所负责人、宗教教职人员和广大信众开展学习座谈。党的十九大胜利召开后，全市各级民族宗教工作部门还利用省民宗委2017年开展“宗教政策法规学习月”活动这一契机，将深入学习党的十九大精神与学习国务院新修订的《宗教事务条例》结合起来、与学习全国及全省宗教工作会议精神结合起来、与全市宗教工作实际结合起来，认真组织全覆盖学习，推动提升宗教工作规范化法制化的水平，推进全市宗教活动场所规范管理、维护宗教领域和谐稳定。

【宗教领域维稳工作】 2017年，拟定了《潮州市特别防护期宗教活动场所安全检查工作方案》，按照工作方案的要求，对部分重点寺院如基督教恒爱堂、市区堂及佛教的明镜古寺、白云观音寺、泰佛殿等宗教活动场所开展专项的安全检查工作。特别要求做好全市宗教活动场所消防用电安全的动员部署，以确保消防安全工作责任到人、落实到位；全力做好宗教领域防范境外宗教渗透的工作，确保全市宗教领域的安全稳定。采取有效措施，有计划、分步骤、建立宗教矛盾及境外宗教渗透隐患的分析研判预警制度，加强依法管理，化解不稳定因素，消除各种隐患，保持了全市民族宗教领域的和睦；积极探索新途径和新对策，做好防范境外宗教渗透工作，完成了全年宗教防范渗透的工作任务，维护了宗教的安全稳定。

【宗教与社会相适应引导】

协助开元寺筹备成立“岭东慈善基金会” 2017年，市民宗局作为主管单位，积极引导及协助开元寺筹备设立“岭东慈善基金会”，市民政局于5月9日正式批复同意设立登记“潮州市岭东慈善基金会”，标志着开元寺的慈善事业迈向了社会化、规范化、标准化的轨道。

帮助宗教界完成非物质文化遗产的申报工作　年初，以宗教教职人员释传然为传承人的“潮州佛乐——禅和板”，积极申报为潮州市第七批市级非物质文化遗产代表性项目。经市文广新局组织市非遗工作专家组评审和市非遗工作专家委员会审议通过，并向社会进行公示无异议，于5月4日经市政府批准确定。并积极促成该项目申报为省级非物质文化遗产。

继续发扬宗教爱国爱教、热心社会公益事业的优良传统，积极开展扶贫济困、捐资助学活动　积极指导和帮助湘桥区佛教协会8月18日举办主题为“祈福潮州、助学筑梦”湘桥区首届佛教文化节活动，以传播宗教正能量，助推构建“首善之区”，筹集20多万元物资，助力精准扶贫；筹集资金63.6万元，帮扶辖区内106名优秀的困难大学生；指导潮州开元寺隆重举行第十期“托钵行脚慈济活动”暨解夏布施法会，9月11日，四众弟子约100人从潮州开元寺徒步约四千米到市明镜古寺，僧众们著衣托钵行脚，体验佛陀的生活，沿途接受各方信众的布施，共筹得慈善款48万多元，用于扶贫济困和其他福利事业。截至10月底，全市宗教界向贫困群众施医赠药、扶贫济困、捐资助学及其他社会公益事业等慈善活动累计折值人民币近千万元。

（市民宗局）

社会保险

【社保扩面征缴巩固】 截至2017年底，全市职工养老、职工医疗、失业、工伤和生育保险人数分别达到47.41万人（其中参加企业职工养老保险43.07万人）、33.62万人、34.15万人、34.18万人和33.26万人。城乡居民养老、医疗保险人数分别达到97.03万人和230.75万人。全市各项社保基金收入56.51亿元，其中企业职工养老保险基金收入26.86亿元。各项基金支出56.06亿元，同比增长9.3%，基金年度结余0.45亿元，历年滚存结余48.99亿元。

【民生保障】

养老保障待遇提高　2017年，全市享受企业养老保险退休待遇14万人，养老金人均增加117.41元/月，达到1 785.18元/月，基金累计支付30.52亿元，同比增长10.8%。享受城乡居民养老保险待遇人数34万人，基础养老金标准提高至120元/月，基金累计支付4.88亿元，同比增长12.8%。

医疗保障内涵充实　全市享受医疗保险待遇为75.69万人(次),基金累计支付15.83亿元，同比增加6.1%。大病保险受益6.60万人(次)，减轻参保人费用负担1.25亿元。普通门诊每次支付限额提高至30元，年度累计限额提高至150元。门诊特定病种和住院报销比例在上年的基础上再提高2个百分点，将心脏病、继发性高血压纳入报销范畴。全年各级财政对城乡居民医疗保险补助标准调整至450元/人。全市定点医药机构342家，新增44家。

工伤保障巩固　全市享受工伤保险待遇4 032人（次)，基金累计支付1 400万元。提高工伤伤残人员待遇标准，人均达到5 495.53元/月。

失业保险稳定就业效果显现　全市享受失业保险待遇1 164人，基金累计支付3 132万元，同比增长25.2%。2015、2016年度稳岗补贴1 816万元已全部发放到位。发放污水处理费补贴资金7万元。

生育保障基础夯实　全市享受生育保险待遇1.20万人（次)，基金累计支付6 772万元，同比增长65.5%。女职工终止妊娠享受生育津贴有所提高。

社保精准扶贫落实落地　将全市8.02万名符合困难群体条件人员纳入医保政策倾斜范畴，取消门诊特定病种起付标准，提高普通门诊单次限额及年度累计限额。大病保险起付标准降至2 000元，报销比例统一提高至80%（居民）和90%（职工）且不设年度最高支付限额。开展“日间手术”医保结算方式，畅通困难群体中途参保绿色通道，简化特殊门诊待遇申请手续、延长有效期限。

【改革任务实施】

推进企业养老保险省级统筹　严格落实省、市两级的工作部署，2017年7月1日起全面实施企业职工养老保险省级统筹。全市立足及早谋划，细分任务，紧抓进度，通过3个“及时调整”的强有力措施，确保省级统筹落地实施。7月底，完成2017年度退休人员养老金调整工作并将1/7月份的调整补发金额发放到退休人员帐户；并备足2个月养老金的发放金额，确保省级统筹后能按时足额发放；从7月1日起将单位缴费费率由15%下调为14%，缴费基数下限从2906元调整为2489元。每月为参保单位和灵活就业人员减少负担不低于1 700万元（其中减轻企业负担1 300万元，灵活就业人员约400万元)。

推进全民参保登记计划　建立以“市、县（区)、镇（街)”纵向联动和“人社、地税、公安、民政、社保”横向联动的网格化联动机制。配合省人社厅搭建全省唯一、完整、准确的全民参保登记库，通过数据比对整理，将符合要求的参保信息整体入库，同时组织对全市4.92万名信息需核实人员开展入户调查核实工作，严格按照“查不漏户、户不漏人、人不漏项”的原则，逐户逐人上门核对，确保登记信息的有效性和准确性，提前完成全市全民参保登记任务。

推进医保支付方式改革　以建立病种分值库、专家智库、信息管理系统为3大抓手，按照“以收定支、收支平衡、略有结余”的原则，建立符合全市实际的基本医疗保险按病种分值付费的结算办法。完成新结算办法的制订工作，建立全市病种分值库及专家智库，完成医疗机构信息系统与医保结算系统接口对接改造工作及病案首页的上传工作，力促总额指标分配科学合理、群众医疗需求更有保障，实现医保经办管理由被动到主动、由粗放型到精细型的转变。联合卫计部门开展全市性工作培训会，对全市各级人社、卫计、社保及各定点医院进行业务培训，确保全市按病种分值付费工作顺利实施。

推进机关事业单位养老保险制度改革　建立人社、地税、财政、编办、社保等多部门联动协调机制，制订了参保登记审核程序、改革前个人缴费账户退还、改革后不符合纳入参保范围单位的转制等系列实施方案，及时梳理和解决实施过程中遇到的困难和问题，建立每月进度通报机制，将工作模块项目化，项目分工责任化，全力以赴加快改革实施进度。截至年底，全市731个单位（含驻粤中央省属单位）共5.03万人完成参保登记，占应登记人数79.5%；217个单位6 142人实现上线征收，征收社保费24 57.95万元；144个单位1 517人发放退休待遇，发放待遇1 689.07万元。

【便民服务体系构建】

以平台上线为契机，优质高效完成异地联网结算预定目标任务　2017年，按省社保局的统一工作部署，经接口改造、多轮调试、试运行后，开通省外异地联网结算的定点医疗机构7 181家和完成本地所有二级以上定点医疗机构上线工作，全面实现全市作为参保地和就医地的跨省异地就医直接结算。开通省内异地联网结算的定点医疗机构536家（其中本地定点医疗机构20家），提前完成国家、省下达的任务目标。推动基本医疗保险和大病保险“一站式”结算服务，已实现省内所有联网医院和本地所有定点医院基本医疗保险和大病保险同步报销结算。

以推行“一门式一站式”服务为契机，大力推进经办大厅标准化建设　市直、潮安和湘桥社保经办大厅标准化建设被列入省试点单位，同时也被列入全市2017十件民生实事。潮州市充分利用省级专项资金支持的契机，着力打造统一视觉识别、统一功能配置的标准化经办大厅，为下来推行综合柜员制经办模式奠定良好的硬件基础。至年底，潮安局标准化经办大厅已投入使用，湘桥局已基本竣工，市局也已动工建设。

以建设“电子社保”“智慧人社”为契机，全面提升社保信息技术服务能力　已完成两轮数据清洗工作，分别对个人基础信息、单位基础信息、缴费信息、待遇信息四类数据进行清洗，清洗率达到98.1%，第三轮数据清洗工作也已加紧开展。档案数字化项目已入库档案74.3万页，目录39.5万条，分别完成总任务的61.9%和20.8%。推进社会保障卡一卡通建设，将社会保障卡运用于机关事业单位养老保险信息登记和待遇支付。配合省人社厅做好省医保移动支付平台对接项目试点建设工作，完成潮州市首家“医保移动支付”试点医院（中国人民解放军第一八八医院）上线工作，该医院已实现APP预约挂号、自助缴费、查询医保个人账户、社保卡个人账号资金支付门诊费用等功能。开展第三代社会保障卡跨省异地就医应用联调测试。推广生物识别技术，借助自助认证终端、广东人社APP实施全市城乡居民养老保险待遇资格生物识别认证。

以执行简政放权为契机，切实提升经办服务的便捷性和规范性　简化社保经办手续，大力推行“一站式”社保服务，范围涵盖养老待遇申领、医保待遇申请等8项经办事项，从简化经办手续、缩短办事时间、优化工作流程入手。编制公共服务事项标准，目前，市局《办事指南》及《业务手册》已通过有关部门审核完毕并印制成册，同时在广东省网上办事大厅向社会公开，县（区）局也已进入公共服务事项的编制阶段。

【社保基金】

稽核内控监管体系蔚然成型　2017年，成立专门工作领导小组，抽调全市社保系统的精英骨干，建立全市专业人才队伍，提高稽核内控规范化和精细化水平，助推各项日常业务规范、安全、有序开展；制订《潮州市社会保险经办风险管理环节及风险点》，形成有效的制约机制。

信息化监控手段更趋完善　通过与银行实行数据的实时交换，实现往来资金网上扣款和发放，形成了“钱在账中走，数据网上流”的社保基金运行模式，消除了基金征管和支付过程中的安全隐患；通过购买服务的方式，建立第三方医保智能审核监控系统，实现对医保业务全方位、多角度实时监控，对不规范行为实现事中预警、事后稽核的监管新模式，从源头上降低基金支付风险。

稽核行动成果　组织实施风险管理3年专项行动，加强对定点医疗机构日常巡查，积极配合省社保局、市人社局开展社保专项检查，开展疑点信息核查工作。全年全市共筛查医保住院11.78万例，其中外伤等特殊病例9 837例，查处不符合享受待遇条件755例，医保基金减少支出826.97万元。积极追讨扣除非法、不合理待遇费用，共查处各类冒领多领社保待遇案件26宗，成功追讨66.83万元。

（市社保局）

侨务外事·港澳事务

侨 务

【借侨办会】 2017年，潮州市全力争取各潮团的支持，4月25日在印尼雅加达举行的申办投票中，潮州与新西兰的得票数为33：33持平，大会主席采取抛币方式决定主办单位，最终新西兰获得第20届国际潮团联谊年会举办权。11月，潮州市在揭阳参与承办第七届粤东侨博会。做好海内外嘉宾的邀请、联络、接待；投资项目的洽谈、引进；非遗文化展演的筛选、组织；潮州城市形象的宣传、推介等。

【侨界民生服务】 2017年，全市积极为侨服务，推出多项惠侨措施。推动建成全市第一个市、区两级为侨法律服务工作站正式揭牌启用，分别是“潮州市为侨法律服务工作站”和“湘桥区为侨法律服务工作站”；推动在市政务服务中心综合服务窗口开设涉侨事项受理工作，在市政府网上办事大厅建设网上涉侨事项办理窗口；积极构建“侨之家”服务综合平台，全市已建成70多个村居涉侨组织，全方位为社区侨眷侨属提供综合服务；持续做好“惠侨·关爱工程”，稳步实施困难归侨侨眷扶贫救助计划，全年下拨省级扶贫专项资金17.7万元、市级贫困归侨侨眷慰问金5万元。

【乡情乡谊敦睦】 2017年，共接待海外华侨华人重点团组28批1 077人（次）。主要有泰国潮州会馆、美国夏威夷潮州会馆、菲律宾菲华潮汕联乡会、泰国潮安同乡会、马来西亚潮州公会联合会、美国潮商总会、菲律宾潮汕总商会等潮籍社团。精心策划高规格出访团组赴海外敦睦乡谊，加强对外合作交流，全年全市共组织涉侨出访团组6批25人（次）。主要有：2月14至15日，市委书记李水华率团参加香港潮属社团总会举办的“奉献与发展分享会”；4月21至26日，李水华率团赴印尼雅加达参加第19届国际潮团联谊年会团长秘书长会议，为潮州市申办国际潮团年会争取各方的支持，密切潮州市与海内外潮籍社团及其首长的联系；5月4至6日，李水华和市长殷昭举带队前往香港、澳门，向港澳潮籍乡亲通报潮州市经济社会发展新情况；10月6日，副市长余鸿纯率团参加再印尼雅加达举办的第19届国际潮团联谊年会等。与此同时，加强与全球100多个潮籍社团及数百位潮籍侨领、知名人士的联络联谊，共发出倡议书、致敬函、致谢函、贺年卡、贺信、唁电等信函1 200多封，密切了潮州市与海内外潮团潮人的乡情乡谊。

【以侨引资引智】 2017年，积极发挥国际潮团人才多、资源广的优势，加强与国际潮籍博士联合会的沟通与对接。潮州市与国际潮籍博士联合会达成共识，决定在潮州筹办潮汕高等研究院（潮汕大学）和国际潮人博士团公社合作项目，并于4月在印尼雅加达正式签署协议。坚持“积极引导、自愿参与”的原则，充分调动广大海外乡亲参与家乡建设的积极性。全年全市共接受海外及港澳同胞捐赠50宗，金额折合人民币2 550.23万元。

外 事

【因公出国（境）管理】 2017年，按照“零增长”的目标，持之以恒从严强化因公出国（境）的前期审批、期中监督和事后审查工作，精心策划市级领导的出访，严格控制党政干部因公出访团组和人数。全年共办理因公出国31批134人（次），邀请外国人入境54批94

人（次）。各项指标控制在省下达的指标范围内，未发现有因公出国（境）人员违纪违规和滞留不归现象。

【因公出国管理、APEC商务旅行卡专题培训班】 2017年，为提升外事干部队伍业务素质和能力水平，支持更多民营企业循因公渠道走出国门开拓国际市场，8月24日举办全市因公出国管理、APEC商务旅行卡专题培训班，市直有关单位、市外向型民营企业办证人员共246人次参加。同时，继续大力宣传推介APEC商务旅行卡，引导民营企业积极申办APEC商务旅行卡，方便他们走出国门。全年已有10批16人次申领了APEC商务旅行卡。

【友城交往】 2017年2月，殷昭举率团访问法国巴黎，专程拜访国际友城巴黎13区，与该区区长古梅、副区长陈文雄就推进两地文化交流、海外并购、商贸合作方面进行了交流，推动友城在文化、经贸方面展开实质性合作。6月，余鸿纯率领市贸促会及广东金源照明科技有限公司、广东四通集团有限公司等10余个大型高新企业造访巴黎13区，开启实体经济交流合作。年初应曼谷市政府支持其“城市图书馆项目”的要求，主动联系宣传、文化部门，为其提供富有潮州特色的小说、纪实文学、各类期刊等49类178册文化书籍，供曼谷城市图书馆收藏，借此拓宽曼谷市民对潮州的认识，密切两市的友好关系。

【外事接待工作】 2017年，接待美国驻广州总领事馆领事白佳丽、欧慕德和总领事白智理以及韩国驻广州总领事馆总领事黄淳泽一行等4批12人（次）。

港澳事务

【潮港澳合作】 2017年，全市因公赴港澳330批487人（次）。全年全市先后接待了港澳重点团组7批125人（次）。主要有2月8日香港潮州商会陈伟南、会长胡剑江访问团；3月13日香港侨福建设机构集团主席建华一行；5月17日澳门金融管理局行政委员会主席丁连星一行；6月2日澳门潮属社团总会访问团；6月27日香港食物及卫生局局长高永文率领香港区管局高层及专家参观访问，并牵头促成了香港东区尤德夫人那打素医院与潮州市中心医院建立友好交流合作关系，推动潮港澳在医疗卫生领域的合作。同时，积极提请市领导赴港澳开展乡情通报会、新春晚会、香港新界潮人总会第4届会董就职典礼等活动。

【港澳青少年交流】 2017年，市继续积极稳妥推进潮港澳青少年互访交流工作。全年有9批近600人（次）香港青少年到潮州市开展交流活动，主要有：5月22日，香港九龙东潮人联会副会长杨诺轩率领香港恒生管理学院大学生访问团一行33人来潮交流访问；6月22日，香港谭李丽芬中学学生交流团一行39人莅潮交流访问；7月3日，香港龙翔官立中学学生交流团66人莅潮交流；8月16日，香港青少年“潮文化”体验团一行约30人到潮州市开展“回归·团圆”交流访问。通过安排参观广济桥、牌坊街、韩文公祠等名胜古迹，品尝潮州美食，学习潮州木雕、手拉壶、刺绣等传统手工艺，深入到全市学校访问交流，开展丰富多彩的学习交流活动，密切港澳青少年同潮州市青少年的互知互信。

（市外事侨务局）

潮安区

2017年大事记

1月10日，《潮派建筑与道德文化》首发式暨图片展览在潮州市博物馆举行，市委常委、宣传部长赵红，市委常委、区委书记林小群等领导参加活动。

2月20日，市委常委、区委书记林小群会见由香港潮安同乡会会长蓝国浩、荣誉会长杨剑青带领的香港潮安同乡会访问团一行，区领导黄得兴、王潮钦、陈宇参加活动。

3月8日，省环保厅环评处处长蒋宏奇带队到潮安区彩塘镇调研指导环保工作。市委常委、区委书林小群，区政府党组成员庄安平陪同调研。

3月9日，央视《发现之旅》频道记录片栏目组在潮安区古巷镇广东欧陆卫浴有限公司举行《匠心智造》纪录片开机仪式。市委常委、区委书记林小群，副区长谢楚群参加活动。

3月21日，中国人民政治协商会议潮安区第十届委员会第二次会议在区机关会堂开幕。区政协主席黄得兴代表政协潮安区第十届委员会常务委员会向大会作工作报告。受区政协十届常委会委托，区政协副主席余利生向大会作提案工作情况报告。

3月22日，潮安区第十二届人民代表大会第二次会议在区会议中心开幕。区委副书记、区长吴维凯向大会作政府工作报告。会议还审查通过《潮安区2016年国民经济和社会发展计划执行情况与2017年计划草案的报告》《潮安区2016年预算执行情况和2017年预算草案的报告》。

3月22日，国内首家注册登记的省级民办档案馆——广东省岭海档案馆在潮安区龙湖镇举行开馆仪式。省档案局副局长孟凡华，副市长王文森，副区长黄斐淳出席开馆仪式并为档案馆揭牌。

3月23日，“中山对口帮扶潮州　扶贫送医送药”活动在潮安区启动，市委常委、副市长、中山对口帮扶潮州指挥部总指挥杨安队，市委常委、区委书记林小群，副市长胡鹏，市政府党组成员吴翘楚到潮安区归湖镇狮峰村参加启动仪式。

3月26日，新加坡潮安会馆省亲团一行到潮安区东山湖特色产业园区太安堂和华夏历史博物馆参观。市委常委、区委书记林小群，区人大常委会副主任陈传佳，副区长陈宇，区政协副主席沈启璇参加活动。

4月7日，由潮安区委、区政府主办的《春晖赋——革命母亲李梨英》首发暨赠书仪式在潮安区凤凰山革命纪念公园举行。省政协原副主席、广东潮人海外联谊会名誉会长林兴胜，市政协原副主席李娜，著名党史专家、广东省委党史研究室副巡视员王国梁，中国文化管理协会茶文化产业委员会秘书长郑智深参加活动。

5月9日，由省网信办指导，市委宣传部、市委网信办、网易广东主办，区委宣传部、网易潮汕承办的“美丽广东·乡愁记忆——我是家乡代言人·我为美丽潮州点赞”网络首场直播活动在潮安区凤凰镇凤凰水库大坝上举行。

5月10日，国际潮籍博士联合会“强医惠民”2017潮州行活动在潮安启动，副区长陈宇参加启动仪式。

5月19日，2017年中国旅游日·文明出行启动仪式暨“5·23”讲话75周年系列活动在绿太阳生态旅游度假区举行，副区长黄斐淳以及有关部门负责人参加活动。

6月10日，由区委宣传部、区文广新局和区广播电视台联合主办的潮安区非物质文化遗产活动周在全民健身园启动。区委常委、宣传部部长陈寒晓，副区长成思钿出席仪式。

6月30日，区委、区政府举行潮安区2017年“广东扶贫济困日”活动仪式暨表彰大会。

8月17日，香港潮属社团总会创会主席陈伟南、香港潮属社团总会名誉会长黄书锐和深圳韩江文化研究会创会会长谢贤团等香港、深圳潮属社团首领回家乡参观金骊中学和宝山中学，市委常委、区委书记林小群，市政协副主席陈炫秋，区委常委、常务副区长张广贤陪同参观。

8月30日，由中国农业国际合作促进会茶产业委员会、中国合作经济学会旅游合作专业委员会发起的2017年度“全国十大魅力茶乡”评选结果正式出炉，潮安区获“全国十大魅力茶乡”称号，成为广东省唯一一个获此荣誉的单位。

9月29日，副市长余鸿纯，区委常委、常务副区长张广贤，区委常委、统战部部长许润成参加新风路建设工程竣工通车仪式。市委常委、宣传部部长赵红参加潮安区中心城区道路基础设施贯通改造工程（华埠路）动工仪式。市领导黄潮标、郑锦鹏，区领导郑旭东、杨榜强、余利生到文祠镇赤内村参加潮安区生活污水处理设施整区捆绑PPP项目动工仪式。市领导林跃、朱卫民，区领导黄得兴、庄荣杰、黄斐淳、谢楚群先后参加潮安区垃圾焚烧发电厂项目启动点火、乐卡贸易有限公司新建厂房开工、普润潮安沙溪物流园（一期）竣工启动和高铁新城商业中心及凤城特色文化街开工仪式。

10月8日，潮安区诗词楹联学会正式成立，卓训辉当选为会长。

10月30日，马来西亚砂拉越2017“潮乡之旅”文化寻根访问团到潮安区寻根探访。区委副书记、政法委书记王晓霞，副区长陈宇参加活动。

11月18日，由区委宣传部、区文广新局、区教育局和潮安广播电视台联合主办的潮安区首届少儿艺术花会颁奖仪式暨展演晚会在区青少年宫举行。区委常委、宣传部长陈寒晓及区相关部门负责人观看晚会，并为优秀节目、优秀选手以及优秀指导老师颁奖。

11月19日，热带亚热带果蔬加工技术工程研究中心(粤东分中心)在佳宝集团挂牌成立，副区长黄斐淳、广东省农业科学院副院长肖更生为该中心的成立揭牌。

12月14日，区委、区政府举行“饶宗颐教授手书继志亭碑刻”捐赠仪式，向潮州市饶宗颐学术馆捐赠饶宗颐70年前手书的继志亭碑。市委常委、宣传部长赵红，区委副书记王晓霞，区委常委、宣传部长陈寒晓参与捐赠仪式。

12月28日，潮漳高速公路正式通车。潮漳高速是宁波至东莞国家高速公路的重要组成部分，全线位于潮州市境内，贯穿辐射潮州中部9镇，其中包括潮安区的文祠、归湖、古巷3镇，路线全长64.56千米，按双向四车道高速公路标准建设，全程限速100公里／小时。

区位环境

【简况】 潮州市潮安区位于广东省东部，地处韩江中下游，东邻饶平县，南连汕头经济特区，西与揭阳市揭东区交界，北与梅州市丰顺县接壤。全区总面积1 063.99平方千米。广东省第二大河流——韩江贯穿境内南北96千米。

潮安区属亚热带海洋性气候，全年日平均气温21.4℃，气候温和，雨量充沛，终年常绿，四季宜耕。粮食作物播种面积1.54万公顷，年总产10.98万吨。境内有凤凰山山地森林湖泊自然保护区和梅林湖海蚀地貌自然保护区2个省级自然保护区。

潮安区历史悠久，人文鼎盛，素有“海滨邹鲁”之称。潮安区古称海阳县，始建制于东晋咸和六年（公元331年），民国3年（公元1914年）改称潮安县。中华人民共和国成立之后，潮安区辖属、称谓几经变化。1983年撤销潮安县建制，其行政区域并入潮州市。1991年12月7日，潮州市升格扩大区域，潮安县恢复建制，县城设于庵埠镇。2013年6月28日，潮安县撤县设区，辖古巷、凤塘、登塘、浮洋、彩塘、东凤、沙溪、金石、庵埠、江东、龙湖、文祠、凤凰、赤凤、归湖等15个镇和万峰林场，下设392个行政村和26个社区。2017年，旅居海外的潮安籍华人、华侨和港澳台同胞108万人，是著名侨乡。年末，全区常住人口105.2万人。

潮安区交通、能源、通讯等基础设施日臻完善。广梅汕铁路贯穿境内的庵埠、彩塘、东凤、龙湖、浮洋等镇，并在庵埠镇设立客货站场；厦深高速铁路贯穿境内的沙溪、龙湖、江东等镇，并在沙溪镇设立潮汕三市中心站区潮汕站。汕汾高速公路、汕揭高速公路贯穿境内，与潮汕公路、安揭公路、安黄公路等3条出口公路形成畅通的交通网络。潮汕机场距离庵埠镇20千米。境内乡村公路四通八达，实现了村村通。全年完成投资0.27亿元，新（改）建县乡公路和通村公路共40千米。供电设施齐备，能源充足。全年总供电量45.27亿千瓦时，比增5.9%。通讯网络发达，移动电话覆盖率达到99%以上。

区域经济

【简况】 2017年，全区生产总值478.58亿元，比增7.2%。其中：第一产业增加值19.34亿元，增长4.7%；第二产业增加值280.25亿元，增长5.2%（工业增加值271.20亿元，增长5.4%）；第三产业增加值178.99亿元，增长10.8%。人均地区生产总值45 975元，增长7.0%。规模以上工业总产值590.23亿元，比增6.1%。农林牧渔业总产值31.38亿元，比增5.1%。固定资产投资183.57亿元，比增9.7%。社会消费品零售总额201.85亿元，比增9.8%。外贸出口额8.82亿美元，比增-1.3%；实际利用外资1 709亿美元。地方财政一般预算收入12.01亿元，比增6.3%。

【工业】

工业经济平稳发展　2017年，成立区领导干部挂钩联系点工作制度；完善惠企政策、扶持措施汇编，按照“促创新、促投资、降成本、助融资、拓市场、强保障”六大类进行梳理、分类汇总编制成表，做到分类施策，加大精准支持；力促惠企政策落实兑现。全年共为全区企业争取资金5 434多万元，促进工业企业转型升级；搭建中小微企业融资平台，解决民营企业融资难问题；组织实施潮安区四梁八柱企业的培育认定，全区有29家企业被认定为区四梁八柱企业；为全面摸清工业经济家底，形成工业企业“大数据”，积极推进工业企业信息库建设。全区入库企业已达5 088家。

创新驱动发展，全面完成科技各项任务指标　科技创新工作。至年底，全区有19家企业通过国家高新技术企业的认定，23家企业申报高企培育入库；1家研究所通过省新型研发机构认定；新增3个省级企业技术中心、3个省级工程技术研究中心、6个市级工程技术研究中心；新增市级孵化器企业1家（陶钢城），填补了潮安区科技孵化器的空白；积极组织企业研发补助资金申报工作。至年底，全区共有16家企业申报，经税务部门同意的企业研发费用加计扣除额合计共5 850.94万元；推荐广东中包机械有限公司的“节能降耗的多制式多功能智能双列制袋装备的研究及应用”申报2017年度广东省科学技术奖。全年协助市知识产权局协解全区涉嫌侵权案件12宗，查处假冒专利产品3个。

开展节能降耗及去产能工作　为全区72家石油经营企业办理年检和换证工作；联合安监局、公安局等相关职能部门开展成品油专项整治，取缔非法加油站点14个，查处非法加油车8辆，拆除加油机22台。加强对陶瓷工业污染综合整治。至年底，全区共清理陶瓷废弃物约4万多吨。古巷镇、凤塘镇的陶瓷废料消纳场预计12月底前建成试运营；登塘镇、龙湖镇、浮洋镇的陶瓷垃圾转运站均已建成投入使用；落实生产的工作，1月6日，潮安区委托潮州市

国资委管理平台潮州市国有资产经营公司与广东省股权托管中心有限公司签订5家关停国有企业集中托管协议。

推进两化融合和通信网络基础设施建　组织潮安区雅士利、扬帆申报2018年两化融合管理体系贯标试点企业；完善通信网络基础设施建设。潮安区三大运营商完成总投资1.51亿元，新建基站612个、新建公共区域WLAN热点36个、新增光纤接入用户约3.79万户；所有行政村及大自然村都已光纤覆盖，接入速率达100M。协调潮安区基层公共服务网络平台的建设，该平台硬件、软件均已全部安装调试完毕，上线试运行情况良好。

【农业和农村工作】

现代农业发展　2017年，农业生产稳定增收，认真按照潮安区农业农村经济“十三五”发展规划，切实做好农业产业结构调整，抓好“米袋子”工程，继续建设4个省级“菜篮子”基地，确保主要农产品供给。认真做好粮食（水稻）生产功能区划定调查摸底和制定方案准备工作。落实国家强农惠农政策，全年共落实耕地地力保护补贴、农机补贴和政策性生猪保险投保资金1 372.05万元；推进农业产业结构调整，加强农业生态环境建设，积极推进畜禽规范化养殖工作。严格执行“适养区、限养区、禁养区”三区划分制度，扎实推进农业源畜禽养殖污染防治整治工作。全年适养区、限养区内畜禽养殖户共清理662户，禁养区内生猪专业户及规模化生猪养殖场清理关停36户。通过省环保减排认定的规模化养殖场进一步升级治污设施，全区规模化养殖场新增投入1 766万元完善雨污分流，配套固液分离机，建设沼气池、堆粪场所、防渗沼液储存池、沼液处理生化池等治污设施。督促指导畜禽养殖专业户配套相应治污设施、引导畜禽散养户配备圈养设施，对畜禽粪便污水收集、综合处理利用。提升农业特色产业水平，全区共建设单丛茶现代化产业项目12个，总投资950万元；组织申报“三品一标”认证，壮大“三品一标”农产品规模。全区共有无公害农产品32个，绿色食品10个，有机农产品1个，省农业类名牌产品15个，获省“十大名牌”系列农产品称号4个。

农村综合改革　通过对农村会计代理制进一步升级，建立区农村财务监管平台，全区392个村已全部完成了村级农村会计代理制工作，并在会计代理制基础上推进农村财务监管平台建设，将现有农村会计电算化的数据集中到区级服务器，构建区、镇（场）二级的财务监管平台，实现农村财务实时监管、信息化监管目标。同时全面理顺农村集体经济组织管理职能，改变原来村委会代行村级集体经济组织职能的现状；完善农村集体资产资源管理交易平台，全区组织实施了210宗交易项目，交易成交金额1.69亿元，同比增加72.9%；积极推进农村土地确权登记颁证工作。全区共整理二轮承包台账16.88万卷。完成外业实测面积1.34万公顷，实测率119.8%。颁发证书18.93万本，颁证率93.5%。

省级新农村连片示范建设工程　“龙洋”省级新农村连片示范建设工程作为潮州市首批省级新农村示范片建设工程，累计投入示范片建设资金2.53亿元，255个建设项目基本完工，“两年基本完成建设任务”的目标基本实现。示范片内自然村的基础公共设施和节点景观工程建设得到完善。村（巷）道硬底化率、村村通自来水率、生活垃圾治理率、村民卫厕使用率，生活垃圾治理率均达100%，生活污水治理、美化绿化工程基本完成。

【林业】

林业重点生态工程建设　2017年，完成3个省级乡村美化绿化示范点和27个市、区示范点造林建设任务；完成碳汇生态工程面积316.67公顷；完成森林抚育建设任务面积1 400公顷；完成建设2017年生态景观林带4公顷；完成建设2016年生态景观林带改造提升工程62公顷；完成3个镇级森林公园和1个湿地公园的建设任务。

森林资源保护管理　加强林地保护管理。全年共办理征占林地审核3宗，面积8.47公顷；依法核发木材采伐许可证22份，依法批砍木材（蓄积）2.06万立方米；加强林业有害生物监测防治和植物检疫工作。抓好林业有害生物秋季普查；认真规划实施2017年潮安区薇甘菊防治项目，全面完成防治工作；全面推行网上办理植物检疫单证；加强自然保护区和自然湿地的保护管理工作；加强国有林场改革工作。国有林场确权发证面积42 175亩，确权发证率达100%。

加强执法监督，强化资源保护　加强林业执法监督。“凤凰山专项整治”行动，基本杜绝了新出现毁林种茶的违法行为；加强野生动植物保护；全年共开展野生动植物保护宣传教育4次、监督检查30次；加强森林防火工作。

【财税】　2017年，全区一般公共预算收入完成12.01亿元，比增6.3%。一般公共预算总收入44.11亿元，比增-9.3%。

【金融】　2017年，全区金融机构本外币存款余额406.81亿元，比年初增加21.50亿元，比增5.6%；本外币各项贷款余额101.07亿元，比年初增加2.90亿元，比增3%。

【内外源经济】　2017年，抓好外贸系列政策落地。组织做好2017年度外经贸发展专项资金申报工作，共89家企业申报177个项目，实际发生金额789万，拟申请资金552万，候省审核拨付；积极做好外贸出口企业培育工作。至年底，全区共新增自营进出口企业40家；组织开展“消费促进月”活动，推荐展翠等8家企业通过省审定认证为广东老字号企业；开展招商引资及后续工作。全区新批合同利用外资项目1个，合同利用外资9 699万美元，实际利用外资1 709万美元;认真抓好春秋两届广交会组织工作，组织企业抱团参加第19届建博会、2017中博会、青洽会等13个贸易促进活动，推动企业开拓国内外市场。

【旅游业】　2017年，成立潮安区推进全域旅游工作领导小组，拟订了《潮州市潮安区推进全域旅游发展工作方案》《潮州市潮安区推进全域旅游发展工作三年行动计划（2017—2019年）》《潮州市潮安区推进全域旅游发展工作任务分工表》等。10月，省旅游局全域旅游调研工作组莅临潮州调研，在潮安区调研了天池景区、文祠旅游驿站、龙湖古寨、太安堂非遗博物院和旅游扶贫村等，对潮安区旅游发展工作给予了充分肯定。推动各旅游景区景点、星级饭店积极贯彻落实治乱的工作部署。

加强组织协调，假日旅游经济效益显著　春节黄金周，全区共接待海内外游客达到39.4万人次，旅游总收入1 793.13万元，分别比去年同期增长12.2%和14.3%；国庆中秋假日期间，全区接待游客约49.91万人（次），同比增长11.2%，实现旅游收入约2 361.28万元，同比增长18.6%。

推进“厕所革命”，完成旅游厕所三年建设任务　组织旅游扶贫资金申报，共争取省旅游扶贫资金共90万元用于旅游厕所建设。全年新建和改扩建旅游厕所24座，完成年度建设任务。

引导景区升级提质，顺利推进创A工程　广东绿太阳生态旅游度假区成功创建国家AAA级旅游景区；凤凰山生态旅游区已提交申报资料并通过区旅游局初审。

举办系列主题活动，丰富旅游宣传形式　5月19日，联合区文明办、区文联等单位在绿太阳景区举办2017年中国旅游日文明出行暨纪念“5·23”讲话75周年活动，组织开展“情趣潮安”系列旅游活动，活动周期间潮安区各旅游景区游客接待量比平时翻一番，收到良好的“引客入潮”效果。6月，按照潮州市创建全域旅游暨绿色发展示范区旅游踩线采风宣传活动的安排，举办“情趣潮安”文祠杨梅节、凤凰茶山游，省、市20多家媒体多方位对潮安区生态特色旅游进行宣传报道。11月，响应“热爱美丽潮州、建设文明家园——潮人游潮州”主题旅游月活动，组织首发团150人和后续团304人畅游潮州。12月，配合市做好“品味潮州·寻梦古城”百家旅行社潮州大型旅游签约与宣传踩线系列活动。

开展旅游交流推介活动，提升情趣潮安知名度　区旅游区采取“走出去，请进来”相结合的宣传推介形式，组织区属旅游企业参加海峡旅游博览会和2017广东国际旅游产业博览会，充分宣传推介“情趣潮安”，展示潮安旅

游资源。组织开展潮安区系列旅游宣传片拍摄工作，邀请本地知名歌手录制潮安旅游形象歌曲，并举办“六城同创显成效，全域旅游倡文明”潮安旅游宣传片发布会等系列活动，活动邀请汕头、揭阳、梅州地区14个县（区）旅游局领导出席并开展交流，借助电视台、网络直播等平台进行传播。

强化旅游安全监管，规范旅游市场秩序 “安全生产月”组织区旅游企业在海逸大酒店开展消防安全培训演练；针对黄金周，区旅游局提前组织对全区旅游企业开展安全检查，由区旅游局领导带班对重点景区进行安全巡查和驻点督查，指导、督促旅游企业做好安全工作。重视加强旅行社业务督查、规范服务网点经营和导游从业行为，遏制各种旅游经营违规行为的发生。

完善旅游配套功能 全年潮安区新增旅行社2家，旅行社服务网点7个。全区共有对外开放的人文、生态旅游景区10个，四星级旅游饭店3家，旅行社8家，旅行社服务网点49个。广东绿太阳生态旅游度假区成功创建国家AAA级旅游景区，并荣获“广东省旅游工作先进集体”荣誉称号；归湖科美生态园、文祠东社杨梅基地、凤凰千庭茶业被市旅游局和市农业局评为“潮州市探索农庄经济试点单位”，春秋旅行社被评为“潮州市绿色发展示范区旅游推广单位”，金飞鹅农家宴接待基地被定为“潮安文祠旅游驿站”；评选并表彰了一批“文明旅游景区”和“文明导游”。

城乡建设

【城镇建设】 2017年，全区13家建筑施工企业完成建安产值1.1亿元，房屋建筑总面积约12万多平方米；农村危房改造832户；查处违法建筑面积68.4万平方米，共拆除37.3万平方米；查处涉嫌违法图斑113个；住建重点项目建设8个。全年共完成投资0.27亿元，新(改)建县乡公路和通村公路共40千米；累计建设农村公路里程37.85千米，投入资金1 892.50万元；管养公路里程168.70千米。

【农村建设】 2017年，推进社会主义新农村建设。修补路面坑槽5 300平方米，回填路肩缺口255立方米，修整路肩7.87万平方米，清理路肩积土6 774.3立方米，清挖排水沟（含泄水槽）79.88千米，疏通涵洞167道，清扫路面33 817.74平方千米。路政巡查总里程约为1.41万千米，巡查人数为500人（次），通过巡查及时制止损路行为41宗，共清理违章广告布条75条，违章广告牌82块，违章广告灯箱54个，彩旗568支，清理路面堆积物约45立方米，清理路面摆摊设点约32处，疏导交通42次。

2017年，扎实推进“龙洋”省级新农村连片示范建设工程。累计投入资金2.53亿元，255个建设项目基本完工，示范片内自然村村（巷）道硬底化率、村村通自来水率、生活垃圾治理率、村民卫厕使用率、生活垃圾治理率达100%。

【重点项目建设】 2017年，做好重点建设项目有关工作。协调、汇总、上报市、区重点项目月度进度信息。全区34个续建、计划新开工项目已开工28个，开工率为82.4%。全区50个重点建设项目累计完成投资59.5亿元，占年度投资计划143.6%；列入市15个重点建设项目完成投资21.3亿，完成市下达年度计划114.8%。其中现代农业和水利工程10项，累计完成投资6.44亿元，占年度投资计划74.9%；交通运输体系工程11项，累计完成投资28.77亿元，占年度投资计划132.3%；工业及现代服务业工程4项，累计完成投资3.24亿元，占年度投资计划79.9%；社会发展工程、县城区项目9项，累计完成投资10.24亿元，占年度投资计划146.1%；16个前期筹建项目完成前期投资10.77亿元；巡查攻坚战项目进度，汇总、上报攻坚战项目工程类项目进度；跟进、管理中央预算内项目进度、省中小企业技改项目进度；加强项目储备，完善重大项目库；拟订区新型城镇化建设重点项目；编制、下达2017年区重点建设项目计划；代拟区重点项目审批建设工作的事实意见；清查钢铁行业违规新增产能，成立督查小组；调度市重点企业（项目）可视化监管平台；编制、上报2018年全区省、市重点项目计划；编制2018年全区重点建设项目计划；清查民间投资项目报建审批情况。

【交通】

“重点项目攻坚战”推进　2017年，积极配合上级部门推进高速公路建设。潮汕环线全线应征面积70.87公顷100%完成交地，构筑物测量确认140多户完成85%；宁莞高速于12月28日通车；配合抓好厦深铁路潮汕站扩容工程建设。厦深铁路潮汕站扩容工程已进行厦深高铁潮汕站扩容工程及站区规划研究设计方案；广梅汕铁路增建二线及厦深联络线潮安段工程征拆工作基本完成，梅汕客专征拆工作也取得了突破性进展；积极协调推进潮汕大桥开工建设；推进地方公路建设，加快构建四通八达的综合公路网。省道S233古巷至凤塘段改建工程（外环西路）征地约33.87公顷已全面完成；全线153户拆迁户的拆迁及签订工作已基本完成，拆除面积约40万平方米。省道S335线浮岗桥至深坑桥路段扩建工程已交工验收。X075线外环北路至梅州交界段工程进入前期工作。

行业管理　开展综合行政执法。集中整治县道X072文东线、X073意凤线归湖路段及S233留汕线登塘路段两侧违法广告牌和违章搭建物，共拆除广告牌和违章建筑物75宗。开展综合执法专项行动，做好北片山区春茶采摘季节道路交通安全值勤工作，开展泥头车综合治理，打击潮汕站区非法营运，全年共出动执法人员1.24万人（次），出动执法车船2 784车（次），共查处违法车辆242宗，处罚金额73.58万元。加强运输市场管理。共受理行政许可项目166个，新配发《道路运输证》车辆413台，审验道路运输车辆3 147辆，强制黄标车退出运输市场368辆，完善网上大厅建设，做好22项行政审批业务测试和办事深度申报工作。

【水利】　2017年，全区重点水利工程累计共投入建设资金5.94亿元，新增防渗渠道30.71千米，疏浚河道52.8千米，改善灌溉面积17.68万亩。潮安区省级水利建设示范县项目共有45宗，年度完成投资3.1亿，工程总完成投资6.8亿元，项目基本完工。中小河流治理重点县综合整治及水系连通试点工程，年度完成投资1.19亿元，完成总投资2.60亿元，2017年建设任务已完成。粤东灌区续建配套与节水改造工程中，安揭总干渠渠首工程和江东围灌区工程建设任务基本完成。农村水电增效扩容改造工程，项目累计完成总投资4 981万元。潮州市潮安区村村通自来水工程，已有4宗项目动工，2宗抓紧招标，1宗上报市审批，1宗准备招标，1宗正在筹备前期工作。2015年新增小型病险水库除险加固工程，已基本完成建设任务，其中葫芦上库、大坑水库、新安水库、横田水库、岭后水库已完工验收。

【电力】　2017年，各项关键指标稳步提升。完成购电量47.81亿千瓦时，同比增长5.7%；售电量45.27亿千瓦时，同比增长5.9%。综合线损率5.3%。客户平均停电时间34.26小时/户，同比下降22.6%。客户满意度78分。利润总额2 293万元。安风体系评价得分78分，同比增加6.8分。

【城市管理】　2017年，加强市政维修工作。累计清理排水排污管道网70余次，处理积水路面40多处；修复局部破损路面、路缘石、绿化带侧石等小修小补工程共82处；更换排水排污井盖217个；推进路灯亮化工程。全年共投入路灯建设资金约620万元，完成S233枫榴公路（三乡路口至枫树员段）等新建路灯项目，总里长26公里，共598支路灯，已全部亮灯投入使用。

【环境保护】　2017年，牵头住建、国税、地税、工商、供电、公安、安监、经科等部门对古巷、浮洋、凤塘、登塘、龙湖5个陶瓷产业镇开展打击乱堆乱放陶瓷垃圾行为专项执法行动，共出动执法人员138人（次），检查46家企业，对存在问题的企业责令限期落实整改，对6家违法企业予以立案并实施行政处罚；加强环保执法和环境管理工作。全年审批项目82宗，其中初审项目4宗、报告表审批项目78宗；登记表备案22宗，企业变更备案35宗；做好环境信访调查处理工作。受理群众来电来信案件1 603宗，已处理1 363宗；做好排污许可证发放、排污费申报和征收工作。全年换发放排污许可证319家，征收排污费企业224家，排污费征收金额约250万元。严查违法企业。共出动执法人员5 738人（次），检查企业1 996家，作出环境行政处罚案件56宗，处罚金额242.25万元。下达《责令改正环境违法行为决定书》案件65宗，涉嫌环境犯罪案件立案11宗，已移送公安机关立案查处。

【国土资源】 2017年，加速推进重点项目征用地工作。完成征地或征地协议书签订9个；加紧推进征地项目6个。

加快清理已供未用国有土地工作 全年区特色产业基地已供未用宗地45宗中，已落实处置43宗，正在落实处置2宗，已申请退回宗地，区政府尚未批复。面上镇已供未用46宗中，已落实处置30宗，抓紧落实处置16宗。

加强耕地保护工作 继续推进高标准基本农田建设工作；完成上级部门布置的垦造水田潜力调查及数据库建立工作。项目已完成项目可研编制、评审和立项，已进入初步设计方案评审阶段；积极推进土地规划实施工作。完成省道S335樟公线至高铁潮汕站连接道路新建工程项目用地初审工作；完成土地利用总体规划调整完善工作和永久基本农田划定工作。

加大国土资源执法力度 推进2016年卫片执法检查工作。根据国土资源部下发2016年度遥感监测图斑，于4月30日在网上系统进行填报。组织对潮安区2016年度违法用地情况进行逐宗调查，对违法用地类型、事实和情节作进一步核实，15宗图斑点整改拆除情况基本达到省厅要求；开展第三季度土地卫片执法检查工作。按照合法用地、违法用地和伪变化类型等进行建档，并于11月6日前在卫片执法巡查子系统上传图斑照片和填报图斑类型；加强土地矿产资源动态巡查工作。作出行政处罚110宗，刑事立案3宗，已移送3宗。对全区无证开采点进行排查，联合有关部门发现并制止了11宗违法采矿行为，1宗正在行政处罚程序中，2宗正在调查取证中；取缔洗砂点2个，摧毁了一批采矿设备。

开展地质灾害防治及矿产资源管理工作 编制《潮州市潮安区2017年度地质灾害防治方案》；加强地质灾害防治监督和管理；组织对全区4家持证采石场、4家矿泉水、1家地热水开展安全生产检查、年度检查。

部署开展农村地籍调查工作情况 潮安16个乡镇（林场）全面开展调查，截至11月25日，完成外业调查面积134平方公里的调查工作，占总工作量的88%。

【房地产】 2017年，强化商品房预售管理，全面摸排统计商品房库存数量，推进去库存工作；严厉打击房地产开发企业违反房地产管理办法，虚假宣传哄抬房价等扰乱市场秩序行为，不断规范房地产市场秩序；大力推进“保障性安居工程”，全面完成区特色产业基地公租房、彩塘公租房项目建设及分配工作；切实加强公产危楼安全管理，寻求解决遗留问题对策。完成房地产开发施工面积26.66万平方米，完成投资约9.07亿元；商品房销售面积18.5万平方米，销售额8.7亿元。

法　治

【公安】

开展专项行动 2017年，全区破获两抢一盗案件450宗，其中盗窃案389宗、抢劫案28宗、抢夺案33宗，抓获两抢一盗犯罪嫌疑人

233人；共抓获涉枪犯罪嫌疑人14名，破获涉枪案件10宗，查处其他涉案违法人员130人；全年共破获电信网络诈骗案件49宗，抓获电诈嫌疑人10名，逮捕10人，起诉案件64宗，侦破跨区域系列犯罪团伙1个；全年共查处吸毒人员642名，强制隔离戒毒206名，已刑拘涉毒犯罪嫌疑人129名，逮捕涉毒犯罪嫌疑人129名，侦破贩毒团伙案件6宗，破获“千克毒品”案件2宗，共缴获冰毒、海洛因等各类毒品共2.4千克。

推进社会治安防控体系建设　全年全区公安机关继续推进社会治安防控体系建设，认真研究制定2017年防控体系建设的各项重点任务，并落实考核考评措施，推进各项目进展，社会治安秩序平稳。

推进安全事故预防专项行动　全年共查处各类交通违法11.45万宗，其中查处酒后驾车218宗，醉酒驾驶43宗，无证驾驶1.02万宗，泥头车违法4 748宗、整改438宗，乱停乱放7 511宗；行政拘留47人，刑事拘留81人；查扣各类车辆2.15万辆（无牌证1.58万辆）。全年共检查单位4 036家，发现隐患3 620处，整改火灾隐患3 636处，处罚97宗，责令三停59家，临时查封30家，罚款99.15万元，拘留4人。

【检察】

服务潮安发展，维护社会稳定　2017年，共受理审查逮捕案件715件992人，审查起诉案件849件1 175人（含去年积存），办案数占全市50%以上；全年办理破坏环境资源案件24件55人；办理了涉案人数众多的陈某嘉等42人涉嫌生产销售伪劣商品案；成功起诉涉案金额170多万元的王某汉非法吸收公众存款案等；扎实做好涉检信访和国家司法救助工作。

惩治和预防职务犯罪　保持查办职务犯罪力度不减、节奏不变。立案侦查贪污贿赂犯罪案件10件10人；立案侦查渎职犯罪案件3件3人；查处发生在基层、损害群众利益的涉农、扶贫领域职务犯罪3件3人；推进职务犯罪预防工作。继续推进“下基层、讲法治”活动，开展警示教育和预防宣传58场（次）；推进行贿犯罪档案网上预约查询，认真做好“建设职务犯罪记录库”的录入工作；建设庵埠廉政教育基地，率先创设“廉政教育互动区”；做好案件清结和线索清理工作。全面完成侦查终结并移送审查起诉，认真做好积案消化处理和案件线索清理排查，并对案件线索进行清理、登记、造册。

深耕监督主业，提升工作实效　加强刑事诉讼监督；加强刑事执行监督；探索公益诉讼工作。

【法院】

依法履行审判职能，维护司法公正　2017年，共受理各类案件5 546件（新收4349件），结案4 524件，同比增长19.2%和30.9%，存案1 022件，同比下降14.6%。全年案件的收、结、存总体呈现出“两升一降”趋势，结收案比达104%。

打好基本解决执行难硬仗　结合上级法院的工作部署，积极开展“攻坚2017”和“集中清理执行积案”等专项活动，加大执行工作力度，推进基本解决执行难工作的开展。累计受理执行案件2 118件，结案1 685件，同比增长49.7%和86.8%。执结标的额7 771.3万元。

深化司法为民、司法公开，提升司法公信力　深入推进司法公开四大平台应用，全年共公开生效裁判文书2 188份，裁判文书上网率（生效）96.5%。建成数字法庭及看守所远程视频提审法庭，实现庭审直播与远程提审连接最高院中国庭审直播公开网。积极推动诉讼服务窗口、诉讼服务网、12368热线等服务平台的无缝对接。设置户外LED电子显示大屏幕，升级改造全院互联网门户网站，手机端网站、微信公众号加紧建设中；继续推广电子送达方式，电子文书送达率15.4%。开通诉讼费网上缴纳服务。完善涉诉信访矛盾排查机制，全年共接待来访64人（次），处理来信51封。推进司法救助制度不断完善，依法发放司法救助金20人次共计41万元。人民法庭积极开展就地巡回审判；积极拓展司法宣传工作；和人大代表、政协委员常态化联络。

【司法行政】

落实“双普法”，法治宣传取得新成效　2017年1月18日，全面启动“七五”普法工作。编印了《潮安区一村（社区）一法律顾问工作以案释法读本（二）》，并将《读本》发放到各村（社区）；年初，区司法局联合区委宣传部、区委政法委在潮安区人民公园建设具有潮安特色的法治文化主题公园。10月17日，区司法局联合多个部门在庵埠中学体育馆举行“平安潮安　共建共享——潮安区平安法制宣传进校园暨青少年法治教育实践基地启动仪式”。开展一系列“送法进企业”活动。开展“民主法治村（社区）创建”活动，并进行督导检查；加强法治文化建设，切实增强法治文化的渗透力和传播力。

技防人防升级，教育矫治实现新突破　广东省社区矫正信息管理系统平台录入完成率达到100%。8月30日，召开潮安区社区矫正电子手环定位监管系统启用仪式，12月中旬，全区15个镇全部完成了社区矫正人员佩戴电子手环工作。整合资源力量，矫正队伍更壮大；宽严并济，重点人群监管有实效。针对犯罪原因、个性特点、家庭背景、社会经历等，建立社区矫正人员个人档案，制定以人为本矫正方案，对社区矫正人员进行分类教育管理，增强教育矫正的针对性、实效性，注重人性化教育。严抓“三有”，刑释解教实现“无缝接”。做好刑满释放人员衔接工作，做到“出来有人接”“接回有人管”“困难有人帮”。

人民调解新模式　全年全区共调处各类民间纠纷1 864件，防止民间纠纷激化17件（其中防止民事转为刑事8件，制止群众性上访7件），调解率100%，调解成功率100%。

做优做强，法律服务拓展新领域　将法律援助工作方式从“等上门”变为“走下去”，依托村委会法律援助联络点，为符合条件的群众提供法律援助；立足便民，公证拓展新证源；从严从实，律师依法执业有保障。基层治理依法依规。对法律顾问队伍进行调整并组织律师与全区418个村（社区）签订新1年的法律顾问合同，实现2017年法律服务在全区的全覆盖。

社会事业

【民政事务】

开展拥军优属活动，全面落实优抚安置政策　2017年春节及“八一”前夕，走访慰问驻潮及周边部队近20个单位及重点优抚对象7 949人，发放慰问金近250万元；组织“9·30”烈士纪念日公祭活动，对烈属及老烈士子女共26人发放慰问金1.56万元；认真落实民政部等部门出台的部分优抚对象人员抚恤和生活补助政策，全年共发放抚恤补助金3 927万元。落实各项重点优抚对象的医疗保障政策，为潮安区3 400多名重点优抚对象购买城乡居民基本医疗保险共约51万元；为69名1—6级在乡伤残军人办理职工医疗保险以及增投补充医疗保险近30万元；为29名患精神病的退伍军人支付医药费及生活费共约28万元；做好退役士兵的维稳安置工作。

完善城乡救助体系，日益增强保障民生功能　全区村（居）民最低生活保障对象有7 618户1.85万人，全年共发放低保金4 155.7万元；经核实全区符合条件的特困人员供养1 550名，全年共发放1 244.42万元；全年共救助城乡特困居民对象452人（次），下拨医疗救济资金共170.09万元。继续巩固低保对象医疗救助工作，年资助全区2.54万名五保户和低保户免费参加城乡医保，年资助金额304.74万元。

落实养老服务政策，切实做好社会福利工作　全年全区发放高龄老人生活津贴360.18万元；全年共发放孤儿基本生活保障金54.65万元；认真做好事实无人抚养儿童基本生活保障金的发放工作，全年共发放事实无人抚养儿童基本生活保障金89.21万元。开展农村留守儿童“合力监护、相伴成长”关爱保护专项行动。

推进基层政权建设，不断增强区划地名管理 村（居）两委换届选举工作顺利完成；完成潮州—梅州市镇两级行政区域界线联合检查工作。

社会组织培育发展，加强社会组织规范管理 积极做好社会组织日常管理及年检工作；全年社会组织网上共办理业务652宗；健全社会组织退出机制。

日益规范社会事务管理，不断提升民政服务水平 全年共免除潮州市户籍城乡居民殡葬基本服务费用520多万元；查处打击各类违规殡葬行为2宗；新建、改（扩）建和修缮镇（村）二级骨灰存放设施；完成2012年至2016年婚姻档案移交区档案馆工作，同时进行查漏补缺，对5年来婚姻登记工作中登记编号跳号情况进行整理；完善社会福利中心工作。

【人力资源】 2017年，全区新增城镇就业人员7 665人，完成任务的109.5%；城镇失业人员再就业1 422人，完成任务的101.5%；就业困难人员实现再就业358人，完成任务的105.3%；城镇登记失业率为2.6%。发放小额担保贷款67笔，担保资金1 294万元。完成劳动力晋升培训3 384人。

规范公共人事管理 严格按照有关文件规定及办事程序，办理干部任免和任职审核工作。共办理区政府管理人员任免手续115人，办理职务任职资格条件审查396人，办理干部调动手续104人，办理公务员转正手续141人；做好事业单位公开招聘工作；严格把关，做好事业单位人员调动工作，共办理调动286人；切实做好全区事业单位人员的年度统计工作。

推进人力资源培训与开发工作 组织2016年潮安区各系列评委会专业技术职称评审工作，各专业技术资格评委会通过人员99人；开展2017年度各级专业技术资格申报工作；开展省委组织部2017年杨帆计划申报工作；加强人力资源培训工作。

扩大和稳定就业 推进就业再就业工作；认真开展“春风行动”和“南粤春暖”就业服务等系列活动，为农民工就业提供全方位服务。发挥公共职介作用，促进就业新举措。全区开放公共职业介绍机构16家，免费发放春风卡1万多张，为农村劳动者提供免费职业介绍达2 136人（次）。

做好新时期精准扶贫对象就业创业工作 认真制订工作方案；建档立卡、逐步核实。全面开展对农村贫困劳动力的建档立卡工作，已完成建档立卡贫困户劳动力台帐4 358人；构建“村村通”就业信息网络工程；认真开展就业帮扶工作；实施普惠制与特定对象相结合的“技能进村培训计划”。

【社会保障】 2017年，全区参加城乡居民社会养老保险人数47.99万人，完成市下达任务的104%；实际缴费人数26.52万人，完成市下达任务的102%。参加基本医疗保险人数102.41万人，完成市下达任务的102%。全年共为2.75万名退休职工发放养老金6.15亿元，为14.38万人城乡居民发放养老金2.06亿元。积极推进“社会矛盾排查化解”工作，加大劳动保障执法监察力度。共受理劳资纠纷案件163宗，为540名劳动者依法追回被拖欠工资近900万元；依法调解劳动纠纷和劳动争议案件。全年共立案受理申请仲裁案件22件，结案22件。

【人口计生】 2017年，全区共出生16 159人，出生率14.94‰，其中一孩6 907人，二孩8 640人，三孩及以上612人，政策生育率97.48%，性别比105.51，自然增长率9.32%。共完善独生子女标记项目6 025条，核减重卡、错卡638条，提高全区全员信息系统数据质量。做好“全面二孩”政策的宣传等工作。组织定期参加孕前优生健康检查。做好妇女病普查防治工作。开展预防艾滋病、梅毒、乙肝母婴传播项目。

【医疗卫生】 2017年，推动落实“卫生强区”建设。推动医疗卫生重心下移、医疗卫生资源下沉，解决医疗卫生资源配置不均衡、基层医疗卫生服务能力较弱等突出问题，建立完善全区分级诊疗制度，尽快实现“大病不出县”目标，各项措施逐步开展。

落实综合医改、公立医院改革、构建分级诊疗制度等重点工作任务 继续推进“三平”建设工作，合理控制诊疗费用增长水平。区人民医院、庵埠华侨医院定为“平价医院”，设置“平价诊室”，各基层卫生院提供用于治疗小病的不同类别的“平价药包”；巩固完善和扩大国家基本药物制度，严格执行各类医疗卫生机构基本药物使用比例，全面实施药品网上阳光采购；继续深化县级公立医院改革，推动县级公立医院走上良性运行新轨道。区人民医院医院门诊实行一卡通和住院电子病历信息化；实行52个病种临床路径管理，超额完成省的要求；“创优病区”覆盖率60%，超过省要求的二级医院达到40%的目标。

提高医疗服务质量，加强医疗卫生队伍服务能力建设 改善医疗服务行动深入开展；加强中医药特色优势建设；加快推进科研项目工作进展步伐。先后下发了《关于申报2017的年度广东省医学科研基金项目》和《关于申报2017年度潮州市卫生和计划生育局科研项目的通知》，已获得市级批准科研项目申请16份；扎实推进基本公共卫生服务均等化。至年底，全区家庭医生签约服务居民53.18万人，签约服务覆盖率达51.2%；大力开展无偿献血宣传活动。全年无偿献血量15.2万毫升。

做好国家免疫规划和登革热等传染病防控工作 做好常规免疫工作和各种慢性病防治工作。卡介苗等各苗累计接种率均能达到95%以上；加强做好麻风病病人管理治工作，联合化疗率达100%；全力以赴防控人感染H7N9禽流感工作；及早部署，扎实部署开展我区登革热防控工作。卫计系统已完成防蚊匣安装建设400个，完成率100%。

【科教文体】

公共文化服务体系日益健全 2017年，推进基层文化基础设施建设。各级共拨24万元提升和完善浮洋镇等4个文化服务中心基层设施配套建设。龙湖镇三英村等10个村级综合性文化服务中心被市公布为村级综合性文化服务中心示范点；推进“两馆免费开放”工作。区图书馆建立公共电子阅览室，共配备25台电脑；全面实行一卡通，新增纸质图书3 000多册；举办“4·23”赠书活动等活动；推进农家书屋提升工程。积极推荐30家第二批潮州市农家书屋出版物轮换试点工作；推进农村电影公益放映活动；推进文艺创作繁荣发展。论文《浅谈对国家级非物质文化遗产项目——潮州铁枝木偶戏的保护与传承》入选“广东省2017年度群众文化论文征集”，并在《神州民俗》杂志刊登；相声《辞海新编》、小潮剧《彩凤岭》获得了广东省2016年群众文艺创作评选三等奖；原创歌曲《岭南新水乡》获得“广东省第七届群众音乐舞蹈花会”铜奖。

群众文化活动丰富精彩 塑造品牌打造文化潮安。先后在登塘镇文化广场等地成功举办了11场演出；积极开展群众文化活动。组织彩塘镇新联市中舞龙队参加央视《2018年春节戏曲晚会》潮州分会场录制活动。文里英歌队参加2017年广东省“文化和自然遗产日”主会场活动暨“开平碉楼与村落”申遗成功十周年系列活动——非物质遗产专题晚会演出。文里麒麟舞队参加中国（深圳）首届“麒麟王争霸赛”获金奖。推荐文里英歌队参加澳门国际幻影大巡游，是中国内地前往澳门表演的唯一队伍。在第四届广东省演讲大赛暨广东省修身齐家演讲大赛总决赛中潮安区选手获得银奖。

体育事业发展 潮安区足球队代表潮州市参加广东省第二届百县（区）足球赛总决赛，进入全省16强。区健身气功站代表潮州市参加2017年广东省首届健身气功艺术表演大赛，获青年组二等奖。区武术训练基地运动员在无锡市举行的亚洲青少年武术套路锦标赛上获A组南拳冠军。

文化遗产保护成果 加强非物质文化遗产传承。潮州铁枝木偶戏传承基地（金石）、浮洋方潮盛铜锣制作技艺传承基地，被确定为广东省第三批省级非物质文化遗产传承基地；加强文物保护工作。饶宗颐手书灰涵继志亭碑刻捐赠给饶宗颐学术馆。区华夏博物馆和潮州嵌瓷博物馆被纳入第一批潮州市“博物馆之城”体系单位。

文化市场规范有序 共出动执法人员899

次，检查各类文化经营单位184家（次）。向无证网吧发出责令停业通知3家次，向无证泳池发出责令停业通知6家次；受理各类举报3件，立案5宗，实施各类行政处罚案件5宗；收缴非法出版物744本、盗版音像制品7 067张。共罚没款人民币3.65万元。

【民族宗教】 2017年，加强少数民族文化交流和开展调研活动。分别接待浙江省安吉县报福镇党委委员及相关村干部到凤凰镇石古坪村、文祠镇李工坑村和福建省龙岩市上杭县民宗部门来凤凰山畲族发源地寻根问祖，促进两地之间的文化交流。

【侨务外事】 2017年，全区共接受侨胞捐赠款物37项，共计945.83万元，主要有：马来西亚刘文源捐资282万元建江东镇中心幼儿园；泰国王杏生捐资238万元建设江东中学科技楼；新加坡郑添亮捐资120万元修缮金石镇镜鸿路；马来西亚刘禹文捐资100万元建归湖怀慈中学学生宿舍楼，捐资11万作为归湖怀慈中学奖教奖学金；新加坡华文作家蓉子捐资15万元，奖励龙阁学校师生及慰问龙阁村困难老年乡亲。共接待海外华侨、港澳同胞23批777人次。加强因公出国（境）管理，做好出访办证办照工作。全年共办理因公赴港澳签证23人次。加强对外国人入境的管理工作。共办理邀请外国人入境工作审核12批15人（次）。

（潮安区志办）

附：2017年潮州市潮安区领导成员名单

区委书记：林小群

副 书 记：吴维凯　翁镇深（—5月）
　　　　　王晓霞（5月—）
常　　委：林小群　吴维凯　翁镇深（—5月）
　　　　　王晓霞（5月—）　何林辉(—12月)
　　　　　詹扬文　陈寒晓　张广贤
　　　　　李树南（—1月）　许润成（1月—）
　　　　　刘天义　郑旭东　黄志刚
人大常委会主任：黄键新
副 主 任：陈传佳　庄荣杰　杨榜强
　　　　　王潮钦　曾　旭　吴培辉
区　　长：吴维凯
副 区 长：张广贤　陈　宇　成思钿
　　　　　梁向群　黄斐淳　谢楚群
政协主席：黄得兴
副 主 席：余利生　吴令发　廖小宁
　　　　　沈启璇　肖金辉
纪委书记：郑旭东
副 书 记：许潮通　蔡子腾

附：2017年潮安区各镇（场）简况一览表

地区别	辖区面积（平方千米）	村居个数（个）	户籍总人口（人）	规模上工业总产值（万元）	农业总产值（万元）	镇委（场）书记	镇（场）长
合计	1 065.92	392	1 051 505	5 902 309	306 111		
古巷镇	61.12	18	69 462	943 517	14 939	杨镇荣	蔡泽钦
登塘镇	157.32	27	42 105	83 444	16 348	曾伟华	林　鹏（—9月） 张　锐（9月—）
浮洋镇	38.84	35	108 550	491 516	29 773	赵荣波（—12月） 黄森源（12月—）	黄森源（—12月） 张露勋（12月—）
龙湖镇	20.82	15	62 890	118 376	12 129	陈允松	刘振涛（—10月） 谢侠杰（10月—）
凤塘镇	38.58	30	90 421	667 341	27 990	陈永楷	张龙鹏

续上表

地区别	辖区面积（平方千米）	村居个数（个）	户籍总人口（人）	规模上工业总产值（万元）	农业总产值（万元）	镇委（场）书记	镇（场）长
东凤镇	34.23	34	96 298	369 775	16 716	刘振标	陈镇平
彩塘镇	43.87	32	117 956	1 037 637	13 452	邹鹏亮	程焕凯
庵埠镇	30.41	31	136 506	1 170 327	9 933	何林辉	成继雄
金石镇	22.46	21	74 954	116 673	17 940	张少鹏	李植彬
沙溪镇	34.87	17	62 812	57 256	17 197	邱继荣	郑裕福
江东镇	38.05	29	80 208	152 939	24 705	曾俊仕（—11月）	张桂荣
文祠镇	71.46	22	18 640	18 607	16 529	杨伟扬	杨泽斌
归湖镇	128.17	32	31 601	6159	23 311	张伟奇	谢侠杰(1月—10月) 许少杰（12月—）
赤凤镇	88.57	17	13 987		9 973	蔡卫娟	邱剑平
凤凰镇	227.06	27	44 176		49 810	黄志刚	程雪雄
万峰林场	30.09	5	939		2 212	陈文森	黄舜武
其它农场					3 155		

饶平县

2017年大事记

1月1日，由潮州中农批农产品批发市场有限公司主办、汫洲镇协办的“中农批·汫洲首届大蚝美食文化节”在汫洲镇全民健身广场开幕，活动为期3天。市县领导许志晖、张传胜、林文锋，潮州中农批总经理廖汉球等领导出席活动。

2月5日，县打假办会同县烟草局、公安局、钱东镇政府和派出所等相关单位，查获位于钱东镇灰寨村岭水坑一无证生产烟草制品的窝点，现场抓获制假涉嫌人员3名，涉案金额约146.7万元。同日，粤闽高速检查站查获一辆无证运载烟草专卖品的河南省籍的货车，现场抓获涉案人员1名，涉案金额约243.1万元。

1月21日，广东广播电视台2016“我的中国梦”主持人大赛总决赛暨“红色崛起　苏区饶平”联欢晚会在上饶镇举行。

2月10日，朱德嫡孙、空军指挥学院副院长少将朱和平、开国上将杨至成之子杨珠江一行到饶平县上饶镇茂芝会议旧址、麒麟岭古驿道等地参观。市委常委、县委书记张传胜等陪同活动。

2月18日，县委、县政府在汕头市帝豪酒店举办招商推介会，邀请饶籍在外乡亲和社会各界贤达参加，现场签约项目9个，总投资金额达13.7亿元。汕头市委副书记孙光辉、市人大常务副主任郑通声、市政协副主席黄文魁，潮州市、饶平县领导杨安队、张传胜、林文锋等和250多家企业、机构及商会的代表出席大会。

2月25日，饶平红色苏区研讨会暨北京潮人海外联谊会饶平分会2017年会在北京举行。市委常委、县委书记张传胜带领县四套班子领导到会祝贺，并与在京的乡贤、乡亲畅叙家乡情谊，共商饶平发展大计。

2月27日，由省科协、省科技厅、市科协、饶平县人民政府联合主办的广东省“中国流动科技馆”巡展活动饶平站启动仪式在县阳光培英学校举行。省科协副主席吴焕泉，市政协副主席柯泓，县领导林文锋、童益民、詹松辉等出席启动仪式。活动共设7个主题展区50多件展品，巡展时间至5月23日结束。

3月3日，饶平县装配式建筑构件产业园项目动工仪式在汫洲镇举行。产业园项目占地面积280多亩，项目总投资3亿元。

3月8日，县委、县政府在县农信大楼举办由饶平农村信用合作联社和潮州市光华能源技术有限公司合作的光伏发电精准扶贫项目签约仪式。

3月21日，县政务服务中心举行揭牌仪式，市委常委、县委书记张传胜和市政务服务中心主任丁静娟为县政务服务中心揭牌。

3月24日，广东省文明办公布获评“广东好人”名单。钱东中学学生许成富被评为2016年第四季度“助人为乐好人”称号。黄冈镇碧岗村村民周红才被评为2017年第一季度“孝老爱亲好人”称号。

3月31日，政协饶平县第十届委员会第二次会议闭幕。政协饶平县第十届委员会第二次会议于29日至31日在县大会堂召开，会议通过了《政协饶平县第十届委员会第二次会议决议》、审议并通过了县政协常委会工作报告。

4月1日，饶平县第十五届人民代表大会第二次会议闭幕。饶平县第十五届人民代表大会第二次会议于3月30至4月1日在县大会堂召开，会议审议并通过了县政府工作报告、县人大常委会工作报告、县2016年国民经济和社会发展计划执行情况与2017年计划草案报告、县2016年预算执行情况和2017年预算草案报告等决议。

4月9日，院址落户在新丰镇镇区的饶平县第二人民医院建设项目正式开工。项目总投资1.8亿元，将按二级甲等医院标准开工建设。

4月16日，厦深高铁饶平（高堂）站实现直达广州始发运营并正式通车。首趟动车于上午8点25分正式开行。

4月23日，中国进出口商品交易会二期在广州琶洲展馆开幕，全县共有22家陶瓷企业组团参展，展位达到106个。

4月24日，饶平县首个光伏扶贫项目在樟溪镇卫生院正式开工。樟溪镇与光华能源公司共建光伏发电扶贫试点项目为建筑面积约620平方米的77.76千瓦分布式光伏发电项目，建设场地位于樟溪镇卫生院。

5月22日，县十五届人大常委会举行第七次会议，任命陈跃庆为饶平县人民政府副县长，决定其为代理县长。

6月1日，县农村淘宝服务中心挂牌成立并投入使用。

6月20日，县政府与龙浩集团有限公司（大型国际化企业集团）在县委小招待所签订战略合作协议，双方将在通用机场、交通及市政基础设施建设与运营等方面展开合作。县委书记林文锋主持仪式并讲话，龙浩集团有限公司副总经理兼华南区域董事长燕来坤、副县长林建斌等参加活动。

6月23日，县人武部党委第一书记任职暨基层武装政治教导员任命大会在县人武部召开，潮州军分区司令员汤强华宣读了潮州军分区党委关于任命林文锋为饶平县人民武装部党委第一书记的决定。潮州军分区政治委员刘松涛为县人武部党委第一书记林文锋颁发《任职证书》。

6月28日，县委书记林文锋带领县四套班子党员领导干部前往上饶镇开展“过主题党日，颂真人讲真事”活动，庆祝建党96周年。

7月17日，在市政府的牵头下，饶平县政府与暨南大学就合作办学事宜进行详细对接。暨南大学校长胡军，市委常委、常务副市长张传胜听取了饶平县委副书记、代理县长陈跃庆和潮州市智景投资公司负责人对暨南大学附属潮州实验学校筹办工作的情况汇报。

7月17日，国家旅游局综合协调司副司长陈斌带领督查组到饶平县督查讯期旅游安全工作；饶平县警方在海丰警方的大力配合下，抓获了潜逃17年的犯罪嫌疑人吕某雄，侦破2000年发生在饶平县的一起故意伤害案件。

7月26日，县委书记林文锋，县委副书记、代理县长陈跃庆带领县四套班子领导等前往汕头市金平区和龙湖区参观考察。

8月25日，三百门码头重启外贸运作，来自西班牙的进口肉类，新开辟的“香港——汕头——三百门”进口航线通过海关验收，成为三百门码头作为国家进口肉类指定口岸所接收的第一批货物。

9月20日，县烟草局会同县打假联合稽查队、县公安局经侦大队及柘林镇政府、柘林派出所在柘林镇柘北村岐壁山查获一无证生产烟草制品的窝点，涉案金额约357.4万元。

9月20日，受县委、县政府主要领导的委托，县委常委、常务副县长张若群带队前往县直小学拟选址地点——饶平宾馆进行现场调研。

10月5日，县委、县政府在县大会堂举办“六城同创”“治六乱”大家谈活动。

11月19日，2017年南粤古驿道“天翼高清杯”定向大赛暨中国南粤古驿道文化之旅潮州饶平站在钱东镇钱塘村举行。

11月28日，由潮州市委、省委党史研究室、饶平县委承办等单位联合举办的“茂芝会议”90周年学术研讨会在饶平县举行。革命后代代表刘建、周勇、李小勇、陈小鲁、粟惠宁、叶莲、杨珠江、赵京娅，省委党史研究室副主任王涛，中国扶贫基金会副会长、省老促会会长陈开枝，中国老促会副秘书长、老区精神研究会常务副会长刘津远，专家学者罗援、应明阳，市县领导刘小涛、殷昭举、林文锋、陈跃庆等及县四套班子领导出席学术研讨会。

12月18日，由浮滨镇人民政府管理的新安林场移交县林业局管理的交接仪式在浮滨镇政府举行，移交后新安林场更名为“饶平县国有新安林场”。

12月20日，县烟草局会同县打假联合稽查队、县公安局、县检察院、钱东镇政府等单位，捣毁了位于钱东镇万山红场大坪山一无证生产烟草制品的窝点。现场抓获制假涉嫌人员1名，查获违法制假设备及物资一批，涉案金额约为97.9万元。

12月26日，“寻找古驿道——穿越西岩山”饶平县第二届旅游文化健身徒步节活动在上饶镇举行，来自各地的80多个户外运动团体的运动爱好者参加了活动。

区位环境

【简况】　饶平县地处广东省“东大门”，潮州市东部，东邻福建省，南濒南海，是原中央苏区县。全县辖21个镇，共395个村（居）委会。镇分别是上饶镇、饶洋镇、建饶镇、新丰镇、三饶镇、新塘镇、汤溪镇、浮滨镇、浮山镇、东山镇、新圩镇、樟溪镇、钱东镇、高堂镇、联饶镇、海山镇、汫洲镇、所城镇、大埕镇、柘林镇、黄冈镇。全县行政区域面积2 227平方千米，其中陆域面积1 694平方千米，海域面积533平方千米，海岛岸线长136千米。截至2017年年末，户籍人口107.1万人，常住人口87.2万人。

【资源条件】　饶平依山傍海，地势北高南低，山清水秀海蓝，气候适宜，是国家绿色能源示范县和省林业生态县。全县耕地面积29.67万亩，农作物总播种面积54.68万亩，粮食播种面积38.31万亩，粮食产量24.02万吨。林地面积9.98万公顷，森林覆盖率68%，森林蓄积量369万立方米。全长87.2千米的黄冈河自成水系，由北向南纵流全境，横贯县城区，注入南海。全县自然生态环境丰富多样，中部丘陵起伏，南部平原沃野，沿海岛屿罗列，是陆则现江南山川之美，是水则衔南海碧波之妙，古有“岭南佳胜地，瀛洲古蓬莱”之称。饶平物产丰富，有铁、铜、钨、锡、高岭土、稀土等重要矿产资源，岭头单丛茶、狮头鹅、高堂菜脯、盐焗鸡、铁皮石斛、海产品、岭南水果等特产驰名国内外，是“中国日用陶瓷出口之乡”“中国布马舞之乡”“中国盐焗鸡之乡”“中国岭头单丛茶之乡”“国家电子商务进农村综合示范县”“全国渔业百强县”“全国义务教育基本均衡县”“中国最大海水网箱养殖基地之一”“广东省火炬计划水族器材特色产业基地”“广东省渔业生产先进县”“全国首批农业对外开放合作试验区”。拥有国家重点文物保护单位三饶道韵楼、国家AAAA旅游景区的绿岛山庄、青岚国家地质公园、世界地质遗产的“海龙”奇观、张竞生博士故居、茂芝会议旧址全德学校、“茂芝会议”纪念馆等文化旅游景点和生态悠闲旅游渡假区，有中国布马舞、非遗文化三饶彩青艺术等地方特色文化。

县域经济

【简况】　2017年，全县实现生产总值263.2亿元，比上年增长6.8%。其中：第一产业增加值48.01亿元，增长6.8%；第二产业增加值110.95亿元，增长6.2%；规模以上工业增加值76.06亿元，增长7.0%；第三产业增加值104.26亿元，增长7.7%。人均地区生产总值3.01万元，增长8.5%。固定资产投资97.33亿元，增长28.3%。社会消费品零售总额116.28亿元，增长9.7%。外贸出口额9.03亿美元，增长19.1%；国税收入12.1亿元，同比下降1.0%，地税收入3.61亿元，同比增长5.8%。地方财政一般预算收入7.68亿元，下降2.3%。

【工业】　2017年，全县规模以上工业实现产值255.78亿元、增加值76.06亿元，同比分别增长7.3%和7.0%。电力生产、食品加工、水族制品、燃气生产和供应业等行业生产均有新的发展。其中，电力生产全年产值64.87亿元，同比增长17.1%；燃气生产和供应业产值23.28亿元，同比增长16.1%；食品制造加工业，全年创产值64.50亿元，同比增长4.2%；水族机电制造业产值22.68亿元，同比增长6.5%。陶瓷和玻璃制品制造、纺织服装业生产下降，其中，陶瓷和玻璃制品制造下降14.6%。纺织服装业生产下降10.1%。

特色产业发展　推进《饶平县加快高新技术企业培育认定三年行动计划（2016—2018年）》，7家企业通过高新技术企业认定。强化企业创新主体地位，引导鼓励企业加大科技投入，全县投入技术改造资金12.69亿元，增长40.5%；新增省级工程中心1家、市级4家；新认定省民营企业创新产业化示范基地1家，累计培育省民营企业创新产业化示范基地5个，省中小企业公共技术服务示范平台2个；新申请专利1 533项，获授权专利1 029项。加大对企业的培育、扶持和服务力度，帮助企业争取技改、创新政策支持，推动陶瓷、食品、水族机电等产业转型升级，扶持特色支柱产业做大做强。落实《饶平县促进外贸稳定增长和转型升级的实施意见》，引导生产型企业申报自营进出口权，新增进出口备案企业12家，累计备案企业210家，外贸出口质量效益不断提升。

产业规模壮大　加大招商引资力度，益海嘉里、华瀛润裕、光大、国美中关村、五洲国际、宏润、国瀚、北大青鸟、广建、联泰、国瑞等大型企业莅饶考察，一批项目成功签约并落户饶平。出台《樟溪低碳工业区扩能增效扶持措施》《代理招商服务奖励意见》等优惠政策，加强招商宣传推介，优化招商服务，实现招商引资规模、质量和效益新突破。樟溪低碳工业区已入驻企业16家，实现8家企业动工建设。强化对落地项目的跟踪服务，力促新生环保科技股份有限公司进入投产，形成拉动县域经济增长的新引擎。深化商事制度改革，推进“多证合一”、电子营业执照及全程电子化登记等一系列措施，加强事中事后监管，营造轻松便捷准入环境，激发市场主体活力，全年新增市场主体3 249户，扶持104户个体户升级为企业，超额完成市下达任务。潮州港扩建货运码头、广东海润冷链物流中心项目加快建设，华瀛润裕天然气、益海嘉里粮油基地等一批百亿元级项目加快推进。潮州港历史上首条外贸内支线（潮州港—厦门港）正式投入运营，港口经济呈现加速发展良好势头。

【农业】　2017年，全年农林牧渔总产值86.34亿元，增长6.3%；全县茶园面积约8万亩，总产量约6 000吨，总产值6.8亿元。茶园主要分布在中北部的山地，名优茶、中高档约占60%。茶园种植以岭头单丛为主栽品种，种植面积约0.43万公顷。县内各类茶叶加工企业500多家，茶叶产品主要销往潮汕地区，年销量约3 500吨，其他地区年销量约2 500吨，并在国内外的名茶评比中屡获名次，知名度得到提升。形成了以广东国宾集团有限公司“国牌”单丛茶、广东古山生态茶叶有限公司“古山赤叶”单丛茶等为代表的岭头单丛茶品牌体系；全县水果生产面积1.25万公顷，总产量11.5万吨。已建成铁皮石斛高标准种植基地103.33多公顷，年总产值2亿元，形成了以广东永生源生物科技有限公司、广东光宇生物科技有限公司、广东茂丰源农业科技有限公司等企业为核心的生产基地、产品加工的产业集群；全县牧业产值12.92亿元，同比增长6.1%。6月，广东立兴农业开发有限公司经农业部组织有关专家现场评审通过，被正式列为“国家级狮头鹅保种场”；实施了饶平浮滨狮头鹅保护及开发利用项目，对狮头鹅品种进行提纯复壮，建立种禽系谱档案，编制系谱图；饶平县绿环生态养殖有限公司实施了饶平县草地养牛示范基地建设项目，年出栏肉牛245头，现存栏牛490头。

【林业】　2017年，全县森林面积11.16万公顷，森林蓄积量369万立方米，森林覆盖率68%，林木绿化率69.2%。全县森林生态质量不断提升。落实造林面积0.08万公顷；落实森林抚育面积0.46万公顷；落实封山育林面积593.33公顷；落实钱东镇科技示范林建设80公顷。完成村庄示范点绿化美化36个，上饶镇古驿道两旁山林地绿化面积73.33公顷，新建镇级森林公园2个，村级森林家园12个，全县城乡森林生态面貌进一步改观，群众休闲养生环境大幅改善。开展保护鸟类等野生动物“清网行动”、保护林地林木资源“红线行动”等专项行动，完成各镇区爱鸟小树林建设21处、万亩无鸟网生态示范区建设1个。

【水产业】 加快构建现代海洋渔业产业体系，推进海洋生态文明建设进程，促进全县海洋与渔业经济的持续健康发展，2017年，全年水产品产值32.46亿元，增长8.6%。

继续实施“两条鱼（鮸鱼、鰤鱼）”发展战略　加大养殖品种调整力度，“两条鱼”占海水养殖的90%以上，鮸鱼、鰤鱼成为全县的主要养殖品种，逐步形成具有饶平特色的海水养殖产业。

发展深水网箱养殖，推进“深蓝渔业”建设　以建设柘林湾深水网箱养殖产业园为平台，加快全县深水网箱发展步伐。全年全县深海网箱养殖基地规模为76组304口，实际投放生产深水网箱40组160个。同时，实行“公司+基地+养殖户”的发展带动战略，由公司提供统一服务，通过签订网箱租赁协议，引导传统浅海网箱养殖户租用基地网箱生产，拓宽发展空间，逐步实现海水养殖由“浅”向“深”的转变。

【财税】 2017年，财政总收入55.02亿元，增长13.9%；一般公共财政收入7.68亿元，下降2.3%；国税收入12.1亿元，同比下降1.0%；地税收入3.61亿元，同比增长5.8%。本级财政支出45.25亿元，增长5.9%。

【金融】 2017年，全县金融机构本外币存款余额244.36亿元，比年初增长5.4%，其中城乡居民储蓄存款余额177.74亿元，比年初增长5.8%；金融机构本外币贷款余额77.61亿元，比年初增长17.1%。全县金融运行态势平稳。

【内外经贸】 2017年，全县外贸进出口总额9.03亿美元，增长19.1%；其中，外贸进口总额3.24亿美元，增长42%；外贸出口总额5.79亿美元，增长9.2%，完成年度计划的104%。全县进出口值、出口总值、进口总值等指标增幅均名列全市首位。全县认真落实《饶平县促进外贸稳定增长和转型升级的实施意见》，积极引导生产型企业申报自营进出口权，新增进出口备案企业12家，累计备案企业210家，外贸出口质量效益不断提升；做好重大项目培育和工业企业上规入库，新增规模以上企业14家，新增5 000万元以上投资项目17个，其中新增亿元以上重大项目入库14个。15家企业确定为潮州市中小微企业贷款风险补偿基金入库企业，全县入库企业达到41家。制订了《饶平县“四梁八柱”民营企业培育认定工作方案》，确定无穷食品有限公司等9家企业为饶平县2017年“四梁八柱”民营企业。清理整治非法加油站点255个，没收加油机36台。全县363个行政村已全部完成勘察任务。全县新增光纤覆盖用户6.59万户，完成年度计划的101.5%。联饶镇被认定为广东省技术创新专业镇。

【旅游业】 2017年，旅游产业加快发展，全县接待海内外游客197.3万人（次），实现旅游收入4.34亿元，分别增长10%和11.7%。举办“茂芝会议”90周年学术研讨会活动，“茂芝会议”历史地位和饶平在外知名度提升。积极探索发展农庄经济试点工作，做好新塘镇食来运转庄园、新丰镇吉骏山庄、上饶镇永善村等旅游项目。优化一天游、两天游2条红色旅游线路，编辑红色旅游线路导游解说词，制定印发《饶平之旅》《红色饶平·西片古驿道》和《旅游安全小常识》等旅游宣传手册。深入推进厕所革命，2017年度旅游厕所建设完成率为100%并通过专家验收。大力挖掘红色旅游资源，上饶镇上善村、东山镇湖岭村、新圩镇长彬村获评全省红色村，“茂芝会议”旧址全德学校被评为省“国防教育示范基地”和“干部党性教育基地”。青岚地质公园获得第八批国家地质公园资格，成为粤东首个国家级地质公园。

城乡建设

【城镇建设】 2017年，县城规划建设管理水平持续提升。高标准完成新一版《饶平县城总体规划（2012年—2030年）》的最后一次修改及规划成果（文本和图纸）的印刷。规划成果上报市人民政府审批。县城控规编制范围：全县县城规划区面积9 010.83公顷。控规编制进展情况：县城已完成商贸物流园、四局及周边片区、县城城西新城片区、县城城北片区和黄冈大道西段北侧片区等5个片区的控规编制，完成控规编制面积1 557.04公顷，占控规编制任务的43%；经公开采购招标，县城环城北路片区、旧城综合片区、黄冈大道西段南侧片区、河南行政中心片区、黄冈大道东段南侧片区及县城东片区等6个片区，抓紧编制控规。

抓好规划的执法管理，提高规划执行力 按照建设项目规划审批制度，进行审查核发规划许可证，共核发规划许可证185宗，建筑面积约67.55万平方米。加强县城规划区内的建设管理力度，共发现并制止违章搭建58宗，1.14万平方米，组织强制拆除5宗，面积1 150.4平方米。严肃查处“两违”行为，存量违法建设共3宗，违法建筑面积3.32万平方米，已查处办结。抓好2016年度（第二期）城乡规划遥感疑似违法图斑查处工作，全县2016年度（第二期）遥感疑拟违法图斑7宗。

强抓工程质量安全，保障生产安全 全年共组织开展安全生产督查活动6次，检查在建工程项目50宗，共出动检查人员69人次，发现安全隐患264点处，发出整改通知54份，责令暂停施工1份。组织9次燃气安全大检查，共查出隐患225宗，隐患全面落实了整改。

【农村建设】

村庄规划编制工作 2017年，全县共395个行政村（社区），需编制村庄规划的行政村共246个。根据市、县的工作部署，制定了《推进村庄规划编制工作实施方案》；到12月，除17个行政村完成规划编制并经批准外，还有未完成村庄规划编制的行政村共230个，涉及18个镇。

农村“拆四旧” 根据市、县“百团大战”的工作部署和《潮州市开展农村“拆四旧”工作实施方案》工作要求，全年全县入户排查7.87万户，确认危旧1.85万间（其中危旧房屋9 605间，废旧柴房1 850间，危旧圈舍3 621间，废旧厕所3 424间），已拆除1.26万间，修缮1 722间，签订责任书4 359间，投入资金4 377.91万元。

开展农村保洁专项行动 根据《潮州市巩固提升农村整洁水平行动实施方案》工作要求，制订了《饶平县巩固提升农村整洁水平行动实施方案》，选择50%的示范镇为试点单位，行政村分类减量比例要达到100%。并安排一定资金作为专项保障经费，未列入试点的11个镇要按照不低于50%的比例选择村(居)为试点单位，以点带面促进生活垃圾分类减量和资源化循环利用，推动生活垃圾分类减量试点工作。

集中力量打响“茂芝会议”90周年学术研讨会活动沿线环境综合整治攻坚仗 全线64千米，出动人员1.97万人（次），机械、车辆655台（次），清理垃圾178吨，拆除违搭筑物2.81万平方米，新建804盏太阳能LED灯，扎竹艺篱笆1.24万米，设立社会主义核心价值观和十九大精神宣传牌61块。建设红色文化创意墙29块。共有24个支路口实施水泥硬底化。全线实施美楣店铺共4 790间。全面提升沿线村庄“美化、绿化、亮化”水平。

【重点项目建设】 2017年，全县共有17个项目列为市重点项目，全年累计完成投资14.21亿元，占年度计划总投资的94%。县确定重点建设项目48个，涵盖了县道X083下军线延长线（饶平火车站疏站北路）改建工程、省道S222坑海线黄冈镇圩段和三百门大桥至海山段改建工程、厦深铁路饶平站站前广场、县道X084线拥军路口至海龙酒家路段路面中修工程、县道080线（西渔线）及支线路面改造工程、引韩济饶供水工程、饶平县凤岭香生态茶叶基地建设项目、饶平县益智学校易址新建项目、饶平县宝斗石生活垃圾填埋场升级改造及综合处理资源化利用工程PPP项目等全县重点基础设施建设项目，全年计划总投资达22.47亿元，累计完成投资20.47亿元，完成年度投资计划91.1%。

【交通】 2017年，全县交通基础设施建设投入19.21亿元，其中地方交通基础设施建设投入约1亿元，高速公路建设投入约18.21亿元。饶平站开通直达广州动车，宁莞高速建成通车，大潮高速饶平段创造征地拆迁“大潮速度”，火车站站前广场、疏站北路、县道084线汕汾高速钱东出入口至樟溪段、省道222线黄冈至海山段等项目加快推进，立体化交通网络逐步显现。

【水利】 2017年，全县水利建设投入资金3.55亿元，完成工程量：土方112.5万立方米，石方8.4万立方米，砼5.25万立方米，加固江海堤围21.2千米，整治排灌渠系123.2千米，改善灌溉面积1.03万亩，清理河段和沟渠486千米，清理塘库285宗。引韩济饶供水工程建设加速推进，黄冈河中游治理、海堤加固达标二期等重点水利工程建设取得新进展，村村通自来水工程建设全面完成。钱东新建水厂、县城第二水厂取水口上移工程、县城广场东路下段（凤洲中学路口至国道324线）排涝排污灌渠综合治理工程等民生工程全力推进。

【电力】 2017年，饶平供电局累计购电量12.75亿千瓦时，同比增长9.7%；累计售电量11.93亿千瓦时，同比增长10.3%。综合线损率为6.5%，同比下降0.5个百分点。当年电费回收率100%，超过市局下达的指标满分值；累计回收旧欠电费32.67万元，旧欠回收率14.3%。利润总额2 387万元，继2016年实现扭亏为盈之后增长172%。主营业务收入6.99亿元，同比增长6.8%。完成固定资产投资11 812万元，完成率112.5%。综合电压合格率99.3%，同比下降0.63个百分点。全县电力安全生产态势持续稳定，无发生四级及以上事故事件，累计安全生产天数为2 192天。

【城市管理】 2017年，全县制订了《建立城乡乱搭乱摆乱堆现象长效管理机制实施方案》，县城管办多次联合县住建局、县工商局、县物业局等部门对县城区内乱摆乱卖、乱堆乱放、乱吊乱挂、乱张乱贴、乱搭乱建、乱设置广告牌等“六乱”现象进行专项清理整治。全县共清理乱搭乱摆乱堆1.10万宗，其中：拆除乱搭2 268宗；清理乱摆5 401宗；清理乱堆3 295宗。

【环境保护】

环保工程项目减排工作 2017年，先后建设了三饶、新丰等15个镇级人工湿地污水处理系统，以及钱东沈厝村、饶洋大楼村及上饶许坑村6个村级小型生活污水处理系统。

开展各类环保专项整治行动，严厉查处环保违法行为 全县开展了胶合板专项整治、废弃危险化学品环境安全专项检查督查、陶瓷废物污染综合整治、城市风险点和危险源排查专项整治、涉重金属行业企业专项整治、环境违法违规建设项目清理整改、今冬明春大气污染防治等行动；中共出动环境执法人员1 583人（次），检查企业527家（次），发出《责令改正环境违法行为决定书》16份、《监察通知书》48份，作出行政处罚17家，共处罚款人民币152.06万元，查封违法设立企业和作坊10家，依法移送公安机关4宗。

依法行使环保职能 提高环保审批和验收门槛，严格执行环境影响评价制度。全年共审核建设项目环评报告33家，网上登记表备案建设项目84宗。严格执行排污许可证制度。核发《广东省排放污染物许可证》新证25家，换证68家。依法征收排污费，促进治污减排。依法对210家企业征收排污费共79.88万元。

【国土矿产】

加快重点项目用地报批和征收 2017年，

全县正在实施征地的项目共24宗，已确定征地范围的项目涉及总面积859.93公顷。其中，港区项目1宗，怡华石化项目（10.4公顷）；凤泉湖高新区二期项目（58.0公顷）；储备项目共5宗，涉及面积209.42公顷。交通用地项目6个，已确定面积489.60公顷。

加强土地执法监察与巡查力度　认真开展2016年度土地矿产卫片执法检查工作。2016年度国土资源部下发给饶平县的遥感监测图斑共有691个，总监测总面积181.8公顷，其中耕地37.43公顷，其中涉及违法用地264宗，实测面积23.99公顷，其中耕地8.33公顷。严惩在卫片执法工作中发现的违法用地，依法进行立案65宗，挂牌督办2宗。2016年度卫片执法工作已顺利通过上级的检查验收。认真开展饶平县违法用地和违法建设专项整治工作。共清查发现违法用地违法建设539宗，总面积133.71公顷。共完成清理整治256宗，面积32.12公顷；完成复绿91宗，面积24.83公顷。加大土地执法动态巡查力度。全年全县巡查上线率达到62.6%，上线1.82万小时，巡查距离20.10万千米，上报违法事件82件。

加强地质灾害防治和矿产资源管理　推进落实2016年度共13个地质灾害隐患点的搬迁治理工作；制定2017年度共11个地质灾害隐患点搬迁治理及应急处置方案。印发《饶平县2017年地质灾害隐患点排查与整治专项工作方案》，部署各地对全县137个地质灾害隐患点开展全面排查，排查中对有异常的隐患点及时建议镇政府加强监测巡查，做好防范工作。

抓好不动产登记与土地交易市场监督管理工作　全年全县累计发放不动产权证书500本，不动产证明书3 500本，报文数据接入总量为6 016条。涉及到的主要业务有：新开发居民住宅小区的预告登记、预告抵押登记、土地及房屋权源合法的商品房交易、抵押登记、遗失补办发证等。

开展农村地籍调查工作　根据要求，2017年全县要基本完成全县395个村（居）的农村地籍外业调查核实工作。截至12月15日，已完成地籍调查外业工作任务的99%。

继续推进“三旧”改造报批工作　全年累计经审批的“三旧”改造项目341宗，总面积234.24公顷。

垦造水田工作　新圩镇长彬村共有733亩果园和旱地垦造为水田的项目、新圩镇南洋村、冯田村和浮山镇军埔村等共有82.87公顷耕地提质改造项目通过省专家组评审并完成立项，全县垦造水田工作走在全省前列。

【房地产】　2017年，全县完成房地产投资8.22亿元，施工面积54.8万平方米，销售面积22.87万平方米。其中康德广场总用地面积45 492.53平方米，项目总投资约13亿元。2016年2月15日开工，已累计投入资金7.5亿元，地下室二层已基本完成，地面已建4—10层，完成40%工程量；盛发山庄总用地面积65 026.34平方米，总投资约6亿元。2017年累计完成投资4 200万元；新港家园总建筑面积142 307平方米；总投资4.8亿元，已投入4.7亿元，完成总工程量的98%以上。配套水电、消防设施已完成，园林景观绿化基本配套完成，项目准备规划条件核实和竣工验收。

法　　治

【公安】　2017年，全县共立刑事案件801宗，破案353宗，破案率为44.1%，同比分别下降3.8%、上升12.4%和6.3%；查处治安案件978起，同比下降15.5%；抓获各类违法犯罪人员1 294名，其中刑事拘留358名，逮捕264名，强戒吸毒人员124名；打掉各类犯罪团伙23个84名，抓获在逃人员160名。

全县公安机关共排查上报不稳定因素苗头3条，预警率100%　全县没有发生影响社会稳定的群体性事件。先后布控涉稳重点人员40余

名，核查稳控善心汇、华夏传承、汝康酒业、军退进京维权等相关人员12批（次）1 000余人，成功劝阻全县涉军人员刘俊胜、黄俊武、张和顺，善心汇重点人员张创明等人参与外地同类人员串联进京上访。共列管重点人员5 205名，共处置各类预警信息2 802余条，其中红色预警50条，涉及37人，抓获13人。强化措施，努力查办涉法涉诉案件。共受理信访件27宗，办结19宗，办结率70.4%，另按期办结化解重点信访积案5件。

开展饶平县打击涉枪涉黑恶涉毒涉毒涉假涉电信诈骗专项大整治　行动开展以来，全局共破获各类刑事案件43宗，其中涉枪案件2宗、涉黑恶案件9宗、涉假案件6宗、涉盗抢案件3宗、涉赌案件1宗、其他案件22宗）；抓获各类犯罪嫌疑人63名，其中现案人员26员、在逃人员37名（其中涉枪人员1名、涉黑恶人员10名、涉电诈人员8名、涉盗窃人员4名、涉假人员5名，其他9名）；查处治安案件94起170名，其中涉赌27起112名、涉黄2起9名、涉毒28起33名（强戒17名）。

【检察】　2017年，共受理移送审查逮捕案件245件312人，同比上升23.7%和11.4%，经审查，批准（决定）逮捕224件284人，同比上升30.2%和16.9%；不予批准逮捕25人，同比下降28.6%。受理移送审查起诉案件311件390人，同比上升27.5%和14%，经审查，向县人民法院提起公诉275件357人，同比上升30.3%和30.7%；决定不起诉3人。结合饶平实际开展预防宣传、警示教育，营造风清气正的政治生态环境。全年开展开展预防咨询4场（次），警示教育52场（次），受教育人数达到7 078人（次），发放宣传材料、法律书籍共3 500多份。印制宣传海报在全县200多所中小学校园进行展览；开展法治进校园宣传活动17场（次），受教育学生近2万人。开展刑事诉讼监督工作。实现全县38个成员单位全覆盖，平台录入案件168件。立案监督工作方面，共办理立案监督案件4件4人。全年向侦查机关发出《逮捕案件继续侦查取证意见书》184份，发出《纠正违法通知书》2份，《检察建议书》8份。加强刑事审判监督。继续推广量刑建议适用，提出量刑建议209份，已判决案件采纳的比率达到100%。持续加强刑事执行检察工作。做好日常派驻和安全防范检察，组织和参与看守所监仓安全检查8次，发出《纠正违法通知书》1份。常态化抓好减刑、假释及暂予监外执行的检察监督。对全县社区矫正工作进行巡回检察，针对两个基层司法所存在漏管的问题，及时向县司法局发出《检察建议书》2份，纠正漏管2人。办理羁押必要性审查15件15人，比上年办结案件增加6件6人，维护犯罪嫌疑人的合法权益。开拓民行检察法律监督新局面。全年共办理公益诉讼诉前监督案件2件，提出检察建议2件；办理执行监督案件1件，促成和解1件。控申接待室被授予全国检察机关“文明接待示范窗口”称号。

【法院】　2017年，饶平法院共受理各类案件1 742件，其中新收1 577件，结案1 582件，同比分别下降3.2%，4.8%和3.2%。坚决惩治刑事犯罪，着力维护社会稳定。共受理各类刑事案件307件，审结266件，判处罪犯336人。妥善化解民商事纠纷，着力优化发展环境。共受理各类民商事案件1 042件，审结961件，结案标的12 779.73万元，同比分别增长4.6%、5.1%和17.6%。强化执行关键举措，着力保障民生权益。共受理执行案件385件，执结347件，同比分别下降26.9%和28.5%，执行标的到位率、实际执行率分别为148.1%和22.8%，同比上升113.9%和6.1%。加大司法救助力度，依法对合法权益受到侵害但经济确有困难的当事人实行司法救助10万元，为15件案件当事人缓减免交诉讼费，缓减免金额46.9万元。为16名符合法律援助条件的刑事被告人指定律师出庭辩护，加强人权司法保障。加强信访风险评估，主动应对，释法答疑，引导信访当事人理性申诉、依法维权，共接待来访129人（次），处理来信44件。完善审判管理机制，实现法官对案件质量终身负责，强化错案责任追究。落实院庭领导带头办案制度，院庭长主动带头承办疑难、复杂、新类型案件，院庭长直接参加审理案件999件，同比上升81.3%。健全审判管理监督机制。持续推进繁简分流，实现简案快审、繁案精审，全年适用简易程序审理民事案件占一审民事案件的56.1%。加强审判流程管理，严格审限管理，审限内结案率98.9%。完善审判委员会工作机制，强化审判指导职能。建立专业法官会议制度，为合议庭正确理解和适用法律提供咨询意见，召开专业法官会议2次。开展案件质量评查，提高办案质效，评查案件60宗，优秀、良好率85%；裁判文书60份，优秀、良好率88.3%。案件结案率（90.8%）、裁判文书上网率（96.6%）、上诉率（10%）等各项案件质效指标，均居于全市法院前列。

【司法】 2017年，全县共组织干部参加各类法制专题培训学习90场（次），参加人数达5 500人（次）。组织全县1.3万多人（次）干部职工参加学法考试；全县驻村律师共接受法律咨询4 398次，出具法律专业意见106次，调解纠纷24宗，受理法律援助案件22件，举办法制讲座1 238场（次）；全县共调处调解案件2 505宗，成功2 496宗，调解成功率99.65%。排查纠纷629宗，预防纠纷271宗；加强社区矫正规范化管理，全县现有在管矫正人员450人，其中管制5人，缓刑409人，假释30人，暂予监外执行6人。大力推进法律援助，全年县法援处共接待当事人386人（次），承办法律援助案件60件。继续规范和拓展公证法律服务，县公证处全年办理公证案件552件，其中国内公证364件，涉外公证188件。

社会事业

【民政事务】 2017年，全县城乡低保标准提高到城镇每人月580元，农村每人月400元。2017年城乡低保补差水平提高到城镇每人月补差457元,比2016年增加39元,提高9.33%;农村每人月补差206元，比2016年增加16元，提高8.42%。特困供养人员供养标准提高到城镇分散供养对象每人月928元，农村分散供养对象每人月640元，集中供养对象每人月1 220元。

城乡低保救助　全年全县纳入城乡最低生活保障对象1.26万户2.72万人，其中城镇对象2 276户3 921人，农村对象1.03万户2.33万人，全年共下拨低保金7 600.81万元。

城乡医疗救助　全县有14家医疗机构开展“一站式”结算服务，全年共实施城乡困难户住院医疗救助（特殊医疗）2 205人次，拨出医疗救助金1 192.11万元。

临时救助制度　全年共落实临时救助特殊困难群众1 251户，发放救助资金261.02万元。同时，对全县常住人口81.5万人办理自然灾害、见义勇为和儿童意外溺水身亡民生综合责任保险，投保资金89.65万元。

儿童福利制度建设　全年全县列入发放补助孤儿121人，共发放供养资金159.87万元；全县列入发放补助事实无人抚养儿童384人，共发放保障资金230.4万元；落实自身困境（重病、重残）保障。自身困境（重病、重残）儿童基本生活保障金自2017年1月起开始发放。列入发放补助自身困境儿童558人，共发放保障资金67.52万元。

残疾人二项补贴　发放全县符合困难残疾人生活补贴6 513人,资金1 174万元;发放重度残疾人1—12月份护理补贴10 317人，资金2 481万元；合计发放残疾人两项补贴资金3 655万元。

按期完成村级换届选举工作　6月下旬，全县395个村（社区）换届选举工作全面完成。

初步完成第二次全国地名普查工作　根据《第二次全国地名普查工作规程》中所列的地名普查内容分类,已采集11大类、588小类,共10 016条地名信息。拍摄各类地名照片2.00万余张，采集地名标志信息46条。

开展全县民政服务机构普查和安全隐患排查整治专项行动　全年民政服务机构无发生消防安全事故。

加强救灾应急物资储备 加强救灾应急物资的发放储备和管理工作，增加储备物资各类和数量，提高防灾减灾能力。推进灾后重建工作。2017年度全县因灾“全倒户”已有2户完成重建工作，其余6户建设中。

落实优抚安置政策 全年全县共有优抚对象8 050名，共发放各项优抚金4 499.98万元、“八一”建军节慰问金105.99万元，退役士兵安置率100%。

提高殡葬管理服务水平 全年全县完成遗体火化5 760具，完成年预测任务104%，火化率100%。便民惠民政策措施全部到位。全年共免除城乡居民基本殡葬服务费用521.16万元。

流浪乞讨人员救助管理 全年共救助流浪乞讨人员、精神障碍患者等各类受助人员626人，发放救助资金14万多元。

婚姻登记规范化服务 全年共办理结婚登记6 427对，补领登记601对，离婚登记1 035对，接待办事群众近2万人（次），工作日均接待办事群众近80人（次）。

积极发展慈善事业 全年县慈善总会共接受善款1 416.17万元，其中“6·30”扶贫济困日接收善款225.42万元（定向善款110.5万元；非定向善款114.92万元）。

推进社会组织管理和社会工作服务 全年全县共登记社会组织16个（其中社会团体13、民办非企业单位3个）。全县共有社会组织281个，其中社会团体239个（其中志愿者协会3个），民办非企业登记42个。

【人力资源】 2017年，全县城镇新增就业岗位5 413个，市下达全年任务5 000个，已完成108%；城镇失业人员再就业1 406人，市下达全年任务1 380人，已完成102%；组织劳动力技能晋升培训1 338人，农村劳动力转移就业1 623人；城镇登记失业率2.83%（市下达城镇登记失业率控制在3.5%以内）

各项就业优惠政策推进 全年就业创业各项补贴支出总额1 162万元，帮助高校毕业生、下岗失业人员、城镇“零就业家庭”、农村贫困家庭等群体实现就业再就业。其中：落实用人单位申请社保补贴899人（次）、共295.19万元；用人单位申请岗位补贴899人次、共598.46万元；就业困难人员灵活就业后申请社保补贴3 592人，共598.46万元；一次性创业资助2人，共1万元，租金补贴1人，共0.4万元；在普惠金融中支出创业小额担保贷款贴息80.06万元。

做好各项人事人才工作 组织2017年广东省公务员考试全县招考职位的考生资格审查，市级批准录用115人，已派到各录用单位报到；顺利完成2017年饶平县部分事业单位公开招聘140名工作人员的报名及笔试工作；做好专业技术人员工作。推动潮州市三元陶瓷（集团）有限公司和广东无穷食品有限公司的博士后创新实践基地和博士后科研工作站人员进站。

【社会保障】

社会保障事业稳步发展 2017年，全县社会保险征缴总额4.55亿元，完成年任务83.3%；企业职工养老保险征缴额3.31亿元，完成年任务82.4%；企业养老保险累计缴费人次32.02万人（次），完成年任务77.9%；城乡居民养老保险实际缴费人数11.26万，完成年任务88.0%；全面实施全民参保登记工作。9月底已完成省、市下达需调查核实登记的对象19 814人，并将目标人群登记入库工作；积极开展机关事业单位养老保险制度改革。登记入库184人，征缴收入32万元；落实被征地农民养老保障资金分配。全年全省已批复项目用地被征地农民养老保障资金1 923.3万元分配到相关镇，并要求各镇认真组织实施，落实被征地农民养老保障社保资金分配各项工作。

和谐劳动关系建设 开展日常劳动监察和仲裁工作。将专项检查与日常举报投诉较为集中的企业监管结合起来，开展了“解决拖欠农民工工资问题”等专项行动5次。主动监察用人单位462家，涉及劳动者人数2.55万人；及时做好隐患排查和劳资纠纷调处工作，劳动监察仲裁部门调处劳资纠纷案件27宗，结案27宗，金额259.63万元；调处信访件6宗，接受群众咨询211批（次）。特别是在金砖会议及十九大期间，全县没有出现因调处不妥而越级上

访案件。

就业、技能、社保扶贫工作　全年全县举办4场精准扶贫专场招聘会，为贫困人员提供就业岗位7 900多个，达成就业意向541人；制作了《饶平县精准扶贫创业就业宣传册》，筛选出适合扶贫对象就地、就近上岗的企业142家，提供工作岗位4 500多个；在省定35个贫困村配备“精准扶贫村村通远程见工视频”设备，全面实现村村通远程见工，村民足不出户便能找到工作。通过“精准扶贫村村通就业信息网”，已对12个镇31个重点贫困村的600户贫困家庭进村入户送岗位1 182人；有技能提升培训意愿的贫困劳动力人员共179人；全年全县贫困人员总数为2.54万人，已参加2017年医保共2.54万人；贫困人员60岁以上（含60周岁）全县共7 999人，已领按月领取待遇共7 955人；16至59周岁符合参加城乡居保条件无劳动能力贫困人员6 652人，已缴纳2017年城乡居保费4 922人，有劳动能力贫困人员5 218人，已缴纳2017年城居保费2 254人。

【人口计生】

计生工作水平提高　2017年，全县常住人口共出生8 703人，出生率10.23‰；自然增长率5.19‰，政策生育率98.64%。全年共对违反计生政策的实行否决9名，其中否决干部晋升2名，否决人大代表资格5人、否决评优2人。坚持把人口计生经费纳入财政预算。2017年度实际计生财政投入经费3 599.69万元，人均投入41.24元。全面两孩政策实施扎实推进。加大政策培训和宣传教育力度。规范社会抚养费征收管理，上缴县财政社会抚养费共1 998万元。建立健全胎儿性别鉴定、终止妊娠手术、终止妊娠药品和B超检查、孕情检测等管理制度。积极开展整治“两非”专项行动。全年共查处“两非”案件1宗，全县出生人口性别比全县出生人口性别比为108.91。

妇幼健康水平提升　县出生缺陷综合干预中心规范建设通过市级验收，于3月正式投入使用，全县累计完成出生缺陷筛查6 181例。加强新生儿听力筛查医技培训，全县新生儿听力筛查2 139例，筛查率54%；预防艾滋病、梅毒、乙肝母婴传播免费服务项目实现人群全覆盖。农村妇女“两癌”免费筛查覆盖面不断扩大。免费孕前优生健康检查扎实推进，全年共为6 231对育龄对象提供免费孕前优生健康检查，目标人群覆盖率达到91.6%。地贫初筛筛查率100%，其中查出地贫初筛20对。

计生惠民利民政策落实　2017年度，全县应发奖励扶助金1 668.5万元。2017年符合农村中考加分人数126人；对400户特别扶助对象（独生子女伤残、失独家庭），手术并发症计生困难户进行了慰问，其中对25户失独困难家庭每户送上2 000元慰问金。对全县64户104名特别扶助对象落实一扶双岗联系制度，全部落实家庭医生签约服务。

【医疗卫生】

公立医院综合改革　2017年，全县所有公立医院都实现了全面取消药品加成。县域内住院量比上年同期都有增加。国家基本药物制度巩固完善。全县21个镇卫生院全部配备并使用国家基本药物和广东省补充目录药品，执行药品零差率销售和药品网上限价竞价“阳光采购”政策，实行药品零差率销售，进一步缓解“看病贵”问题。

公共卫生服务质量提高　共投入公共卫生服务资金4 355万元。全县居民健康档案建档率达到99.4%、各类免疫规划疫苗接种率都达到99%以上、住院分娩率达到99.6%、孕妇早孕建册率94.8%，孕妇健康管理率94.6%，儿童保健管理率94%，65岁以上老年人健康管理率76.4%，高血压病患者健康管理率80.6%，2型糖尿病患者健康管理率78.7%，重性精神病患者健康管理率74.4%；肺结核患者管理率100%，举办健康知识讲座268场（次）、咨询108场（次），发放健康教育宣传资料36.2万份。

疾病防控能力加强　全年全县报告法定传染病共17种2 921例，死亡3例（艾滋病）。无甲类传染病报告；乙类传染病报告11种1 834例，其中登革热1例、人感染H7N9禽流感1例；丙类传染病报告6种1 087例；另新增HIV感染者10例，死亡4例。各类传染病发病率均控制在上级规定的指标内。

医疗服务能力提高　积极推进县第二人民医院、县院前急救医疗（指挥）中心、县中医院门诊大楼等项目建设，不断增强医疗服务能力。推进基层卫生院标准化建设。重点抓好新塘、浮滨、东山、新圩、联饶、钱东、高堂等7个卫生院标准化建设。推进村卫生站规范化建设。全年80所村站均基本完成建设任务、相关配套的采购工作，部分镇在完善各级验收后的补充工作。根据2016年度考核结果，全县符合"一村一站"补贴发放要求的村卫生站共有334个，共发放补助331.09万元。对2016年度符合领取已离岗赤脚医生和接生员生活困难补助共有924人，其中有29名补助人员已故，发放补助资金为938.16万元。推进分级诊疗建设。全县22家卫生院已全部开展家庭医生签约服务工作，已组建家庭医生团队156支，常住人口签约数为59.97万人，家庭医生签约服务覆盖率为68.9%；全县重点人群签约数16.62万人，全县重点人群签约率为58.4%。

医疗卫生监管　全年共出动卫生监督员887人（次），对公共场所经营单位实施巡回监督检查68间（次）、生活饮用水供水单位56间（次）、学校实施巡回监督检查240间（次）；发出卫生监督意见书163份，对全县215家医疗卫生机构进行了依法执业专项监督检查；深入开展打击非法行医专项行动，共查处非法行医案件11宗，处罚11宗，罚款金额2.64万元全部上缴国库。

中医药强县取得新成效　县基层卫生院能够提供中医药服务的有22家，占100%；全县中医类别医师298名；全县共有村卫生室591个，其中能提供中医药服务的495个。

【科教文体】

推进《饶平县加快高新技术企业培育认定三年行动计划（2016—2018年）》，7家企业通过高新技术企业认定　2017年，强化企业创新主体地位，引导鼓励企业加大科技投入，全县投入技术改造资金12.69亿元，增长40.48%；新增省级工程中心1家、市级4家；新认定省民营企业创新产业化示范基地1家，累计培育省民营企业创新产业化示范基地5个，省中小企业公共技术服务示范平台2个；新申请专利1 533项，获授权专利1 029项。

电商服务体系和物流体系更加完善　电子商务进农村综合示范项目通过国家商务部考评验收，阿里巴巴、苏宁易购、京东、乡城品等电商平台落地发展，全年电子商务交易额4.53亿元，增长55.7%，获评"2017年广东大众电商创业十佳县"。

联饶镇被认定为广东省技术创新专业镇　所城镇大城所入围"第四批列入中国传统村落名录"；钱东镇"潮商文化小镇"项目纳入省特色小镇创建工作示范点；饶洋镇蓝屋村入选"第二批中国少数民族特色村寨"名单，成为粤东地区唯一获此称号的少数民族村寨。

以创建"广东省推进教育现代化先进县"为动力，加大教育投入　加快县师范附小新教学楼、县中心幼儿园新园、县益智学校新址等学校基础设施建设，复办饶平二中初中部，启动暨南大学附属潮州实验学校、饶平县中山实验学校等项目前期工作，促进教育均衡发展。积极推进县第二人民医院、县院前急救医疗（指挥）中心、县中医院门诊大楼、乡镇卫生院标准化、村卫生站公建规范化等项目建设，不断增强医疗服务能力。推进文化馆总分馆试点建设及"三馆一站"升级达标建设工作，完成16个村（社区）服务点示范点建设，提升公共文化水平。低保、社保、医保等社会保障力度加大，城镇新增就业岗位5 413个，城镇登记失业率2.8%。保障性住房建设步伐加快，完成农村危房改造1 181户，人委新村公租房竣工并完成入住资格审查和房源抽签。参加市第16届运动会，取得成年组、少年组团体总分和金牌数第一名的优秀成绩。举办2017年南粤古驿道潮州饶平站定向大赛。

【民族宗教】　2017年，争取上级资金支持，开展饶洋镇蓝屋村少数民族特色村寨保护各项工作，促进畲族村经济社会发展、民族团结进步。认真贯彻落实省民族学生优惠及助学政策，全县受资助大学生5人，助学金5万元。认真贯彻落实民族宗教政策，着力抓好民族宗教工作，实现民族宗教领域和谐稳定良好局面。举办爱国宗教人士培训活动，提高宗教人士法律意识和依法办事能力。发扬宗教界服务社会的优良传统，广泛发动信教群众献爱心，参与“广东扶贫济困日”“宗教慈善周”“扶贫布施”“助学赠医”和“公益建设”等社会公益活动，捐款捐物折合100多万元。

【侨务外事】 2017年，全县组织了多批次的出访迎访活动；接待香港潮安同乡会（30人）、新加坡醉花林俱乐部（120人）、泰国潮安同乡会（112人）等涉外团组，和泰国潮州会馆主席黄迨光、泰国饶平同乡会理事长徐光辉等重要侨领，积极优化对外交往布局，全力拓展海外友好空间，为全县继续深化对外开放和国际交往打下良好基础。加强涉外管理。按照《广东省外国人管理服务暂行规定》，进一步规范外国人管理工作；完善突发性涉外事件应急处置工作机制，强化了部门间协同管理，及时妥善处理2起涉外事件。按照“管控有序、服从大局”原则，规范办理邀请外国人来华1人次。2017年，全县共发放扶持贫困归侨专项资金12.3万元，保障和改善了归侨侨眷民生。发挥侨乡优势。全县共接受海外及港澳同胞捐赠3宗38.4万元。

（饶平县府办）

附：2017年潮州市饶平县领导成员名单

县委书记：张传胜（—5月） 林文锋（5月—）
副 书 记：林文锋（—5月） 陈跃庆（5月—）
黄汉成
常 委：余家惜、郑臣强
曾俊喜（—12月）
卢志忠 麦安之 张华祯
罗希京（2月—） 张若群（3月—）
人大常委会主任：童益民
副 主 任：黄俊辉 黄扬名 余德顺
林树光 张彩凤(女) 李福南
代理县长：陈跃庆（—9月）
县 长：陈跃庆（9月—）
常务副县长：雷伟平（—2月）
张若群（4月—）
副 县 长：黄宝弟 陈梓法 林建斌
詹琼英 黄立慧
政协主席：詹松辉
副 主 席：邱广福 杨永才 林坚兰
余志伟 朱礼敬
庄少伟（—8月）
杨少玲（—1月）
纪委书记：卢志忠
副 书 记：余坤孟、林龙忠

附：2017年饶平县各镇（场）简况一览表

名 称	村（居委）（个）	人口（人）户籍	总面积（平方千米）	规上工业总产值（万元）	党委书记	镇（场）长
上饶镇	24	66 015	99.46	8 244	邱文图	刘 誉
饶洋镇	26	71 826	87.7	31 210	张永饶	张振发
建饶镇	15	17 654	72.45		詹纯良	詹镇高
新丰镇	17	71 968	117.38	205 569	廖利兴	游文明
三饶镇	16	58 166	84.25	157 440	黄序谋	徐昭明
新塘镇	14	23 088	79.95	2 881	刘敬光	邱武昌
汤溪镇	13	12 219	80.83		陈镇杰	吴少东

续上表

名　称	村（居委）（个）	人口（人）户籍	总面积（平方千米）	规上工业总产值（万元）	党委书记	镇（场）长
浮滨镇	32	26 945	159.02	13 501	陈小令	黄启生
浮山镇	19	34 276	69.72	37 293	詹惠君	
东山镇	10	23 534	74.46		黄锡荣	林坚彬
新圩镇	30	37 838	93.28		刘壮辉	郑壮森
樟溪镇	20	20 023	108.17	23 075	陈创阳	郑跃辉
钱东镇	28	98 161	122.66	334 086	吴喜照	余敬明
高堂镇	12	25 179	25.42	7 600	黄振雄	张东雄
联饶镇	24	39 713	82.1	39 776		李焕顺
海山镇	17	82 195	51.17		吴华昊	林少鸿
汫洲镇	13	64 107	34.51	63 341	陈继雄	吴少免
所城镇	12	45 303	52	274 445	陈绍辉	杨振杰
大埕镇	7	35 056	31.95		郑朝阳	杨振歆
柘林镇	7	17 787	11.98	665 160	陈礼群	郑尾林
黄冈镇	36	198 811	88.6	604 438	麦安之	张志彬
上饶镇	24	66 015	99.46	8 244	邱文图	刘　誉

湘桥区

2017年大事记

1月1日起，湘桥区铁铺镇人财物整体委托凤泉湖高新区党工委、管委会管理。

1月5日，湘桥区全面铺开第三次全国农业普查现场登记工作。

1月20日，中共湘桥区委召开六届三次全会。

同日，湘桥区召开2017年“文明镇街、文明村居”创建工作会议。

1月24日，湘桥区纪委召开推进派驻机构全覆盖改革会议，并为6家派驻机构授牌。

2月10日，湘桥区召开深化供给侧结构性改革暨推进新型城镇化建设动员大会。

2月18日，由会长蓝国浩带领的香港潮安同乡会访问团到湘桥区考察访问。

2月23日，湘桥区召开“六五”普法总结暨“七五”普法动员会议。

3月20日，广东省精神文明建设委员会办公室公布《关于表彰2016年第四季度、2017年第一季度“广东好人”的通报》，湘桥区意溪镇上津村村民梁心荣获2017年第一季度“诚实守信好人”称号。

3月23日，湘桥区共登记上传5.54万户农户、223户规模户、142个农业经营单位的数据，分别完成全区工作的100.8%、161.6%和101.4%，完成了“三农普”现场入户登记阶段的工作任务。

3月30日，湘桥区召开创建文明家园暨村（社区）“两委”换届工作会。

同日，湘桥区召开人力资源和社会保障暨社保扩面征缴工作会议。

4月11日，湘桥区召开全区领导干部大会，宣布省委关于中共湘桥区委主要领导的人事任免决定，经省委研究决定：余楚雄同志任湘桥区委书记。

4月18日，湘桥区人民政府与山东省中船阳光投资发展有限公司签署战略合作框架协议。

4月19日，湘桥区召开2017年爱国卫生运动重点工作会议。

4月23日，湘桥区2017年世界读书日“为你朗读——悦读越精彩”系列活动启动仪式暨第一期分享大会在湘桥区文化活动中心举行。

4月24日，湘桥区召开人武部党委第一书记任职大会。潮州军分区党委决定：余楚雄担任湘桥区人武部党委第一书记。

4月27日，湘桥区举办《潮州市韩江流域水环境保护条例》宣讲会。

5月3日，湘桥区召开纪念建团95周年暨“五四运动”98周年大会。

5月4日，湘桥区召开农村土地承包经营权确权登记颁证工作会。

5月19日，湘桥区婚姻家庭纠纷人民调解委员会正式成立，是潮州市第一个县区级婚姻家庭纠纷专业调解机制的实体化运作机构。

5月20日，湘桥区召开领导干部会议，宣布市委决定：任命庄湃澍为中共湘桥区委副书记，并提名为湘桥区政府区长候选人。

6月13—15日，政协湘桥区六届二次会议在湘桥区党政机关会堂召开。

6月14—16日，湘桥区召开第六届人民代表大会第二次会议，大会依法补选庄湃澍为湘桥区人民政府区长。

6月28日，湘桥区桥东街道文教体育服务中心举行广东省“一级文化站”挂牌仪式，成为全市两个省级“一级文化站”之一。

7月7日，湘桥区召开2017年重点企业座谈会。

7月11日，湘桥区人民政府与潮州移动公司签署《加快“十三五”信息化建设推进“互联网+”战略合作框架协议》。

7月17日，湘桥区举行吴崇强奖教金发放仪式暨区名优教师、名优教育工作者座谈会，向40位“名优教师”和10位“名优教育工作者”颁发荣誉证书和奖金。

7月27日，湘桥区在官塘镇召开农村土地承包经营权确权登记颁证工作推进会，为已完成土地承包经营权确权登记工作的试点村官塘镇顶乡村村民代表颁发证书。

同日，住建部发布《关于拟公布第二批全国特色小镇名单的公示》，湘桥区意溪镇入选第二批全国特色小镇。

8月5日，湘桥区举行“六城同创”“治六乱”誓师大会和巡游活动。

8月16日，以“回潮·团圆”为主题的青少年“潮文化”体验系列活动正式启动，香港、深圳两地60多名潮籍青少年成为活动的首批回潮体验学生。

9月1日，湘桥区阳光实验学校举行揭牌仪式，691名学生成为首批入读学生。

9月9日，湘桥区召开“尊师重教”表彰大会。

9月20日，海博熙泰鱼肉菜市场正式开业。这是全市“六个十”工程首个新建并启用的鱼肉菜市场。

9月28日，湘桥区在中山（潮州）产业转移园湘桥分园官塘投资区举行官塘大道竣工通车仪式。

10月31日，市区环保发电项目在湘桥区举行签约仪式，市城市综合管理局、湘桥区人民政府和深圳市能源环保有限公司签订了市区环保发电厂项目特许经营协议。

11月1日，湘桥区召开传达贯彻党的十九大精神大会。

11月2日，省人民政府侨务办公室、市外事侨务局、湘桥区外事侨务和台湾工作局、广东乔博律师事务所在湘桥区联合举办“潮州市为侨法律服务工作站”“湘桥区为侨法律服务工作站”揭牌仪式。

12月13日，湘桥区召开十九大维稳安保总结表彰暨社会治安大整治行动动员大会，对在十九大维稳安保工作中表现突出的先进集体、先进个人进行表彰。

12月20日，湘桥区委常委会讨论研究通过《中共潮州市湘桥区委关于贯彻落实〈中共广东省委关于持续深入学习宣传贯彻党的十九大精神推动习近平新时代中国特色社会主义思想在南粤大地落地生根结出丰硕成果的决定〉的意见》。

区位环境

【简况】 湘桥区位于广东省东部，潮州市中南部。2017年1月1日起，湘桥区铁铺镇人财物整体委托凤泉湖高新区党工委、管委会管理。调整后，湘桥区辖湘桥、西湖、金山、太平、南春、西新、桥东、城西、凤新9个街道和意溪镇、磷溪镇、官塘镇3个镇，共51个社区居委会和97个行政村。全区总面积254.2平方千米。年末户籍人口47.47万人，常住人口55.08万人。

【资源条件】 2017年，湘桥区耕地面积0.59万公顷，粮食播种面积0.30万公顷，粮食产量2.04万吨。林地面积1.47万公顷，森林覆盖率50.3%，活立木蓄积量62.50万立方米。重要矿产资源有“飞天燕”高岭土（瓷土矿）、花岗岩和黄蜡石等；土特产有潮州工夫茶、潮州菜、潮州小食和橄榄、金佛手、黄皮、杂交猪、茶叶等；2017年湘桥区意溪镇入选第二批全国特色小镇；全区主要旅游景点有开元寺、广济桥、许驸马府、金山、葫芦山、笔架山、别峰山、西湖、北阁佛灯景区、祭鳄台景区、凤凰洲景区、太平街义兴甲巷、石庵、淡浮院、滨江长廊、紫莲森林度假村、千果山旅游区等。意溪镇被国家文化部评为为“中国民间文化艺术之乡”；凤新街道（朱泥壶）被广东省文化厅评为2015—2017年度“广东省民间文化艺术之乡”；湘桥区被省文化厅确定为“省级文化生态保护实验区”，全区共有非物质文化遗产国级项目10个，省级项目12个，市级项目4个，区级项目1个；拥有国家级代表性传承人11人、省级29人、市级32人、区级23人。有非物质文化遗产国家级生产性保护基地2个，省级保护基地5个，市级保护基地7个；省级传承基地5个，研究基地2个。

区域经济

【简况】 2017年，全区实现生产总值225.55亿元，按可比价计算，增长6.6%。其中第一产业增加值4.46亿元，增长5.1%；第二产业增加值100.06亿元，增长5.2%；第三产业增加值121.03亿元，增长7.8%。三次产业对GDP的贡献率分别为1.7%、36.2%、62.1%，三次产业结构比例调整为2.0∶44.4∶53.6。第三产业增加值中，交通运输、仓储和邮政业增长5.5%，批发零售业增长14.1%，住宿餐饮业增长4.1%，金融业增长2.5%，房地产业增长10.2%，其他服务业增长7.7%。全区人均GDP为40 987元，跃上全市平均水平，增长6.3%，按平均汇率折算人均6 070.5美元，约为全国的68.7%，全省的50.5%。

【工业】 2017年，全区完成规模以上工业总产值350.54亿元，增长37.4%，规模以上工业增加值62.57亿元，增长6.7%。在完成工业总产值中，国有及国有控股企业、集体企业、股份合作企业、股份制企业和其他经济类型企业分别增长1.5%、6.5%、25.1%、69.4%和11.8%，外商及港澳台投资企业下降8.4%；民营企业实现工业总产值286.91亿元，增长48.6%，占全区规上工业总产值比重为81.8%；战略性新兴产业产值29.31亿元，增长10.9%，增幅比去年同期提升10个百分点。全年规模以上工业企业经济效益综合指数273.2%，比上年提高26.0个百分点；成本费用利润率3.3%，比上年回落1.4个百分点；全员劳动生产率22.76万元/人年，比上年提高17.2%；工业产品销售率99.5%，比上年提高0.2个百分点。实现利润总额11.06亿元，下降0.7%，产品销售收入345.58亿元，比增38.4%。工业主要行业同比呈“六增一降”，其中有色金属制品业累计产值144.16亿元，累计同比增长149.5%；食品行业累计产值8.56亿元，累计同比增长19.9%；陶瓷制品业累计产值31.68亿元，累计同比增长15.3%；电子行业累计产值17.91亿元，累计同比增长12.0%；纺织服装、服饰业累计产值27.80亿元，累计同比增长2.9%；电力行业累计产值59.22亿元，累计同比增长1.4%；皮革制品和制鞋业累计产值17.11亿元，累计同比下降7.1%。

【农业】 2017年，湘桥区完成农林牧渔业总产值7.36亿元，比上年增长5.2%，实现农林牧渔业增加值4.51亿元，增长5.2%。粮食总播种面积0.30万公顷，其中水稻面积0.22万公顷、番薯0.04万公顷，粮食总产量2.04万吨，下降4.9%；蔬菜种植面积0.17万公顷，总产量6.31万吨，增长2.4%；茶叶种植面积0.02万公顷，总产量0.04万吨，增长257.3%；水果种植面积0.12万公顷，总产量4.1万吨，增长4.1%；生猪饲养量6.38万头，增长16.5%，出栏3.46万头，比增8.9%，年末存栏2.92万头，增长27.2%。至2017年底，全区有省级龙头企业5家、市级龙头企业8家（含5家省级龙头企业）、市级农业龙头流通企业1家。专业合作社56家（其中国家级示范合作社3家、省级2家、市级11家），社员总数923人，带动农户2 145户。

【林业】 2017年，湘桥区全年造林面积0.06万公顷，年末全区森林面积1.05万公顷，生态公益林总面积0.31万公顷。全区现有镇级森林公园1个。实施区重点防护林工程2016年中央预算内投资项目，2017年中央下达区重点防护林工程建设任务40公顷，全部为人工造林；造林地点位于潮州市湘桥区铁铺镇大坑村，项目下达各级资金54万元。建设各级乡村绿化美化示范点10个，其中省级2个，市级4个，区级4个。2个省级示范点（官塘镇苏三村和意溪镇坪埔村）已完成种植任务，建设绿化景观路共长1 900米，公共休闲绿地面积共6 500平方米，庭院绿化示范区造林区面积共2 260平方米；4个市级示范点（意溪镇埔东村、莲上村、磷溪镇急水村和官塘镇石湖村）已全面完成种植任务；4个区级示范点（凤新街道高厝塘村、磷溪镇英山村、塔后村、溪口三村）已全面完成种植完成。强化林地监管力度，规范征占用林地审批程序。全年，共办理4宗征占用林地办理审核手续，总面积17.51公顷。全年全区省级以上生态公益林效益补偿资金共120.3万元，其中：损失性补偿资金93.02万元、管护经费27.28万元。2017度全区没有发生越权擅自采伐生态公益林的行为。

【财税】 2017年，全年一般公共预算收入3.89亿元，下降10.2%，一般公共预算支出13.87亿元，增长0.9%。其中，一般公共服务支出0.95亿元，下降3.2%；公共安全支出0.16亿元，下降12.1%；教育支出5.07亿元，增长1.0%；科学技术支出0.10亿元，下降47.0%；社会保障和就业支出2.30亿元，下降8.6%；医疗卫生支出3.01亿元，增长9.1%；节能环保支出0.04亿元，增长16.0%；城乡社区事务支出0.66亿元，增长45.6%。全年各项税收总额28.31亿元，比上年增长2.9%，其中国税税收收入11.90亿元，增长0.8%，地税税收收入16.41亿元，增长4.4%。

【金融】 2017年，全区金融机构年末存款余额131.63亿元，比年初增长2.9%，其中城乡居民储蓄余额93.39亿元，增长1.4%，贷款余额53.45亿元，增长11.3%。

【内外经贸】 2017年，湘桥区全年社会消费品零售总额149.16亿元，比上年增长9.8%。限上批发零售业实现商品销售总额119.93亿元，增长7.3%，其中限上批发业商品销售额91.96亿元，增长6.3%，限上零售业商品销售额27.98亿元，增长10.6%。限上住宿餐饮业营业额6.17亿元，增长15.6%，其中，限上住宿业营业额1.49亿元，与上年持平，限上餐饮业营业额4.68亿元，增长21.7%。在限额以上批发和零售业商品销售总额中，粮油、食品类下降27.9%，饮料类增长22.7%，烟酒类增长2.3%，服装、鞋帽、针纺织品类增长8.5%，日用品类下降2.4%，家用电器和音像器材类增长18.1%，中西药品类增长16.1%，文化办公用品类增长5.3%，石油及制品类下降18.5%，化工材料及制品类增长9.8%，汽车类增长13.8%。全年外贸进出口总额5.56亿美元，同比下降6.3%，其中出口额5.35亿美元，下降6.4%，进口额2 095万美元，下降4.8%。全年实际利用外资765万美元，全年新增外贸进出口权备案企业23家，年末“三资”企业数126家。

【旅游业】 2017年，全区累计接待海内外游客337万人（次），比增19.71%，旅游总收入40亿元，比增17.6%，全区旅游市场秩序良好，无出现旅游安全事故和重大旅游质量投诉。截至年底，古城对外开放的“非遗”等文化展馆已达数十家，茶馆20多家，客栈29家，古城区“民居观光，非遗展示，工艺创作，民居客栈”的文化旅游产业链不断发展完善。湘桥区被列为第二批省全域旅游示范区创建单位。

推动“古城游”，助力全域旅游创建　2017年9月底，实施对太平路（牌坊街）及周边道路实施交通管制，并提供便民电瓶车服务、临时摩托车集中停放点、设置便民惠民服务点、公开应急联系方式等系列便民措施，为游客营造安全的旅游环境。全力加快国学大师饶宗颐故居修缮工程和中山路郡城义仓文化创意中心，打造上水门街“府学旧地、古城美食一条街”，已有20多家潮特色美食商家进驻。

全区乡村绿色生态休闲旅游发展　以AAAA级景区紫莲森林度假村项目为引领，以东方之都项目建设“文创旅游综合体”为突破，辐射带动意溪周边乡村旅游经济发展；推进玉瑶山庄和紫莲小镇生态创新庄园等项目建设；积极借助凤城生态水乡示范区、特色小镇和省级新农村连片示范区建设契机，主动融入，在一村一品、一村一景的布局中，大力发展乡村旅游；以磷溪镇中志农业园区为试行点，积极打造湘桥新型农庄经济示范点，引领其他乡镇农家乐市场规范有序发展；同时，积极指导东方之都项目创AAA级景区，组织紫莲等景区参加2017广东旅游产业投融资对接会等活动，不断扩大乡村生态项目知名度和影响力，发展壮大全区绿色生态休闲旅游发展水平。

自2015年旅游“厕所革命”3年行动实施以来，至年底湘桥区共新建和改扩建38座旅游厕所　结合市委市政府启动的“六个十”工程，对古城区43座厕所改进行全面改造升级，已全面竣工并交付使用。全年共组织开展旅游安全生产检查及旅游安全专项整治行动50场次，出动检查人员120人（次），共排查安全隐患5处，落实整改5处，进一步强化旅业单位的安全生产主体责任。全区未发生旅游安全事故。

城乡建设

【城乡建设】　2017年，推进“六个十”等项目建设，市区45座公厕全面完成改造提升，为全市获评全国“厕所革命优秀城市”奠定了坚实基础；海博熙泰鱼肉菜市场正式开业，新春南鱼肉菜市场完成改造升级。全力推进绿榕西路贯通建设工作，至12月道路工程累计完成投资约4 000万元，完成工程量占总工程量的90.3%。城乡生活垃圾无害化处理设施建设初见成效，10月31日与深圳市能源环保有限公司签订了《潮州市市区环保发电厂特许经营协议（BOOT）》及其补充协议。同时，中山路、新桥路改造提升工程、东山路临街建筑优化项目、凤城生态水乡示范区路网建设等项目进展顺利。开展城乡危旧废置房屋专项整治工作，改善农村人居环境，城乡面貌有效改观。

【农村建设】　2017年，湘桥区申报的3个项目已列入省十大民生实事工作任务。项目分别为奕湖村文体广场及配套设施建设、巷下村村内道路建设、尧里村健身活动场地建设工程。开展省级新农村示范片建设，落实“五个一”工作机制，已完成示范片项目深化规划编制、立项、测量设计等前期工作，设计图审、财审中。5个主体村的村庄环境整治同步加快进行，村内各项目逐步开展，村容村貌得到较好的提升，共投入资金358万元，人力5 500多人（次），拆除修建危旧弃房屋约636间7 598平方米，清理垃圾6 190吨，种植绿化树2 900棵，建设污水处理设施2座，完成民居外立面改造55户。深入推进农村“三清三拆三整治”行动，农村人居环境综合整治获得省农办的普惠达标奖和叠加争先奖，是全市唯一获得两个奖项的县（区）。农村公路硬底化建设步伐加快，农村发展基础更加扎实。

【重点项目建设】　2017年，全区18个列入市督查的重点项目累计完成投资41.65亿元，完成年度计划的108.1%。“八网+产业”9个项目累计完成投资16.66亿元，完成年度计划的105.9%。全区“三旧”改造项目完成投资11.79亿元，完成年度计划的141%。凤城生态水乡示范区、东方国际茶都、工艺美术之都等项目不断取得新进展。“意溪木艺小镇”入选国家第二批特色小镇。全区5个水利项目完成投资1.52亿元，韩东新城防洪（一期）、韩江北堤等综合整治工程全面动工。全力做好潮汕环线高速公路、潮州东大道、意桂线、北站二路等交通基础设施的征拆工作，绿榕西路（湘桥区段）累计完成投资2.73亿元，已按时在春节前全面建成交付使用。

【交通】　2017年，湘桥区全年交通运输、仓储和邮政业实现增加值5.86亿元，比上年增长5.5%。货物运输量1 361万吨，增长8.0%；货物周转量22.30亿吨千米，增长8.1%；客运量265万人，增长6.1%；旅客周转量6.92亿人千米，增长8.4%。全年邮政业务总量7.01亿元，增长33.0%，通信业务总量16.20亿元，增长68.1%。

【水利】 2017年，湘桥区实行最严格水资源管理制度，在实行城乡涉水事务一体化管理的基础上，按照《潮州市城乡水环境综合整治工作方案》和“农村五治理、城镇六同创”的工作要求，编制了《潮州市湘桥区江河渠塘综合整治工作方案》，依据控制“三条红线”实施方案等规范性文件，完善水资源保护机制，开展水环境综合整治。全年全区累计投入资金约446.9万元，清拆违章建（构）筑物面积约10.22万平方米，出动人工4 650人（次），清运垃圾6 172吨；全区10多处饮用水源的水质保持良好，水质合格率达到100%，韩江水质更是常年保持Ⅱ类标准以上。全年共启动防风Ⅳ级应急响应6次、Ⅲ级应急响应2次，启动防汛Ⅳ级应急响应1次。据统计，全年全区农作物受灾1.22万亩，水产养殖受灾面积630亩，洪涝灾害受灾范围5个镇，受灾人口6.32万人，转移人口230人，直接经济总损失1 818.8万元。完成维修工程10宗，投入资金81.05万元。湘桥区严格按照《贯彻落实〈关于全面推进河长制的意见〉实施方案》要求，成立了区全面推行河长制工作领导小组，12个街道（镇）均完成镇级全面推行河长制工作方案和河长会议、河长巡查、工作督察等三项制度的出台；11月份区河长办正式揭牌成立。共落实区级总河长1人，区级河（库、湖）长6人，镇级总河（库、湖）长12人，村级河（库、湖）长102人。

【城市管理】 2017年，加大监察力度，严厉查处各类违法建设行为，共计查控各类违法用地、违法建设169宗（包括各类投诉），发出《规划监察告知书》128份，制作询问笔录42宗，采取停电停水措施117宗次，现场查封54宗次，订立警示公告牌8宗，媒体曝光25宗，落实处理信访、投诉案件64宗，拆除（整改）面积约13.9万平方米；深入推进“六城同创”“治六乱”行动，建立健全市容环境卫生网格化管理长效机制，全年累计投入整治资金约3 235万元，先后整治乱摆乱卖129 333处、取缔乱搭设广告灯箱等物2.6万处、清除乱贴乱挂10.4万处、拆除乱搭乱建1.2万处、处置乱排乱弃7202处、清理乱堆放垃圾杂物1.8万处、各类水泥石块和斜坡6 933块、各类“牛皮癣”17.3万处，清理卫生死角1.2万处，转运各类垃圾杂物6 804车次，计13.9万吨。对全区“六乱黑点”情况进行地毯式排查、确定经纬度位置，登记造册。取缔“六乱”黑点1 452处，湘桥区现已建成并正式投入使用的垃圾压缩站共6座。同时，实施雨污分流全域规划建设工作，已进入实地调查摸底阶段，桥东、意溪、磷溪和官塘已完成调查摸底工作。

【环境保护】 2017年，湘桥区推进绿化湘桥大行动，全年共完成造林40公顷、中央森林抚育133.33公顷、省级森林碳汇抚育237.2公顷。注重生态文明和环境保护，全力抓好中央环保督察反馈意见的整改工作，全面完成11项整改工作年度任务。全面推行河长制，扎实推进“水岸同治”和韩江水源地保护工作，韩江入选全国十大“最美家乡河”。全年共查控各类违法用地、违法建设909宗，完成清拆16.7万平方米，配合市取缔凤山工业区大型电镀加工黑点。

【国土矿产】 2017年，湘桥区做好土地利用总体规划及高标准基本农田建设工作。推进土地利用总体规划调整工作，已完成湘桥区中期土地利用总体规划调整完善。推进2015年度533.33公顷高标准基本农田建设任务，其中磷溪镇266.67公顷、官塘镇266.67公顷高标基本农田建设已进入施工阶段，两个项目建设单位抓紧推进工程施工。组织开展2016年度的166.67公顷高标准基本农田建设，由铁铺镇作为建设单位进行实施。推进湘桥区垦造水田工作。湘桥区2017年度33.33公顷垦造任务落实在官塘镇。该项目已完成选址和勘界等前期工作，项目建设抓紧推进中。做好全区城市周边和全域永久基本农田保护划定工作，划定保护任务分解落实到各乡镇，做好保护区标志牌的建设和各相关资料、数据的收集和建库工作。永久基本农田划定已报市级验收及省级备案。积极做好相关征地工作，继续协助配合好市级做好湘桥区域内相关征地项目（半岛广场、潮汕环线、省道S232改扩建工程等）报批各项前期材料准备工作及征地拆迁有关工作。协调宁莞高速、潮商城等征地项目的一些后续工作。做好国土资源执法监察工作。湘桥区开展国土资源动态巡查共125人次，发出《责令停止国土资源违法行为通知书》7份，开展湘桥区2017年度土地卫片执法监督检查工作，特别针对辖区内耕地比较集中的意溪、磷溪、官塘、城西等涉农街道镇，切实加强巡查监管。

【房地产】 2017年，湘桥区建筑业增加值19.05亿元，比上年增长7.8%。全年资质等级以上建筑企业29家，完成建筑业总产值37.75亿元，比上年增长1.7%；全年房屋建筑施工面积418.20万平方米，比上年下降18.0%；竣工产值23.5亿元，增长39.7%。全年商品房施工面积453.08万平方米，增长52.3%，商品房竣工面积109.58万平方米，增长384.2%，商品房销售面积90.60万平方米，增长35.9%，年末商品房待售面积70.07万平方米，下降14.7%。

法　治

【公安】 2017年，湘桥区共立刑事案件2 812宗，同比下降10.2%，破案911宗，破案绝对数同比上升4.2%，破案率32.4%；刑拘483人、逮捕434人，同比分别上升10%和10.2%；打掉犯罪团伙16个68人，同比分别下降27.3%和18.6%；查处治安案件2708起1 460人，同比分别下降26.4%和上升18.0%。“飓风2017”专项行动以来，湘桥区立命案5宗，破6宗（其中1宗为年前所立命案），现行命案破案率100%，总体成效考核在全市排名第一位。涉电信网络诈骗，破案90宗，逮捕16人，起诉案件88.5宗，起诉跨区域团伙1.5个。涉盗抢方面，共逮捕122人，起诉133人，起诉10起以上个案犯罪嫌疑人14人，起诉跨省系列案件数得分133分，抓获年前涉盗抢逃犯4名。在涉黑恶方面，逮捕119人，公诉185人，起诉涉恶犯罪集团2个，涉枪公诉11人。在涉黄赌方面，逮捕45人，公诉92人。在涉金融类方面，逮捕网络传销和非法集资犯罪嫌疑人10人，破获地下钱庄案1宗，逮捕涉地下钱庄犯罪嫌疑人2人。共处罚违规销售易制爆危险化学品单位1家，违规使用易制爆危险化学品4家；落实安全措施的寄递物流站点有97家，更新信息97家，更新率100%，已设置内保机构有40家，设置率为98%。对全区3级以上重性精神病患者全面进行管控，纳入管控人数是241人，全面摸排吸毒人员，并逐一建档立卡，对吸毒人员分类分级率达88.4%。加强四色预计签收处置，其中红色预警抓捕39人，抓捕率66.1%。全面加强WIFI无线上网管控设备安装，全区完成管控数1 462个；全面落实网络社会秩序维护，共查处网上侮辱他人、散布谣言、虚构事实扰乱公共秩序等各类案件5宗，处罚5人，责令相关微信公众号删除在网络发布不良信息18条，责令个人网站删除不良信息12条，没有发生重大网络案事件。继续做好流动人口居住证的推广工作，办理居住证12 786张，办理延期擦写585张，新登记出租屋1 116间。积极开展“门禁+视频”系统建设工作，实有房屋新建门禁视频系统1 600间，全区流动人口倒查率为44.9%。加强寄递物流企业、站点治安管理，严格落实3个100%制度，定期走访，更新率达到100%；全区共有物流寄递企业、站点97家，寄递物流公司成立内部保卫机构41家，设置率98%；做好保安员管理工作，录入保安员管理系统525人，全区没有发生涉及公交、地铁和医院、校园等个人极端暴力犯罪案件；没有发生影响重大的涉医案件。共立破毒品刑事案件51宗，刑拘犯罪嫌疑人57名，逮捕49名；查处吸毒人员607人（次），强制隔离戒毒248人（次）；抓获涉毒逃犯2名，破获涉毒犯罪团伙案件1宗，缴获冰毒、海洛因约4 028克，复方磷酸可待因口服液664瓶。

2017年，全区总户数13.31万户，总人数51.59万人（男25.58万人，女26.01万人）。全年共上送受理户口申请2 007份，主项变更292份，超期报生申请198份。办理出生、死亡、迁入、迁出共1.61万人（次），其中出生6 969人，死亡3 426人，省内外迁入1 218人，省内外迁出3 146人。共受理二代证3.56万张，临时身份证8 814张。列管重点人口420人，列管监外剥夺政治权利罪犯中29人。

【检察】 2017年，湘桥区检察院共受理审查逮捕案件300件419人，同比增长1.4%和9.9%；经审查，批准逮捕287件394人，同比增长1.1%和8.5%，不批准逮捕10件19人。受理审查起诉案件688件1 137人，新受理案件同比增长24.8%和30.4%；经审查，提起公诉443件652人，同比增长7.5%和14.4%，不诉6件10人。依法严惩严重刑事犯罪。积极参与“飓风2017”、社会治安大整治等专项行动，严厉打击电信网络诈骗、“两抢一盗”、黑恶势力、涉黄赌毒等影响社会稳定、侵害人民群众人身财产安全的犯罪，共批捕320人、起诉306人，及时办理了犯罪嫌疑人谢某浩等3人涉嫌非法买卖枪支案等一批有重大影响的案件。全年共立案侦查各类职务犯罪案件8件9人，其中，贪污贿赂犯罪案件6件6人，渎职侵权犯罪案件2件3人。强化刑事立案和侦查活动监督，办理立案监督案件4件4人，纠正漏捕、漏诉3人。强化刑事审判监督，维护司法公正权威，依法提出抗诉3件。建立检校共建机制，举办“防治校园欺凌”等法治巡讲、宣传活动8场次，受教育人数达3 000多人。

【法院】 2017年，湘桥区法院共立案受理案件4 175件，比上年增长19.9%，其中：刑事案件532件，民商事案件2 226件，行政案件104件，执行案件1 310件，分别比增长14.7%、11.9%、2.1倍和33.7%。办结案件2 628件，比上年增长20.7%，其中：刑事案件462件，民商事案件1 518件，行政案件80件，执行案件565件，分别比增11.9%、20%、2.3倍和19.2%。依法惩治刑事犯罪，审结涉黑恶犯罪、涉枪涉爆犯罪、“两抢一盗”、绑架、贩毒犯罪202件306人。依法惩治危害民生犯罪，审结污染环境、制假售假、非法集资、信息网络犯罪、非法传销、危险驾驶、恶意欠薪犯罪147件225人。严格办理涉外刑事案件，审结涉外刑事案件27件106人，其中被告人为无国籍97人。依法严惩职务犯罪，判处贪污贿赂、渎职犯罪4件12人。妥善化解民事纠纷，依法维护公民权益。审结金融借贷、民间借贷、买卖、房地产开发、保险等各类合同纠纷案件1 077件，比增22.2%，结案标的金额8.2亿元。立足矛盾纠纷化解和疏导，依法妥善审理好各类涉民生领域案件，维护公民合法权益，审结婚姻家庭、继承、权属、侵权等纠纷案件440件，比增14.6%，案件服判息诉率87.7%，提高0.6个百分点，调解撤诉率41.6%，提高5.1个百分点。加强司法监督力度，努力推动依法行政。共受理各类行政案件104件，结案80件，分别比增2.1倍和2.3倍。认真做好未成年人犯罪案件审判工作，共对52名未成年罪犯依法从轻或者减轻处罚，其中23%适用非监禁刑。加大执行力度，依法惩戒妨碍执行、拒不执行生效裁判、藐视法庭权威等行为，共强制执行案件38件，公告强制腾退32件、拘传53人次、拘留12人次、罚款1人、限制出境1人次、追究刑事责任2人次。认真做好申诉、申请再审案件的审查工作，共立案审查申请再审案件33件，结案31件，驳回申请再审2件。认真落实人民陪审员制度，全区人民陪审员2 984人，全年参加审理案件结案1 518件，比上年增长21.4%。

【司法】 2017年，全区共摸排矛盾纠纷6 219起，调解案件数1 174件，参与调解疑难、复杂纠纷2起，调解成功率100%。其中，全区医调委共受理并成功调处医患纠纷27宗。普法教育和宣传，选取城西、桥东、意溪3个法治镇（街）、锡美村、奎元社区等8个法治村（社区）为创建示范点，推荐官塘镇顶乡村申报第七批全国民主法治示范村，以点带面全面推开法治建设“四级同创”工作。深化法律援助服务窗口规范化建设，加强法援案件质量管理，提高服务质量。全年共办理法援案件100件，解答咨询205宗，涉及农民工、妇女、残疾人等弱势群体，办理案件同比增长108%，实现历史性突破。经省、市对湘桥区办理法援案件进行质量检查，在随机抽取的十件案件中，6件案件被评为优秀等次。落实好省、市十件民生实事之“提高社区服刑人员的社区矫正质量”，在全市率先建成“8室1中心”（包括：报到登记、入矫宣告、检务警务、档案资料、集中教育、心理矫治、压力宣泄、亲情视频等8个功能室）的多功能规范化社区矫正中心并挂牌运作。健全社区矫正工作制度，严格执行社区矫正执法规范，落实监管教育措施。截至12月底，全区在册社区矫正对象132名，其中缓刑127名，假释1名，暂予监外执行3名，管制1名，没有出现脱管、漏管现象。整合律师资源，实现全区148个村（社区）一村（社区）一法律顾问、一学校一法律顾问、全区各村居换届选举一宣讲会全覆盖，打通群众享受法律服务“最后一公里”。全年全区各律师所共提供法律服务3 402人（次），其中，各类接访、来电咨询2 259人（次），出具法律专业意见91人（次），开展法制宣传761场（次），参与人民调解23宗，提供法援援助1宗，发放相关宣传资料2万余份。

社会事业

【民政事务】 2017年，湘桥区按时按质完成区第七届村民委员会、第六届居民委员会的换届改选。辖区共9个街道和3个镇，下辖97个行政村和51个社区居委会，换届选举工作全区共有19.73万人，参与投票选举的选民有18.85万人，参选率达95.51%。落实城乡低保和五保供养增长机制。全区在册低保对象共1 792户，3 737人，低保率占全区户籍人口的0.8%。共按时、足额发放城乡低保资金1 334.54万元。推进城乡居民医疗保障工作。2017年度，资助了15名患急性白血病和先天性心脏病的0—14周岁儿童，共支出医疗救助资金18.7万元；认真贯彻落实《广东省临时救助暂行办法》，对237名因病住院治疗的城乡最低生活保障户、农村五保户、城镇三无人员和重度残疾人实施了临时救助，共下达救助资金56.7万元。落实各项优抚优待。全区共有各类优抚对象2 836人，其中参战人员1 163人，全区定恤定补支出总额达1 493.29万元。做好退役士兵安置。帮助50名2015、2016年退役士兵报名参加中等职校培训，接收2017年退役士兵131人，安置退役（转业）士官4人(其中3人由市安置)。加强殡葬管理服务。1至11月，全区共免除湘桥区基本殡葬服务3 525具，免除金额约315.85万元。依法加强婚姻登记和收养管理。1—11月，共办理婚姻登记4 130对，其中结婚登记3 211对，离婚登记531对，补办结婚383对，补办离婚5对，推行网上预约系统，婚姻登记管理信息化、规范化水平提升。根据《收养法》的有关规定，共办理社会弃婴收养登记手续1宗，解除收养登记1宗。发展养老事业。严格实行《潮州市湘桥区高龄老人生活津贴发放办法》，对全区80周岁以上老年人发放生活补贴共173万元。继续实施“银铃安康行动”，为全区60周岁以上特殊困难老年人及76周岁以上普通老年人购买意外伤害综合保险。完成省下达的养老床位建设任务指标，全区养老床位数为2 431个。落实孤儿基本生活保障自然增长机制。散居孤儿供养标准月880元，全区39名孤儿基本生活得到更好保障。开展2017年“广东扶贫济困日”活动，在全区进一步营造关心慈善、支持慈善、参与慈善的良好氛围，多方募集扶贫资金达40万元。

【人力资源】 2017年，全区机关（即政府机关，不含党群序列）在职人数501人，新招录共招录14人。继续推进深化全区中小学教师职称制度改革工作。对全区深化中小学教师职称制度改革工作进行全面部署，组织实施。重新组建全区各专业系列初级专业技术资格评审委员会，负责全区专业技术人员职称评审工作；做好2017年度全区专业技术资格考核认定、评审工作，共受理考核认定初级专业技术人员4人，审核初级职称评审材料21人，审核中级职称评审材料111人，审核高级职称评审材料160人。

【社会保障】 2017年，全区城乡居民人均可支配收入2.45万元，增长5.6%，其中城镇居民人均可支配收入2.58万元，增长5.3%，农村居民人均可支配收入1.51万元，增长7.9%。年末全区镇办敬老院3所，拥有养老床位数为2 431个。在册低保对象共1 792户，3 737人，低保率占全区户籍人口的0.8%。特困供养对象386人。共有各类优抚对象2 836人，其中参战人员1 163人。全区精准扶贫建档立卡扶贫户1 427户，2 750人。其中，低保贫困户1 054户，2 264人，占全区农村低保户58.8%，占全区农村低保人数60.6%。列入扶贫户的五保贫困户318户，319人，占全区五保户82.6%、占全区五保人数82.6%，一般贫困户（即不享受低保、五保待遇）55户167人。全年全区城镇新增就业人数2 910人，城镇失业人员再就业人数731人，就业困难人员再就业人数250人，城镇登记失业率控制在2.3%、高校毕业生就业率达93.3%以上。组织创业培训8个班（次），培训人员235人，组织劳动力技能晋升培训803人。至年末，全区参加城乡养老保险参保14.65万人，参加城镇职工基本养老保险7.41万人，参加城镇职工基本医疗保险1.37万人，参加城镇居民基本医疗保险37.23万人，参加失业保险5.47万人，参加工伤保险5.92万人，参加生育保险5.45万人。

【人口计生】 2017年末，全区户籍人口47.40万人，其中已婚育龄妇女7.98万人。全年全区常住人口出生6 565人，出生率为13.81‰，自然增长率为7.21‰。完善计生奖励政策，落实“四项奖励扶助”逐月发放。湘桥区全年共投入计生奖励扶助金1 684.82万元，其中9 524人享受每月80元的城镇独生子女父母奖励，投入奖励金816.09万元；3 128人享受农村计生家庭奖励，投入奖励金446.56万元；3 332人享受“节育奖”，投入奖励金202.03万元；286人享受了特别扶助金，投入220.15万元。加强对流动人口计划生育的服务管理，湘桥区现有流动人口3.37万人，已婚育龄妇女9 137人，全年出生439人。在湘桥区落实避孕节育措施10例，其中放环2例，结扎4例，落实补救措施4例；提交平台通报信息及查询信息71条。流出人口2.90万人，其中已婚育龄6 619人。协查信息应反馈2 135条，已全部反馈，反馈率100%。

【医疗卫生】 2017年，湘桥区共有各类卫生事业机构389个，其中综合医院1个，乡镇卫生院4个，社区卫生服务中心9个，各类门诊部、所174个，专科防治站1个，卫生防疫站197个，卫生机构拥有床位559张，拥有各类卫生技术人员1 260人，执业医师和执业助理医师646人，注册护士315人。全区免疫规划疫苗各苗接种率均在95%以上，全年门诊量180.95万人次。

湘桥区按照相关规定落实好全区医药卫生体制改革　推进平价医疗服务，制订《湘桥区开展平价医疗服务工作实施方案》，4家区级公立医院全部设立平价诊室，开展平价门诊工作；各社区卫生服务中心、乡镇卫生院和村卫生站积极推广使用平价药包，共推出平价药包19种。积极开展家庭医生签约服务工作，截至年底全区居民签约人数为16.58万人，签约服务率30.2%。重点人群签约9.24万人，签约率61.5%。

推进医联体建设工作　区卫计局拟定《湘桥区医疗联合体建设实施方案》（初稿），由区人民医院、区中医院和区妇幼保健院为主体，以社区卫生服务中心、乡镇卫生院为成员，按照每所区直医院联合4—5所社区卫生服务中心、乡镇卫生院的规模，组建区域医联体。市人民医院与凤新社区卫生服务中心结对联合，在凤新社区宏天广场门诊所设立“潮州市多学科主任医师工作室”，方面群众咨询就诊。

做好基层中医馆建设工作　湘桥区原有社区卫生服务中心9家、乡镇卫生院4家（其中西湖、西新两家社区卫生服务中心合署办公，为同一地址），拟定自2015年起分3年3批次全面覆盖中医馆建设项目。2017年磷溪卫生院因乡镇标准化建设向省申请推迟项目建设外，其他单位已完工。开展好乡镇卫生院标准化建设工作。2017年度湘桥区磷溪卫生院完成乡镇卫生院标准化的建设任务。

开展村卫生站公建规范化建设工作　湘桥区19所村卫生站公建规范化建设任务，已全部完工并完成区级、市级验收。深入推进平安医院建设，区15家创建“平安医院”单位考评验收达标。全年各医疗机构内部受理的医疗投诉数量10起，自行处理的医疗纠纷5起，通过医调委受理调解医疗纠纷6起，其中产生赔（补）偿的医疗纠纷、争议、投诉7起，赔（补）偿金额20.9万元。

各医疗卫生机构加强医疗设备设施建设，提高医疗服务水平　区保投入资金近50万进行“亮化工程”建设及修缮出生缺陷综合干预中心场地，投入800万多元采购全自动毛细管电泳仪、静脉输液设备、高端四维彩色多普勒超声诊断仪等一批医疗设备，区人民医院投入500多万元购置CT、彩色超声诊断系统，其他各医疗卫生机构也投入一大批资金修缮业务用房及购置医疗器械。

【科教文体】　2017年末全区拥有各类学校（不含非学历培训）242所，其中幼儿园140所，小学76所，完全中学1所，普通高中2所，初中15所，职业技术学校1所，成人中学1所，九年一贯制5所，12年一贯制1所，特殊教育学校1所。在校学生总数为5.90万人，其中普高5 020人，职校187人，初中1.47万人，小学3.91万人，特殊教育学校63人，幼儿园在园幼儿2.17万人。全区共有教职工4 178人（含民校），幼儿教师2 135人，全区义务教育阶段教师学历已整体达标，其中初中本科以上达标率80.2%、小学本科以上达标率45.3%，均已超过“创现”标准。

至年末，全区专业技术人员1.57万人，增长1.4%，其中高级技术职称564人，中级技术职称3 897人，初级技术职称1.12万人。全年规模上工业R&D经费支出合计19.76亿元，增长63.5%。全年立项科技项目13项，其中国家级项目1项，省级2项，市级10项；专利申请872项，发明申请45项，PCT申请2项，专利申请授权量71项，其中发明专利4项；年末省、市级企业技术中心和工程技术研发中心共30家，省级企业技术中心13家，高新技术企业18家。凯普生物获评2017年国家技术创新示范企业，新宏泽被认定为省级工程技术研究中心。

年末，全区拥有国家二级文化馆1个、国家三级图书馆1个。公共图书馆图书藏量17.66千册，其中少儿文献3千册，文化站特级站1个、一级站1个、二级站5个、三级站5个，农家书屋（社区书屋）172家。全区现有“非遗”保护项目15个，“非遗”传承基地3个，“非遗”传承人62名，民间文学“潮州讲古”、传统手工技艺“潮州玉雕”两个项目列入全区第七批非物质文化遗产名录，同时也列入第七批市级非物质文化遗产代表性项目名录。

全区体育健儿参加了2017年市运会，31支代表队、415名运动员参加18大项的角逐，少年组团体获得团体第二名，成年组获团体第三名。城基中学学子勇夺世界教育机器人大赛（WER）2017赛季世界锦标赛初中组的亚军，实现历史性突破；在第17届广东省青少年机器人竞赛，意溪中学分别获得VEX机器人工程挑战赛高中组冠军和机器人创意比赛初中组二等奖，并代表广东省参加国赛，这也是潮州第一支在该赛事冲入全国赛的队伍。

【民族宗教】　2017年，湘桥区有34个开放的宗教活动场所（其中27佛教、1个天主教、6个基督教），少数民族聚居村3个（意溪镇古庵村、桂坑村、荆山村）。宣传贯彻落实《广东省散居少数民族权益保障条例》，推动民族地区各项事业发展。认真开展“民族团结进步”主题宣传活动，组织开展创建平安村（社区）、燃气安全、食品安全、禁毒等宣传活动，组织义医义诊、庆中秋团圆茶话会、扶贫济困慰问活动。积极推进“民族团结进步”示范创建活动。1月，凤新街道奎元社区（示范社区）、湘桥街道开元社区（示范社区）和潮州市湘桥区意溪松林古寺（示范寺庙），被省民族宗教委员会命名为第一批“广东省民族团结进步创建活动示范单位”，凤新街道奎元社区还被市民族宗教事务局推荐为“国家民族团结进步创建活动示范单位”。认真落实党的宗教政策，积极实施《宗教事务条例》，依法加强宗教事务管理，11月1日至11月30日，在全区宗教界开展以“党的十九大精神和学习贯彻新修订《宗教事务条例》为主题的“2017年宗教政策法规学习月”活动。加强日常管理和制度建设，促进宗教活动场所管理工作逐步趋向规范。全年共为4个符合备案条件的宗教活动场所的主要教职人员办理了备案，为符合条件的13名佛教教职人员申请办理了《佛教教职人员证》。指导各宗教活动场所进一步建立健全7项制度。继续认真督促指导各宗教活动场所建立健全寺管会、堂务管理小组等场所管理组织，做到重大事项集体研究、民主决策。加强督促检查，继续保持宗教活动场所安全。全年先后组织开展对宗教活动场所安全工作专项检查5场次，及时更新和补充消防安全器材37件。加强教育引导，大力弘扬爱国爱教和佛教慈悲理念。2017年全区宗教界向贫困群众施医赠药、扶贫济困、捐资助学以及其他社会公益事业，累计捐赠款物折值人民币达500多万元。加强巡查监管，依法整治非法宗教活动。妥善彻底地处置意溪镇的非法宗教活动点。

【侨务外事】 2017年，全区有海外侨胞、港澳台同胞约60万人，主要分布在东南亚国家，改革开放以来移居美国和加拿大、澳大利亚等国家逐渐增加，还有少数人散居于英国、法国、奥地利、挪威、丹麦、荷兰、西德和瑞士等欧洲国家，覆盖着经济、政治、文化多个领域。严格按照有关文件要求，指导、协助侨捐项目磷溪镇仙田侨光中学校门和家骏堂重建项目进行监管，确保侨捐项目使用的合法性，造福桑梓。蔡杨淑香后人捐赠54万元用于扶贫济困，曾铭培捐赠侨联2万元用于购置办公设备；吴崇强捐赠10万元用于奖励全区40位“名优教师”和10位“名优教育工作者”；泰国丁家骏基金会捐赠500万元用于磷溪镇仙田侨光中学校门和家骏堂重建，共计4个项目566万元。根据有关政策，积极做好归侨侨眷扶持工作：在春节、中秋等传统节日期间，共筹集资金多批粮油、棉衣等物资及资金2.74万元，慰问归侨侨眷84户。严格按照上级文件的有关要求，做好扶持贫困归侨专项资金发放工作，发放2017年度的扶持贫困归侨专项资金5.4万元，补助32人／户。及时妥善处理好归侨侨胞、侨眷侨属的来信和来访件4宗，协助1位马来西亚华侨寻亲成功。全年共因公出国护照1人（次）；为外向型企业参加国际展销会、进行市场考察、与境外客户经贸洽谈提供了便利条件，力促湘桥区外向型经济的发展。审核全区企业邀请外国人入境申请12人（次）。

（湘桥区志办）

附：2017年潮州市湘桥区领导成员名单

区委书记：张剑峰（—3月） 佘楚雄(3月—)
副 书 记：佘楚雄（—3月） 庄湃澍（5月—）
邱焕华
常　　委：苏宗荣 蔡少贤 苏 昇
吴迎辉 郭焕镇 苏锦浩
宋 琳 李雪君（—12月）
黎兴卫（2月—） 陈素玉(12月—)
人大常委会主任：肖锐书
副 主 任：林 燕 蔡锡河 刘维明
黄炎藩 林少勇 林 伟
区　　长：佘楚雄（—5月）
庄湃澍（6月—，其间：5月—6月副区长、代理区长）
副 区 长：苏 昇 陈 庶 刘伟强
谢昭明 陈鹏生 陈德堡（—2月）
黄 航（2月—）
政协主席：苏宗伟
副 主 席：邱陶杰 李文卿 张仲炎
马晓斌 蔡纯纯
纪委书记：苏宗荣
副 书 记：邱奕敏 郑敬忠

附：2017年湘桥区各街道、镇（场）简况一览表

名　称	村（居委）（个）	人口（人）户籍	总面积（平方千米）	工农业总产值（万元）			镇委书记 街道书记	镇长 街道主任
				工农业	规上工业	农业（初数）		
湘桥街道	5	25 574	0.8043		9 044		蔡巧贤	庄　宁（—12） 黄少雄（12—）
西湖街道	5	22 237	0.7140		35 935		蔡丽斌（—12） 黄奕锐（12—）	黄奕锐（—12） 李伟勇（12—）
金山街道	4	15 541	1.2505				蔡卫彬（—05） 陈　逸（12—）	陈　逸（—12） 黎建春（12—）
太平街道	5	25 481	1.1214		9 197		陈　平	蔡益群
南春街道	5	32 468	0.9921		2 014		陈庆标	卢宝德（06—）
西新街道	4	39 550	0.6870		10 903		成建鹏	谢焕杰
桥东街道	9	27 988	15.2721	237187	234 513	2 674	陈宣泽（—12） 梁仰雄（12—）	陈明程
城西街道	20	62 938	9.6480	235762	232 887	2 875	冯树生	严树华（—12） 林小俊（12—）
凤新街道	16	49 169	29.8761	2553656	2 552 159	1 497	林少勇（—12） 庄财盛（12—）	庄财盛（—12） 王　峻（12—）
意溪镇	27	50 452	83.1854	107435	90 637	16 798	陈银鹏	邱　峰
湘桥街道	5	25 574	0.8043		9 044		蔡巧贤	庄　宁（—12） 黄少雄（12—）
西湖街道	5	22 237	0.7140		35 935		蔡丽斌（—12） 黄奕锐（12—）	黄奕锐（—12） 李伟勇（12—）
金山街道	4	15 541	1.2505				蔡卫彬（—05） 陈　逸（12—）	陈　逸（—12） 黎建春（12—）

注：2017年1月1日起，湘桥区铁铺镇人财物整体委托凤泉湖高新区党工委、管委会管理，因此数据不包括铁铺镇。

枫溪区

2017年大事记

2月10日，中共枫溪区委五届二次全委（扩大）会议在区机关会堂召开。区委书记周永龙作“开拓攻坚，有力有为，为再造枫溪新辉煌而奋勇前进”的报告。

2月16日，中共潮州市枫溪区第五届纪律检查委员会第二次全体会议在区党政机关会堂召开。会议传达市委书记李水华在市纪委十四届二次全会上的重要讲话和市纪委十四届二次全会精神，总结2016年全区党风廉政建设和反腐败工作，部署2017年工作任务；有关单位主要负责同志述责述廉述德。

2月26—27日，潮州市枫溪第十七届人民代表大会第二次会议在区机关会堂召开。会议听取和审议《政府工作报告》《人大工作报告》；审查潮州市枫溪2016年国民经济和社会发展规划执行情况与2017年计划草案的报告（书面）、潮州市枫溪2016年财政预算执行情况和2017年预算草案的报告（书面）；听取《枫溪人民法院工作报告》（书面）、《枫溪人民检察院工作报告》（书面）。

4月19日，揭阳市党政代表团在市委、市政府领导陪同下，考察了枫溪区广东长城集团股份有限公司，区委书记周永龙陪同考察。

5月5日，市委学习宣传贯彻习近平总书记重要批示精神宣讲团到枫溪区宣讲习近平总书记重要批示精神，市委学习宣传贯彻习近平总书记重要批示精神宣讲团成员、韩山师范学院政法学院副教授周庆国在区党政机关会堂宣讲。

6月1日，全区传达学习贯彻省第十二次党代会精神大会在区委五楼西侧会议厅召开。区委书记周永龙传达省第十二次党代会精神并提出贯彻落实意见。

6月6日，枫溪区农村承包经营权确权登记颁证工作动员会及业务培训在区委五楼西侧会议厅召开。

6月29日，枫溪区纪念中国共产党成立96周年座谈会在区委五楼1号会议厅召开。

6月30日，市委学习宣传贯彻省第十二次党代会精神宣讲团到枫溪区宣讲省第十二次党代会精神，省第十二次党代会精神宣讲团成员、市委党校教育长陈建宣在区党政机关会堂宣讲。

7月12日，暨南大学莅潮访问团在市政府主要领导陪同下到枫溪区潮州市松发陶瓷股份有限公司调研，枫溪区有关领导陪同调研。

8月13日，为加快推进枫溪区“六城同创”各项创建工作，区委、区管委在如意路工业区柏林陶瓷公司门前开展全区“践行社会主义核心价值观，全力推进‘六城同创’‘治六乱’”主题活动。

8月22日，为全面推进枫溪区农村（社区）共产党员户挂牌亮身份活动的实施，在长德办事处长美二村文化广场举办挂牌启动仪式。

9月6日，省委党的十九大安保工作第四督导组对枫溪区开展第二轮工作督导。

9月26—27日，潮州市枫溪第十七届人民代表大会第三次会议在区机关会堂召开，会议听取枫溪2017年1—8月份政府工作情况报告（书面）、2017年1—8月份人大工作情况报告（书面）、枫溪2017年1—8月份国民经济和社会发展计划执行情况报告（书面）、2017年1—8月份财政预算执行情况报告（书面），通过辞呈，补选枫溪镇人大主席。

10月14日，省委常委、秘书长江凌一行在市委领导陪同下到枫溪区广东长城集团股份有限公司考察并听取企业生产经营情况介绍，区委书记周永龙陪同调研。

10月18日，区委组织区党政班子成员及区党政办公室、区委组织部干部职工在区委办公楼西侧一楼电视电话会议厅集中收看中国共产党第十九次全国代表大会开幕式电视直播。

10月31日，枫溪区传达贯彻党的十九大精神会议在区党政机关会堂召开，区委书记周永龙传达党的十九大精神并部署全区学习贯彻有关工作。

11月2日，2017年“百名法学家百场报告会”暨“南粤法治报告会”区委理论学习中心组专场在区党政机关会堂举行，华南理工大学教授刘长兴作主题为《水生态的法治保障》的专题报告。

11月21日，市委学习贯彻党的十九大精神宣讲团到枫溪区宣讲党的十九大精神，贯彻党的十九大精神宣讲团成员、市直工委书记魏界亮在区党政机关会堂宣讲。

11月21—22日，举办枫溪区学习贯彻党的十九大精神专题研讨班。

12月4—10日，由中国陶瓷工业协会、中国轻工工艺品进出口商会主办，广东陶瓷协会支持，潮州市陶瓷行业协会和潮州市卫生陶瓷行业协会承办的以“新潮州、新制造”为主题的2017年中国瓷都·潮州陶瓷精品展暨第十届中国陶瓷产品设计大赛等系列活动在枫溪区陶瓷城开幕。

区位环境

【简况】 枫溪区位于潮州市中部、市区西面。东、东北连湘桥区，西、西北接潮安区凤塘、古巷两镇，南界潮安区浮洋镇。1995年12月设区，行政领导机关为“潮州市枫溪区管理委员会”，行使县级区职权，是潮州市区的重要组成部分。至2017年，辖3个办事处，共26个行政村和6个社区居委会。行政区域面积24.52平方公里。常住人口14.89万人，年末户籍人口11.51万人（公安口径）。枫溪区是“中国瓷都”——潮州的龙头，陶瓷生产已有1 300多年的历史，枫溪明代已形成陶瓷之乡。广梅汕铁路横贯而过，潮州火车站设在域内，省道潮汕公路、安揭公路、安丰公路交汇于枫溪广场，又毗邻潮汕机场、潮汕高铁站，地处机场、高铁和火车站等交通枢纽辐射区叠加的区位优势彰显，发展空间扩大，交通运输方便；广东省陶瓷职业技术学校、广东省枫溪陶瓷工业研究所、中国瓷都陈列馆、潮州陶瓷研究院、潮州国际陶瓷交易中心均设在域内，是全国最大工艺瓷、日用瓷的生产出口基地，国家新型工业化产业示范基地，也是全国最大卫生洁具生产基地；枫溪还被省文化厅、国家文化部先后命名为“民族民间艺术之乡（枫溪瓷塑之乡）”“中国民间文化艺术之乡”，陶瓷文化资源优势明显，民间文化艺术丰富。有旅游景点中国瓷都陈列馆（即陶瓷城）、水月庵、八珍楼、法光寺等，陶瓷产业为主要经济支柱。

区域经济

【简况】 2017年，枫溪区经济运行基本保持平稳。主要指标与上年相比有小幅波动，公共财政收入扭负为正，消费保持平稳增长，经济结构不断调整优化。全年实现生产总值（GDP）136.43亿元，增长7.2%，增速与第三季度持平。分产业看，第一产业0.24亿元，下降7.5%；第二产业98.30亿元，增长6.9%；第三产业37.89亿元，增长8.0%。三大产业结构调整为0.2∶72.0∶27.8，第三产业所占比重比上年同期提高0.4个百分点，经济结构优化。

【外贸出口】 2017年，落实外贸扶持资金180多万元，先后组织全区210多家企业参加国内外展销会，达成交易总额2.3亿美元；深入实施出口信保资助等扶持措施，累计帮助企业追回款项720万元，赔付330万元。全年全区实现外贸出口总额5.29亿美元，比上年下降6.9%。积极扶持企业建设“一站式”外贸综合服务平台，新增潮州市银河陶瓷有限公司为区级外贸综合服务企业；四通、长城两家公司获认海关系统最高级别AEO企业，四通、顺祥、工贸通等3家企业荣获中国信保2A信用评级。推进电子商务发展，全区共有460多家企业及经营主体以“互联网+”模式升级营销渠道。

【规模上工业】 2017年，工业生产平稳增长。全区规模上工业企业136家。规模上工业总产值251.70亿元，增长4.9%。规模上工业增加值70.48亿元，增长8.1%，规模上工业销售产值249.44亿元，增长8.40%。其中：重工业增速9.6%，轻工业增长8.8%，民营工业增长11.9%。支柱行业陶瓷工业实现增加值58.52亿元，同比增长10.9%。全社会用电量6.72亿千瓦时，同比增长8.7%。其中，全区工业用电量58.52亿千瓦时，累计比上年同期增长9.9%。

【技改品牌】 2017年，共扶持推动技改创新项目29项，完成技改投资约9.2亿元；帮助企业获国家专利授权614项，3家企业获评市科技进步奖；全区高新技术企业增至8家，增长33%。主动对接建设“中山—潮州产业创新中心”。完成全区工业企业基本信息建设，共录入审核企业1250家，助推“大数据+工业”的深度融合。枫溪区入围全国综合实力千强镇；做好2017中国瓷都·潮州陶瓷精品展、第十届中国陶瓷产品设计大奖赛及中国陶瓷工业协会日用陶瓷分会年会等全国性活动的场馆布置及其他服务工作，推动“中国瓷都”品牌效应。

【市场拓展】 2017年，深入实施出口信保补助、专项资助等商贸稳增长措施，共帮助企业追回款项720多万元。用足国内外展会平台，先后组织全区210多家企业参加18场国内外展销会和招商推介会，达成交易总额2.3亿美元。同时，引导企业自行赴欧美、中东、东盟等国家参加展会、拜访客户、寻找商机。大力推动外贸服务业发展，加强与国内瓷产区的交流学习，借鉴其发展经验，助力区域陶瓷企业换挡升级。鼓励企业参加行业比赛，提升企业技术质量水平。全面推进区陶瓷企业营销渠道升级，依托阿里、京东等零售、批发的第三方电商平台开拓发展渠道，企业注册的网上批发店有130多家。大力拓展艺术品拍卖业务，“广东潮法拍卖行”获认市专业艺术拍卖对象。营造更优质的招商环境。

【财税金融】 财税收入扭负为正。2017年，全区一般公共预算收入27 468万元，增长0.5%，增幅比上年同期提高26.26个百分点。工商税收60 893万元，同比上升2.5%，其中：国税收入40 713万元，增长9.8%；地税收入20 180万元，下降9.7%。存贷比上升。12月末，全区金融机构存款余额46.73亿元，比年初增长16.9%；其中：居民储蓄存款余额33.46亿元，比年初增长2.4%。金融机构贷款余额19.71亿元，比年初增长27.24%。存贷比为42.18，比11月末下降0.94个百分点。消费市场基本稳定。1—12月，全区实现社会消费品零售总额70.47亿元，同比增长10.0%。

【固定资产投资】 2017年，全区投资增速同比上升。全区完成固定资产投资27.69亿元，同比增长11.0%，增幅比上年同期提高7.7个百分点。其中：工业投资13.43亿元，同比增长72.7%；企业技改投资9.30亿元，增长41.9%；民间投资21.95亿元，增长29.9%。

【经济管理】 2017年，全区落实扶持资金2 328万元，减免各项税费5 620万元，完成“个升企”68户，“四上”企业达196家。产业基础实现再筑牢。实施企业梯次成长计划。全区共新增市场主体1 618户，注册资本14.62亿元；完成全区工业企业基本信息库建设，共录入审核企业1 250家，助推“大数据+工业”的深度融合。推动“证照分离”、“多证合一”改革措施落地，努力实现市场准入一站式服务，持续做好简政放权的“减法”，促进市场主体发展壮大。推进“六城同创”，规范坐店经商。开展对辖区坐店经商整治效果检查3次，发放宣传资料4 000份，规范坐店经商1 783户（次）。开展“查无”工作，整治市场经济秩序。全年共出动执法车辆447车（次），执法人员1 496人（次）；检查经营户2 019户（次），立案查处无照经营23宗，案值197.7万元，罚没金额共19.6万元。补办营业执照1 100份。积极开展消费维权，保障消费者权益。共受理和自行和解撤诉、查处结案的投诉举报案件585宗，其中：举报341宗、申诉244宗、咨询46宗。

城乡建设

【城市建设】 2017年，区属企业完成建安量约8 600万元，房屋建筑施工面积5.35万平方米。全年发出施工许可证8个，面积约45.8万平方米；通过竣工验收工程3个，面积451平方米；辖区内在建工程4个，建筑面积约40万平方米，总投资9.96亿元，全年完成投资2.98亿元。基础设施建设加快推进。全区全年共投入道路改造建设资金1.39亿元，完成长德路等一批区级道路的拓宽改造提升，绿榕西路枫溪段、护堤路枫溪段、如意大桥延长线等市级重点交通项目建设进展顺利。绿榕西路潮汕路至瓷兴路段4个施工段均已完成总工程量的98%；护堤路枫溪段拓宽改造工程累计完成投资4.5亿元，其中金域澜岸段、池湖段、蔡陇段已建成通车，全区路网的通达能力得到极大提升。5个“二桥四路”腾退安置小区建设加紧推进，兴业家园等住宅小区建设有序开展。财富中心、凤凰广场等高端商贸项目进展顺利，累计完成投资15.75亿元。金枫电力公司智能集抄及配网改造项目全面完成，实现智能集抄100%全覆盖，配网建设共完成6个中心示范村“一村一规划”电网升级改造。

【城市管理】

城市规划管理　2017年，围绕“中心城区”战略定位，积极协助启动枫溪区控制性详细规划编制工作，国土、环保等专项规划修编同步开展，“多规合一”规划体系进一步完善。坚持打违占、整违建、强执行三管齐下，大力推进“三未两违”专项治理，共整治违占违建324宗，拆除面积约3万多平方米。

城乡环境改善　以“治六乱”集中行动月活动等为抓手，多形式扎实推进“六城同创”“治六乱”行动。全区共投入治理资金978万元，累计规范坐店经商2 300多宗，“两违”、“两清”专项整治完成清拆近20万平方米，清拆废弃猪舍700多间，清理可利用地块7 000多平方米。枫溪大厦、陶瓷城市场、瓷兴路示范街等5个景观亮化工程有序推进，湖厦村废瓷处理项目、如意路现代化垃圾压缩站等项目建设进展顺利，城乡环境和市容面貌大幅优化，全区共有6个村被授予省级卫生村称号。全力防治大气、水、土壤污染，中央环保督察反馈意见整改有效落实，陶瓷垃圾清运回收机制加快完善，强力推进2 062家陶瓷企业的“两违”环保整治，完成约5万平方米的枫江流域违建清拆任务，全面启动枫溪区全域水环境整治首期项目，区域生态持续改善。

【农村和农业工作】

农业方面　2017年，加强对农产品的检测和监管，采用专项监测和抽样送检相结合的方式，配合市农检中心对零散蔬菜生产农户的抽检监测任务，全年抽检蔬菜样品105个，检测合格率96.2%。打击假冒伪劣农贸产品，多次对区域内农产品进行检查，重点检查经营假冒伪劣种子、农药、兽药、饲料及饲料添加剂等违法犯罪行为，规范农资产品生产经营秩序，建立良好的市场经济秩序，全年域内没有发现农资市场存在违法违规的经营行为。整治畜禽养殖污染，严禁在区域内新建、改建、扩建各类畜禽养殖场和养殖小区，已经建立的各类畜禽养殖场和养殖小区限期搬迁或关闭。提升为“三农”服务能力，依托供销社设立的潮州市枫溪供销社农副产品经营部推行“农超对接”和“平价商店”建设，平价农副产品价格的要求，让广大市民吃到货真价廉的农产品，在人口密集的宫前市场建设平价直营店，所有粮油由配送中心统一配送、统一定价、统一装修、统一管理、统一经营方式、统一包装的“六统一”连锁配送销售模式，从而提高平价经营覆盖范围。

农经方面　完善农村集体资产管理交易办法，重新修订了《枫溪区农村集体资产管理交易办法》，完善平台管理制度及交易办法，规范农村集体经常管理交易行为。加快推进农村土地确权工作。枫溪区共26个行政村，其中有耕地的村14个，国土二调的耕地面积2 283亩，实测全区耕地面积是1 574.94亩，另896.87亩地被征（转）为国有土地或集体建设用地。确权工作坚持落实规范，确保质量，按照各级农村土地确权登记颁证工作会议精神及相关农村土地确权登记颁证工作政策和全省农村土地确权工作技术规范要求，精心组织、周密安排，确保全区农村土地确权登记颁证工作顺利开展。并制定严格土地确权工作流程；坚持依法依规依策操作。

【林业】

推进“创建国家森林城市”各项工作任务的落实　2017年，编制全区桉树林改造实施方案，实行“停止新种、提速改造、突出重点、逐步退出”的基本思路，按照“业主主动、政府推动、部门联动”的工作方法，坚持“突出重点、分期实施、稳妥推进”的原则，落实“三暂停、一禁止”措施，确保完成桉树林改造任务。

继续开展野生动植物保护　严厉打击在鸟类等野生动物集群分布的重点区域以及餐饮单位、集贸市场、中药材市场、花鸟宠物市场、宠物商店等场所非法猎捕、杀害、收购、出售、利用野生鸟类等野生动物及其制品行为，切实保护鸟类等野生动物种群安全。完成森林资源二类调查工作前期资料收集等基础工作。做好区古树名木的普查建档和规范树木移植管理和严禁移植天然大树进城督查工作，科学推进城乡绿化和国家森林城市群建设，全区未发现移植天然大树进城行为。

加强森林防火工作　落实责任到位，层层落实防火责任；落实好组织指挥、人员调配、机具装备、通讯联络和后勤保障等各项准备工作，全面提升森林火灾应急处置能力；落实好森林防火知识的宣传和普及，切实增强全民森林防火意识；落实巡查监督，在日常巡查的基础上，在重要节日、重点区域、重点地段进行严防死守；落实领导值班带班制度，严格执行全天候24小时值班，确保不脱岗、不漏岗、不离岗。全区森林防火形势总体平稳。

【渔业】　2017年，韩江流域潮州段（包括枫溪段）列入禁渔范围，枫溪区在规定的禁渔区和禁渔期内，禁止所有捕捞作业。对有违规的行为及时制止。成立枫溪区第一次海洋经济调查领导小组，出台枫溪区第一次海洋经济调查工作方案，对区域内102家机关单位及企业进行涉海情况清查，其中：直接认定19家，待采集61家，相关产业22家。已完成待采集部门57家，剩下4家需要二次上门确认。

【水利】

开展“水岸同治”行动　2017年，制订《枫溪区农林水局推进“水岸同治”实施“清理清拆”专项整治工作方案》，按照方案要求，对全域范围内河、溪、沟、渠、塘沿岸违章构筑物进行全面拆除，共清拆违建5.12万平方米。

严格实行“河长制”　出台《枫溪区全面推进河长制工作方案》，已建立区、办事处、村三级河长体系，总河长和区域内所有河湖的分级分段河长已全部设立，河湖名录编制也已完成。河长已多次开展巡河工作，河长办也组织定期巡查，发现问题及时反馈到各办事处进行处理。韩江枫溪区段已基本消除乱倒乱排乱搭现象，沟尾溪下稳桥上下游段进行清理打捞，水浮莲得到有效清理，三利溪启动PPP水环境整治项目。

落实水环境整治项目　为实施城乡水环境综合治理，建立水环境长效管理机制，将区管沟渠共11.27千米以及拦污栅10个按属地管理原则落实各办事处进行日常管理保洁。

整治枫一大排沟　枫一大排沟出口段的淤积已严重影响到镇区及枫一村的水环境和排涝畅通，为确保汛期安全度汛，对其进行清淤疏通，共清理沟段265米，清运淤泥土方1 060立方米。

【三防】

落实三防行政首长负责制　2017年，落实韩江南北堤工程枫溪段防汛行政责任人和防汛技术负责人，签订了防洪安全责任书。基层"三个对接"联系制度认真落实并执行，三防值班和信息报送等各项制度制订并落实，三防行政责任人积极参加省、市举办的三防培训，区三防办也定期组织基层三防责任人员进行三防知识培训。

完善三防预案　包括《枫溪区防洪应急预案》《枫溪区防风应急预案》《枫溪区抗旱应急预案》《枫溪区防御超台风应急预案》《枫溪区韩江南北堤抢险应急预案》《枫溪区城区防洪应急预案》。各村"一页纸"预案大部分能上墙。全年共启动2次Ⅲ级，5次Ⅳ级应急响应，启动后，各有关部门即按应急响应要求，领导上岗带班，进入防风状态，按照预案要求及单位职能做好防风准备工作。

加强宣传　及时通过短信平台、微信平台发布台风动态、暴雨信息和防御指引等，提高群众的避险避灾和自我保护意识。堤防管理做到定期不定期检查相结合，对韩江南北堤枫溪段进行机械割草及人工除草3次，面积达到22万平方米。清理清除内坡、外坡、堤面及平台上的垃圾12车，拆除大堤设障广告牌23块，拆除外坡平台上的违章简易棚2处。另外在堤围桩号8+365的内坡平台除设置了大型宣传标语《保护堤防，人人有责》，堤围另6处设置大堤管理警示标语牌，以提高广大人民群众保护河道堤防的整体意识，保障堤容堤貌整洁美观。

【安全生产】

安全生产形势持续向好　2017年，全区没有发生一般以上生产安全事故，建设系统无重大质安事故，安全生产形势保持稳定。深入推进"风险点、危险源"排查整治行动，安全生产三级巡查体系在全区范围内实现全覆盖，学校地震"双盲"应急全面开展，池湖村安南庙片区城中村消防安全整治试点成效突出。全年区管委会领导带队检查督查或专题研究消防及安全生产工作共45场（次），制度化、常态化、长效化的安全生产监管体系加快形成。

食药品监管　开展风险点危险源排查管理，全年共排查风险点危险源111个，其中黄色风险点11个，蓝色风险点100个；已落实整改64个，在整改9个，已落实管控38个。全面推进"城中村"消防安全整治工作，出租屋、小产权房等也加紧进行室内消防设施建设。

加强应急救援体系建设、提高应急处置能力　启动学校"双盲"应急演练，模拟城市发生地震险情，学校按照地震应急预案组织全体师生就地避险，逃离建筑物至学校空旷地方，并拨打电话请求救援，提高学校应对和处置突发安全事件的能力。

深入开展安全生产大检查　全年共检查各类企业622多家，排查整改一般事故隐患265处，要求立即整改245处，限期整改20处，行政处罚2家。加强汛期安全生产工作，加强台风期间的巡查检查，加强应急值守，对全区危房进行管控，对主体结构损坏严重、建筑年代长、建设标准低、失修失养严重的房屋进行排查，落实防控措施，杜绝事故发生。强化培训教育，提高监管人员业务能力，举办为期两天的基层安全生产监管人员培训班，共170多人参加培训。

政　法

【社会治安】　2017年，基层治理推进。开展矛盾纠纷排查化解工作，综治维稳三级平台建成并发挥作用，建立区欠薪应急周转金制度，全年共排查调解各类矛盾纠纷523宗，调解率达100%。农村土地承包经营权确权工作扎实推进，按质按期完成任务。修订印发《枫溪区农村集体资产管理交易办法》，农村基层治理的规范化、法治化水平大幅提升；立体防控体系不断完善。巩固社会治安大整治等专项行动，全区刑事治安总警情同比下降15.3%；“中心+网格化+信息化”体系建设全面铺开，治安视频监控体系逐步完善，办事处、村居视频监控系统实现互联互通。禁毒、扫黄打非、“反邪教”工作有序有效推进，社会大局保持和谐稳定。

【公安】

围绕“打、防、管、控、建”开展各项公安工作，强化能力支撑，建设高水平的“平安枫溪”　2017年，全区深化流动人口和出租屋“双实”管理，抓好出租屋“门禁+视频”安装建设，全年辖区“门禁+视频”新增覆盖房屋1 039间，全区共安装了1 664间，强化了基础摸排管控工作。强化寄递物流业安全管理，严格落实“三个100%”制度，全区录入寄递物流企业、站点信息153条，强化了基础信息的采集掌握工作。

开展“飓风2017”专项打击行动、“骄阳行动”统一清查行动、“护航金砖”社会治安清查行动和“飓风扫毒1号”、“飓风扫毒2号”专项整治行动　全区共立刑事案件584起，同比上升19.7%；破刑事案件188起，同比上升15.3%；刑拘145人，同比上升10.7%；实际执行逮捕117人，同比上升21.9%。

打击涉电信网络诈骗专项行动　全区共立刑事案件24起，同比下降47.83%；破刑事案件16起，同比上升100%，完成进度为160%；刑拘26人，同比上升420%；实际执行逮捕11人，同比上升266.67%，完成进度275%。

打击涉盗抢专项行动　全区共立刑事案件407起，同比上升11.81%；破刑事案件112起，同比上升41.77%；刑拘45人，同比下降10%；实际执行逮捕43人，同比上升10.26%，完成进度为107.5%。

打击涉黑恶专项行动　全区共立刑事案件13起；破刑事案件12起；刑拘18人；实际执行逮捕29人。

打击涉黄赌专项行动　全区共立刑事案件14起，同比上升133.3%；破刑事案件13起，同比上升85.7%；刑拘26人，同比上升52.9%；实际执行逮捕20人，同比上升17.7%，完成进度95.2%。

打击涉金融领域犯罪专项行动　全区共立刑事案件1起；破刑事案件1起；实际执行逮捕1人。破获非法持假币案1宗，抓获犯罪嫌疑人1名，收缴假币48张。开展禁毒专项行动中，全区共查处吸毒人员150名，强戒吸毒人员55名，刑拘涉毒人员15名，逮捕涉毒违法犯罪嫌疑人9名；缴获毒品冰毒61.76克、海洛因12.69克。

强化信息网络防控网建设　全区共有WIFI上网场所安装任务600个，新增安装433个，完成率72.2%。同时，构建重点网站安全罩，对教育系统7家网站进行功能整合迁移，关停“枫溪信用网”网站。加强SIS系统信息采集录入，全区SIS采集率为140.9%。

【检察】

维护社会稳定，推进社会矛盾化解，服务和保障地方经济社会建设　2017年，全区共受理公安机关提请逮捕案件115件149人，经审查，批准逮捕99件131人，不捕16件18人，不捕率12.1%。受理公安机关移送审查起诉案件161件207人，提起公诉142件181人。提前介入重大案件5件（次），发出纠正违法通知书2份、检察建议1份、侦查活动监督通知书7份。严厉打击各类刑事犯罪，依法保障人权，共批准逮捕故意杀人、伤害案件9件10人，寻衅滋事案件15件18人，涉“黄赌毒”案件33件37人，“两抢一盗”案件29件41人。全面推进未成年人检察工作，受理公安机关提请批准逮捕未成年人犯罪嫌疑人案件8件10人，安排亲情会见5场（次），保障涉案未成年人的合法权益。

参加社会治安综合治理，依法息诉维稳　全年共受理各类控告申诉举报10件，其中控告申诉类信访8件，举报线索2件；经审查，院控申科答复2件，移送本院相关部门办理8件，真正做到事事有落实，件件有回音。

反腐倡廉 全年共受理案件线索7件，立案侦查1件3人，加强立案监督、侦查活动监督，改变案件定性2件2人，决定不捕16件18人，不捕率12.1%。发出量刑建议131件，已被采纳122件，采纳率达93.1%。

履行对社区矫正工作的监督职能 全年建立监外执行罪犯档案检察台账45人，面对面考察社区矫正对象45人。监外执行罪犯共51人，其中列入社区矫正人员46人（缓刑），剥夺政治权利5人。

案件管理规范化，深化检察权内部监督制约 全年共受理侦监案件115件，公诉案件161件，接待律师申请阅卷或复制案卷材料29人次，制作电子卷宗107个案件共254卷，协助图侦部门对2017年度立案的3个案件共5位犯罪嫌疑人进行同步录音录像，录像数量共8场次，总时长11小时24分钟。

【法院】 2017年（1—10月，下同）共受理各类案件1 152件，同比增长37.5%；审结754件，同比增长31.4%，存案398件。一线法官人均结案数126件，结案率65.5%。总体呈现案件的收、结、存全面上升，收案增速大于结案增速，存案大幅上涨的趋势。大力打击暴力犯罪，积极挽救未成年人罪犯，共受理刑事案件160件，审结136件，结案率85%，判处犯罪分子177人。依法审理民商事案件，促进和谐发展。全年共受理各类民商案件538件，同比上升24.3%；审结379件，同比上升19.9%；结案率70.5%，结案标的额1.20亿元。坚持“调解优先、调制结合”原则，全年共以调解方式结案的100件，以撤诉方式结案的32件，调撤率为36%。完善执行工作机制，实现胜诉权益。全年共受理执行案件448件，同比上升53.4%；执结234件，同比上升45.3%；执结率52.2%，执结到位标的额1 879.6万元。共司法扣留10人，限制高消费153人；依法纳入失信被执行人名单153人；在淘宝网进行司法拍卖1件，成交金额161.5万元。受理司法确认案件8件，结案8件，同比减少11.1%。受理诉前财产保全案件2件，结案2件，同比减少100%。受理申请再审案件1件，提起再审结案1件。持续落实立案登记制，全年共审批的各类案件1 152件，当场审批登记1 142件，当场立案登记率达99.1%，居全市前列。

【武装】 2017年，抓民兵组织整顿和强化防火能力。扩编民兵应急队伍。将原95人森林防火分队整编入民兵应急队伍；按应急队伍优先建设要求，将民兵应急队伍分编在经济较好、人口较多的村，将铁路护路分队分编在铁路线周围的单位。组织民兵应急连的整理和战备教育工作，落实年度民兵整组、民兵骨干培训和重点分队建设工作。

【法治政府建设】 2017年，全面推进依法行政、体制改革和廉政建设各项工作，政府服务经济社会发展的能力和水平提高，政府效能有效提升。自觉接受人大、政协提案17件，满意率均达100%。法治枫溪建设工作走在全市前列，“七五”普法工作有序开展，公共法律服务体系逐步健全，17个村（社区）、18个中小学完成法治创建工作，法治精神和法治观念深入人心；简化行政审批，提高工作效率。优化管理体制，调整优化3个办事处机构设置，加强基层基础建设，服务群众的水平和能力进一步提升。基层公共服务、农村财务监管等平台正式启用，顺利完成普惠金融“村村通”试点工作。制订完善重点项目并联审批、小额财政项目招投标管理等多项规定，管理规范化和办事高效化模式加快形成；切实加强廉政建设，严格落实中央八项规定精神，持续整治“四风”问题，“三公”经费管理进一步规范，机关作风明显转变。加强政务公开，强化预算管理、审计监督和行政监察，审计全覆盖工作稳步推进。全面落实党风廉政建设责任制，持续保持德治腐败和正风肃纪高压态势，反腐倡廉工作成效明显。

【党建工作】

强化学习教育，抓引领强党性 2017年，

坚持以经常性学习教育为抓手，主动创新学习教育模式，结合“两学一做”学习教育，积极开展专题辅导培训、参观党史教育基地、书记讲党课等活动328场（次），覆盖全区党员6 753人，引导和动员全区广大党员深入学习党的十九大和上级有关文件、会议精神，特别是习近平新时代中国特色社会主义思想，切实推动党内教育从“关键少数”向广大党员拓展，从集中性教育向经常性教育延伸。

强化组织建设，抓规范促长效　严格落实“七种不提名”“九严禁”“十不准”的要求，顺利完成村居“两委”换届选举工作。积极推进党建品牌建设，基层党组织软弱化整顿、机关党组织规范化建设和企业党组织科学化管理得到全面加强。创造性实施“党员活力先锋亮化工程”，在全区25个党支部设置先锋岗、服务岗和示范岗，2018名党员带头开展志愿服务160多场（次），为基层办好事实事356件，服务群众超过1万人（次）。

强化正风肃纪，抓作风严管理　2017年，全区共组织明查暗访18批（次），查处违反中央八项规定精神案件13起。深入开展党员干部“为官不为”问题整治，先后启动两轮区委巡察工作，共发现“三大问题”51个，形成问题线索11条，立案3宗，处分党员干部3名，诫勉5人次，提醒谈话1人次。深入实践“四种形态”，坚决遏制腐败蔓延势头。全年全区共开展谈话提醒216人（次），实施诫勉谈话63人，受理群众信访举报91件（次），立案查处违纪违法案件44件，结案39件，处分党员干部39名。

社会事业

【教育事业】

推进教育“创现”工作步伐　2017年，新东田小学筹建顺利推进，公办义务教育标准化学校实现全覆盖。强化安全管理，杜绝安全事故。全区小学总共存在17处危险点风险源，完成整改7个，抓紧整改的7个，已落实管控的3个；加大安全管理考核力度。对全区30所中小学进行2016年度安全管理工作进行全面考核，针对各校安全工作存在问题，提出整改意见，并督促学校落实整改措施，全区学校安全考核率达到了100%；开展食堂卫生检查工作。对部分检查不合格的幼儿园食堂要求整改；做好学生防溺水工作。要求各校加强防溺水安全教育，开展应急避灾培训，指导各校完善各类应急预案，开展各类应急疏散演习，组织学生观看消防安全、交通安全宣传等教育课件，提高师生的防灾减灾意识和应急避灾自救能力。

全面完善学校办学条件　全区共投入创现资金达2 992万元，有效推动全区教育“创现”建设步伐。全区中小学均安装了监控系统“一键报警”系统，接通互联网，启用了企信通、校讯通。加强中考、高考的备考研究，提高中考、高考质量。2017年度，中考学科总分名列全市第二名；瓷都中学获“高中教学质量特别奖单位”；枫溪区被授予“高中教学质量先进单位”。开展教学教研工作，向科研要质量，认真组织参加市“十三五”教育科研课题；组织参加潮州市第四届普通教学成果奖，选送的三篇论文分获省一等奖和市特等奖、市一等奖、市二等奖；参加市中小学青年教师教学能力大赛，分别获得市初中语文和小学语文特等奖，代表潮州市参加首届省青年教师教学能力大赛。开展学历提升工程，全区有初中、小学共155名教师参加韩山师范学院本科考试被录取。继续开展原民办代课教师自查工作，全区原民办代课教师共416人参与自查，相关材料已审核完毕，报送市教育局。促进交流轮岗工作，完善人事改革，制订适合区实际的交流轮岗方案，全区共有10所学校参与交流，14名教师参与2017年度的交流轮岗。

【卫生防疫】

乡镇卫生院标准化、村卫生站规范化建设加快实施　2017年，顺利完成6个村卫生站建设任务，全科医生培养使用扎实推进，H7N9流感、登革热、手足口病等重大传染疾病得到及时有效防控，区防疫接种门诊成为全市示范门诊单位，全区医疗卫生保障能力不断提高。强化卫生监督执法。成立“打击无证行医”领导小组，开设打击非法行医投诉举报电话，开展全面摸查，对辖区内119家村卫生站、诊所进行一年一度校验，要求按照登记许可执业范围、科目进行规范诊疗活动，多次对辖区的医疗机构进行随机抽查，确保医疗安全，查处了一家无证行医的黑诊所，依法取缔并暂扣药品一批。

开展爱国卫生运动，全面落实“四方责任” 督促各办事处牵头组织辖区内各村（居）委进行环境整治，实行“门前三包”制度和门内卫生达标责任制，加大“三个一”环境卫生整治制度的舆论宣传。做好登革热防控工作。积极开展病媒生物传染病预防控制工作，聘请专业消杀人员为区公共区域、机关企事业单位、各办事处各村居喷杀蚊蝇，降低鼠、蚊、蝇、蟑螂等“四害”密度，预防和减少各类媒传疫病的发生；区卫计局联合区人民医院举办登革热防控工作培训班，加深医务人员对登革热防治和医疗救治专业知识的认识，加强对登革热疫情的快速反应和应急处理能力；召开登革热防控工作会议，全面开展灭蚊工作，做好应急物资储备工作；要求基层各医疗站要做好登革热的防控，做好门诊日记的登记和蚊媒密度监测。

落实创建国家卫生城市工作 建立健全工作制度，落实创卫责任分解；加强组织领导，及时沟通协调；建立健全爱国卫生运动长效机制，常态化开展爱国卫生运动；开展下水道防蚊闸安装工作；开展登革热防控和创建国家卫生城市宣传活动；开展粤港青年志愿者走进枫溪区志愿服务活动。

做好动物防疫工作 坚持采用春、秋大防疫，常年补注的防疫方式。免疫猪口蹄疫、猪瘟各4 500头，猪蓝耳病810头；鸡新城疫0.8万羽／份、禽流感0.9万羽／份；屠宰场生猪检疫免疫5.1万头，生猪地产检疫7 105头；狗狂犬病疫苗防疫接种1 200多头。加强禽流感及农产品药物残留的生产安全监督工作，区动物防疫监督所监测疫病自测猪血清共120头／份，鸡血清280羽／份；自检药物残留瘦肉精（盐酸克伦特罗、沙丁胺醇、莱克多巴胺）1 280头／份，全部检验合格。区动监所按上级要求抽检了全区动物狗血清10份监测狂犬病、动物内脏及淋巴结40份送省进行监测，全部检验合格。

【计生工作】

强化计生优质服务，两孩生育政策全面落实 2017年，全区户籍人口11.62万人（计生口径），户籍人口出生人数1 346人，出生率为11.63‰，自然增长率为6.41‰，政策生育率为98.37%，出生人口性别比为107.08，各项指标均控制在合理范围内。

常态化抓好计生清查活动 共清理上报出生人口1 346人、清理更新流动人口信息1 500多条。积极开展创建幸福家庭活动，全区已接受免费孕前健康检查近400对；开展流动人口健康活动，帮助流动人口树立健康生活理念，养成良好卫生习惯，提高家庭发展能力，枫溪小学被评为2016年广东省流动人口健康促进示范学校，有两个家庭被评为广东省流动人口健康家庭。推进流动人口计生服务管理工作。共清理重点地段3 000多个，查验流动人口计划生育证明5 000多人，新建信息卡1 000多份，区PADIS信息反馈率、反馈及时率、接收率和接收及时率均达到100%；全年共登记流动人口健康档案250多份，为900多名流动儿童进行一类疫苗免费预防接种服务。积极有效开展打击“两非”专项活动，做好全区计生奖励金的发放工作，做好计生审核把关工作，确保计生一票否决制落到实处。

【文化体育】

文化体育事业日益繁荣。注重发挥文化的熏陶和引领作用 2017年，举办“不忘初心·牢记使命”等宣传活动近130场（次），农家书屋、文化广场等基层公共文化设施完善，长德办枫一村成功入选第五届全国文明村。重视传统文化的保护与传承，成功申报省级非遗产传承基地2个、市级非遗产保护基地5个，凤城博物馆正式挂牌成立。小潮剧《成风化人》《政德惠民》和舞蹈作品《阳光下成长》获“2016广东省（潮州市）群众文艺作品评选获奖”。“枫溪炭炉制作技艺”项目通过评选，被潮州市政府公布为第七批市级非物质文化遗产代表性项目。枫溪瓷艺、枫溪手拉壶、枫溪炭炉3个非遗项目和200多件非遗传承人作品参加深圳文博会展示交流，选送作品获得“中国工艺美术文化创意奖”金奖1项、铜奖3项。长城艺术馆、紫凝轩上报作为2017年度创馆对象备案。

深入推进全民健身活动　组织参加市第16届运动会，区男子少年篮球、足球队均获冠军。区代表队参加广东省第二届“百县区”足球赛潮州赛区比赛，取得第二名成绩。组织中老年人参加全民健身日健身活动。组织120人代表团参加第16届市运会的7个项目比赛，获得金牌2枚、银牌11枚、铜牌14枚，取得团体总分第六名、少年团体总分第四名的成绩。在潮州市云和酒店成功承办第16届市运会象棋、国际象棋比赛。

【扶贫开发】

推进精准扶贫工作，“一对一”精准帮扶全面落实，超额完成市年初下达的脱贫任务　2017年，枫溪区新时期精准扶贫建档立卡贫困户170户330人，分布于3个办事处23个村。全区有劳动力贫困户中16岁以上劳动力49人，区扶贫办制定了精准扶贫就业扶贫“以奖代补”方案，鼓励贫困劳动力积极就业，多劳多奖，每户每年最高可获6 000—8 000元奖励。向贫困户推荐区域内22家骨干企业，提供就业255个岗位，让贫困户自愿选择合适满意岗位，实现一人就业，全家脱贫。

全程服务代办，做好小额贷款　开展公司+农户模式，区财政提供小额贷款保证金30万元和贴息，3个办事处均全面完成贷款工作，每户5万元的贷款资金投入合作企业，每月可享受收益分红。落实减免补助，推进教育扶贫。已发放3个批次，区内户籍学生35人，区外户籍74人，合计补助减免资金37.45万元，确保不出现因贫辍学现象。

落实“三保”工作，巩固兜底脱贫　全区贫困户170户330人中，有281人符合条件纳入农村低保五保；全区60岁以上符合财政补助贫困人口基本医疗保险284人3.41万元，所有贫困人口330人全部参加医保。落实资金投入，推进项目管理，及时足额拨付扶贫开发配套专项资金和扶贫工作经费。各级到位资金210万元。区扶贫办和区财政局研究制定资金项目规划和年度计划，按照扶贫开发65%、医疗保障15%、教育保障20%，切块安排。抓紧推进的扶贫开发项目有就业奖补、产业奖补、小额贷款投资增值、劳动力培训等，计划资金102.8万元，占扶贫开发部分47%。

【民政工作】

民生事业发展　2017年，财政民生支出共4.45亿元，同比增长11.4%，占全区公共财政预算支出的79.7%。社会救助社会保障全面发展。依法依规纳保和脱保，低保对象有进有出，全年全区共有城乡低保对象548户1 100人，其中：城镇182户328人，农村366户772人；全年新增低保23户55人，脱保92户150人。

提高保障标准和补差水平　保障标准调整为城镇580元、农村400元；补差水平城镇由原418元调整为457元，农村由原190元调整为206元，五保户月人均712元，孤儿基本生活费由人月820元提至880元，都全部按时落实提标并每月及时足额发放，达到省、市标准。

完善困难群众医疗救助及保障　全年共救助对象95人（次），发放医疗救助金44.56万元，临时生活救助20人（次），救助金额2.52万元。为全区低保对象、孤儿和事实无人抚养儿童和建档立卡扶贫户，共993人购买2018年城乡居民基本医疗保险。落实各项补助资金，普通门诊救助按全区特困供养人员500元／人年、最低生活保障家庭成员150元／人年、建档立卡的贫困人员150元／人年的标准，给予定额补助。为全区低保对象、五保对象、孤儿和事实无人抚养儿童，共1 127人发放2017年污水处理费补贴9.47万元。

优抚安置优待抚恤依法落实　全年接收退役士兵46人，转业士官1人，共发放安置经费120.9万元。义务兵家属优待共62户，共发放优待金59.93万元，户平优待8 743元 / 人户。享受抚恤补助953人，全年发放抚恤补助资金481.64万元。为六级以上伤残军人参加城镇职工基本医疗保险并发放门诊补助，全年共支出医疗资金27.2万多元。慰问重点优抚对象及60周岁以上农村籍退役士兵、“助残日”慰问伤残军人、“9·30烈士纪念日”慰问烈属，全年支出慰问金40.84万多元。为40多人次存在“生活难、医疗难、住房难”问题的优抚对象解决“三难”问题，全年支出资金8万多元，完成优抚对象数据抽查252名，超过上级下达的数据核查任务189名的33.3%。全区全年共发放低保金、临时救助金、医疗救助金、残疾人“两项”补贴等民生保障资金612.08万元，民生兜底保障水平显著提高。

【慈善事业】

城乡低保落实，社会救助、慈善福利等工作扎实推进　2017年，募集慈善资金19.85万元，资助25名应届贫困家庭大学生圆了大学梦。落实防寒防涝防台风救助工作，及时下拨自然灾害救助物资，其中：自然灾害资金15.5万元，棉被60床。市级精准康复服务目录6类32项，残疾儿童康复救助全年27例，贫困精神病患者医疗救助对象4名共1.36万元；慰问全区262名残疾人，发放慰问金2.096万元。全区共有779人（次）残疾人享受生活补贴，发放金额34.885万元，共有1 442人次残疾人享受重度护理补贴，发放金额87万元；帮助2名残疾人应届大学生申请“南粤扶残助学工程”助学金。加强归侨侨眷帮扶，春节前慰问困难侨眷12户30人，慰问金1.3万元；发放广东省扶持贫困归侨专项资金2.2万元，其中：特困归侨3人，每人0.3万元；困难归侨10人，每人0.13万元。

加强侨捐项目跟踪管理　全区共有捐赠项目42宗，其中，近5年捐赠项目6宗，共捐资人民币260万元及港币300万，均为旅港乡亲詹培忠捐赠，用于区益盛小学、益盛中学奖教奖学及村基础设施建设。慰问单亲贫困妇女21人，共8 400元；慰问贫困妇女干部8人，共4 800元；“春蕾助学”慰问女童25人，共1万元；慰问贫困儿童32人，共1.92万元，并现场向贫困儿童送上棉被等慰问物资，慰问金额及爱心物品折款共约5.24万元。

【社会保障】

强化基金管理　2017年，全区各项社保基金收入1.87亿元，其中企业职工养老保险基金收入1.46亿元。各项基金支出共2.63亿元，其中企业职工养老保险基金支出2.25亿元，各项社保基金收支当期结余-7 582万元，其中企业职工养老保险基金收入缺口7 910万元。全区各项社保基金历年累计结余1 673万元，其中企业养老保险基金历年累计结余-3 693万元。

推进就业创业　全区实现城镇新增就业1 500人，完成年任务1 600人的94%；城镇失业再就业461人，完成年任务500人的92%；就业困难人员就业141人，完成年任务150人的94%；城镇失业率控制在2%以内，劳动力转移就业365人；创业带就业162人，完成年任务175人的93%；开展技能晋升培训269人，开支45.1万元，发放高校毕业生到中小微企业就业补贴5人，共1万元；就业困难人员灵活就业社保补贴327人，共58.29万元；潮州市拇指大动电子商务有限公司享受创业带动就业补贴0.3万元。举办各类招聘会、洽谈会11场，先后邀请全区240个企业和用工单位参加劳务现场招聘会活动，共提供转移就业岗位12 720个，达成意向5 760人。发放稳岗补贴企业3批次21家，发放金额26.39万元。推荐22家骨干企业共255个工作岗位，让贫困人员实现在家门口就业。全年全区企业职工养老、失业、工伤、生育、医疗参保人数分别为3.85万人、4.54万人、4.60万人、3.98万人、3.25万人；机关事业单位养老参保1 728人。参加城乡居民养老保险3.00万人；参加城乡居民医疗保险参保人数9.57万人。企业职工养老保险退休人数1.08万人，城乡居民养老保险退休人数1.14万人。全年全区工伤受理20宗，工伤认定16宗，工伤举证通知书1宗。为劳动者协会协调解决劳资纠纷44宗，涉及人数137人，工资185.48万元100%兑现；全区31个基层劳动争议调解组织共调处劳动纠纷27宗，涉及人数139人，工资147.94万元100%兑现。全区没有发生重特大事件。

（枫溪区志办）

附：2017年潮州市枫溪区领导成员名单

区委书记：周永龙

副 书 记：雷振宇　陈韩昕

常　　委：周永龙　雷振宇　陈韩昕
陈林杰（—12月）
陈惠瑶（女）　余少锋
邢狄波　董仲贤　翁　元
苏爱群　蔡益雄

区管委会主任：雷振宇

副 主 任：陈韩昕　陈林杰（—12月）
陈惠瑶（女）　余少锋
邢狄波　董仲贤　翁　元
苏爱群　蔡益雄

潮州市人大常委会枫溪区工作委员会主任：周永龙

区纪委书记：陈林杰（—12月）

2017年枫溪区各办事处简况一览表

名　称	村（居）（个）	人口（人）	总面积（平方千米）	山林场面积（亩）	办事处书记	办事处主任
长德办事处	9	40 501	8.99	3 100	蔡益雄	蔡益雄（—3月） 黄锐浩（3月—）
路东办事处	14	44 837	11.255	10 414	吴俊钦	吴俊钦（—3月） 吴文荣（3月—）
路西办事处	9	23 791	8.194	2 550	谢广歆	谢广歆（—3月） 丁树雄（3月—）

附录

一、获全国、国家部委、省委和省政府授予的先进单位名录

单　位　名　称	授予单位或出席会议名称	称　　　号	授予时间
潮安区人民检察院	中共广东省委	依法治省工作先进单位	2017.01
枫溪区法律援助处	全国妇联	全国维护妇女儿童权益先进集体	2017.02
潮州市国税局车辆购置税征收管理分局办税服务厅	全国妇联	全国三八红旗集体	2017.02
湘桥区西新街道新桥社区居委会	国务院防范和处理邪教问题办公室	创建无邪教示范社区	2017.03
湘桥区南春街道振德街社区	国务院防范和处理邪教问题办公室	创建无邪教示范社区	2017.03
潮安供电局凤塘供电所凤塘营业厅	全国妇联	全国巾帼文明岗	2017.04
市检察院妇女小组	全国妇联	全国巾帼文明岗	2017.04
市人民医院妇产中心	全国妇联	全国巾帼文明岗	2017.04
中国电信潮州分公司网络操作维护中心	全国妇联	全国巾帼文明岗	2017.04
饶平县大埕镇上东村	全国妇联	全国巾帼建功先进集体	2017.04
潮州市公安局法制支队	公安部	全国优秀公安基层单位	2017.05
湘桥区太平街道南门社区	中国科学技术协会	国家科普示范社区	2017.06
湘桥区意溪镇	住建部	全国特色小镇	2017.07
潮州市体育局	国家体育总局	2013—2016年度全国群众体育先进单位	2017.08
湘桥区教育局	国家体育总局	2013-2016年度全国群众体育先进单位	2017.08
潮安区体育局	国家体育总局	全国群众体育先进单位	2017.08
潮州市文化广电新闻出版局	国家新闻出版广电总局	2016年度基层广播影视统计工作先进集体	2017.09
广东笑咪咪食品有限公司	中国出入境检验检疫协会	中国质量诚信企业	2017.09
潮州市湘桥区人民检察院	最高人民检察院	全国检察机关文明接待室	2017.10

续上表

单　位　名　称	授予单位或出席会议名称	称　　号	授予时间
潮州市饶平县人民检察院	最高人民检察院	文明接待示范窗口	2017.10
潮安区浮洋镇大吴村	中央精神文明建设指导委员会	第五届全国文明村镇	2017.11
潮州供电局	中央精神文明建设指导委员会	全国文明单位	2017.11
潮州市地方税务局	中央精神文明建设指导委员会	全国文明单位	2017.11
广东文化长城集团股份有限公司	国家知识产权局	第十九届中国专利优秀奖	2017.12
广东隆兴包装实业有限公司	国家知识产权局	第十九届中国专利优秀奖	2017.12
广东顺祥陶瓷有限公司	国家知识产权局	第十九届中国专利优秀奖	2017.12
广东恒洁卫浴有限公司	国家知识产权局	第十九届中国专利优秀奖	2017.12
潮安区浮洋镇大吴村	国务院侨务办公室	全国为侨公共服务示范单位	2017.12
潮安区彩塘镇水美村农家书屋	国家新闻出版广电总局	全国示范农家书屋	2017.12
广东恒洁卫浴有限公司	国家知识产权局	第十九届国家专利优秀奖	2017
广东中包机械有限公司	广东省委省政府	2017年度广东省科学技术奖三等奖	2017

注：以上名录辑录被国务院、部委及省委、省政府授奖的单位，根据各单位上报材料整理

二、获全国、国家部委、省委和省政府授予的先进个人名录

姓　名	性别	所　在　单　位	授予单位或出席会议名称	称　　号	授予时间
黄镇文	男	枫溪区司法办事处	中共广东省委	依法治省工作先进个人	2017.01
陈　爽	女	湘桥区城南小学	教育部2015—2016年度“一师一优课、一课一名师”“活动”“优课”	中央电化教育馆	2017.01
麦少鹏	男	枫溪区人民法院	最高人民法院	全国法院办案标兵	2017.01
陈延定	男	潮安区检察院	最高人民检察院刑事执行监察厅	2016年度全国羁押必要性审查优秀案件	2017.02

续上表

姓　名	性别	所　在　单　位	授予单位或出席会议名称	称　　　号	授予时间
陈　霞	女	潮州市检察院	全国妇联	全国维护妇女儿童权益先进个人	2017.03
吴泽阳	男	潮安区	中国工艺美术协会	手拉壶作品《清趣》在52届全国工艺品交易会上获得2017年“金凤凰”创新产品设计大奖赛铜奖	2017.03
吴淡珠	女	广东文化长城集团股份有限公司	全国妇联	全国巾帼建功标兵	2017.04
陈秀辉	女	广东宏伟集团有限公司	全国妇联	全国巾帼建功标兵	2017.04
蔡凤花（家庭）		潮安区	全国妇联	全国“最美家庭”	2017.05
吴奕鹏	男	市公安局交警支队	公安部	全国优秀人民警察	2017.05
邱　旸	男	市公安局湘桥分局	公安部	全国特级优秀人民警察	2017.06
邱志宏	男	潮州市检察院	最高人民检察院	全国检察机关优秀预防员	2017.06
刘敬松	男	潮州市检察院	最高人民检察院	全国检察机关侦防骨干人才	2017.06
苏金俊	男	潮州市检察院	最高人民检察院	全国检察机关优秀侦查员	2017.06
曹仰宏	男	潮州市检察院	最高人民检察院	全国检察机关优秀侦查员	2017.06
刘　珍	女	潮州市检察院	最高人民检察院	全国检察机关万名侦防能手	2017.06
陈才文	男	潮州市检察院	最高人民检察院	全国检察机关万名侦防能手	2017.06
谢贵林	男	潮州市检察院	最高人民检察院	全国检察机关万名侦防能手	2017.06
苏焕森	男	潮州市检察院	最高人民检察院	全国检察机关万名侦防能手	2017.06
黄楷泳	男	潮州市检察院	最高人民检察院	全国检察机关万名侦防能手	2017.06
林建克	男	潮安区	国家体育总局	全国群众体育先进个人	2017.08
丁　皓	男	市公安局刑警支队	公安部	全国公安百佳刑警	2017.09
丁　皓	男	市公安局刑警支队	公安部	全国公安百佳刑警	2017.09
彭国昭	男	潮安区检察院	最高人民检察院反贪总局	全国检察机关万名侦防能手人才	2017.09
吴永航	男	潮安区检察院	最高人民检察院反贪总局	全国检察机关万名侦防能手人才	2017.09
林和才	男	潮安区检察院	最高人民检察院反贪总局	全国检察机关万名侦防能手人才	2017.09

续上表

姓　名	性别	所　在　单　位	授予单位或出席会议名称	称　　号	授予时间
林玮璇	女	潮安区检察院	最高人民检察院反贪总局	全国检察机关万名侦防能手人才	2017.09
蔡伟波	男	潮州市湘桥区人民检察院	最高人民检察院	全国检察机关优秀侦查员	2017.09
邱垂滋	男	潮州市湘桥区人民检察院	最高人民检察院	全国检察机关万名侦防能手人才	2017.09
王顺卿	男	潮州市城市规划勘测设计院	人社部、住建部	全国住房城乡建设系统先进工作者	2017.12

注：以上名录辑录被国务院、部委及省委、省政府授奖的个人，根据各单位上报材料整理

2017年潮州市人民政府规范性文件目录

序号	发文单位	文件名称	文件号	发文时间
1	潮州市人民政府	潮州市人民政府关于潮州市城区禁止燃放烟花爆竹的通告	潮府告〔2017〕1号	2017.1.9
2	潮州市人民政府	潮州市人民政府关于公布规范性文件有效期清理结果的通知	潮府〔2017〕4号	2017.1.20
3	潮州市人民政府	潮州市人民政府关于我市活禽经营市场实行临时性休市的公告	潮府告〔2017〕2号	2017.2.15
4	潮州市人民政府	潮州市人民政府办公室关于印发《潮州市人民政府2017年规范性文件制订计划》的通知	潮府办〔2017〕5号	2017.2.17
5	潮州市人民政府	潮州市人民政府关于印发潮州市城乡规划管理技术规定（试行）的通知	潮府〔2017〕7号	2017.2.22
6	潮州市人民政府	潮州市人民政府关于我市活禽经营市场实行临时性休市的公告	潮府告〔2017〕4号	2017.2.24
7	潮州市人民政府	潮州市人民政府关于我市活禽经营市场实行临时性休市的公告	潮府告〔2017〕5号	2017.3.3
8	潮州市人民政府	潮州市人民政府关于印发潮州市人民政府2017年制订规章计划的通知	潮府〔2017〕13号	2017.4.5
9	潮州市人民政府	潮州市人民政府印发关于鼓励投资建设五星级酒店若干优惠措施的意见的通知	潮府〔2017〕14号	2017.4.5
10	潮州市人民政府	潮州市人民政府关于延长《关于促进战略性新兴产业发展用地的若干措施》（潮府〔2015〕28号）有效期的通知	潮府〔2017〕15号	2017.4.5
11	中共潮州市委 潮州市人民政府	中共潮州市委　潮州市人民政府关于印发《潮州市引进培养高层次人才办法》的通知	潮委发电〔2017〕10号	2017.4.14
12	潮州市人民政府	潮州市人民政府关于开展农村畜禽养殖污染整治工作的通告	潮府告〔2017〕11号	2017.5.19
13	潮州市人民政府	潮州市人民政府关于印发潮州市国有资产监管体制和运行机制实施办法的通知	潮府〔2017〕23号	2017.5.22
14	潮州市人民政府	潮州市人民政府关于印发潮州市困难群众医疗救助实施办法的通知	潮府〔2017〕24号	2017.5.22
15	潮州市人民政府	潮州市人民政府关于印发潮州市商事主体住所经营场所登记管理规定的通知	潮府〔2017〕25号	2017.6.1

续上表

序号	发文单位	文件名称	文件号	发文时间
16	潮州市人民政府	潮州市人民政府关于印发潮州市城区客运人力三轮车管理规定的通知	潮府〔2017〕26号	2017.6.12
17	潮州市人民政府	潮州市人民政府关于印发潮州市建设领域工人工资支付保证金管理办法的通知	潮府〔2017〕28号	2017.7.18
18	潮州市人民政府	潮州市人民政府关于印发潮州市城乡公共交通财政补贴资金管理办法的通知	潮府〔2017〕31号	2017.8.31
19	潮州市人民政府	潮州市人民政府印发关于完善市区部分国有用地手续有关问题的意见(试行)的通知	潮府〔2017〕32号	2017.8.31
20	潮州市人民政府	潮州市人民政府关于印发潮州市鼓励企业利用资本市场融资的若干措施的通知	潮府〔2017〕36号	2017.9.18
21	潮州市人民政府	潮州市人民政府关于印发《潮州市关于困难群体医疗保障救助的实施意见》的通知	潮府〔2017〕38号	2017.9.21
22	潮州市人民政府	潮州市人民政府印发关于鼓励创业致富带头人在相对贫困村创办企业的实施意见的通知	潮府〔2017〕40号	2017.9.30
23	潮州市人民政府	潮州市人民政府印发关于鼓励发展总部经济的若干意见的通知	潮府〔2017〕42号	2017.10.11
24	潮州市人民政府	潮州市人民政府关于印发潮州市总部企业认定办法的通知	潮府〔2017〕43号	2017.10.11
25	潮州市人民政府	潮州市人民政府关于鼓励通用厂房建设促进工业地产发展的实施意见的通知	潮府〔2017〕44号	2017.10.11
26	潮州市人民政府	潮州市人民政府关于进一步加强高污染燃料禁燃区管理的通告	潮府告〔2017〕14号	2017.10.11
27	潮州市人民政府	潮州市人民政府关于加强泥头车管理的通告	潮府告〔2017〕15号	2017.10.18
28	潮州市人民政府	潮州市人民政府关于印发《潮州市陶瓷废物回收处理实施意见》的通知	潮府〔2017〕45号	2017.10.23
29	潮州市人民政府	潮州市人民政府关于扩大高污染高排放机动车限制通行区域的通告	潮府告〔2017〕16号	2017.10.30
30	潮州市人民政府	潮州市人民政府关于提升“三旧”改造水平促进节约集约用地的实施意见	潮府〔2017〕46号	2017.11.1
31	潮州市人民政府	潮州市人民政府关于印发《潮州市市城区“三旧”改造无偿移交公益性项目用地操作细则》的通知	潮府〔2017〕47号	2017.11.1
32	潮州市人民政府	潮州市人民政府关于印发《潮州市市城区“三旧”改造项目完善历史用地手续操作细则》的通知	潮府〔2017〕48号	2017.11.1

续上表

序号	发文单位	文件名称	文件号	发文时间
33	潮州市人民政府	潮州市人民政府关于印发《潮州市市城区“三旧”改造方案审批操作细则》的通知	潮府〔2017〕49号	2017.11.1
34	潮州市人民政府	潮州市人民政府关于印发《潮州市市城区“三旧”改造项目认定操作细则》的通知	潮府〔2017〕50号	2017.11.1
35	潮州市人民政府	潮州市人民政府关于公布规范性文件清理结果的通知	潮府〔2017〕51号	2017.11.1
36	潮州市人民政府	潮州市人民政府关于划定潮州市韩江流域具体范围的公告	潮府告〔2017〕17号	2017.11.29
37	潮州市人民政府	潮州市转贷服务管理暂行办法	潮府〔2017〕57号	2017.12.4
38	潮州市人民政府	潮州市人民政府办公室关于实行规范性文件统一登记统一编号统一印发制度的通知	潮府办〔2017〕43号	2017.12.4
39	潮州市人民政府	潮州市人民政府关于印发《潮州市人口与计划生育管理办法》的通知	潮府〔2017〕59号	2017.12.8
40	潮州市人民政府	潮州市人民政府关于印发《潮州市渡口渡船安全管理办法》的通知	潮府〔2017〕60号	2017.12.13
41	潮州市人民政府	潮州市人民政府关于潮州市主城区提质工程（甬莞高速古巷西出口至潮州迎宾馆路段）建设有关事项的通告	潮府告〔2017〕18号	2017.12.18
42	潮州市人民政府	潮州市人民政府关于对我市活禽经营市场实行一月一休市的公告	潮府告〔2017〕19号	2017.12.20
43	潮州市人民政府	潮州市人民政府关于印发《潮州市城市绿化管理办法》的通知	潮府〔2017〕62号	2017.12.25
44	潮州市人民政府	潮州市人民政府关于印发《潮州市爱国卫生工作规定》的通知	潮府〔2017〕63号	2017.12.25
45	潮州市人民政府	潮州市人民政府关于印发《潮州市消防安全责任制实施规定》的通知	潮府〔2017〕64号	2017.12.25

潮州市2017年1—12月份主要商品价格情况表

商品/分类名称	规格等级/产地品牌	计价单位	2017年													2016年平均值	同比增长
			1月	2月	3月	4月	5月	6月	7月	8月	9月	10月	11月	12月	平均值		
粮食																	
晚籼米	标准品，一级当地主销	元/500克	2.75	2.77	2.83	2.83	2.83	2.83	2.83	2.83	2.83	2.99	3.00	2.99	2.86	2.72	5.15%
丝苗米	优质当地主销	元/500克	3.11	3.08	3.05	3.05	3.00	3.00	3.00	3.00	3.00	3.00	3.00	3.01	3.03	3.06	–0.98%
珍珠米	优质当地主销	元/500克	2.89	2.90	2.93	2.92	2.91	2.91	2.91	2.91	2.92	2.89	2.89	2.91	2.91	2.85	2.11%
油粘米	优质当地主销	元/500克	3.13	3.14	3.14	3.14	3.22	3.17	3.17	3.22	3.22	3.17	3.17	3.17	3.17	3.14	0.96%
泰国香米	优质当地主销	元/500克	5.76	5.76	5.81	5.78	5.86	5.92	5.92	5.92	5.88	5.97	5.97	5.97	5.88	5.84	0.68%
标准粉	当地主销	元/500克	2.69	2.66	2.54	2.51	2.55	2.55	2.57	2.58	2.58	2.47	2.46	2.46	2.55	2.64	–3.41%
富强粉	当地主销	元/500克	3.44	3.42	3.33	3.33	3.33	3.33	3.33	3.33	3.33	3.33	3.33	3.33	3.35	3.43	–2.33%
食用油																	
花生油	桶装压榨5L，一级当地主销	元/桶	126.28	126.35	127.05	126.91	127.92	126.53	126.87	127.06	127.48	127.56	127.20	126.96	127.01	125.18	1.46%
调和油	桶装5L当地主销	元/桶	54.72	54.72	55.79	55.49	55.73	55.73	55.75	55.70	55.75	55.80	55.63	55.85	55.56	54.57	1.81%
畜类																	
排骨	新鲜	元/500克	27.66	27.48	26.97	26.88	26.97	26.72	26.63	26.46	26.55	26.38	26.18	26.06	26.75	27.63	–3.18%
精瘦肉	新鲜	元/500克	17.61	17.79	18.28	17.88	17.91	17.92	17.79	17.62	17.63	17.38	17.34	17.44	17.72	17.22	2.90%
有皮上肉	新鲜	元/500克	13.79	13.99	14.33	14.06	13.98	14.11	14.13	13.77	13.69	13.71	13.72	13.70	13.92	13.88	0.29%
肋条肉	新鲜	元/500克	13.88	13.97	14.42	14.14	14.08	14.12	14.13	13.89	13.69	13.68	13.55	13.54	13.92	13.71	1.53%
猪肉均价	新鲜	元/500克	18.23	18.31	18.50	18.24	18.23	18.22	18.17	17.94	17.89	17.79	17.70	17.68	18.08	18.11	–0.17%
腱子肉	新鲜	元/500克	45.36	45.67	45.11	44.75	44.89	44.66	44.51	44.47	44.44	44.44	44.58	44.95	44.82	46.07	–2.71%

续上表

商品/分类名称	规格等级/产地品牌	计价单位	2017年													2016年平均值	同比增长
			1月	2月	3月	4月	5月	6月	7月	8月	9月	10月	11月	12月	平均值		
牛腩	新鲜	元/500克	34.14	34.60	34.63	34.45	34.52	34.77	34.89	34.69	34.30	34.28	33.65	33.78	34.39	35.56	-3.29%
带骨羊肉	新鲜	元/501克	34.81	35.23	34.88	34.31	34.47	33.88	33.75	33.75	34.38	34.14	32.63	33.10	34.11		
禽类																	
鸡肉	白条鸡、开膛，上等	元/500克	14.21	14.38	14.90	14.75	14.53	14.42	14.61	14.74	15.26	15.19	15.34	15.56	14.82	13.97	6.08%
鸭肉	新鲜	元/500克	13.79	13.86	14.28	14.25	14.20	14.25	14.28	14.29	14.39	14.35	14.58	14.79	14.28	14.54	-1.79%
蛋类																	
白壳鸡蛋	新鲜完整鸡场蛋	元/500克	6.07	6.04	5.77	5.68	5.58	5.55	5.70	5.75	5.89	5.95	6.07	6.09	5.85	6.38	-8.31%
红壳鸡蛋	新鲜完整鸡场蛋	元/500克	6.02	5.93	5.51	5.47	5.49	5.45	5.60	5.70	5.74	5.33	5.38	5.40	5.59	6.11	-8.51%
咸鸭蛋	去泥	元/500克	9.22	9.26	9.75	9.75	9.65	9.72	9.73	9.77	9.79	9.75	9.63	9.63	9.64	9.63	0.10%
鸭蛋	新鲜完整	元/500克	6.66	6.70	6.89	6.86	6.85	6.74	6.74	6.79	6.86	6.87	6.85	6.78	6.80	6.95	-2.16%
蔬菜																	
西洋菜	新鲜一级	元/500克	3.21	3.27	2.80	2.75	2.85	3.10	3.49	3.72	4.09	4.31	4.09	3.67	3.45	4.01	-13.97%
本地菜心	新鲜一级	元/500克	3.41	3.50	3.63	3.53	3.36	3.69	4.47	4.64	4.65	4.43	3.73	3.79	3.90	5.02	-22.31%
水东芥菜	新鲜一级	元/500克	2.94	3.12	3.04	3.12	3.13	3.34	3.84	3.90	3.96	3.97	3.77	3.40	3.46	3.98	-13.07%
水空心菜	新鲜一级	元/500克	3.16	3.86	4.34	4.03	3.48	2.95	3.45	3.28	3.30	3.66	3.41	3.53	3.54	4.33	-18.24%
上海青	新鲜一级	元/500克	3.07	2.87	2.74	2.95	2.91	2.92	3.51	3.62	3.72	3.79	3.34	3.24	3.22	4.16	-22.60%
芥兰	新鲜一级	元/500克	3.97	4.11	4.08	4.54	4.04	4.30	4.70	4.82	5.14	5.22	4.33	4.20	4.45	5.88	-24.32%
西芹	新鲜一级	元/500克	3.77	3.67	3.51	3.46	3.27	3.61	3.94	4.03	3.99	4.05	3.84	3.88	3.75	4.16	-9.86%
生菜	新鲜一级	元/500克	2.95	2.86	2.44	2.77	2.77	2.89	3.84	4.26	4.42	4.20	3.62	3.34	3.36	4.27	-21.31%

续上表

商品/分类名称	规格等级/产地品牌	计价单位	2017年													2016年平均值	同比增长
			1月	2月	3月	4月	5月	6月	7月	8月	9月	10月	11月	12月	平均值		
大白菜	新鲜一级	元/500克	2.56	2.61	2.44	2.43	2.59	2.61	3.06	3.11	3.18	3.16	2.74	2.71	2.77	3.69	-24.93%
白苋菜	新鲜一级	元/500克	3.19	3.46	3.80	3.76	3.32	3.32	3.98	3.94	3.77	3.93	3.74	3.87	3.67	4.46	-17.71%
奶白菜	新鲜一级	元/500克	2.88	3.62	3.40	3.20	3.31	3.47	4.15	4.44	4.72	4.23	3.86	3.84	3.76	4.93	-23.73%
菠菜	新鲜一级	元/500克	3.59	3.69	3.72	3.72	3.86	4.21	4.91	5.09	5.48	5.44	4.62	4.45	4.40	5.19	-15.22%
韭菜	新鲜一级	元/500克	4.79	5.14	5.50	4.89	4.37	4.44	4.64	4.75	5.04	4.94	4.92	4.84	4.86	5.61	-13.37%
椰菜	新鲜一级	元/500克	2.79	2.74	2.50	2.33	2.40	2.40	2.50	2.57	2.67	2.81	2.80	2.74	2.60	3.30	-21.21%
花菜	新鲜一级	元/500克	3.79	3.57	3.30	3.69	3.75	3.89	4.36	4.44	4.64	4.61	4.36	4.04	4.04	4.87	-17.04%
西红柿	新鲜一级	元/500克	4.01	4.05	3.98	3.67	3.73	3.74	4.09	4.00	4.15	4.16	3.89	3.88	3.95	4.07	-2.95%
青皮冬瓜	新鲜一级	元/500克	2.13	2.32	2.21	2.01	1.96	1.93	1.96	1.98	1.98	2.09	2.07	2.05	2.06	2.30	-10.43%
南瓜	新鲜一级	元/500克	2.49	2.53	2.37	2.39	2.24	2.15	2.20	2.24	2.28	2.28	2.28	2.35	2.32	2.54	-8.66%
黄瓜	新鲜一级	元/500克	2.97	3.17	3.23	3.35	3.00	2.79	2.97	3.12	3.26	3.10	3.18	3.20	3.11	3.58	-13.13%
茄子	新鲜一级	元/500克	3.67	3.54	3.58	3.45	3.36	2.98	3.42	3.39	3.44	3.58	3.65	3.84	3.49	4.08	-14.46%
青尖椒	新鲜一级	元/500克	4.01	3.85	3.86	3.72	3.65	3.42	3.77	3.88	3.93	4.01	3.93	4.01	3.84	4.35	-11.72%
苦瓜	新鲜一级	元/500克	4.83	5.24	5.28	4.85	4.22	3.50	4.26	4.13	4.15	4.09	4.33	4.47	4.45	5.02	-11.35%
丝瓜	新鲜一级	元/500克	3.08	3.94	4.69	4.44	3.96	3.58	3.86	3.86	3.85	3.96	3.94	4.14	3.94	4.14	-4.83%
青豆角	新鲜一级	元/500克	4.65	4.55	5.17	5.31	4.53	3.83	4.16	4.28	4.36	4.14	4.23	4.34	4.46	4.76	-6.30%
莴笋	新鲜一级	元/500克	3.96	3.91	3.77	3.21	2.95	3.00	3.31	3.40	3.64	3.68	3.58	3.38	3.48	4.31	-19.26%
蒜苔	新鲜一级	元/500克	4.98	5.05	6.21	6.30	5.40	4.90	5.00	5.04	5.04	5.17	4.96	4.97	5.25	5.47	-4.02%
土豆	新鲜一级	元/500克	3.01	2.83	2.88	2.89	2.91	2.76	2.84	2.79	2.78	2.77	2.81	2.81	2.84	3.24	-12.35%

续上表

商品/分类名称	规格等级/产地品牌	计价单位	2017年													2016年平均值	同比增长
			1月	2月	3月	4月	5月	6月	7月	8月	9月	10月	11月	12月	平均值		
红萝卜	新鲜一级	元/500克	2.98	2.98	2.88	2.90	2.85	2.81	2.89	2.88	2.84	2.85	2.75	2.73	2.86	3.23	-11.46%
白萝卜	新鲜一级	元/500克	2.00	1.90	1.88	1.83	1.86	1.88	2.05	2.06	2.25	2.41	2.25	2.05	2.04	2.29	-10.92%
莲藕	新鲜一级	元/500克	4.75	4.81	4.83	4.70	4.64	4.96	5.05	4.93	4.90	4.85	4.69	4.65	4.81	5.26	-8.56%
水果																	
橙子	一级国产	元/500克	5.44	5.45	5.40	5.43	5.71	5.77	5.76	5.70	5.69	5.85	5.87	5.83	5.66	5.45	3.85%
苹果	一级国产红富士	元/500克	6.34	6.48	6.69	6.70	6.81	6.86	6.85	6.84	6.82	6.90	6.93	6.91	6.76	6.65	1.65%
香蕉	一级国产	元/500克	2.62	2.68	2.69	2.71	2.76	2.75	2.73	2.74	2.78	2.71	2.59	2.55	2.69	2.84	-5.28%
葡萄	一级国产红提	元/500克	10.14	10.35	10.87	11.29	11.71	11.39	11.55	10.68	9.72	9.48	9.46	9.51	10.51	10.32	1.84%
梨	一级国产鸭梨	元/500克	4.15	4.15	4.17	4.19	4.16	4.23	4.24	4.26	4.22	4.09	4.17	4.17	4.18	4.24	-1.42%
西瓜	普通	元/500克	2.00	2.00	2.10	2.25	2.44	2.50	2.25	2.25	2.35	2.28	2.28	2.30	2.25	2.11	6.64%
干货																	
蒜头	新鲜一级	元/500克	8.69	8.97	9.01	9.00	9.15	8.36	8.07	7.92	7.92	7.43	7.15	6.94	8.22		
生姜	新鲜一级	元/500克	5.48	5.51	5.27	5.18	5.27	5.13	5.30	5.37	5.40	5.57	5.58	5.47	5.38		
水产品																	
带鱼	1500克左右一条，冷冻	元/500克	23.97	24.20	23.61	24.02	24.10	24.12	24.35	24.13	23.99	24.16	23.96	23.68	24.02	22.56	6.47%
黄鱼	300克左右一条，冷冻	元/500克	19.68	20.19	19.80	19.58	19.82	20.03	20.51	20.33	20.50	20.60	20.50	20.63	20.18	20.42	-1.18%
草鱼	2000克左右一条，活体	元/500克	8.18	8.48	8.34	8.40	8.40	8.42	8.50	8.70	8.79	8.89	8.84	8.78	8.56	8.06	6.20%
鲢鱼	750克左右一条，活体	元/500克	4.09	4.06	3.90	3.89	3.95	3.89	4.20	4.22	4.22	4.01	4.00	4.00	4.04	3.87	4.39%
鲫鱼	350克左右一条，活体	元/500克	8.98	9.16	8.70	8.77	9.03	9.00	9.13	9.13	9.13	8.80	8.98	9.09	8.99	8.76	2.63%

续上表

商品/分类名称	规格等级/产地品牌	计价单位	2017年													2016年平均值	同比增长
			1月	2月	3月	4月	5月	6月	7月	8月	9月	10月	11月	12月	平均值		
鳙鱼	1500克左右一条，活体	元/500克	7.40	7.45	7.21	7.25	7.34	7.28	7.62	7.63	7.65	7.67	7.75	7.78	7.50	7.49	0.13%
鲈鱼	500克以上一条，活体	元/500克	18.00	18.49	17.10	16.93	17.32	17.82	18.49	18.50	18.72	18.20	18.16	17.58	17.94	17.11	4.85%
罗非鱼	750克左右一条，活体	元/500克	6.44	6.47	6.24	6.29	6.51	6.55	6.69	6.69	6.67	6.78	6.87	7.00	6.60	6.38	3.45%
海虾	长10cm左右，冻或活体	元/500克	49.50	51.38	50.70	50.39	50.85	50.37	50.41	50.22	49.98	48.62	47.00	47.23	49.72	48.84	1.80%
基围虾	长10cm左右，冻或活体	元/500克	35.63	41.88	38.00	38.15	38.65	38.88	38.30	38.00	37.60	38.40	39.10	38.81	38.45	36.52	5.28%
河虾	长5cm左右，冻或活体	元/500克	44.93	46.66	46.00	45.83	45.90	46.17	46.17	45.93	45.86	43.63	43.90	44.70	45.47	47.23	-3.73%
加工食品																	
加碘精制盐	500克，袋装	元/500克	1.60	1.60	1.60	1.60	1.60	1.60	1.60	1.60	1.60	1.60	1.60	1.60	1.60		
加碘日晒盐	500克，袋装	元/500克	1.60	1.60	1.60	1.60	1.60	1.60	1.60	1.60	1.60	1.60	1.60	1.60	1.60		
加碘海精盐	500克，袋装	元/500克	1.30	1.30	1.30	1.30	1.30	1.30	1.30	1.30	1.30	1.30	1.30	1.30	1.30		
加碘自然食用盐	250克，袋装	元/500克	3.00	3.00	3.00	3.00	3.00	3.00	3.00	3.00	2.95	3.00	3.00	3.00	3.00		
加碘低钠盐	250克，袋装	元/500克	4.00	4.00	4.00	4.00	4.00	4.00	4.00	4.00	4.00	4.00	4.00	4.00	4.00		
其它																	
液化石油气	14.5公斤	元/瓶	85.10	89.75	88.75	86.00	82.00	75.75	72.00	77.90	82.50	90.10	94.00	96.75	85.05	65.26	30.32%
民用自来水(不含污水处理费)	第一阶梯	元/吨	1.70	1.70	1.70	1.70	1.70	1.70	1.70	1.70	1.70	1.70	1.70	1.70	1.70	1.60	6.25%
92#汽油	国V	元/升	6.53	6.53	6.44	6.38	6.36	6.21	6.06	6.16	6.33	6.47	6.62	6.74	6.40	5.90	8.47%
居民生活用电	第一阶梯	元/度	0.70	0.70	0.70	0.70	0.70	0.70	0.70	0.68	0.68	0.68	0.68	0.68	0.69	0.70	-1.43%

注： 由于2017年省价格监测中心调整监测制度，市价格监测中心也相应调整部分监测单位及监测品种，因此部分商品价格同比波动较大，部分则因上年无监测因此无对比数据。

地区生产总值（GDP）

单位：万元

	总　　量		增长（%）	占GDP比重（%）	
	2017年	2016年		2017年	2016年
地区生产总值	10 127 650	9 794 423	6.8	100.0	100.0
# 第一产业	705 627	682 839	5.3	7.0	7.0
第二产业	5 055 471	5 071 268	5.5	49.9	51.6
第三产业	4 366 553	4 040 316	8.8	43.1	41.3
# 农、林、牧、渔业	731 216	706 285	6.4	7.2	7.2
工业	4 721 041	4 760 607	6.0	46.6	48.6
建筑业	347 449	322 863	0.4	3.4	3.3
批发和零售业	1 095 860	1 088 152	5.2	10.8	11.1
交通运输、仓储和邮政业	278 063	243 611	8.9	2.7	2.5
住宿和餐饮业	128 095	93 463	2.3	1.3	1.0
金融业	455 050	433 990	4.2	4.5	4.4
其他服务业	26 115	55 235	–20.3	0.3	0.6

注：GDP总量为现价，增长速度按可比价计算。

潮州市国民经济主要指标平均水平

	单位	2009年	2010年	2011年	2012年	2013年	2014年	2016年	2017年
人均生产总值	元	21 206	24 336	26 409	29 117	31 428	34 047	37 054	38 241
人均工业总产值	元	40 098	45 373	49 081	56 066	62 662	67 913	72 364	70 766
人均农业总产值	元	2 533	2 865	3 050	3 242	3 750	3 993	4 412	4 482
人均地方财政一般预算收入	元	878	1 018	1 186	1 371	1 518	1 761	1 680	1 684
人均消费品零售总额	元	9 230	10 744	11 778	13 087	14 574	16 531	18 750	20 393
人均固定资产投资额	元	6 898	7 467	8 327	9 373	11 524	14 621	17 199	18 919
人均外贸出口总值	美元	884	1 012	1 002	1 029	1 049	1 031	995	981
城镇在岗职工人均工资	元	24 521	29 276	33 404	37 962	43 090	48 471	53 940	59 540
城镇居民人均可支配收入	元	13 669	15 664	17 645	19 674	18 854.7	20 457	21 787	22 695
城镇居民人均消费性支出	元	11 926	14 097	15 554	16 861	13 966.8	14 832	15 861	16 257
农村居民人均可支配收入	元	6 373	7 787	8 889	9 938	10 551.1	11 459	12 559	13 673
农村居民人均生活消费支出	元	6 023	7 071	7635	8 035	9 215.2	9 889	10 825	11 574
市区居民人均居住面积	平方米	29.9	31.39	30.89	30.9	—	—	—	—
农村居民人均居住面积	平方米	23.11	24.84	23.6	24.27	—	—	—	—
全市人均耕地面积	亩				0.27	0.27	0.23	—	—
人均储蓄存款余额	元	17 412	19 052	21 863	23928	25 595	27 556	30139	31 179
每千人拥有电话机数	部	1 069	894	1 002	1 124	1 139	1 164	1058	1 067
每万人拥有医院床位	张	12.45	20	20.81	21.18	22.1	23.39	24.04	18.62
每万人拥有医生人数	人	12.65	14.73	14.87	15.2	15.6	15.9	16.63	17.37
每万人拥有中学在校学生数	人	792	722	758	669	580	542	514	495
每万人拥有小学在校学生数	人	764	712	683	680	690	718	751	753
市区每百户居民拥有彩色电视机	台	143	160	163	—	—	—	—	—
市区每百户居民拥有电冰箱	台	86	93	92	—	—	—	—	—
市区每百户居民拥有空调器	台	155	212	206	—	—	—	—	—
市区每百户居民使用液化石油汽	户	100	100	100	—	—	—	—	—
市区每百户居民拥有家用汽车	辆	12	17	20	—	—	—	—	—

注：1、2002年起人均农业总产值不包含副业，2006年人均农业产值根据农普资料作了调整；

2、2002年起市区居民人均可支配收入和人均人均消费性支出按新口径不含虚拟房租计算；

3、2006年前市区居民人均居住面积为人均住房总使用面积，2007年起为人均住房总建筑面积；

4、由于城乡一体化住户调查制度改革，2014年以前（不包含2014年）的“城镇居民人均可支配收入”、“城镇居民人均消费性支出”和“农村居民人均可支配收入”、“农村居民人均生活消费支出”分别为“市区居民人均可支配收入”、“市区居人均消费性支出”和“农民人均纯收入”、“农民人均生活消费支出”；由国家统计局潮州调查队实施调查；

5、2017年医院床位数不包含基层医疗卫生机构床位数；

6、生产总值加入R&D增加值部分，人均历年数进行修正；农业总产值根据第三次全国农业普查数据进行人均历年数修正。

潮州市国民经济主要指标比例关系

单位：%

	1978年	1992年	1995年	2000年	2005年	2006年	2016年	2017年
一、社会劳动者的产业比重	100	100	100	100	100	100	100	100
第一产业	70.4	44.1	42.7	37.2	37.82	37	31.49	30.86
第二产业	19.5	31.5	34.2	34	41.42	42.1	45.34	45.56
第三产业	10.1	24.4	23.1	28.8	20.75	20.9	23.17	23.58
二、生产总值的产业比重	100	100	100	100	100	100	100	100
第一产业	42.39	25.87	20.01	16.17	11.5	7.9	7	7
第二产业	35.13	44.35	47.05	48.64	53.5	57.4	51.8	49.9
第三产业	22.48	29.78	32.94	35.19	35	34.7	41.2	43.1
三、工业增加值轻重工业比重					100	100	100	100
轻工业					69.92	66.7	63.4	64.2
重工业					30.08	33.3	36.6	35.8
四、工业总产值中按规模分组比重	100	100	100	100	100	100	100	100
规模以上工业				22.2	53.92	56.34	74.4	72.2
规模以下工业				77.8	46.08	43.66	25.6	27.8
五、农业总产值中各业比重	100	100	100	100	100	100	100	100
种植业	73.9	33.4	36.9	36.8	44.42	38.7	49.70	52.14
林　业	2.2	0.6	1.2	2.7	2.97	1.37	2.80	1.98
牧　业	15.6	20.2	18	18.1	25.9	23.99	16.60	14.24
渔　业	5.9	26.4	25.9	14.1	24.33	27.69	26.20	26.38
农林牧渔服务业	2.4	19.4	18	28.3	2.38	8.25	4.7	5.26
六、固定资产投资比重（不含私人）	100	100	100	100	100	100	100	100
第一产业	28.6	1.6	1.7	0.9	0.2	1.2	3.9	2.4
第二产业	71.4	26.2	28.5	37.9	67.22	50.5	40.7	44.6
第三产业		72.2	69.8	61.3	32.58	48.3	55.4	53
七、地方财政收入占生产总值比重		4.9	3.2	2.3	3.01	3.23	4.55	4.4
八、社会、文教、卫生、科研事业费占财政支出比重		29.2	32.4	30	31.99	32.94	52.48	57.72
九、银行存款余额中主要存款比重		100	100	100	100	100	100	100
单位存款		20.1	22.4	20.7	14.84	13.73	28.84	29.28
财政性存款		3.8	4	4.2	6.57	7.13	2.72	2.48
储蓄存款		47.8	57.9	68.7	74.88	75.42	66.19	65.17
农业存款		9.2	2.4	2.6	1.8	1.95		
其他存款		17.5	0.7	1.7	1.91	1.77	2.25	3.07
十、银行贷款余额中主要贷款比重		100	100	100	100	100	100	100
短期贷款		73.5	70	72.2	65.83	59.17	39.93	37.43
中长期贷款		6.8	8.1	11.7	33.56	39.38	50.53	49.41
其他类贷款		15.2	11	11.3	0.61	1.45	9.54	13.16

潮州市国民经济主要指标占全省比重

	单　位	2017年		
		全　省	潮州市	潮州占全省%
一、年底常住人口	万人	11 169	265.08	2.37
二、经济总量指标				
生产总值（现行价）	亿元	89 705.23	1 012.77	1.13
第一产业	亿元	3 611.44	70.56	1.95
第二产业	亿元	38 008.06	505.55	1.33
第三产业	亿元	48 085.73	436.66	0.91
人均生产总值	元	80 932	38241	47.25
三、农　业				
农业总产值（现行价）	亿元	5 969.87	118.72	1.99
主要农产品产量				
粮　食	万吨	1 208.6	26.9	2.23
水　果	万吨	1 421.23	24.77	1.74
肉类总产量	万吨	444.08	6.98	1.57
水产品	万吨	833.54	19.17	2.3
四、工　业				
规模以上主要工业产品产量				
彩色电视机	万台	8 399.76	32.69	0.39
发电量	亿千瓦时	4 407.17	167.12	3.79
五、邮电业				
邮电业务总量（2010年不变价）	亿元	6 107.2	62.3	1
六、固定资产投资				
固定资产投资总额	亿元	37 477.96	501.05	1.34
七、商业				
社会消费品零售总额	亿元	38 200.1	540.1	1.4
八、物价总指数（上年价格为100）				
居民消费价格总指数	%	101.5	101.3	—
九、外贸、外经				
海关进出口总额	亿美元	10 064.9	31.11	0.31
海关出口总额	亿美元	6 227.8	25.99	0.42
实际利用外资额	亿美元	1 383.5	2.42	0.17
十、财政、金融				
地方一般公共财政预算收入	亿元	11 315.21	44.6	0.39
地方一般公共财政预算支出	亿元	15 043.09	142.82	0.95
银行本外币存款余额	亿元	194 535.75	1 267.02	0.65
银行本外币贷款余额	亿元	126 031.95	399.88	0.32
十一、人民生活				
在岗职工工资总额	亿元	15 110.67	110.78	0.73
在岗职工平均货币工资	元	80 020	59 540	74.41
城镇居民人均可支配收入	元	40 975	22 695	55.39
农村居民人均可支配收入	元	15 780	13 673	86.65
本外币储蓄存款余额	亿元	—	825.76	—
十二、教育（在校学生数）				
高等学校	万人	202.87	1.72	0.85
中等职业技术学校	万人	99.39	0.9	0.91
普通中学	万人	545.37	13.12	2.41
小学	万人	941.96	19.93	2.12
十三、卫生				
医院床位数	万张	49.3	0.67	1.36
卫生技术人员	万人	70.99	1.01	1.42
# 医生	万人	25.9	0.46	1.78

注： 1、由于城乡一体化住户调查制度改革，2014年以前（不包含2014年）的“城镇居民人均可支配收入”和“农村居民人均可支配收入”分别为“市区居民人均可支配收入”和“农民人均纯收入”；由国家统计局潮州调查队实施调查。

2、2013年起，计划生育服务机构纳入卫生部分统计范围。

潮州市国民经济主要指标

	计算单位	2013年	2014年	2015年	2016年	2017年	2017年比上年±%
生产总值（当年价）	亿元	787.9	853.64	912.6	979.44	1 012.77	6.8
第一产业	亿元	50.66	59.65	62.64	68.28	70.56	5.3
第二产业	亿元	424.74	470.46	488	507.13	505.55	5.5
第三产业	亿元	312.5	323.53	361.96	404.03	436.66	8.8
生产总值增速	%	11.1	8.2	8.2	7.1	6.8	—
人均生产总值	元	29 117	31 428	34 047	37 054	38 241	6.6
人均生产总值增速	%	10.5	7.8	9.7	8.6	6.6	—
农业总产值（当年价）	亿元	87.72	101.85	107.02	116.61	118.72	1
农业总产值增速	%	2.5	4.9	3	3.7	1	—
土地面积	平方公里	3146	3146	3146	3146	3146	平
耕地面积	万亩	74.58	74.21	62.91	—	—	—
粮食产量	万吨	26.08	26.83	26.72	26.46	26.9	1.7
工业总产值（当年价）	亿元	1 517.13	1 702.05	1 820.55	1 912.76	1 874.17	10
工业总产值增速	%	17.7	10.8	10.1	7.1	10	—
规模以上工业总产值	亿元	1 088.31	1 221.99	1 325.8	1 422.96	1 352.55	11.7
全部工业单位数	个	28 121	29 350	29 324	30 377	30 805	1.4
# 规模以上工业企业数	个	865	871	890	885	923	4.3
工业经济效益综合指数	%	238.13	254.28	275.78	273.54	246.52	—
固定资产投资总额	亿元	253.63	313.01	391.95	454.62	501.05	10.2
社会消费品零售总额	亿元	354.71	395.86	443.1	495.61	540.1	9.76
海关出口总额	亿美元	27.83	28.5	27.65	26.31	25.99	-1.2
实际利用外资总额	亿美元	1.01	1.09	0.2	0.34	0.35	3.4
一般公共财政预算收入	万元	370 887	412 647	471 928	444 022	445 904	1.9
一般公共财政预算支出	万元	862 179	1 061 183	1 476 025	1 466 967	1 428 209	-2.6
税收总收入(不含海关代征)	亿元	88.52	91.4	92.34	86.53	95.87	6.1
金融机构存款余额	亿元	919.35	1 004.3	1 076.19	1 203.6	1 267.02	5.3
金融机构贷款余额	亿元	322.97	357.2	369.04	368.55	399.88	8.5
城镇在岗职工人均工资	元	37 962	43 090	48 471	53 940	59 540	10.4
城镇居民人均可支配收入	元	19 674	18 855	20 457	21 787	22 695	4.2
农村居民人均可支配收入	元	9 938	10 551	11 459	12 559	13 673	8.9
年末总人口（常住人口）	万人	271.2	272.04	264.1	264.6	265.08	0.2
年末总人口（户籍人口）	万人	267.16	268.79	272.8	273.98	275.5	0.6
人口出生率（计生口径）	‰	11.78	11.7	12.26	13	14.24	—
人口自然增长率（计生口径）	‰	6.12	5.5	6.1	6.82	7.96	—

湘桥区国民经济主要指标

	计算单位	2013年	2014年	2015年	2016年	2017年	2017年比上年±%
生产总值（当年价）	亿元	160.3	176.38	196.53	212.45	216.9	6.6
第一产业	亿元	5.6	6.07	6.49	6.5	4.04	4.7
第二产业	亿元	71.5	80.18	89.7	95.75	85.32	4.6
第三产业	亿元	83.1	90.12	100.34	110.21	127.54	8.4
生产总值增速	%	8.5	8.5	8.3	7.2	6.6	—
人均生产总值	元	26 767	29 338	33 158	36 385	38 211	9.6
人均生产总值增速	%	7.9	8.1	9.9	8.8	9.6	—
农业总产值（当年价）	亿元	8.44	10.01	10.55	10.66	6.93	5.5
农业总产值增速	%	3.8	3.8	3.5	3.2	5.5	—
土地面积	平方公里	325.35	325.35	325.35	—	—	—
耕地面积	万亩						
粮食产量	万吨	0.4	2.73	2.68	2.39	1.69	-6.5
工业总产值（当年价）	亿元	224.88	248.44	287.36	351.63	371.09	29.7
工业总产值增速	%	11.6	8.7	7.2	8.3	29.7	—
规模以上工业总产值	亿元	181.94	200.67	237.8	301.43	319.4	33.8
全部工业单位数	个	2 950	3 080	3 072	3 245	3 101	-4.4
# 规模以上工业企业数	个	116	136	132	133	123	-7.5
工业经济效益综合指数	%	219.62	240.34	240.62	248.12	230.87	—
固定资产投资总额	亿元	69.93	90.9	105.62	113.37	120.64	12
社会消费品零售总额	亿元	91.56	112.68	126.48	142.04	152.2	9.8
海关出口总额	亿美元	5.45	5.3	4.61	6.39	5.35	-6.4
实际利用外资总额	万美元	117	316	316	0	765	—
一般公共财政预算收入	万元	32 388	40 229	44 133	44 295	38 878	-10.2
一般公共财政预算支出	万元	67 947	105 416	136 111	137 402	138 668	0.9
税收总收入（不含海关代征）	万元	198 962	239 847	253 424	279 535	283 111	1.3
金融机构存款余额	亿元	466.88	502.73	532.03	586.31	615.74	5.0
金融机构贷款余额	亿元	195.29	211.04	211.93	203.94	221.2	8.5
城镇在岗职工人均工资	元	44 782	50 651	53 772	61 413	64 180	4.04
城镇居民人均可支配收入	元	19 674	21 089	22 860	24 469	25 761	5.3
农村居民人均可支配收入	元	12 114	11 988	12 997	13 979	15 089	7.9
年末总人口（常住人口）	万人	60.02	60.21	58.33	58.45	58.56	0.2
年末总人口（户籍人口）	万人	50.77	50.86	51.35	51.42	51.59	0.3
人口出生率（计生口径）	‰	9.09	8.78	10.14	10.86	13.81	—
人口自然增长率（计生口径）	‰	2.87	2.48	3.69	4.18	7.96	—

注： 1、我市自2010年开始实施在地统计制度，原市直部分数据除开发区部分外均分别归由企业所在县区计，故各县区2010数据与往年存在不可比因素（下同）；

2、金融机构数据为市辖区数，包含枫溪区；

3、自2014年起，开发区全部工业单位数及规模以上工业企业数均归由湘桥区统计；

4、由于城乡一体化住户调查制度改革，2014年以前（不包含2014年）的“城镇居民人均可支配收入”和“农村居民人均可支配收入”分别为“市区居民人均可支配收入”和“农民人均纯收入”；由国家统计局潮州调查队实施调查；

5、粮食产量根据第三次全国农业普查数据进行历年数修正。

枫溪区国民经济主要指标

	计算单位	2013年	2014年	2015年	2016年	2017年	2017年比上年±%
生产总值（当年价）	亿元	101.5	109.71	116.68	124.77	131.47	7.2
第一产业	亿元	0.3	0.28	0.29	0.29	0.22	−39.3
第二产业	亿元	73.9	80.55	84.56	90.36	93.37	6.9
第三产业	亿元	27.3	28.88	31.84	34.11	37.89	8.3
生产总值增速	%	11.5	8.2	8.5	7.3	7.2	—
人均生产总值	元	68 750	74 081	78 680	84 046	88 386	6.9
人均生产总值增速	%	11.1	7.8	8.4	7.1	6.9	—
农业总产值（当年价）	亿元	0.4	0.39	0.43	0.44	0.35	−10
农业总产值增速	%	−6.4	−2.5	1	0.2	−10	—
土地面积	平方公里	24.48	24.48	24.52	—	—	—
耕地面积	万亩						
粮食产量	万吨	0.02	0.02	0.01	0.03	0.02	−39.3
工业总产值（当年价）	亿元	256.7	285.46	313.62	335.36	334.87	7.1
工业总产值增速	%	13.9	9.4	12.5	8.6	7.1	—
规模以上工业总产值	亿元	175.27	194.52	219.88	242.57	236.03	7.9
全部工业单位数	个	3 588	3 858	3 843	3 881	3 913	0.8
# 规模以上工业企业数	个	131	137	135	136	132	−2.9
工业经济效益综合指数	%	313.64	318.18	312.26	295.93	281.1	—
固定资产投资总额	亿元	15.92	19.11	24.16	24.95	27.69	11
社会消费品零售总额	亿元	45.12	50.91	57.28	64.07	70.1	10
海关出口总额	亿美元	5.55	6.04	6.23	5.69	5.29	−6.9
实际利用外资总额	万美元	1 017	—	10	0	1	0
一般公共财政预算收入	万元	34 102	34 508	38 569	27 812	27 468	0.5
一般公共财政预算支出	万元	47 721	49 849	60 754	47 901	55 757	16.4
税收总收入（不含海关代征）	万元	79 038	77 335	73 049	63 354	60 892	−3.9
城镇在岗职工人均工资	元	35 242	37 941	42 061	42 286	57 031	34.9
城镇居民人均可支配收入	元		19 521	21 102	21 856	23 406	7.1
农村居民人均可支配收入	元	12 088					
年末总人口（常住人口）	万人	14.8	14.83	14.83	14.86	14.89	0.2
年末总人口（户籍人口）	万人	11.05	11.12	11.28	11.38	11.51	1.1
人口出生率（计生口径）	‰	10.13	9.71	10.64	12.29	12.04	—
人口自然增长率（计生口径）	‰	4.98	4.08	4.46	6.94	7.18	—

注： 1、由于城乡一体化住户调查制度改革，2014年以前（不包含2014年）的“城镇居民人均可支配收入”和“农村居民人均可支配收入”分别为“市区居民人均可支配收入”和“农民人均纯收入”；由国家统计局潮州调查队实施调查；

2、粮食产量根据第三次全国农业普查数据进行历年数修正。

潮安区国民经济主要指标

	计量单位	2013年	2014年	2015年	2016年	2017年	2017年比上年±%
生产总值（当年价）	亿元	351.9	383.52	407.98	437.07	456.17	7.2
第一产业	亿元	14.2	16.85	17.71	18.71	17.68	2.4
第二产业	亿元	216.8	237.14	247.29	261.4	246.03	5.2
第三产业	亿元	121	129.54	142.98	156.96	192.47	11.2
生产总值增速	%	12.6	8.5	8.2	7.4	7.2	—
人均生产总值	元	33 066	35 924	38 726	42 070	43 909	8.7
人均生产总值增速	%	12.1	8.2	9.6	8.9	8.7	—
农业总产值（当年价）	亿元	22.75	26.99	28.47	30.18	28.74	3.2
农业总产值增速	%	3.7	5.1	4.1	4	3.2	—
土地面积	平方公里	1 063.99	1 063.99	1 063.95	—	—	—
耕地面积	万亩						
粮食产量	万吨	12.84	10.99	10.93	9.93	10	0.7
工业总产值（当年价）	亿元	751.18	828	885.22	922.19	880.94	5.5
工业总产值增速	%	20.8	8.4	10	6.8	5.5	—
规模以上工业总产值	亿元	475.01	518.2	565.99	607.3	545.56	5.8
全部工业单位数	个	17 391	18 062	18 029	18 795	19 156	1.9
# 规模以上工业企业数	个	475	473	504	503	534	6.2
工业经济效益综合指数	%	205.36	231.33	256	252.41	235.57	—
固定资产投资总额	亿元	97.75	120.23	150.3	162.86	183.57	9.7
社会消费品零售总额	亿元	141.85	147.73	164.88	183.79	201.8	9.8
海关出口总额	亿美元	10.16	9.7	9.51	8.94	8.82	-1.3
实际利用外资总额	万美元	5 842	8 441	836	3 160	1 709	-45.9
一般公共财政预算收入	万元	109 280	117 280	131 657	113 771	120 106	6.3
一般公共财政预算支出	万元	280 897	310 368	410 500	431 285	413 466	-4.1
税收总收入（不含海关代征）	万元	278973	248425	253624	240012	249412	3.9
金融机构存款余额	亿元	294.74	320.69	339.12	385.32	406.81	5.6
金融机构贷款余额	亿元	76.52	91.05	96.37	98.17	101.07	3
城镇在岗职工人均工资	元	37 399	41 213	48 894	54 902	61 241	11.55
城镇居民人均可支配收入	元		19 387	21 018	21 158	21 474	1.5
农村居民人均可支配收入	元	10 365	11 610	12 612	13 752	14 866	8.1
年末总人口（常住人口）	万人	106.6	106.92	103.79	104	104.19	0.2
年末总人口（户籍人口）	万人	100.83	101.49	102.91	104.01	105.15	1.1
人口出生率（计生口径）	‰	11.83	12.48	13.14	14.44	15.08	—
人口自然增长率（计生口径）	‰	6.14	6.48	7.16	8.68	9.54	—

注： 1、由于城乡一体化住户调查制度改革，2014年以前（不包含2014年）的“城镇居民人均可支配收入”和“农村居民人均可支配收入”分别为“市区居民人均可支配收入”和“农民人均纯收入”；由国家统计局潮州调查队实施调查；

2、粮食产量根据第三次全国农业普查数据进行历年数修正。

饶平县国民经济主要指标

	计量单位	2013年	2014年	2015年	2016年	2017年	2017年比上年±%
生产总值（当年价）	亿元	190.7	209.91	226.13	242.1	250.56	6.8
第一产业	亿元	32.2	37.58	39.79	45	44.29	2
第二产业	亿元	85.2	92.85	98.02	102.4	96.41	6.6
第三产业	亿元	73.3	79.48	88.32	94.7	109.86	9.3
生产总值指数	%	11.2	8.2	8.6	6.8	6.8	—
人均生产总值	元	21 299	23 339	25 527	27 765	28 680	6.6
人均生产总值增速	%	10.5	7.7	10.2	8.5	6.6	—
农业总产值（当年价）	亿元	59.13	68.2	72.23	80.79	79.94	2
农业总产值增速	%	6	4.1	1.7	5.7	2	—
土地面积	平方公里	1 732.1	1 732.11	1 732.11	—	—	—
耕地面积	万亩						
粮食产量	万吨	12.82	13.09	13.09	14.11	14.64	3.8
工业总产值（当年价）	亿元	264.03	291.59	302.85	303.58	270.55	7.1
工业总产值增速	%	18.9	10.7	9.5	2.7	7.1	—
规模以上工业总产值	亿元	235.99	260.31	270.63	271.66	236.58	7.3
全部工业单位数	个	4 092	4 346	4 376	4 456	4 462	0.1
# 规模以上工业企业数	个	120	121	115	113	121	7.1
工业经济效益综合指数	%	341.52	346.29	386.49	396.05	310.39	—
固定资产投资总额	亿元	43.03	53.02	68.96	75.87	97.33	28.3
社会消费品零售总额	亿元	75.61	84.54	94.51	105.71	116	9.7
海关出口总额	亿美元	4.49	5	5.12	5.3	5.79	9.2
实际利用外资总额	万美元	1445	2098	779	270	1044	286.7
一般公共财政预算收入	万元	57 095	64 613	76 162	80 194	76 769	–2.3
一般公共财政预算支出	万元	260 986	319 197	445 528	427 772	452 964	6
税收总收入（不含关税）	万元	183 390	180 891	186 933	164 894	157 387	–4.6
金融机构存款余额	亿元	156.83	180.25	204.48	231.89	244.36	5.4
金融机构贷款余额	亿元	50.4	54.58	60.46	66.3	77.61	17.1
城镇在岗职工人均工资	元	28 026	34 439	39 856	45 868	48 494	5.7
城镇居民人均可支配收入	元		14 991	16 430	18 108	19 645	8.5
农村居民人均可支配收入	元	8 859	10 098	10 992	12 012	13 144	9.4
年末总人口（常住人口）	万人	89.8	90.08	87.1	87.29	87.44	0.2
年末总人口（户籍人口）	万人	104.52	105.33	107.26	107.17	107.25	0.1
人口出生率（计生口径）	‰	13.23	12.71	12.69	12.6	13.55	—
人口自然增长率（计生口径）	‰	7.83	6.24	6.48	6.09	6.41	—

注：1、由于城乡一体化住户调查制度改革，2014年以前（不包含2014年）的“城镇居民人均可支配收入”和“农村居民人均可支配收入”分别为“市区居民人均可支配收入”和“农民人均纯收入”；由国家统计局潮州调查队实施调查；

2、粮食产量根据第三次全国农业普查数据进行历年数修正。

索　　引

说　明

1. 本索引采用主题分析法，按主题词汉语拼音字母顺序排列。

2. 索引的主题词后面的数字表示内容所在页码，数字后面的英文字母（a、b）表示该页自左至右的栏别。

3. 本索引对彩色插页、“特辑”、“重要纪事”、“规范性文件”、“附录”等不作内容主题分析。

主题索引

D

F

G

H

J

K

L

M

N

P

Q

R

S

T

W

X

Y

Z